中共中央在延安十三年史（9）

统战工作史

中国延安精神研究会 编
谭仁杰 ◎ 主编

中共党史出版社

编辑委员会

总　　序

李铁映

中国共产党在新民主主义革命时期的历史，是中国共产党在马克思列宁主义的指导下，创建自己的革命理论、开辟革命道路的探索史；是中国共产党领导人民大众浴血奋战，推翻“三座大山”，建立新中国的奋斗史；也是中国共产党人为民族独立和人民解放，用鲜血和生命谱写的无私奉献史。从1935年10月至1948年3月，即中共中央到达陕北至毛泽东和中央领导机关离开陕北的十三年，史称延安时期，则是这部历史中最为辉煌的篇章。

二十世纪三四十年代，世界革命运动风起云涌。被压迫民族和人民，与帝国主义和各国反动势力展开了英勇顽强的斗争。人民革命和人民解放战争是这一时期最鲜明的特征。

苏联社会主义建设取得了伟大成就，向世界人民展现了一条崭新的光明之路。以苏共为领导的共产国际，在支持世界无产阶级革命、被压迫民族与人民，争取民族独立和人民解放的革命斗争中，发挥了重要作用，推动了世界民族独立和人民解放革命运动的发展。

资本主义世界各国，经历了二十年代末和三十年代初的经济危机后，经济开始复苏。德国、意大利和日本法西斯国家，为了摆脱经济危机、转移国内阶级矛盾、在世界范围内争霸，挑起了第二次世界大战。

二十世纪三十年代中期，是中国国内阶级矛盾尖锐复杂、日本侵略中国、中华民族陷入深重灾难的时期。

1931 年 9 月 18 日，日本帝国主义发动了侵略中国的“九一八”事变，整个东北仅在 4 个多月的时间内被日本侵略者占领。1932 年 1 月 28 日，日本帝国主义入侵上海，继而于 1933 年入侵华北。1935 年夏秋，日本帝国主义又制造了侵略中国内地的“华北事变”，控制了包括北平、天津在内的河北、察哈尔两省的大部分地区。中华民族处于危急关头，亡国灭种的大祸迫在眉睫。

中国共产党及其领导的中国工农红军，首先举起抗日救国的大旗。

1931 年，在日本帝国主义侵略中国之始，中共中央发表宣言：以民族革命战争，把日本帝国主义者驱逐出中国。1933 年 1 月 17 日，中华苏维埃共和国临时中央政府提出，在停止对苏维埃的进攻、保证民众的民主权利等条件下，中国工农红军准备和任何武装部队订立共同抗日作战的协定。1934 年 7 月和 9 月，中共中央先后决定，将红七军团和红二十五军分别改编为抗日先遣队，北上抗日。1935 年 8 月 1 日，中共中央发表《为抗日救国告全体同胞书》（史称“八一宣言”），再次提出：只要国民党军队停止进攻苏区，实行对日作战，红军愿立即与之携手，共同救国。

但是，这些正确的主张和行动，没有得到国民党政府的响应。不仅如此，蒋介石坚持“攘外必先安内”的国策，指挥国民党军队对共产党领导的工农红军进行疯狂“围剿”。

中国工农红军各方面军，曾连续击败国民党军队的多次“围剿”。在第五次反“围剿”后，红军为了摆脱被国民党“围剿”的困境，为了抗击日本帝国主义的侵略，开始了战略转移。第一方面军即中央红军，于1934年10月开始长征，1935年10月到达陕北。第二、四方面军也先后于1936年10月到达西北，实现了三大主力红军的胜利会师。从此，中国革命大本营奠基西北，陕北便成为中共中央和主力红军长征的落脚点、抗日战争的出发点。

中共中央到达陕北后，红军能否在这块贫瘠狭小的地方站住脚并得到发展；在日本帝国主义侵略中国日益加深、国内阶级矛盾仍然对立的情况下，中华民族能否团结起来战胜日本帝国主义，其中最关键的是建立抗日民族统一战线。国共两党实行第二次合作等问题，摆到了全党面前。

面对新的形势和任务，中共中央于1935年12月17日在陕西省安定县（今子长县）瓦窑堡，召开政治局扩大会议（即瓦窑堡会议），明确提出了抗日民族统一战线的理论和策略。会后，中国共产党以民族大义为重，积极推进从反蒋抗日、逼蒋抗日到联蒋抗日的历史进程，顺利实现了第二次国内革命战争向全民族抗日战争的战略转变，制定并执行了全面抗战的路线和持久战的战略方针，团结带领全国各族人民，取得了打败日本帝国主义的伟大胜利。

抗战胜利后，蒋介石又发动了反人民的内战，中国共产党团结带领全国人民继续英勇奋斗。到1948年初，解放战争取得了决定性胜利。中原、东北、华北、陕北、山东等战场，捷报频传，大部分地区得到解放，有的地区仅剩下少数几座孤城。这些胜利，为全国解放奠定了基础。

中共中央在延安十三年，经历了土地革命战争后期、抗日战争、解放战争的战略防御和战略反攻阶段三个时期。十三年中，中国共产党领导中国人民创建了彪炳史册的辉煌成就。

建立了广泛的统一战线。为了实现中华民族的大团结，共同完成党在抗日战争和解放战争时期的中心任务，中国共产党在认真分析我国社会主要矛盾、阶级状况，总结我们党历史经验的基础上，建立了广泛的统一战线。抗日战争时期，实现了以第二次国共合作为基础的抗日民族统一战线。这个统一战线，既有工人阶级、农民阶级、小资产阶级，也有民族资产阶级、开明绅士、地方实力派，还有以蒋介石为代表的英美派大地主、大资产阶级。我们党对不同阶级、阶层和社会团体，采取了有利于团结抗日的政策措施；对以蒋介石为代表的国民党，坚持了既联合又斗争的策略方针，确保了抗日民族统一战线的巩固和发展。解放战争时期，我们党适时建立了人民民主统一战线。这个统一战线，不仅包括工人阶级、农民阶级、城市小资产阶级、民族资产阶级、开明绅士、其他爱国分子、少数民族，而且包括海外华侨等各方面的进步力量。统一战线的建立，为夺取抗日战争和解放战争的胜利集结了强大的革命力量。统一战线是中国共产党的伟大创造，是中国革命的一大法宝。

建设了一支听党指挥、忠于人民、英勇善战的人民军队。1935年10月，中央红军到达陕北时不足8,000人；连同红二、四方面军，陕北红军，红二十五军，南方红军和游击队，东北抗日联军等，不足10万人。1948年3月，毛泽东离开陕北时，人民解放军已发展到280万人（其中正规部队149万人，地方部队131万人），民兵550万人，支前民工约有600多万人，在全国范围内形成了浩浩荡荡的革命大军。其间，红军改编为八路军、新四军，解放战争时期改称人民解放军。不管形势任务和军队的名称如何改变，党对军队绝对领导的根本原则，全心全意为人民服务的建军宗旨，打仗、做群众工作、生产的三大任务，始终没有变。同时，始终坚持政治工作是我军一切工作生命线的重要思想，适时进行新式整军，充分利用作战间隙加强战术技术训练，积极创新适应作战需要的武装力量体制等。所有这些，都极大地推进了把我军这个以农民为主要成分的革命军队，建设成为一支无产阶级性质的、具有严格纪律的、同人民群众保持密切联系的、能打胜仗的新型人民军队的历史进程。人民军队、人民战争，是中国共产党的又一伟大创造。

扩大了革命根据地和解放区。1935 年 10 月，中共中央到达陕北时，陕甘革命根据地是土地革命后期仅存的一块革命根据地。抗日战争胜利时，革命根据地发展到 19 块，面积达 100 万平方公里，人口近亿。1948 年 3 月，毛泽东离开陕北时，陕甘宁、晋察冀、晋冀鲁豫、晋绥、山东、中原等解放区大都连成一片，面积达 235.55 万平方公里，占全国总面积的 24.5%；人口 1.68亿，占当时全国总人口的 35.3%；并占领了 57 座城市。各革命根据地和解放区都为革命战争的胜利作出了重大贡献。以陕甘宁边区为例，仅从 1947 年 3 月至 1948 年 2 月，支前参战民工 2,181,664 人，支前牲畜1,478,708头，做军鞋 929,000 双。毛泽东曾说："延安和陕甘宁边区的人民对于全国人民是有伟大贡献的。"

创建了人民当家作主的新型政权。在中国共产党领导下，陕甘宁边区在汲取瑞金苏区建立苏维埃政权经验的基础上，1939 年 1 月 15 日至 2 月 4 日，在延安召开陕甘宁边区首届参议会，民选的参议员有工人、农民、知识分子的代表，也有商人和地主的代表。会议选举产生了人民当家作主的新型政权，制定了《陕甘宁边区抗战时期施政纲领》。其他根据地和解放区也相继建立了经过民主选举产生的民主政府。各级政府认真贯彻执行共产党的路线方针政策，充分发扬民主，努力为人民群众办好事，清正廉洁，深入开展土地革命，大力加强经济建设和文化建设，破除迷信、移风易俗，实行婚姻自由，整顿社会秩序，制定有关法律，创造了共产党局部执政、土地革命与接管城市的成功经验。创建人民当家做主的政权，是中国共产党的又一伟大创造。

加强了共产党的建设。1935 年 10 月，中共中央到达陕北时，全国共产党员仅有 4 万多人。1948 年 3 月，毛泽东离开陕北时，全国党员发展到 290 多万人。1939 年 10 月，毛泽东在《〈共产党人〉发刊词》中提出，建设一个全国范围的、广大群众性的、思想上政治上组织上完全巩固的布尔什维克化的中国共产党，并把这一任务称之为党的建设“伟大的工程”。各级党组织在严酷的战争条件下，始终把加强党的思想建设、组织建设、作风建设放在革命斗争中的首位，认真执行党的决议，严守党的纪律，充分发挥了共产党员的先锋模范作用和党支部的战斗堡垒作用。经过延安的学习整风，全党的思想更加统一，政治更加坚强，组织更加巩固，形成了理论联系实际、密切联系群众、批评与自我批评的优良作风，党的凝聚力和战斗力大大增强。在此基础上，召开了党的第七次全国代表大会，为党的建设进一步指明了正确方向。特别重要的是，延安时期形成了以毛泽东为核心的党的第一代领导集体。在理论和实践中建设党，是中国共产党最伟大的创造。

毛泽东思想成为党的指导思想。《毛泽东选集》一至四卷第二版收入的 159 篇文章中，有 112 篇文章是在延安时期撰写的，占 71%；收入《刘少奇选集》77 篇、《朱德选集》65 篇、《周恩来选集》116 篇、《任弼时选集》47 篇文章中，在延安时期撰写的分别为 29 篇、23 篇、39 篇、25 篇，分别占各自《选集》的 37%、35%、34%、53%。这期间，以毛泽东为代表的中国共产党人，系统总结了建党以来特别是土地革命战争时期的历史经验，以及抗日战争和解放战争中的实践经验，提出了一系列符合中国实际的具有独创意义的思想和观点，科学回答了时代和实践提出的新课题，形成了一个完整系统的科学体系，即毛泽东思想。毛泽东思想是马克思列宁主义基本原理与中国革命具体实践之统一的思想，即中国化的马克思主义。党的“七大”把毛泽东思想确立为党的指导思想。以毛泽东为核心的党的第一代领导集体，对如何认识马克思主义和中国实际，如何实现马克思主义与中国实际相结合，都作了深刻阐述，为马克思主义中国化、时代化、大众化，开辟了道路。

发展了新民主主义的文化。在解放区，利用举办识字班、夜校、冬学以及救亡室等形式，组织人民群众学文化。在条件具备的老解放区，大力创办小学、中学和大学，有的还进行了以解决教育脱离现实革命斗争为目的的教育改革。在国统区，党的地下工作者在人民群众中积极宣传共产党的理论和路线方针政策，并组织进步艺术家创作抗日救国和争取人民民主的文艺作品。

1940 年 1 月，毛泽东发表《新民主主义论》，提出建设民族的、科学的、大众的新民主主义文化的重要思想，推动了文化事业的发展。以陕甘宁边区为例，1935 年 10 月，中共中央到达陕北以前，有的县仅有几所小学、几十名学生，没有中学，95%以上的农民是文盲。到 1940 年，陕甘宁边区已有小学 1,314 所，中等学校 7 所，其中小学生达 4.36 万余人，50%左右的青壮年扫除了文盲。中共中央和边区政府还先后成立了中央党校、抗日军政大学、陕北公学、马列学院、中国女子大学、青年干部训练班、鲁迅艺术文学院、延安自然科学院等 30 余所院校和研究机构，为党培育了数十万各类专门人才。1942 年 5 月，毛泽东发表《在延安文艺座谈会上的讲话》，系统回答了文艺“为什么人”服务和“如何服务”等重大问题，推动了文艺事业的繁荣发展。一批以《黄河大合唱》、歌剧《白毛女》、平剧《逼上梁山》、长篇叙事诗《王贵与李香香》等为代表的文艺精品相继推出，在社会上产生了巨大反响。

研究和开展了民族宗教工作。中共中央到陕北不久，1936 年党就开始研究回族和宗教问题。1937 年 7 月，中共中央成立了少数民族工作委员会。党的六届六中全会讨论了少数民族工作问题，制定了民族区域自治政策。1939年初，建立了民族问题研究室。这期间，党颁发了一系列关于民族问题的重要文件，认真执行民族政策，实行民族平等，尊重各民族的文化和风俗习惯，帮助少数民族改善与提高生活水平，发展生产和教育，采取多种措施消除民族隔阂，积极改善各民族间的关系。中央党校和陕北公学先后办起了少数民族干部培训班、蒙古青年队和少数民族工作队。党还创办了中央民族学院。陕甘宁边区推选大批少数民族的代表担任边区县、区、乡参议员和政府委员。许多抗日根据地，建立起回族救国会等爱国团体和几十支回民抗日武装。我党还制定并执行了符合我国实际的宗教政策，公开宣布：人民群众有信仰宗教的自由，也有不信仰宗教的自由；共产党员可以同某些唯心主义者甚至宗教徒建立在政治上的反帝反封建的统一战线。正是在这样的理念和政策的指导下，宗教工作取得了显著成效，调动了广大信教群众参加和支持抗日救国、打倒蒋介石、解放全中国革命斗争的积极性。

吸引了大批有志青年和知识分子奔赴延安。中共中央专门作出大量吸收知识分子的决定。共产党正确的路线和方针政策，在解放区乃至全国各地产生了积极影响。特别是共产党领导的八路军、新四军和敌后抗日武装力量的不断发展及其取得的辉煌战果，与国民党政府消极抗日、不断退让的所作所为及其恶劣后果，形成了鲜明的对照。“延安”和“西安”分别成了代表两个政党、两个政府、两种社会、两种前途、两种命运的政治性概念。广大有志青年和知识分子，掀起了奔向延安和各解放区、投身革命的热潮。全国各地奔向延安的知识分子就有4万多人。这些革命青年来到延安、解放区和作战部队后，认真学习，积极工作，刻苦改造世界观，自觉接受战火的考验，成长为坚强的革命战士，成为治党治军治国的骨干力量。

开展了广泛的国际交流。我们党冲破国民党的严密封锁，利用各种合法的和隐蔽的手段，广泛宣传共产党的主张，驳斥国民党恶意编造的种种谣言和污蔑，积极争取外援，赢得了国际社会对共产党领导的革命事业的同情、理解和支持。一方面，我们党继续加强与苏联共产党和政府的交往，得到了他们在政治、经济、军事等方面对我党领导的革命斗争的支持，特别是1945年8月苏联出兵东北，推进抗日战争胜利的进程，加速了日本帝国主义的投降。同时，我们党还积极争取国际社会进步组织和人士对我们的支持。不少国家、政党和进步团体，都派出了到延安和其他解放区的考察组、援助团、医疗队等组织，在道义、物质、技术等方面对我提供支持。白求恩、马海德、柯棣华等外国朋友的名字，在中国家喻户晓；埃德加·斯诺的《红星照耀中国》小册子，在全世界产生了广泛影响；毛泽东和英国记者贝特兰以及和美国记者安娜·路易斯·斯特朗的谈话，对世界各国政府和人民了解中国的抗日战争和解放战争产生了很大作用。另一方面，我们党充分利用日本发动侵华战争后帝国主义之间的矛盾，积极推进反对日本帝国主义国际统一战线的建立。抗日战争初期，虽然美英曾一度实行"不干涉"中日战争的消极政策，并一度企图以牺牲中国利益为条件同日本妥协，但太平洋战争的爆发，终于使中、美、英在抗日的基础上走到了一起。

取得了抗日战争和解放战争的伟大胜利。在中国共产党倡导建立的抗日民族统一战线旗帜下，中国人民同日本侵略者进行了艰苦卓绝的殊死斗争，经过8年抗战，共歼灭日军150多万人。其中，共产党领导的抗日武装，坚持人民战争的思想和游击战的战略战术，抵抗了60%的日军、90%的伪军，歼灭日军52.7万余人、伪军118.7万余人。这些战绩，迫使日军放弃了向北进攻苏联的计划，削弱了日军南下太平洋的实力，推动了美国、苏联在亚洲及太平洋对日战争的胜利，终于使日本帝国主义在投降书上签字。这是一百多年来中国人民反抗外敌入侵第一次取得胜利的民族解放战争，洗雪了十九世纪四十年代以来中华民族百年耻辱，成为中华民族由衰败到重新振起的转折点。

从 1946 年 6 月开始的解放战争，至 1948 年 3 月毛泽东离开陕北时，歼灭国民党军 2, 244, 790 人(其中正规军 1, 454, 287 人，非正规军 790, 503 人)，取得了解放战争的决定性胜利，形成了经略半壁江山、势如破竹的战略进攻之势，为实行战略决战创造了有利条件。

培育了延安精神。广大共产党员带领人民群众在与穷凶极恶的国内外敌人的殊死搏斗中，在继承和发扬中华民族优秀传统和井冈山精神、长征精神等革命精神的基础上，培育了以坚定正确的政治方向，解放思想、实事求是的思想路线，全心全意为人民服务的根本宗旨，自力更生、艰苦奋斗的创业精神为主要内容的延安精神。培育了不怕鬼，不信神，独立自主，走自己的路的思想境界。延安精神，是中国共产党人在延安时期革命精神中的集中概括，充分体现了党的性质和宗旨、优良传统和作风，充分体现了中国共产党人的崇高品德和高尚情怀，是党魂、军魂和民族魂中的重要内容。邓小平指出："我们一定要宣传、恢复和发扬延安精神"，"我们不是靠马克思主义的科学理论和上述的革命精神参加革命到现在吗？从延安到新中国，除了靠正确的政治方向以外，不是靠这些宝贵的革命精神吸引了全国人民和国外友好人士吗?"邓小平的这些论述，深刻阐明了延安精神的重大意义。

1948 年初，解放战争的形势发生了根本性变化。国民党军队由战略进攻转为"全面防御"，我军则结束了长期以来所处的战略防御地位。正如毛泽东所说："这是一个历史性的转折点。这是蒋介石的二十年反革命统治由发展到消灭的转折点。这是一百多年来帝国主义在中国的统治由发展到消灭的转折点。""这个事变一经发生，它就将必然地走向全国的胜利。"同时，土地改革、整党、整军运动，在全党全军和全国新老解放区陆续展开。

为适应形势任务深刻变化的需要，中共中央和毛泽东、周恩来等中央领导同志，于1948年3月23日离开陕北，前往河北省平山县西柏坡，开始了领导全党全军和全国人民解放全中国、迎接新中国诞生的新的伟大征程。

延安时期十三年取得的成就充分说明，中国人民是伟大的人民，中国共产党是伟大的党，人民军队是伟大的军队，毛泽东思想是马克思主义中国化的伟大理论。然而，这些伟大不是自然而然地产生和发展的，而是经过艰苦奋斗，用血与火铸就的。中国人民，只有在共产党的领导下，才能找到正确的革命道路，团结起来，实现民族的独立和人民的解放；中国共产党，只有围绕党的中心任务，坚持不懈地加强自身建设，密切联系群众，为实现人民的根本利益而英勇奋斗，才能真正发挥核心领导作用；人民的武装力量，只有在共产党的领导之下，经过艰苦细致的思想政治教育和艰苦卓绝的战争锤炼，才能真正成为一支听党指挥、忠于人民、英勇善战的人民军队；毛泽东思想，只有中国共产党人坚持把马克思主义的基本理论与中国实际和时代特征相结合，才能产生并得到丰富与发展。

历史是前人的实践和创造，是现实的基础和对未来的昭示。列宁曾说："忘记过去就意味着背叛。"我国古代也有"灭其国必先去其史"的史例和警言。苏共亡党、苏联解体，与乱心摄魂、污史糟人有关。在新的历史时期，要搞垮中国，就会从否定中国共产党、否定社会主义制度、否定毛泽东思想、否定老一辈无产阶级革命家入手。一切不愿看到中国振兴的力量，都会利用这套巫术。涂鸦、妖魔化中国，这是他们的惯技，在人类历史上屡见不鲜。

当前，我们党领导全国人民已进入二十一世纪的第二个十年。世情、国情、党情、民情，与延安时期相比，已经发生了根本性变化。但党的性质和宗旨没有变、不能变，也不会变，实现中华民族的伟大复兴，建设社会主义，最终实现共产主义的伟大目标没有变、不能变，也不会变。延安时期形成的毛泽东思想，仍然是并将永远是党的精神力量，延安时期培育的延安精神，仍然是现代化建设和改革开放不可或缺的精神动力；延安时期形成的党的优良作风，仍然对新形势下社会主义精神文明建设具有重要借鉴意义。

为从中共中央在延安时期的历史中汲取政治营养、精神动力和历史智慧，中国延安精神研究会从2007年开始，启动了“一史两志”，即中共中央在延安十三年史和陕甘宁边区志、延安地方志工程。

这一工程共分三个部分，共40余个课题，约2,500多万字。第一部分是历史资料，设有中共中央在延安十三年《重要文献选编》、《重要会议资料》、《对重大事件处理资料》等20多个课题；第二部分是总论，设有《中共中央领导同志论延安精神》、《中共中央在延安十三年历史》、《中共中央在延安十三年编年史》等课题；第三部分是分论，主要包括延安时期的政治、经济、军事、文化、社会、教育、外交等各项事业的发展史和《陕甘宁边区志》、《延安地方志》。

经过200余名专家学者历经近10年的共同努力，这项工程已经基本完成。这部大型系列史书，资料真实丰富，论述较深刻，脉络清晰，反映了延安时期我们党带领人民进行的主要活动、取得的成就和创造的经验。广大参研人员坚持理论与实际、历史与现实相结合的原则，付出了艰辛劳动。

“一史两志”科研成果，为深化延安时期中共党史研究开了个好头，打下了一定的基础。但要真正把这一历史时期的宝贵财富全部挖掘出来、研究清楚、得出符合历史实际并对现实有借鉴价值的成果，还须继续深入进行研究。

我相信，通过广大理论工作者的共同努力，党史研究工作一定能在不太长的时间内推出更多精品力作，并一定能够充分发挥研究成果以史鉴今、资政育人的作用。

前　言

在中国共产党的历史上，延安时期是一个扭转乾坤的伟大时代，从1935年10月9日到1948年3月23日，跨越了土地革命战争后期、全民族抗日战争全程和解放战争前段，共有13年的历史。这13年在历史长河中虽是短暂的瞬间，但它是一个伟大的时期，陈毅元帅曾写下“百年积弱叹华夏，八载干戈仗延安。试问九州谁作主？万众瞩目清凉山”的著名诗篇，真实记录了那难忘的历史画卷。延安时期之所以是伟大时期，首先，是因为以毛泽东为代表的第一代中国共产党人拓展了马克思主义中国化的新境界，实现了马克思主义同中国实际相结合的第一次飞跃，产生了毛泽东思想。毛泽东思想将马克思主义中国化，民族精神时代化，实践经验科学化，既蕴含着马克思主义的基本原理，又具有新鲜活泼，为人民群众喜闻乐见的中国风格和中国气派。如果说，马克思、恩格斯回答了“社会主义必然胜利”的问题，使社会主义由空想变成科学，毛泽东思想则回答了“社会主义在中国如何胜利”的问题，使社会主义由理论变成了现实。其次，中国共产党开创了革命的新局面。在延安时期之前，中国革命处于低潮，特别是王明“左”倾错误的统治，使革命几乎陷于绝境。尽管延安时期仍然频遇艰难，但革命事业得到势如破竹的发展。我们的党在这个时期取得了全面发展和壮大；人民军队从小到大，从弱到强，形成了前所未有的人民武装力量；这个时期还造就了一大批德才兼备的最优秀的干部；开展了新民主主义政治、经济、文化建设，积累了宝贵的执政和建设经验；培育了以延安精神为主要标志的党的优良传统和作风；在取得抗日战争胜利后，仅用三年时间又创解放战争的辉煌。

研究我们党延安时期能够走向辉煌的规律是有意义的，1939年10月，毛泽东在《〈共产党人〉发刊词》一文中，总结了两次国内革命战争的经验教训，揭示了中国革命的客观规律。指出，“十八年的经验，已使我们懂得：统一战线，武装斗争，党的建设，是中国共产党在中国革命中战胜敌人的三个法宝，三个主要的法宝。这是中国共产党人的伟大成绩，也是中国革命的伟大成绩。”① 1949年6月，毛泽东在《论人民民主专政》中对三大法宝的内容和意义作了更加完整的概括，指出：“一个有纪律的，有马克思主义列宁主义的理论武装的，采取自我批评方法的，联系人民群众的党。一个由这样的党领导的军队。一个由这样的党领导的各革命阶级各革命派别的统一战线。这三件是我们战胜敌人的主要武器。这些都是我们区别于前人的。依靠这三件，使我们取得了基本的胜利。”②

延安时期是毛泽东思想的形成时期，当然也是毛泽东统一战线思想的形成和成熟时期。以毛泽东为代表的中国共产党人坚持把马克思主义统一战线理论与中国实际结合起来，形成了一整套具有中国特色的毛泽东统一战线思想，主要内容有：（1）统一战线是中国革命的一大法宝。中国无产阶级虽然是一个最有觉悟和最有组织性的阶级，但是如果单纯自己一个阶级的力量，是不能领导中国革命取得胜利的。要取得革命的胜利，就必须在各种不同的情形下团结一切可以团结的阶级和力量，组织革命的统一战线。（2）建立包括两个联盟在内的占全民族人口绝大多数的最广泛的统一战线。一个是工人阶级同农民阶级、广大知识分子及其他劳动者的联盟，即工农联盟；一个是工人阶级、农民阶级和全

---

① 《毛泽东选集》第2卷，人民出版社1991年版，第606页。

② 《毛泽东选集》第4卷，人民出版社1991年版，第1480页。

体劳动者同一些可以联合的非劳动者的联盟，这是建立在工农联盟基础之上的，更广泛的联盟。（3）坚持党对统一战线的领导权。必须坚持中国共产党在统一战线中的领导地位。坚持党对统一战线的领导权，要遵循以下原则：一是要依靠党的正确的路线和政策。二是要依靠共产党员的先锋模范作用。以党的正确政策和自己的模范工作说服教育党外人士，使他们愿意接受我们的建议。三是要照顾同盟者的利益，并在政治上教育提高同盟者，率领被领导者在斗争中取得胜利。给以物质利益和政治教育，二者缺一不可。（4）区别中国资产阶级为官僚资产阶级和民族资产阶级两个不同部分。同官僚资产阶级建立统一战线时，必须坚持独立自主的原则，采取又联合又斗争，以斗争求团结的政策。对民族资产阶级积极的一面进行联合，对其消极的一面进行批评，采取团结、批评、教育的政策。（5）实行又联合又斗争的基本策略原则。对于统一战线中的同盟者有联合、有批评；对于各种不同的同盟者有各种不同的联合和各种不同方式的批评。（6）坚持原则性和灵活性有机结合。在统一战线内部，既存在共同利益和要求的基础上的联合，又有因各自不同的利益和要求而产生的矛盾和斗争。无产阶级在统一战线中必须坚持自己的纲领、路线和战略目标，率领同盟者前进并取得胜利；同时要照顾同盟者的利益和要求，在有的情况下作出必要的妥协和让步。这种妥协和让步是为了实现自己的战略目标。

延安时期，在毛泽东统一战线思想的指引下，党不仅重视阶级分析，而且总能根据客观形势的变化和党面临的任务，寻找和确定各个阶段统一战线的共同政治基础，使党的统一战线方针政策不断发展成熟。同时，党在统战工作中也进行了光辉的实践。统一战线工作在团结抗日、参政议政、政治协商、“三三制”政权建设、联合政府、民主监督、多党合作、民族宗教、对外交往和争取国际援助等方面进行了一系列创新，取得了永载史册的成就，从而开创了新民主主义革命的崭新局面。总结这段历史，毛泽东指出："中国新民主主义的革命要胜利，没有一个包括全民族绝大多数人口的最广泛的统一战线，是不可能的。不但如此，这个统一战线还必须是在中国共产党的坚强领导下。没有中国共产党的坚强的领导，任何革命统一战线也是不能胜利的。"① 毫无疑问，毛泽东这个论断既是科学的总结，更是历史的真实。

中共中央在延安十三年史（9）《统战工作史》是中国延安精神研究会批准立项的课题，由江汉大学武汉延安精神研究院承担，并组织了武汉大学、中南民族大学、华中师范大学、江汉大学、武汉市委党校数位党史专家联合攻关，经过专家们五年多的辛勤劳作，取得了今天的成果。本课题的研究始终坚持以马克思主义、毛泽东思想、邓小平理论、"三个代表"重要思想、科学发展观、习近平新时代中国特色社会主义思想为指导，充分挖掘延安统战资源，推动统战理论研究创新发展。课题研究始终坚持以史鉴今、资政育人为根本任务。历史往往是最好的老师，通过对延安十三年统战工作史的研究，力争用史实证明：人心是最大的政治；团结是永恒的主题；人民是永远的考官；能用众力，则无敌于天下；能用众智，则无畏于圣人。课题研究坚持以中共中央在延安十三年统战工作的历史沿革为主线，采取了纵向论述和横向论述有机结合，突出重点又兼顾全面、史论结合又以史为主等方法进行谋篇布局、展开叙述。

从中共中央在延安十三年史（9）《统战工作史》现有成果来看，有如下创新点：

一是研究领域有了新的拓展。比如，第九章"党在民族宗教领域的统一战线工作"和第十章"党在国际领域的统一战线工作"等内容在国内已出版的同类著作和公开发表论文中，较少有

① 《毛泽东选集》第 4 卷，第 1257 页。

人论述或尚属空白点。

二是研究方法有新的进步。所有专家均能做到努力发现和利用新的史料；从新的视角深化史实的内涵；在发掘史实中释放新意；在阐述党的重大方针中，深化重要观点；在阐释重要的历史结论中，表述新的观点；在弥补以往统战史研究的不足中进行创新。

三是体系结构作了新的设计。采取了纵向论述与横向论述有机结合的办法，对纵向论述不能完全涵盖的内容采用横向论述的方式，从而使成果涵盖了延安时期中共中央统战工作的方方面面，既关照了统战工作史的整体性，又突出了若干重点和特点。

四是课题现有成果提出了一系列新的观点：比如，第一章对从工农民主统一战线向抗日民族统一战线转变的原因、过程、内容和特点的论述；第二章从三方面对西安事变历史意义的新概括和阐释；第四章对中国共产党在极其复杂的背景下，如何正确处理统一和独立的关系，自力更生和争取外援的关系，中央与共产国际及苏共的关系，进行了科学分析，提出了这是党走向成熟的标志的观点；第六章通过深入研究，提出抗战期间中共创建的“三三制”政权是真正的抗日统一战线政权；第九章对延安时期中国共产党的民族宗教政策形成的历史背景进行了深入分析，对延安时期党的民族宗教政策的调整和完善进行了系统的梳理与总结。

总之，纵观全书对中共中央在延安 13 年统一战线工作的“法宝”地位、所处的特殊环境、统战工作艺术和方法、基本经验的认识都有新的高度，研究有新的深度，这些都必将对今天进一步推进新时期的统一战线工作产生重要的借鉴和启迪。

目　录

第一章　从工农民主统一战线向抗日民族统一战线转变

延安是中国革命的圣地。延安时期是统一战线历史上最为辉煌的时期之一。延安作为中共中央的所在地，是中国共产党抗日民族统一战线的策源地，人民民主统一战线发祥地。“我们党通过建立抗日民族统一战线和人民民主统一战线，实现了全民族空前广泛的大团结，使我们党在政治上牢牢掌握着主导权，使敌人在军事上陷入人民战争的汪洋大海，大大加速了抗日战争和解放战争的胜利。”①

中国共产党根据主要矛盾的变化，顺利地完成了从工农民主统一战线向抗日民族统一战线的转变。瓦窑堡会议制定并实施了抗日民族统一战线策略，成为这一转变的突出标志。

一、党的统一战线策略转变的必然性

九一八事变爆发后，民族矛盾凸显，中国共产党昔日工农民主统一战线，难以适应新的形势，克服党内严重的关门主义与冒险主义，把党的工农民主统一战线转变为抗日民族统一战线，已成为历史的必然。

---

① 中共延安市委统战部组编：《延安时期统一战线研究》，华文出版社 2010 年版，第 2 页。

（一）工农民主统一战线的局限性

1931 年 11 月 7 日至 20 日，在江西瑞金召开的中华苏维埃第一次全国代表大会，宣布成立中华苏维埃共和国临时中央政府，选举毛泽东为临时中央政府主席；并组成中央革命军事委员会，朱德为主席。这是中国历史上第一个全国性的工农民主政权。它是中华人民共和国的雏形，是中国共产党在局部地区执政的重要尝试，为党在抗日战争和解放战争时期的根据地建设以及新中国的政权建设，提供了宝贵的历史经验，培养了一大批领导骨干和组织、管理人才。

中华苏维埃共和国临时中央政府的成立，对各根据地在一定程度上起到了加强中枢指挥的作用，在政治上也产生了积极的影响。对于鼓舞革命群众斗志，推动革命斗争进程，有着正面作用；但当时，各根据地仍处于被分割状态，其局限性也是客观存在，主要体现在：

1. 统战对象过于狭窄

工农民主统一战线完全排除了民族资产阶级。革命营垒中原有的四个阶级，只剩下了工人、农民和小资产阶级。民族资产阶级等中间力量已经不在统战对象之列。

中华苏维埃共和国临时中央政府，是在中国共产党领导下有工人、农民、小资产阶级参加的，具有统一战线性质的革命政权组织。这个时期的统一战线是以反对封建压迫和国民党新军阀统治为主要目标建立的工农民主统一战线。其最突出的优点，那就是以毛泽东为代表的中国共产党人，真正认识到了农民问题的重要性，并将关于农民问题的一系列正确观点，运用到了土地革命实践中，使中国革命统一战线建立在牢固的工农联盟的基础之上。但在如何看待和对待民族资产阶级以及其他中间派的问题上则脱离了实际。

关于怎样看待和对待民族资产阶级，毛泽东早在1925年的《中国社会各阶级的分析》一文中，就有过经典的分析判断。他说："这个阶级代表中国城乡资本主义的生产关系。中产阶级主要是指民族资产阶级，他们对于中国革命具有矛盾的态度：他们在受外资打击、军阀压迫感觉痛苦时，需要革命，赞成反帝国主义反军阀的革命运动；但是当着革命在国内有本国无产阶级的勇猛参加，在国外有国际无产阶级的积极援助，对于其欲达到大资产阶级地位的阶级的发展感觉到威胁时，他们又怀疑革命。其政治主张为实现民族资产阶级一阶级统治的国家。"① 毛泽东当时就预见到民族资产阶级是一个动摇的阶级，他们在革命的高潮时将要分化，其右翼会跑到帝国主义方面去。1927年所发生的反革命政变，证明了这一点。但是，如果把整个民族资产阶级，甚至上层小资产阶级作为革命对象则是错误的，只会使得帝国主义、官僚资产阶级、封建主义高兴，使土地革命举步维艰。

2."两个联盟"少了一个

在中国新民主主义统一战线中，包括两个联盟：一个是劳动者之间的联盟，即工人阶级和农民、城市小资产阶级和其他劳动人民的联盟，这是工人阶级同其他劳动阶级的联盟，主要是工农联盟；一个是劳动者与非劳动者之间的联盟，即工人阶级和劳动人民同一切可以合作的非劳动者的联盟，主要是同民族资产阶级的联盟，也包括其他爱国人士，以及特定历史条件下可以争取的大地主大资产阶级和地方实力派的联盟。这个联盟是不稳定的联盟，是辅助的联盟，但又是一个不可缺少的联盟。民族资产阶级是一个爱国与民族意识较强的阶级，在政治上有相当影响、在经济上和文化上有重要的作用。工人阶级争得民族资产阶级的合作，或者使之中立，有利于团结和争取其他中间力量，有利于孤

① 《毛泽东选集》第1卷，人民出版社1991年版，第4页。

立大地主大资产阶级。在特定的历史条件下，工人阶级还要争取同大地主大资产阶级建立统一战线，以利于反对最主要的敌人。统一战线中的两个联盟相辅相成、互相促进。有了工农联盟，统一战线才有牢固的基础，才有可能团结一切可以合作的人；有了劳动者与非劳动者的联盟，统一战线才能最大限度地团结一切可以团结的力量，彻底孤立敌人。只有充分发挥革命统一战线中两个联盟的作用，才能够推动革命事业的胜利发展。

然而，土地革命战争时期，工农民主统一战线基本没有劳动者与非劳动者的联盟，没有中间势力的支持。这是后来革命遭到惨重损失的重要原因。

3. **政策与实践过急过左**

1927 年，国民党右派集团叛变后，中国共产党独立领导武装斗争，进行土地革命，开辟农村包围城市武装夺取政权的道路，依靠工人阶级，团结农民和小资产阶级等，这是正确的，但过急、过左的情况，在李立三、王明、博古在中央任主要领导人的时期则越来越严重。把中间力量排除在统一战线之外，就是一种过左的政策。

苏维埃代表大会所通过的宪法大纲、土地法令、劳动法和关于经济政策的决定等文件，为临时中央政府、各根据地政府的立法和制定施政方针确立了共同遵守的基本原则，但这些文件或是根据六届四中全会后的中央政治局指示制定的，或是由中央政治局和共产国际远东局共同起草的。这些文件正确地肯定了工农大众享有各项政治、经济权利，但在中间派别问题和土地、劳动、税收等问题上，也有许多过左的政策。

毛泽东曾经对上述过左的东西进行过抗争，但受到“左”倾错误领导的严厉批评。在中华苏维埃中央政权成立之前的赣南会议上，毛泽东提倡的反对本本主义，被“左”倾错误领导指责为“狭隘的经验论”；毛泽东提出的“抽多补少、抽肥补瘦”被指责为“富农路线”；毛泽东的军事主张被指责为“没有完全脱离游击主义传统”。

工农民主统一战线的这种局限性，本来就是土地革命战争时期革命事业遭受严重损失的重要原因；在民族矛盾上升为主要矛盾的情况下，更显得不合时宜。

（二）“左”倾关门主义的错误与危害

把党的工农民主统一战线转变为抗日民族统一战线，需要克服工农民主统一战线的局限性以及“左”倾关门主义的错误。关门主义的错误与危害主要有四：

1. 犯了“左”倾幼稚病

遵义会议主要解决了军事问题和组织问题，但冒险主义与关门主义仍然严重存在。毛泽东认为这“是一套幼稚病”。他说：“人中间有三岁小孩子，三岁小孩子有许多道理都是对的，但是不能使他们管天下国家的大事，因为他们还不明白天下国家的道理。马克思列宁主义反对革命队伍中的幼稚病。坚持关门主义策略的人们所主张的，就是一套幼稚病。”关门主义者认为革命的道路应该笔直又笔直，革命的力量应该纯粹又纯粹。这种“左”倾幼稚病的产生，原因是多方面的，除了主观主义盛行、领导者不真正懂得国情、共产国际的错误干涉之外，也与中国共产党政治上的幼稚有关。那时，党的领导人大多是30岁左右的年轻人，他们有着满腔革命热情，有着不怕牺牲的献身精神，渴望早日改变备受帝国主义奴役和封建势力压迫的悲惨命运，但对中国国情的复杂性以及由此决定的革命的长期性、艰苦性和不平衡性缺乏足够的认识，总是急于求成，希望革命在短期内取得胜利，结果一次又一次地吃了大亏。

2. 热衷于孤家寡人的策略

面对强大的日军，正确的做法是组织和团聚千千万万民众与一切可能的革命友军，向着日本帝国主义及其走狗发动进攻。然而关门主义却热衷于孤家寡人的策略。

关门主义者完全不懂得利用敌人内部的矛盾，不懂得同敌人营垒中可能和我们合作的成分，建立暂时的联盟，去反对主要的敌人。他们常常自认为“最革命、最彻底”，要打倒一切敌人，打倒一切帝国主义、军阀，打倒一切豪绅、地主、资本家、富农，以至打倒一切在朝在野的反革命派别和黄色工会。关门主义者是“绝不妥协”、“绝不让步”，什么都要打倒，结果将可能的同盟者推到反动营垒中去，加强了敌人的力量。

关门主义者完全不懂得领导群众的艺术。当着群众或者某些派别起来斗争，反对日本，反对现政府时，只要他们的口号纲领不完全和我们党一样，这些同志常常是拒绝参加与援助这些斗争，而是以旁观者的立场，去批评这些斗争、口号和纲领是如何不彻底，是如何在欺骗群众，甚至号召群众去反对他们的领袖。某某人拿出钱来援助反日罢工的工人，这些同志便在群众中宣布这是企图收买工人；某某派提出工农商学兵联合起来抗日，这些同志硬要把“商”字去掉。这样孤家寡人的策略，怎么能使我们党走到广大群众中去？怎么能团结一切可以团结的力量共同抗日？

3. 危害党组织建设的健康发展

关门主义在党内组织问题上也十分严重。害怕小资产阶级与知识分子加入共产党，尤其害怕某些军官及社会上有地位的人入党。党内斗争许多是过分的、机械的。对于一些同志偶犯的错误，关门主义者往往扣上“系统的机会主义”的大帽子。

在“左”倾错误指导下，白区党组织损失惨重。长期领导地下工作的刘少奇愤怒地指出：在严重的白色恐怖情况下，当我们在某些工厂学校创立了我们的组织，积蓄了一些力量时，关门主义与冒险主义是一定要把它弄到塌台的，当我们在反日或某种口号与纲领之下，创立了公开的比较有广泛群众基础的组织时，它不把参加这种组织的群众和其他派别的同盟者完全驱逐出去，弄到这种组织完全不能公开，只剩下几个“布尔什维克”的地步，是不止的。自然，还有根本就不到群众中去，仅仅坐在房子内空叫的关门主义。至于在党内斗争中对于这些事实采取什么态度呢？那就是：把组织基础和工作弄塌台的、把群众和同盟者赶跑了的同志有奖，提升他的工作地位，派他去做更负责的工作；而那些在长期艰苦工作中谨慎将事的、把组织和工作创立起来的同志，倒少有不给他们戴“和平发展”与“右倾机会主义”的帽子，受到打击和撤销工作的处分。这就造成党内许多同志害怕犯右倾错误，故意表示“左”些的现象。结果是助长了关门主义与冒险主义在党内的巩固和发展。①

4. 危害抗日救国大业

关门主义者认识不到统一战线的极端重要性，更不懂得利用敌人内部的矛盾。在对待察哈尔民众抗日同盟军和福建事变的问题上，策略严重失误。

九一八事变后，民族危机日益加深，全国抗日浪潮不断高涨。由此引起了阶级关系的变化，主要表现在民族资产阶级倾向抗日和统治营垒内部的分裂，出现了冯玉祥、蔡廷锴、马占山等抗日的人物。然而，关门主义者看不到这种变化。对于察哈尔民众抗日同盟军这支爱国武装，关门主义者不但不帮助、支持，反而认为冯玉祥同其他军阀“根本没有区别”，他们的抗日呼声只不过“是帮助国民党来维持它们的统治，来使群众不去反对与推翻国民党统治”。他们得出的结论是：“在革命危机迅速成熟的时候，这些派别是最危险的敌人，应该以主要的力量打击这些妥协的反革命派。”当蒋介石于1933年6月对抗日同盟军采取军事行

① 《刘少奇选集》，人民出版社出版1981年版，第31页。

动时，关门主义者不但没有采取争取、支持的态度，反而认为冯玉祥“出卖了抗日同盟军”，指示应在抗日同盟军内部开展阶级斗争，组成反冯统一战线，结果这支仅成立四个月的抗日队伍被蒋介石镇压下去。

北方的抗日同盟军刚刚失败，南方国民党十九路军也在福建举起抗日反蒋的旗帜。十九路军自上海抗战失败后，被调往福建“剿共”，在同红军作战中屡屡受挫，遂联合国民党反蒋派及第三党走上了抗日反蒋之路。1933 年 11 月 20 日发动了福建事变，成立“中华共和国人民革命政府”。不久，福建政府及第十九路军代表同中华苏维埃共和国临时中央政府及工农红军代表在江西瑞金签订了《反蒋反日的初步协定》。这是一个极为有利的机会。但当时占据中央领导地位的关门主义者，不但不给福建人民政府应有的援助，反而以中共中央的名义发出《关于争取十九路军方针的意见书》，指出，必须更努力在士兵群众面前揭露闽军政府领袖消极投降政策，争取“一切愿意继续抗日反蒋的十九路军的革命士兵们与下级官长们反抗你们投降出卖的长官，与红军联合起来”。毛泽东、周恩来、张闻天都提出粉碎敌人进攻的建议，但这些意见没有被关门主义者采纳，反而讥笑这些正确的主张是脱离中央苏区的冒险主义。这样，红军丧失了借助福建事变打破“围剿”的一个绝佳机会。

关门主义的这种“为渊驱鱼，为丛驱雀”，把“千千万万”和“浩浩荡荡”都赶到敌人那一边去，只会博得敌人的喝彩。关门主义实际充当了日本帝国主义和汉奸卖国贼忠顺奴仆的角色。是马克思列宁主义向之掌嘴，而日本帝国主义则向之嘉奖的东西。①

① 《毛泽东选集》第 1 卷，第 155 页。

（三）革命形势的发展变化需要中国共产党转变统一战线策略

中国共产党从工农民主统一战线转变为抗日民族统一战线，原因是复杂的。形势变化是重要动因。

1. **民族矛盾凸显**

发生在1929年的世界性经济危机，使得世界三大矛盾（帝国主义国家之间、帝国主义与殖民地半殖民地之间、资本主义国家内部工人与资本家之间的矛盾）空前尖锐。为了摆脱危机，日本等国政府在对国内人民进行残酷统治和压榨的同时，加快了对外侵略扩张步伐。日本军国主义经过精心策划，在1931年9月18日夜，在沈阳发动了九一八事变。之后，在短短的四个多月内，整个东北百万平方公里的大好河山沦为日本的占领地。

日本能够轻易实现其侵略计划，国民党政府实行“不抵抗”政策是重要原因。同清朝末年的反动统治者一样，蒋介石总是把国内革命人民看作致命的敌人，决心用主要的力量来对付。他认定“外寇不足虑，内匪实为心腹之患”，因此，必须“先清内匪再言抗日”,① 甚至沿用过去中国统治者以夷制夷的故技，幻想依赖国际联盟等西方国家压迫日本撤兵。结果西方搞了个东方“慕尼黑阴谋”，牺牲了中国，助长了日本的侵略野心。

1932年3月，日军把已被废黜的清朝末代皇帝溥仪秘密接到东北，拼凑成立了傀儡政权——伪满洲国。1933年1月，又突然发兵进攻山海关，将侵略魔掌伸入华北。同年3月，关东军司令官武藤信义所部占领热河省会承德，此后直逼长城各口，平津告急，华北震动。

① 《中华民国重要史料初编——对日抗战时期绪编》（三），中国国民党中央委员会党史委员会1981年版，第35页。

1933 年 5 月，国民政府被迫签订了屈辱的《塘沽协定》。这个协定表面上使得华北局势暂时平静下来，但平静的背后潜伏着更大的危机。通过这个协定，日军实际控制了平津一带，华北门户洞开。

日本帝国主义企图灭亡中国，中华民族面临着亡国亡种的大祸，救亡图存已迫在眉睫。民族矛盾凸显，党的反帝反封建的大目标需要调整，包括民族统一战线策略，自然要随着形势的变化而发生改变。

2. 全国性抗日救亡运动勃兴

日本的弱肉强食，强烈地震动了中国社会。各阶层爱国人士看到大片国土迅速沦丧，政府屈辱退让，无不痛心疾首，义愤填膺。一个群众性的抗日救亡运动很快在全国兴起。

工农商学兵各界和知名人士，纷纷发表通电，抗议日本的侵略，要求国民党政府抗日。上海、北平举行各界抗日救国群众大会，参加人数达十几万。南京、天津、北平、汉口、青岛、太原、芜湖、长沙、重庆、桂林、汕头等城市的工人和其他劳动群众，也都以集会请愿、募集捐款、禁售日货等形式，掀起抗日爱国运动热潮。许多城市的工商业者也举行抗日集会，同群众一道开展抵制日货活动，给予日本经济侵略以严重打击。

青年学生发挥了先锋作用。许多城市的大、中学生群情激昂，举行集会游行，发表通电，开展抗日宣传，建立抗日团体，要求国民党政府停止内战，一致对外，武装民众，出兵抗日。学生先是向当地政府请愿，接着派代表或自行结队会集到南京向中央政府请愿。愤怒的学生殴打了外交部长王正廷，迫使蒋介石几次出面接见学生。1931 年 11 月，蒋介石表示“个人决心北上”以欺骗舆论，学生乘机发起“送蒋北上抗日”运动，一时间到南京督促政府出兵的学生有 2 万多人。

在知识界，在民族资产阶级和上层小资产阶级中，许多人发出了要求国民党当局“改弦更张”，抵抗日本，实行民主的呼声。一些本来支持或不反对国民党政府的报刊也发生了变化，指责国民党当局断送了东北三省。

在东北相继兴起为数众多的抗日义勇军。较著名的领导人有黑龙江的马占山、苏炳文，吉林省的李杜、丁超（后于1933年1月投降日军）、王德林、冯占海，辽宁省的黄显声、唐聚五、邓铁梅等。他们领导的斗争给日军以相当大的打击。

中国共产党人看到了人民的呼声与力量，已经认识到，昔日的苏维埃统一战线策略已经很难担负这一重任，需要调整和确立新的统一战线策略，以顺应形势的客观要求。因此，中共中央和中华苏维埃共和国临时中央政府发表宣言、作出决议，号召工农红军和被压迫民众以民族革命战争驱逐日本帝国主义出中国。

3. 合作抗日形势复杂

在民族危机日益严重的形势下，中国合作抗日的形势存在“好”与“不好”的两个侧面：

“好”的侧面。中国共产党高举合作抗日的旗帜，反对蒋介石的“攘外必先安内”的方针，并在建立抗日民族统一战线方面做出有益的尝试。

1933年1月17日，中共驻共产国际代表团根据共产国际执委会第十二次全会精神，以中华苏维埃共和国中央执行委员会主席毛泽东，副主席项英、张国焘和中国工农红军革命军事委员会主席朱德名义发表宣言，首次提出中国工农红军准备在三个条件下同任何武装部队订立共同对日作战的协定。这三个条件是：立即停止进攻苏维埃区域；立即保证民众的民主权利（集会、结社、言论、罢工、出版之自由等）；立即武装民众创立武装的义勇军，以保卫中国及争取中国的独立统一与领土的完整。

1933年1月26日，中共驻共产国际代表团以中共中央的名义发出《中央给满洲各级党部及全体党员的信——论满洲的状况和我们党的任务》（即“一·二六指示信”）。信中指出：日本侵占东北后，“不仅满洲的工人农民苦力小资产阶级（小手工业者，学生，城市贫民）对日本侵略者及其走狗表示极端敌视，而且有一部分的有产阶级直到现在对侵略者抱敌视态度”。因此，要尽可能地造成全民族的反帝统一战线，来聚集和联合一切可能的，虽然是不可靠的动摇的力量，与共同敌人——日本帝国主义进行斗争。指示信在说明对各种游击队的政策时，除继续强调建立下层统一战线外，还提出“在某种程度和范围内，或能实行上层的统一战线”，“与民族资产阶级的某一部分实行统一战线”。

1933 年 5 月 15 日，中共满洲省委扩大会议作出关于接受中共“一·二六指示信”的决议，明确指出“联合一切反日力量，开展反日反帝斗争与反日游击运动”，并建立抗日联合军指挥部，以实现抗日武装的统一战线。①

上述主张表明，中国共产党已经开始调整政策，朝着建立全民族的抗日统一战线迈出了可喜的一步，产生了积极的影响。

以宋庆龄为代表的国民党左派，反对蒋介石集团的独裁统治和国民政府“不抵抗”政策，赞同和宣传中国共产党同任何军队合作抗日的主张。胡适主持的政治性周刊《独立评论》，在 1933 年的第三十五号上发表丁文江的题为《假如我是蒋介石》的文章，批评“不抵抗”政策“是最下流的自杀政策”，建议蒋介石“立刻与共产党商量休战，休战的唯一条件是在抗日期内互不相攻击”。②

中国共产党与冯玉祥为首的抗日同盟军的合作，是当时最有影响的事件。

---

① 中共中央党史研究室：《中国共产党历史第一卷（1921—1949）》上册，中共党史出版社 2011 年版，第 341 页。

② 中共中央党史研究室：《中国共产党历史第一卷（1921—1949）》上册，第 342 页。

九一八事变后，冯玉祥曾多次发出通电，呼吁团结抗日，反对国民政府的“不抵抗”政策。他总结北伐战争后期同中国共产党分裂的教训，谋求同共产党重新合作，并同共产党的北方组织建立了联系。在全国抗日浪潮的推动下，1933 年 5 月 26 日，冯玉祥在张家口成立察哈尔民众抗日同盟军，得到共产党人的大力帮助，也得到群众的广泛支持，很快由数千人发展到 10 万余人。抗日同盟军于 6 月中旬在张家口召开军民代表大会，通过关于同盟军的纲领等决议案。会后，冯玉祥任命吉鸿昌为北路前敌总指挥，方振武为北路前敌总司令，率部迎击日、伪军。6 月下旬至 7 月初，抗日同盟军连克康宝、宝昌、沽源等县，于 7 月 12 日收复多伦，并乘胜收复察哈尔全部失地。人心振奋。

察哈尔民众抗日同盟军后来虽然遭到失败，但中国共产党开创的同部分国民党人局部合作抗日的新局面及其经验，对于推动全国的抗日运动，促进国共两党的合作，产生了积极的影响。

“不好”的侧面。国民政府顽固采取“不抵抗”主义，基本理由是“攘外必先安内，统一方能御侮”。① 蒋介石所谓的安内，主要是继续“围剿”工农红军、镇压抗日爱国力量和排除内部异己分子。所谓的攘外，其实不过是谋求同日本侵略者的妥协。“不抵抗”主义，使得日本法西斯军队骄横无比，占领了中国大片领土，烧杀抢掠，横征暴敛，人民怨声载道。因此，千方百计促使国民政府改弦更张，已经成为中国共产党人义不容辞、迫切需要解决的问题。

这些“好”与“不好”的侧面，奠定了中国共产党转变统一战线策略的重要基础。中国共产党转变策略，促使“好”的一

① 张其昀主编：《先“总统”蒋公全集》第 1 册，台湾中国文化大学出版部 1984 年版，第 626 页。

面“更好”；促使“不好”的一面往“好”的方面转变。换言之，就是促使蒋介石政府改邪归正，真正实现全民族的抗战。

历史表明，在日本大举入侵东北以后，中国的政治形势已开始发生深刻的变化。日本帝国主义已成为中华民族的首要敌人，反对日本的侵略已是中国各族人民的共同要求。一切不愿做亡国奴的阶级、阶层都有可能参加到这一革命斗争中来，民族革命的阵营将空前扩大。中国革命正在进入一个新的阶段。根据变化的形势，制定统一战线的新策略已是形势所需。

二、《八一宣言》：党的统一战线策略转变的发端

共产国际的七大对于中国共产党统一战线策略的转变起到了重要的推动作用。

（一）共产国际第七次代表大会

20 世纪 30 年代初期，形成了亚洲和欧洲两个战争策源地，世界面临着法西斯血腥统治和战争威胁。各国人民在极端困难条件下，为反对法西斯主义进行了艰苦卓绝的英勇斗争。在新形势下，为动员和组织工人阶级和广大人民群众制止法西斯势力的猖狂进攻，制定反对法西斯侵略的斗争纲领和策略，共产国际从 1933 年下半年起开始筹备第七次代表大会。

经过长期的筹备，共产国际第七次代表大会于 1935 年 7 月 25 日至 8 月 20 日在莫斯科举行。510 名代表出席大会，他们来自 65 个共产党和一些同共产国际有联系的国际组织。中国共产党代表王明、康生、孔原、吴玉章（化名王荣）、高自立（化名周和生）、饶漱石（化名梁朴）、欧阳生（化名沈之生）、滕代远（化

名李光）、张浩、赵毅、宋一平等20多人出席了大会。①

季米特洛夫向大会作了《关于法西斯的进攻以及共产国际在争取工人阶级团结起来反对法西斯的斗争中的任务》的报告，大会批准了季米特洛夫的报告。8月20日通过了《关于法西斯主义、工人阶级的团结和共产国际的任务的决议》。

共产国际第七次代表大会的报告和决议，十分清晰地勾画出了共产国际制定的世界反法西斯统一战线的轮廓；在欧洲，联合包括社会民主党在内的一切反法西斯力量，全力反对法西斯德国的侵略扩张；在中国，联合一切抗日的进步力量，建立抗日民族统一战线。共产国际希望，世界反法西斯统一战线的建立，将能遏制德国和日本的侵略扩张，解除法西斯对苏联、对国际共产主义运动以及对全人类的严重威胁，并为彻底消灭法西斯主义创造条件。

共产国际的第七次代表大会选举了斯大林、季米特洛夫、皮克、库西宁、曼努伊尔斯基等46人为共产国际执行委员会委员，其中有中国共产党人毛泽东、周恩来、王明、张国焘；选举了博古、康生等33人为候补执行委员，周合生等20人为共产国际监察委员会委员。会后，王明等当选为共产国际执行委员会主席团委员，康生等当选为主席团候补委员；季米特洛夫被选为共产国际执委书记处书记，陶里亚蒂、曼努伊尔斯基、库西宁等6人为书记，王明等为候补书记。②

共产国际第七次代表大会是共产国际最后一次代表大会。这

① 黄修荣：《共产国际与中国革命史》下册，中共中央党校出版社1989年版，第193页。

② 黄修荣：《共产国际与中国革命史》下册，第202页。

次大会适应了形势的发展，改变了在“第三时期理论”① 指导下的“左”倾政策，实现了革命战略的转变。

这次代表大会作出的关于建立反法西斯人民阵线和反帝民族统一战线的决策，基本精神是正确的，解决了当时世界反法西斯斗争面临的重大问题，对中国共产党抗日民族统一战线政策的形成，起了重要的推动作用。不过，这次代表大会也存在一些不足之处。如不适当地强调共产党要同社会民主党联合为统一政党，没有充分说明统一战线中各阶级政治立场上的差别，没有具体分析统一战线中各政治派别的不同主张、路线和要求，没有强调无产阶级政党的独立自主原则。这些不足后来为右倾机会主义者所利用，在中国也产生了不良影响。

（二）《八一宣言》的基本内容

根据共产国际第七次代表大会制定的建立广泛的反法西斯统一战线的方针，由中国共产党驻共产国际代表团起草并得到共产国际赞同的《中国苏维埃政府、中国共产党中央为抗日救国告全体同胞书》（即《八一宣言》），于1935年10月1日，以中华苏维埃共和国中央政府和中国共产党中央委员会的名义，在法国巴黎的中文《救国报》上正式发表。

早在共产国际第七次代表大会召开之前，吴玉章等在莫斯科得知“何梅协定及平津日寇屠杀我爱国人民及上海《新生》事件

① 在共产国际1928年7月召开的第六次代表大会上，布哈林作了关于《国际形势和共产国际的任务》的报告，提出了著名的“第三时期理论”，把第一次世界大战以来的国际政治形势划分为三个时期：第一时期是资本主义制度处于严重危机，无产阶级采取直接革命行动时期；第二时期是资本主义制度渐趋稳定，资本主义经济复兴时期，无产阶级革命进行自卫斗争时期；第三时期是世界资本主义经济迅速发展，资本主义内部矛盾愈演愈烈时期，此时正处于第三时期，资本主义的尖锐矛盾形成了“新的革命高潮”和资本主义即将“崩溃”的时期。这种判断是错误的，实践证明是“左”的理论。

等难忍的消息”，[①] 便给在苏联南部休养的王明发出急电，催他速回莫斯科，共商对策。

对于共产国际的负责人季米特洛夫等提出战略转变的问题，王明起初并不理解，仍认为右倾是国际共产主义运动中的主要危险，经过会议的帮助才改变了观点。他回到莫斯科后，接受了吴玉章等人的提议，根据共产国际新的战略方针，用四天的时间起草了《中国苏维埃政府、中国共产党中央为抗日救国告全体同胞书》的初稿。经过反复讨论，正式定稿。最后，由王明译成俄文，经斯大林和季米特洛夫审阅后正式发表。

《中国苏维埃政府、中国共产党中央为抗日救国告全体同胞书》标志着中国共产党的政策开始重大转变。主要内容有以下三个部分：

第一，揭露了日本帝国主义要把中国变为它的殖民地的侵略野心，指出了中华民族面临亡国灭种的严重形势，抗日救国是全国人民面临的首要任务。文献指出：“日本帝国主义加紧对我们进攻，南京卖国政府步步投降，我北方各省又继东北四省之后而实际沦亡了！”该文献沉痛地指出，田中奏折所预定的灭亡我国的毒计，正在实行，中国的“领土一省又一省地被人侵占，人民千万又千万地被人奴役，城村一处又一处地被人血洗，侨胞一批又一批地被人驱逐，一切内政外交处处被人干涉，这还能算什么国家?！这还算什么民族?！”文献认为，蒋介石等卖国贼是民族的败类，他们的“不抵抗”政策是导致祖国大好河山沦丧的根源。该文件抓住了当时中国社会的主要矛盾，把斗争的锋芒直指日本帝国主义的侵略和蒋介石集团的投降卖国政策，强调了抗日救国是中国人民面临的最重要的任务，公开号召“工农军政商学各界男女同胞”，“为民族生存而战”，“为国家

---

① 《吴玉章自传》，载《历史研究》1981年第4期。

独立而战!”

第二，指出应当立即停止内战，集中一切国力去为抗日救国的神圣事业而奋斗，号召建立广泛的抗日反蒋统一战线。该文件认为九一八事变后中国抗战屡遭失败的一个重要原因，“一方面是由于日寇蒋贼的内外夹攻，另方面是由于各种抗日反蒋势力互相之间存在有各种隔阂和误会，以致未能团结一致。”因此，它呼吁：“无论各党派间在过去和现在有任何政见和利害的不同，无论各界同胞间有任何意见上或利益上的差异，无论各军队间过去和现在有任何敌对行动，大家都应当有‘兄弟阋于墙外御其侮的真诚觉悟，首先大家都应当停止内战，以便集中一切国力（人力、物力、财力、武力等）去为抗日救国的神圣事业而奋斗。”这个主张扩大了抗日民族统一战线的范围，不再满足于下层统一战线，开始注意到上层，不再局限于一部分军队的联合，开始号召一切抗日的党派、团体、阶级和阶层（除蒋介石等少数人之外），实行抗日的大联合。这种主张开始冲破关门主义的小圈子，符合马克思主义的策略原则。

第三，提出了中国共产党的政治主张：“组织全中国统一的国防政府”，“组织全中国统一的抗日联军”。该文件表示，苏维埃政府和共产党愿意作成立这种国防政府的发起人，苏维埃政府愿意立刻与中国一切愿意参加抗日救国事业的各党派、各团体、各名流学者，以及一切地方军政机关进行谈判共同成立国防政府问题。该文件认为，“国防政府，应该作为救亡图存的临时领导机关”；应当设法召集各方面的民主条件下选出的真正代表全体同胞利益的代表，“更具体地讨论关于抗日救国的各种问题”。它表示：“苏维埃政府和共产党绝对尽力赞助这一全民代表机关的号召，并绝对执行这一机关的决议。”它还提出十条方针作为国防政府的施政纲领。至于抗日联军的问题，文件认为，“抗日联军应由一切愿意抗日的部队组合而成，在国防政府领导之下，组成统一的抗日联军总司令部”，它表示“红军绝对首先加入联军，以尽抗日救国的天职”。①

《中国苏维埃政府、中国共产党中央为抗日救国告全体同胞书》的上述思想，显然要比 1933 年 1 月 17 日发表的《为反对日本帝国主义侵入华北愿在三条件下与全国各军队共同抗日宣言》，以及 1934 年 4 月 20 日中共中央以中国民族武装自卫委员会筹备会名义提出的《中国人民对日作战的基本纲领》所阐述的思想大大前进了一步。它具有以下几个特点：第一，突出了中日民族矛盾，提出了抗日救国的口号，抛弃了打倒一切帝国主义、武装保卫苏联等不切实际的主张。第二，虽然点名批判了蒋介石，但没有把打倒蒋介石推翻国民党政府作为进行抗日民族战争的前提。第三，抛弃了只要下层统一战线的主张，提出了建立上、下层都包括在内的统一战线，并把地主、资产阶级、各种军队都作为统战对象。第四，提出了建立统一战线的组织形式——国防政府和抗日联军，并以十大纲领作为抗日民族统一战线的基础。

这个文件也存在一些缺点，如仍要求把国内革命战争同民族革命战争结合起来；对九一八事变发生后中国各阶级、各党派对抗日的态度缺乏具体的、深入的分析；没有提出促进一切抗日阶级和党派团结合作的具体政策，只是一般地提出团结抗日的号召。

1935 年 8 月 25 日至 27 日，在苏联召开了中共驻共产国际代表团会议，讨论在中国建立反帝统一战线问题。王明在会上作了《为争取建立反帝统一战线和中国共产党的当前任务》的报告，指出：在当前中国的具体情况下，革命力量应进行反对日本帝国主义和南京政府的斗争，但中国人民的主要敌人是日本帝国主义；蒋介石只要真正停止反对红军的战争并调转枪口去反对日本

① 中共延安市委统战部组编：《延安时期统一战线史料选编》，第 3—7 页。

帝国主义，也不排除与之建立统一战线的可能性。①

1935年10月，共产国际执行委员会书记处开会，进一步讨论了中国的局势和抗日民族统一战线问题。这次会议特别强调要"团结一切反帝、抗日的力量，并且批评了中国共产党采取的剥夺富裕农民和商人的某些步骤，在中国斗争的现阶段中，这些步骤只会阻碍广泛的反帝统一战线的建立"。②

《八一宣言》和中共驻共产国际代表团会议，突出中日民族矛盾，提出抗日救国的政治主张，初步纠正了"左"倾关门主义，扩大了抗日统一战线阵营的范围。这表明中国共产党的政治策略开始发生新的转变。③

（三）《八一宣言》传入国内及其影响

《八一宣言》公布之时，中共中央还在长征的途中，并未获悉。但从日本正在实行灭亡中国的严峻形势出发，中共中央开始考虑建立抗日民族统一战线的问题。

1935年10月，中国共产党发出《中央为目前反日讨蒋的秘密指示信》。这封信指出，日本帝国主义正在实行灭亡中国的计划。"因此全中国人放在面前唯一救国自救的出路，只有抗日，抗日则生，不抗日则死，抗日则做人，不抗日则做亡国奴。"这封信认为，"日本帝国主义及其走狗蒋介石是中国革命的主要敌人。抗日讨蒋是目前中国唯一的出路，是中国共产党目前工作中最主要的任务。"基于这种认识，中国共产党制定的"总的策略

---

① 库库什金：《共产国际和中国共产党的抗日民族统一战线策略》，转引自《共产国际与中国革命》，四川人民出版社1987年版，第325页。

② ［苏联］马克思列宁主义研究院中央党务档案馆，495/18/1014/276—278，转引自索波列夫等：《共产国际史纲》，人民出版社1985年版，第441页。

③ 中共中央党史研究室：《中国共产党历史第一卷（1921—1949）》上册，第412页。

方针是进行广泛的统一战线，这就是说党要联合一切抗日讨蒋的力量来打倒日本帝国主义消灭蒋介石。”这封信提出的统一战线的范围十分广泛。从阶级上讲，“不管什么阶级（从工农起资本家止），若果他们不愿做亡国奴，愿尽一点救中国的义务，中国共产党愿与之联合以共同策谋抗日反蒋行动”；从政党讲，“不管什么党（自生产党至社会党，民主党，国家主义派止），若果他们愿意做任何反日反蒋的活动，有一点救国救亡的情绪时，中国共产党都愿意很诚意诚恳的与之统一战线以共同担负起救中国的责任。”①

这封指示信批评了党内存在的“左”倾关门主义，比较全面地提出了中国共产党抗日民族统一战线的策略思想。这封指示信有反蒋的内容，是可以理解的，因为国民党军队仍然在拼命“围剿”红军；该信也没有涉及抗日民族统一战线的组织形式——国防政府、抗日联军。但该信基本上解决了长期被“左”倾教条主义者拒之门外并被当作主要打击对象的中间阶级的策略问题。

1935年10月9日，中央红军由甘肃进入陕北，20日抵达吴起镇。中共中央抵达陕北不久，于11月13日发表了《中国共产党中央委员会为日本帝国主义并吞华北及蒋介石出卖华北出卖中国宣言》。这个宣言是在不了解共产国际第七次代表大会精神的情况下发表的。它认为当前“不反对日本帝国主义，我们无法打倒蒋介石国民党，不打倒蒋介石国民党，我们也无法停止日本帝国主义的侵略”。② 这个宣言主张“一切抗日反蒋的中国人民与武装队伍，不论他们的党派、信仰、性别、职业、年龄有如何的

① 中央档案馆编：《中共中央文件选集》第10册，中共中央党校出版社1991年版，第561—566页。

② 中央档案馆编：《中共中央文件选集》第10册，第574页。

不同，都应该联合起来，为打倒日本帝国主义与蒋介石国民党而血战！”①

共产国际第七次代表大会召开后，共产国际为了恢复同中共中央的联系，传达大会的精神，决定派张浩（林育南）从苏联回国。他装扮成商人经蒙古人民共和国入境，于11月到达陕北定边。之后，张浩由边区赤卫队护送到达中共中央所在地瓦窑堡。他“带回了季米特洛夫在共产国际第七次代表大会上作的关于建立反法西斯统一战线的报告，向我党中央传达了共产国际和中共代表团关于建立统一战线的意见，并带回了与共产国际进行电台联络的密码。”② 共产国际关于建立反法西斯统一战线的方针政策，符合中国革命当时所面临的复杂形势，受到中国共产党人的欢迎。当时，毛泽东、周恩来等中共中央主要领导人还在直罗镇指挥作战。张闻天明确表示赞同共产国际的新政策。同时，张闻天于25日、28日给毛泽东写信，传达了共产国际的新策略和《八一宣言》的内容。

共产国际七大战略策略的转变，对中国共产党抗日民族统一战线策略方针的制定，起了积极的推动作用。11月28日，中共中央以中华苏维埃共和国中央政府主席毛泽东、中国工农红军革命军事委员会主席朱德的名义，发表了与《八一宣言》内容基本相同的《中华苏维埃共和国中央政府、中国工农红军革命军事委员会抗日救国宣言》。该“宣言”郑重宣布，“不论任何政治派别、任何武装队伍、任何社会团体、任何个人类别，只要他们愿意抗日反蒋者，我们不但愿意同他们订立抗日反蒋的作战协定，而且愿意更进一步的同他们组织抗日联军与国防

① 中央档案馆编：《中共中央文件选集》第10册，第575页。

② 李维汉：《回忆张浩回国的一点情况》，载《张浩纪念集》，上海人民出版社1986年版，第21页。

政府。"[①] 这个"宣言"建议各方人士，立刻互派代表，协商具体办法。

12 月 8 日，周恩来回到瓦窑堡。同时，毛泽东离开前线，于 13 日抵达瓦窑堡。张浩向他们"传达了共产国际第七次代表大会的精神。接着，党中央在瓦窑堡召开了政治局会议，确定了抗日民族统一战线的政策"。[②]

此时，在国民党统治区，一切公开出版的报刊都不允许宣传抗日。《八一宣言》是经过在巴黎出版的《救国报》和莫斯科出版的《国际新闻通讯》等报刊，传到北平、上海等地的。《八一宣言》连同中共中央 11 月 13 日、28 日的两个"宣言"，在社会各阶层中引起强烈的反响，极大地鼓舞了广大青年学生和知识分子的抗日救国热情，许多学生读到宣言后，觉得"找到了抗日救国的出路"，[③] "如濒临死亡的人突然获救一般，高兴得夜不成寐"，[④] "觉得政治上有了方向，目标明确，行动更坚决了"。[⑤]《八一宣言》有力地推动了全国抗日救亡运动的高涨，促使中国共产党统一战线策略的转变。

三、红军长征的胜利及其对统一战线策略转变的促进

红军二万五千里长征意义重大而深远。作为人类历史的奇

---

① 中央档案馆编：《中共中央文件选集》第 10 册，第 588 页。

② 王鹤寿等：《忠心为国，虽死犹荣》，载《张浩纪念集》，上海人民出版社 1986 年版，第 9 页。

③ 《一二九运动回忆录》第 1 集，人民出版社 1982 年版，第 4—5 页。

④ 《一二九运动回忆录》第 1 集，第 215—216 页。

⑤ 《上海文史资料选辑》第 1 辑，上海人民出版社 1981 年版，第 51 页。

迹，为抗日战争、包括为党的统一战线策略转变作了多方面的准备和促进。

（一）中央红军抵达陕北，三大主力红军会师，胜利完成长征

红军的长征发生在1934年10月—1936年10月之间，共产党领导的红一方面军、红二方面军、红四方面军和红二十五军分别从各苏区向陕甘苏区战略撤退和转移。其中红一方面军行程2.5万里，因此长征又常被称作二万五千里长征。

这一惊天动地的革命壮举，是中国共产党和红军谱写的壮丽史诗，是中华民族伟大复兴历史进程中的巍峨丰碑。[①] 中国工农红军的三大主力在极端艰难的条件下，先后进行了战略大转移。第一方面军1935年10月19日，到达陕北吴起镇，同红十五军团会合。1936年10月，红二、四方面军先后同红一方面军在甘肃会宁、静宁将台堡（今属宁夏回族自治区）会师。至此，三大主力红军的长征胜利结束。长征历时之长、规模之大、行程之远、环境之险恶、战斗之惨烈，在中国历史上是绝无仅有的，在世界战争史乃至人类文明史上也极为罕见。

正如毛泽东所宣称的那样，“长征是宣言书，长征是宣传队，长征是播种机”，“长征是以我们胜利、敌人失败的结果而告结束”。[②] 长征用铁的事实表明，中国共产党和中国工农红军具有战胜任何困难的无比坚强的生命力，他们是国内外任何反动势力所不可战胜的。

---

① 习近平：《在纪念红军长征胜利80周年大会上的讲话》，2016年10月21日。

② 《毛泽东选集》第1卷，第150页。

（二）红军长征的胜利为党的统一战线策略转变创造了条件

红军的长征，是中国革命化险为夷、转危为安、由挫折走向胜利的伟大转折，是从第五次反“围剿”失败转变到抗日战争兴起的关键。“长征一完结，新局面就开始。”① 红军长征的胜利，为抗日战争、为党的统一战线策略转变做了多方面的准备。

1. 铸就了伟大的长征精神

长征这一人类历史上的伟大壮举，留给我们最可宝贵的精神财富，就是中国共产党人和红军将士用生命和热血铸就的伟大长征精神。

伟大长征精神，就是把全国人民和中华民族的根本利益看得高于一切，坚定革命的理想和信念，坚信正义事业必然胜利的精神；就是为了救国救民，不怕任何艰难险阻，不惜付出一切的牺牲精神；就是坚持独立自主、实事求是，一切从实际出发的精神；就是顾全大局、严守纪律、紧密团结的精神；就是紧紧依靠人民群众，同人民群众生死相依、患难与共、艰苦奋斗的精神。

伟大长征精神，是中国共产党人及其领导的人民军队革命风范的生动反映，是中华民族自强不息的民族品格的集中展示，是以爱国主义为核心的民族精神的最高体现。伟大长征精神，作为中国共产党人红色基因和精神谱系的重要组成部分，已经深深融入中华民族的血脉和灵魂，成为鼓舞和激励中国人民不断攻坚克难、从胜利走向胜利的强大精神动力。这一强大的精神动力，直接推动了党的统一战线及时的转变，推动了抗日战争的胜利。

2. 奠定了稳固战略总后方

红军长征的胜利，实现了中国革命的大本营从东南到西北的

---

① 《毛泽东选集》第1卷，第150页。

转移，扩大和巩固了西北根据地，为中国共产党转变统一战线策略及其指导抗日战争奠定了稳固的战略总后方。

在工农红军长征之前，以中央苏区为中心的南方农村革命根据地是中国革命的战略大本营。由于国民党连续对农村革命根据地发动军事“围剿”，加上党内“左”倾教条主义的错误，导致第五次反“围剿”的失败和革命大本营的丧失。在长征途中，党中央曾经多次改变长征落脚点，最终决定在陕北建立新的革命大本营。1935 年 10 月党中央和中央红军到达陕北后，立即停止和纠正了西北根据地的“肃反”错误，并在直罗镇战役中粉碎了国民党的军事“围剿”，“给党中央把全国大本营放在西北的任务，举行了一个奠基礼”[①]。之后，党中央和红军东征山西，西征二马（马步芳与马鸿奎），壮大了革命力量，扩大和巩固了西北根据地。到 1936 年 10 月三大红军主力会师前夕，西北根据地得到了较大的发展，实现了中国革命大本营从东南到西北的战略大转移，奠定了抗日战争时期陕甘宁边区的基础，为中国共产党转变统一战线策略及其指导抗日战争奠定了稳固的战略总后方。同时，红军实行的战略大转移，解除了国民党统治的心腹之患和后顾之忧，使蒋介石认为“赤祸已不足为患”，开始准备对日战争，在外交上对日态度逐渐强硬，为中国共产党抗日民族统一战线政策的形成提供了外部条件。

3. 做了重要组织准备

红军长征以前及长征初期，中国共产党的中央都不是成熟的领导集体。党的领导人要么犯右的错误，要么犯“左”的错误。1935 年 1 月召开的遵义会议，改组了中央领导机构，选举毛泽东为中央政治局常委，结束了“左”倾教条主义的统治（取消在长征前成立的“三人团”：李德、博古、周恩来），仍由朱德、周恩

① 《毛泽东选集》第 1 卷，第 150 页。

来为军事指挥者，而周恩来是党内委托的对于指挥军事下最后决心的负责者。此后，在红军转战途中，2 月 5 日在川滇黔交界的一个鸡鸣三省的村子，中央政治局常委分工，根据毛泽东的提议，决定由张闻天代替博古负总责（习惯上也称之为总书记）；决定以毛泽东为周恩来在军事指挥上的帮助者，博古任总政治部代理主任。3 月 4 日，中革军委在第二次进驻遵义后设置前敌司令部，以朱德为司令员，毛泽东为政治委员。其后，鉴于作战情况瞬息万变，指挥需要集中，毛泽东提议成立“三人团”全权指挥军事。3 月中旬，在贵州鸭溪、苟坝一带，成立了由毛泽东、周恩来、王稼祥为成员的新的“三人团”，以周恩来为团长，负责指挥全军的军事行动。在战争环境中，这是中央最重要的领导机构。虽然毛泽东在此时还不是党的总负责人，但是他被选为中央政治局常委和三人军事小组成员，表明他已经进入党中央和红军的领导核心。由于毛泽东是中国共产党人努力把马克思主义与中国革命实际相结合的杰出代表，由于党中央和红军的其他领导周恩来、张闻天、王稼祥等都很尊重毛泽东的意见，因此，遵义会议事实上确立了毛泽东在党中央和红军的领导地位，遵义会议后逐渐形成了以毛泽东为核心的第一代领导集体。

红军长征的胜利，是中国革命转危为安的关键。毛泽东说过：“我们的军事力量在长征前曾经达到过三十万人，因为犯错误，后来剩下不到三万人，不到十分之一。重要的是在困难的时候不要动摇。三万人比三十万人哪个更强大？因为得到了教训，不到三万人的队伍，要比三十万人更强大。”① 这些保存下来的力量，经历了千锤百炼，是党和红军的极为宝贵的精华。中国共产党正是依靠这支队伍作基干，使革命力量逐步恢复、发展、壮大，直到取得全国的胜利。

---

① 《毛泽东文集》第 8 卷，人民出版社 1999 年版，第 174 页。

成熟的党的领导集体和久经考验的军队，是保证中国共产党成为抗战先锋、中流砥柱的决定性因素。而这两个条件的具备，才能从主观、组织上保证统一战线策略的更新。

4. 奠定了思想基础

中国共产党在长征以前，对于中国国情、中国革命的特点和中国革命的规律还懂得不多，还不善于把马克思主义与中国革命实际相结合，甚至出现把马克思主义教条化，把共产国际决议和苏联经验神圣化的倾向，使中国革命几乎陷于绝境。红军长征前夕，党中央与共产国际的电台联系中断，为中国共产党在长征途中实事求是、独立自主地处理问题创造了客观条件。

在没有共产国际的干预下，中国共产党召开了遵义会议，否定了“左”倾教条主义的军事路线，确立了以毛泽东为代表的正确军事路线。这是中国共产党思想路线的重大转变。从此，中国共产党才开始摆脱教条主义的束缚，在更深刻的意义上认识到中国革命必须从中国国情出发，走自己的路。

由于在长征途中开始形成了一条马克思主义的正确路线，在抗日战争中，中国共产党才能克服“左”、右倾错误，特别是王明右倾投降主义错误，正确处理民族矛盾和阶级矛盾的关系，正确制定和执行抗日民族统一战线的政策。如果没有党的实事求是、独立自主的思想路线，就没有抗日战争时期党和军队的大发展，就没有全民族抗战的胜利，而这个思想路线，正是在长征途中开始形成的。

5. 奠定了政治基础

九一八事变后，中国共产党就明确提出了抗日的方针。但由于“左”倾教条主义的错误领导，这个方针一直没有实现。遵义会议后，红军摆脱了国民党军队的围追堵截，逐步确立了北上抗日的行动方针。在 1935 年 9 月召开的俄界会议上，党中央就提出向北进攻，在抗日前线的西北部地区建立抗日苏维埃根据地的方针。在9月下旬召开的榜罗镇会议上，提出了“陕甘根据地是抗日的前线，我们要到抗日的前线去”。[①] 这样，“北上抗日”成为红军长征后期十分明确的主张和目标。而红军长征胜利到达陕北，标志北上抗日方针的逐步实现。1935年召开的瓦窑堡会议，批判了“左”倾关门主义错误，决定建立抗日民族统一战线。

红军长征的胜利，实现了中国共产党北上抗日的方针，推动了抗日民族统一战线政策的形成，为实现党的统一战线的转移、第二次国共合作和全民族团结抗战奠定了政治基础。

四、动员全民族抗战的一二·九运动

由于中国民族危机的进一步加深，中国共产党领导的北平学联成功组织发动了大规模的一二·九抗日爱国运动，为中国共产党抗日民族统一战线策略的制定准备了重要条件。

（一）华北事变与一二·九运动爆发

日本占领中国东北以后，随即开始入侵中国华北地区。1935年，日本在华北制造一系列事端，向中国政府提出使华北政权“特殊化”的要求。国民党政府在河北、察哈尔两省的主权大部分丧失，华北成为日本可以自由出入的“真空地带”。接着，日本又策动华北五省（河北、察哈尔、绥远、山西、山东）两市（北平、天津）“防共自治运动”，制造傀儡政权。这就是华北事变。华北事变使得中日民族矛盾进一步激化。

面对日本帝国主义的猖獗，国民党政府却将其军队的主力用于“围剿”工农红军，对日本实行妥协退让。国际联盟和英美等

① 转引自《天津社会科学》1993年第2期，第93页。

国政府则采取对日姑息、纵容的政策。这就使日本对中国的侵略计划步步得逞。从关外到关内，中国人民遭受日本侵略者的残酷蹂躏，而大大小小的汉奸卖国贼，仗势欺人，狐假虎威。此时有人描绘这种情景说："爱国有罪，冤狱遍于国中；卖国有赏，汉奸弹冠相庆。"中华民族陷入空前严重民族危机。

在中国共产党关于救亡图存、全民抗战的号召和中共地下组织的领导下，1935 年 12 月 9 日，北平学生举行声势浩大的抗日游行，喊出"反对华北自治"、"打倒日本帝国主义"、"停止内战，一致对外"等口号，遭到国民党军警镇压。12 月 16 日，北平学生和市民 1 万多人在天桥召开市民大会。会后，举行了更大规模的示威游行。由此开始的一二·九运动迅速波及全国。随后全国许多大中城市的学生和工人纷纷举行罢课和罢工，声援北京学生的反日爱国运动。上海和其他地方的爱国人士和爱国团体也纷纷成立各界救国会，要求停止内战，出兵抗日，从而使抗日救亡斗争迅速发展成为全国规模的群众运动。一二·九运动促进了中华民族的觉醒，标志着中国人民抗日救亡运动新高潮的到来。

（二）一二·九运动为党的统一战线策略转变做了重要准备

关于一二·九运动的伟大意义，毛泽东在 1939 年 12 月 9 日一二·九运动四周年的时候有过一次精彩的演讲。这篇讲话的主题是：一二·九运动"是伟大抗日战争的准备"。[①] 如从为中国共产党抗日民族统一战线策略的制定做准备的角度看，可以细化为四点：

① 《毛泽东文集》第 2 卷，人民出版社 1993 年版，第 252 页。

1. 为抗战准备了进步与正义

一二·九运动与五四运动一样伟大，是“中国历史上的一个非常重要的纪念”。

它的进步性体现在：一二·九运动是一场伟大的爱国运动。它公开揭露了日本吞并华北进而侵略全中国的阴谋，公开揭露了国民党政府妥协退让政策，公开显现广大爱国青年、爱国知识分子、广大人民群众的爱国热情。广大青年学生起来反对当局对他们的压迫，反对日本帝国主义侵略中国，要求停止内战一致抗日。这个运动轰动了全国。它配合红军北上抗日行动，使抗日救亡运动成为全国性的运动。

一二·九运动和五四运动，两者的意义同样伟大。五四运动为北伐战争做了准备。五四运动以后，产生了中国共产党，促成了第一次国共合作，掀起了五卅运动，发动了北伐战争，造成了第一次大革命。一二·九运动同样为伟大抗日战争做了准备，成为动员全民族进行团结抗战的运动。一二·九运动之后，中国共产党制定了全民族统一战线的策略，实现了第二次国共合作，取得了抗日战争的伟大胜利。

2. 为抗战准备了和平与团结

一二·九运动是一场促进了国内和平和“动员全民族抗战的运动”，使得蒋介石政府不得不放弃“剿共”政策而准备抗战。

一二·九运动是在军事“围剿”和文化“围剿”双管齐下的情况之下发生的。红军的长征打破敌人的军事“围剿”，北京青年学生进行的一二·九运动冲破文化“围剿”，国民党两个“围剿”的政策都破产了，为中国共产党抗日民族统一战线策略的制定准备了重要环境条件。

一二·九运动促进了国内和平和对日抗战。一二·九运动以后，国民党政府只打共产党不打日本帝国主义的办法行不通了，不得不放弃“剿共”政策而走上准备抗战的路，这就开了国民党的三中全会，抗日民族统一战线也就在事实上宣告成立。

3. 为抗战准备了人心与民意

民心思变是一二·九运动发生和扩展的基础和结果。一二·九运动证明黑暗势力对青年学生长期进行反共教育的失败，证明思想解放已经成为中国人民的潮流。全民族团结抗战已经成为当时全中国人民的民心与民意。

一二·九运动证明，全国老百姓是不好再欺骗了。大多数人反抗压迫；要求抗战，反对投降；要求团结，反对分裂；要求进步，反对倒退。这种思想和认识，为中国抗战准备了思想基础。

4. 为抗战准备了骨干与道路

一二·九运动为抗日战争培养了众多的生力军与干部，为抗日战争指明了团结的途径与正确的道路。

没有共产党作骨干，一二·九运动是不可能发生的。首先是《八一宣言》给了青年学生明确的政治方针；其次是红军到了陕北，配合了北方的救亡运动；再次是共产党北方局和上海等地党组织的直接领导。这样，才使一二·九运动在全国开展起来，形成全民族的救亡运动。而运动的领导者和大批年轻人，经受了锻炼和考验，后来绝大部分成为抗日战争的精英与生力军，为抗日战争胜利和中国革命事业成功，做出了杰出贡献。一二·九运动为中国共产党发起抗日民族统一战线，力争成为抗日战争的台柱子（先锋队和中流砥柱）积累了经验，奠定了组织基础。

一二·九运动表明，知识分子只有与工人、农民相结合，才会有巨大的力量。因此，一二·九运动后，知识分子同广大的工农群众相结合，同革命武装队伍相结合。这是一二·九运动提供的又一成功经验和克敌制胜道路。

总之，正如毛泽东所说：一二·九运动是“中国历史上的一个非常重要的纪念”，“它准备了抗战的思想，准备了抗战的人心，准备了抗战的干部。”①

五、瓦窑堡会议：抗日民族统一战线策略的制定

瓦窑堡会议是中国共产党从十年内战到抗日战争的伟大转变时期召开的一次极为重要的会议。会议解决了遵义会议上来不及解决的政治路线问题，是遵义会议的继续和发展。会议提出和决定实施的抗日民族统一战线策略，在中共中央延安13年统战工作史上具有里程碑的意义。

（一）瓦窑堡会议概况

瓦窑堡会议是在中华民族危机日益严重，抗日救亡运动不断高涨的形势下召开的。会议主要任务是对国内形势作出正确的分析，制定党在新形势下的政策和策略，纠正严重存在的“左”倾关门主义。

为了成功召开瓦窑堡会议，中共中央做了许多认真的准备。

1935年11月，毛泽东、周恩来亲自指挥了直罗镇战役，粉碎了敌人对陕甘根据地的第三次“围剿”，为党中央和红军在西北建立和扩大根据地，推动全国抗战，举行了一个奠基礼。

11月7日，中共中央机关从吴起镇迁到瓦窑堡。

11月13日，中共中央发出《为日本帝国主义并吞华北及蒋介石出卖中国宣言》。此时，张浩还没有到达瓦窑堡。中共中央在该“宣言”中虽没有明确提出建立抗日民族统一战线的主张，但要求各种力量联合起来。

---

① 《毛泽东文集》第2卷，第253页。

11月29日，中共中央举行政治局会议。毛泽东、周恩来尚在前线，没有参加会议。张浩已来到瓦窑堡。会议根据共产国际七大的精神和中国面对的现实，着重讨论了抗日民族统一战线问题。与会者认为尽快实行广泛的抗日统一战线策略是当务之急，甚至提出“对上层统一战线，我们都要争取。”① 张浩带来的共产国际七大的精神与这次会议的内容，张闻天均向毛泽东、周恩来进行了通报。

12月13日，毛泽东、周恩来回到瓦窑堡。从17日至25日，中共中央在陕西省安定县（今子长县）瓦窑堡召开了政治局扩大会议（即瓦窑堡会议）。

与会的政治局委员、候补委员和其他有关人员有毛泽东、张闻天、周恩来、王稼祥、刘少奇、博古、彭德怀、邓发、凯丰、李维汉、吴亮平、张浩、杨尚昆和郭洪涛等十多人，共产国际军事顾问李德也参加了会议。张闻天主持会议。会议着重讨论了全国的政治形势和党的任务、军事问题、建立抗日民族统一战线等问题。

张闻天作关于政治形势和策略问题的报告，张浩传达共产国际七大的精神。之后，进行了充分讨论。在讨论中，围绕民族资产阶级有没有可能抗日问题，发生了争论。毛泽东在发言中分析了各阶级对抗日的态度，明确提出民族资产阶级在亡国亡种关头有参加抗日的可能，甚至连大资产阶级营垒也有分化的可能。他提出：我们要从关门主义中解放出来，建立广泛的抗日民族革命统一战线。

会议讨论了新形势下的军事问题。12月23日，毛泽东在会议上作关于军事战略问题的报告。同日，会议通过《中央关于军事战略问题的决议》。

---

① 《张闻天文集》（2），中共党史出版社1993年版，第16、18、20页。

12 月 25 日，会议通过由张闻天起草的《中央关于目前政治形势与党的任务决议》。27 日，毛泽东根据会议精神，在党的活动分子会议上作《论反对日本帝国主义的策略》报告。瓦窑堡会议决议及毛泽东的报告，解决了党的政治路线问题。

（二）抗日民族统一战线策略的制定

瓦窑堡会议主要有以下历史新贡献：

第一，对全国政治形势作出了正确判断，制定了党的新策略路线。

决议正确地指出了当时政治形势的基本特点。日本帝国主义正准备吞并全中国，把中国从各帝国主义的半殖民地变为日本的殖民地。在这种新形势下，一切不愿当亡国奴、不愿当汉奸的中国人的唯一出路，就是“向着日本帝国主义及其走狗卖国贼展开神圣的民族战争”。决议认为，民族革命的新高潮推醒了工人阶级和农民中的落后阶层；广大的小资产阶级群众和知识分子已转入革命；一部分民族资产阶级，许多乡村富农和小地主，甚至一部分军阀也有对革命采取同情中立的态度以致有参加的可能。因此，“民族革命战线是扩大了”。党应该采取各种适当的方法和方式，去争取这些力量到反日战线中来。决议明确指出，在地主买办阶级营垒中间，也不是完全统一的，党应利用他们之间的矛盾和冲突。对于日本帝国主义与其他帝国主义之间的矛盾，也应采取这样的策略。决议指出，最广泛的反日民族统一战线不仅应当是下层的，而且应当是包括上层的。党的策略路线，是发动、团结与组织全中国全民族一切革命力量去反对当前的主要敌人日本帝国主义与蒋介石。决议重申，统一战线的最高组织形式是国防政府和抗日联军。

第二，对中国社会阶级关系已经发生和即将发生的新变化作了分析与预测。

毛泽东《论反对日本帝国主义的策略》的报告，对民族资产阶级两面性和利用地主买办营垒内部矛盾的可能性，作出了精辟分析。他指出，民族资产阶级和地主买办阶级是有区别的。民族资产阶级的特点是动摇。他们一方面不喜欢帝国主义，一方面又害怕革命的彻底性。在中国面临变成殖民地的危险时局下，这个阶级有起变化的可能性，其一部分（左翼）有参加斗争的可能，其另一部分则有由动摇而采取中立态度的可能。毛泽东根据九一八事变以来民族资产阶级的许多代表人物政治态度的变化，论证了工人阶级与民族资产阶级联合的可能性和重要性。关于地主买办营垒，毛泽东指出，他们内部也不是完全统一的。由于中国是几个帝国主义国家争夺的半殖民地，所以“当斗争是向着日本帝国主义的时候，美国以至英国的走狗们是有可能遵照其主人的叱声的轻重，同日本帝国主义及其走狗暗斗以至明争的”。“我们要把敌人营垒中间的一切争斗、缺口、矛盾，统统收集起来，作为反对当前主要敌人之用”。[①] 瓦窑堡会议决议和毛泽东的报告认为随着民族矛盾的上升，中国社会阶级关系已经发生新的变化，而且会继续发生变化。尽管地主买办阶级中较大规模的分化当前还没有成为事实，蒋介石仍对日本实行妥协退让和坚持“剿共”的内战政策，但随着日本侵略的加剧，随着英美和日本矛盾的发展，依附于英美的反革命力量有可能发生变化，党有可能使它至少暂时处于不积极反对反日战线的地位。这个预见是英明的。

第三，对抗日战争的军事战略、方针、原则以及行动方向进行了深入的探讨，做出了科学的决策。

围绕毛泽东的军事问题报告，会议进行了充分的讨论。会议通过的《中央关于军事战略问题的决议》指出，红军今后军事的战略方针是：要以坚决的民族革命战争，反对日本帝国主义侵

① 《毛泽东选集》第 1 卷，第 148 页。

略，把国内战争与民族战争结合起来。应准备直接对日作战的力量，扩大红军。作战指挥上的基本原则是：战略防御时，反对单纯防御，执行积极防御，反对先发制人，执行后发制人，诱敌深入，以退为进；战略进攻时，既要夺取先机，反对机会主义准备不足，又要适可而止，反对冒险主义和冒险政策，要波浪式的发展，实行发展中的推进政策；基本原则还是运动战，反对不让寸土的办法，大踏步前进后退；集中兵力于一个方面，一个拳头打人，反对分兵主义；战略的内线作战和战役的外线作战，战略的持久战和战役的速决战；战斗前要有充分的准备，要改善红军的技术条件；实行统一指挥下的分割指挥，军委在军事范围内有完全的权力等。①

在近期的军事行动上，中共中央决定分三个步骤进行：第一步是在陕西，包括扩大红军，完成渡河准备等；第二步是在山西，准备用六个月（2月—7月），依情况延长或缩短之；第三步在绥远，时机看战争情况及日本对绥远进攻情形决定。②

为什么在建立抗日民族统一战线已成为中国共产党突出课题的时候，还要讨论东征的军事行动？这是现实的需要。其一，巩固和发展根据地的需要。直罗镇战役的胜利，虽然为中共中央把全国革命大本营放在陕北举行了一个奠基礼，但陕北面积狭小，人口稀少，土地瘠薄，经济落后，粮食和工业品缺乏，又遭受国民党重兵的封锁和围困，如果不积极向外发展，只是消极坐待应付国民党军队“围剿”，很容易陷入难以持久的不利处境。要向外发展，山西阎锡山部队的战斗力比驻在陕北以南的张学良的东北军弱，打起来较有把握；山西人口稠密，物产丰饶，比陕北以

① 《毛泽东军事文集》第1卷，军事科学出版社、中央文献出版社1993年版，第413、415页。

② 《毛泽东军事文集》第1卷，第415页。

西和以北都要富裕，便于红军的发展；晋绥的部队有一部分已进驻陕北的吴堡、葭县、绥德、清涧一带，进攻山西可以迫使阎锡山将这部分军队调回山西，扩大并巩固陕北苏区。其二，便于红军投入抗日的实际行动。那时日本已在河北增兵，并策动伪蒙军向绥远侵袭。东征山西，可以东入河北或北转绥远，“对日直接作战”。

第四，对党内长期存在的“左”倾关门主义和可能出现的右的倾向进行了深刻批判与及时提醒。

决议和报告批评了党内长期存在的“左”的倾向，指出关门主义的主要问题是不会把马克思列宁主义运用到中国特殊的具体的环境中去，强调党不能空谈抽象的共产主义原则，而必须大胆地运用广泛的民族统一战线策略，去组织和团聚千千万万民众和一切可能的革命友军，才能取得中国革命的领导权。决议和报告强调目前党内的主要危险是“左”倾关门主义，必须坚决加以纠正。“目前的时局，要求我们勇敢地抛弃关门主义，采取广泛的统一战线，防止冒险主义。”① 决议和报告在着重批评关门主义的同时，及时提醒反“左”时必须警惕右，特别注意不能忽视取得、保持中国革命的领导权。毛泽东强调，在目前的抗日民族统一战线中，共产党和红军不但要充当发起人，而且应当成为台柱子，从而使日本帝国主义者和蒋介石所使用的拆台政策，不能达到最后的目的。决议认为，共产党在抗日民族统一战线内部，既要团结一切抗日力量，又要坚决不动摇地同一切动摇、妥协、投降和叛变的倾向作斗争。共产党必须以彻底的反日、反汉奸卖国贼的言论和行动去取得统一战线的领导权。决议强调指出，必须更深刻地了解革命领导权的问题。“党的领导权的取得，单靠在工人阶级中的活动是不够的（这是要紧的），共产党员必须在农

① 《毛泽东选集》第1卷，第153页。

村中，兵士中，贫民中，小资产阶级与知识分子中，以至一切革命同盟中，进行自己的活动，为这些群众的切身利益而斗争，使他们相信共产党不但是工人阶级的利益的代表者，而且也是中国最大多数人民的利益的代表者，是全民族的代表者。”①

第五，为了适应建立广泛的抗日民族统一战线的需要，决定改变不适应抗日要求的部分政策。

决议规定将“工农共和国”改为“人民共和国”，使之不仅保护工农群众的利益，同时又保护民族工商业的利益。决议改变了对待富农的政策。对于富农的土地和财产，除封建剥削部分外，采取保护政策。乡村中实行平分一切土地时，富农有与贫农中农分得同等土地之权。②“苏维埃人民共和国用比较过去宽大的政策对待民族工商业资本家。在双方有利的条件下，欢迎他们到苏维埃人民共和国内投资，开设工厂与商店，保护他们生命财产之安全，尽可能的减低租税条件，以发展中国的经济。在红军占领的地方，保护一切对反日反卖国贼运动有利益的工商业”。③

第六，党的性质第一次确定为既是“中国工人阶级的先锋队”，“又是全民族的先锋队”。

决议批评了过去长期存在的过分强调党员出身的“唯成分论”，强调指出：中国共产党是中国工人阶级的先锋队。它应该大量吸收先进的工人雇农入党，造成党内的工人骨干。同时中国共产党又是全民族的先锋队，因此一切愿意为着共产党的主张而奋斗的人，不问他们的阶级出身如何，都可以加入共产党。由于

---

① 《中央关于目前政治形势与党的任务决议（瓦窑堡会议）》，1935 年 12 月 25 日通过。

② 中共中央党史研究室：《中国共产党历史第一卷（1921—1949）》上册，第 419 页。

③ 《中央关于目前政治形势与党的任务决议（瓦窑堡会议）》，1935 年 12 月 25 日通过。

中国是一个经济落后的半殖民地与殖民地，农民分子与小资产阶级出身的知识分子，常常在党内占大多数，但这丝毫也不减低中国共产党的布尔什维克的地位。决议明确指出，能否为党所提出的主张而坚决奋斗，是党吸收新党员的主要标准。社会成分是应该注意到的，但不是主要的标准。应该使党变为一个共产主义的熔炉，把许多愿意为共产党主张而奋斗的新党员，锻炼成为有最高阶级觉悟的布尔什维克的战士。党不惧怕某些投机分子的侵入，党用布尔什维克的政治路线与铁的纪律，去保证党的组织巩固。党不惧怕非无产阶级党员政治水平的不一致，党用共产主义教育去保证提高他们到先锋队地位。[①] 与此同时，决议强调，伟大的斗争时期，党的干部是有决定意义的。党必须大量培养干部，把成千上万的干部派到各条战线上去，在实际斗争中学习和锻炼，这样，才能适应新的大革命的需要。

第七，对中国抗日战争需要国际的援助，特别是苏联的援助作出了肯定性回答。

毛泽东指出："自从帝国主义这个怪物出世之后，世界的事情就联成一气了，要想割开也不可能了。我们中华民族有同自己的敌人血战到底的气概，有在自力更生的基础上光复旧物的决心，有自立于世界民族之林的能力。但是这不是说我们可以不需要国际援助；不，国际援助对于现代一切国家一切民族的革命斗争都是必要的。""我们的抗日战争需要国际人民的援助，首先是苏联人民的援助，他们也一定会援助我们，因为我们和他们是休戚相关的。……这是中国抗日战争和中国革命取得胜利的一个必要的条件。"[②]

---

① 《中央关于目前政治形势与党的任务决议（瓦窑堡会议）》，1935 年 12 月 25 日通过。

② 《毛泽东选集》第 1 卷，第 161—162 页。

瓦窑堡会议提出的关于建立抗日民族统一战线的理论和策略，是中国共产党政策转变的突出标志。会议明确告诉全党，在抗日救国的前提下，“革命的动力，基本上依然是工人、农民和城市小资产阶级，现在则可能增加一个民族资产阶级。”① 有必要和可能与民族资产阶级以至地主买办阶级中的一部分力量重新建立统一战线。会议告诫全党，无产阶级在统一战线中能够和必须掌握领导权；要继续批判“左”倾教条主义在政治策略上的错误；防止1927年无产阶级放弃领导权而导致革命遭受失败的教训重演。这些都有力地证明了，中国共产党已经成熟起来了，善于总结过去成败的经验，学会从中国实际出发，把共产国际七大提出的关于建立反法西斯统一战线的总方针，创造性地加以运用。②

当然也要看到，中共中央当时所要建立的抗日民族统一战线甚至上层统一战线，都没有把蒋介石包括在内，主要的口号依然是“抗日反蒋”，把蒋介石称为“卖国贼头子”。这不奇怪，且不说十年来国共之间的生死搏斗留下的深重伤痕难以在短期内愈合；且不说国民党政府对日本侵略者一直是步步屈辱退让；仅仅凭蒋介石继续执行“攘外必先安内”的方针，继续调集重兵，要把中国共产党和工农红军一举消灭在陕北一隅这一点，当时的中国共产党都不可能提出“联蒋”的口号。这个问题，从双方来看，都需要再经历一段艰难而曲折的过程才能得到解决。

---

① 《毛泽东选集》第1卷，第160页。

② 中共中央党史研究室：《中国共产党历史第一卷（1921—1949）》上册，第420页。

第二章　积极推动抗日民族统一战线的建立

瓦窑堡会议后的一年多时间里，中共中央采取一系列重大举措，贯彻会议精神，推动抗日民族统一战线的建立。加强对华北地区党的地下工作的领导，促进该地区党组织的恢复与统一战线策略的转变，以推动国民党统治区抗日救亡运动的开展。调整对在西北地区“剿共”的国民党地方实力派的策略，以张学良的东北军和杨虎城的第十七路为主要对象，开展统一战线工作，促进西北地区抗日力量的联合。根据形势的变化，调整对以蒋介石为首的国民党统治当局的方针，通过多种渠道与国民党上层建立联系，从抗日反蒋到逼蒋抗日。提出和平解决西安事变的方针，促成西安事变和平解决，使之成为由内战向全民族抗战转换的枢纽。

一、党在国民党统治区统一战线策略的转变

为了加强党对国民党统治区的领导，克服“左”倾错误严重影响，中共中央政治局决定派刘少奇到华北，以中央代表的名义，主持北方局工作，恢复华北地区中共组织，转变统一战线策略，以促进党在国民党统治区组织的恢复和统一战线策略的转变。

（一）党在国民党统治区新策略思想的提出

1935年12月底，经张闻天建议，中央政治局会议讨论决定，委派刘少奇以中央代表的身份，主持北方局工作。1936年初春，刘少奇化名胡服与妻子谢飞（原名琼香）一起抵达天津。到职后，他对华北地下党组织的状况和抗日救亡运动的形势进行了一系列调查研究，在理论与实践上创造性地贯彻瓦窑堡会议精神，推动华北地区党组织政治策略及其活动方式的转变。从1936年初春至全民族抗日战争爆发前夕的一年多时间里，先后撰写30多篇文章、报告及党内通信，阐明党在国民党统治区斗争的策略思想。概括起来，有以下几方面：

第一，联系华北地区的实际，提出华北党组织的任务和工作方针。他在向北方局及河北省委传达瓦窑堡会议精神时，明确地指出，党在华北地区的任务和工作方针是，准备自己，准备群众，为保卫平津、保卫华北而战。为此，要联合华北一切可能抗日的党派、阶层，建立抗日民族统一战线。

第二，批判“左”倾错误，深刻阐述了转变党的斗争策略的必要性。1936年4月，他在《肃清关门主义和冒险主义》一文中，深刻地揭露和批评了这两种“左”的错误倾向在党内的种种表现，指出，“关门主义与冒险主义，是目前党内的主要危险”①，如不能完全肃清关门主义和冒险主义，转变党的斗争策略，那就说不上广泛的抗日民族统一战线，广泛的抗日救亡运动就不能深入持久地开展。

第三，总结经验教训，提出党在国民党统治区职工运动的正确方针和策略原则。指出，“我党目前在中心城市与产业中心的工作任务，还是争取群众，争取工人阶级的大多数，积蓄工人阶

① 《刘少奇选集》上卷，人民出版社1981年版，第33页。

级的雄厚力量”①。为了达到这个目的，必须注意领导工人群众的经济的政治的日常斗争；要利用一切公开的可能来广泛地联系与组织工人群众，特别要善于利用国民党黄色工会，在工厂的黄色工会中要与各派的工人及其领袖建立统一战线。

第四，针对新的形势，阐述了民族统一战线中的领导权问题。他鲜明地提出，“领导权问题是民族统一战线的中心问题”②。认为，在民族统一战线还没有正式形成以前，拒绝统一战线的“左”倾思想是主要危险，而在民族统一战线形成以后，右倾思想将逐渐成为主要危险，而这种右倾思想将会主要表现在放弃争取领导权斗争上。

1936 年 7 月，北方局派联络部部长王世英携带刘少奇写给中央的信，来到陕北保安向中央汇报和请示。在中央负总责的洛甫（张闻天）及其他中央领导人听取了王世英代表北方局作的口头汇报，传阅了刘少奇的信，中央书记处就北方局工作给刘少奇写了一封指示信。指出，“北方党的工作，自胡服同志到后，有了基本上的转变”③。并针对汇报中提出的问题和今后工作予以答复和指导。

中央书记处的指示和刘少奇的论述，虽然是针对北方局的工作提出的，但对整个国民党统治区中共组织的政治策略的转变具有普遍的指导意义。

（二）中共中央对华北地区中共组织的恢复和统一战线策略转变的推动

中央书记处的指示和刘少奇的文章、报告、党内通信中提出

① 《刘少奇选集》上卷，第 34 页。

② 《刘少奇选集》上卷，第 46 页。

③ 中共中央文献研究室、中央档案馆编：《建党以来重要文献选编（1921—1949）》第 13 册，中央文献出版社 2011 年版，第 215 页。

并阐述的新策略思想，为华北地区党组织的工作指明了方向，与此同时，刘少奇还采取一系列措施，推动华北地区党组织的恢复与统一战线策略的转变。

第一，着力恢复、整顿和重建党组织。与其他国民党统治地区相比较，华北地区的党组织遭受破坏的程度要小些，但党组织的力量比较薄弱。为了改变这种状态，刘少奇做了大量工作。一是对北方局进行组织调整。把坚持正确路线、熟悉华北地区情况的同志调到北方局工作。对北方局进行了改组，刘少奇任书记，并将北方局与河北省委从组织机构到人员分别设立。二是对河北省委所属党的地方组织进行恢复和整顿。1935 年四五月间，改组北平市委，李葆华任书记。6 月，刘少奇主持召开会议，纠正所谓“铁夫路线”的错误结论，任命李铁夫为天津市委书记。三是北方局还派出人员到山东、河南、山西等地，帮助恢复和建立党组织的领导机构。四是采取特殊形式，营救被捕入狱的党员骨干，解决干部缺乏的问题。1936 年 4 月，北方局决定，要被国民党当局关押的一批共产党员履行敌人规定的手续出狱。刘少奇将这个决定上报中央。6 月，经中共中央批准，北方局设法从北平的国民党监狱中，将长期坚持斗争的一大批党的领导骨干营救出狱。这些干部被派往山西、河北、北平、天津等地领导革命斗争，从而加强了北方党的力量。

第二，及时纠正实际斗争中出现的错误。1936 年 3 月 31 日，北平学联党团为悼念因参加抗日救亡运动被反动当局逮捕并折磨致死的爱国学生，举行“抬棺游行”，遭到反动军警的镇压。这次行动，使许多原来没有暴露身份的学生干部被捕。刘少奇得知此事后，立即写了《论北平学生纪念郭清烈士的行动——给北平同志的一封信》，严肃地批评这种冒险主义的行动，要求国民党统治区的党组织充分利用公开的合法方式，团结更多的群众投身到抗日救国的行列中来。中共北平临时工委根据这封信的精神，努力做好这一事件的善后工作，消除了学校当局和部分教授与学生对立的情绪。

第三，开展对华北地区地方实力派的抗日民族统一战线工作。1936 年 8 月，刚刚被北方局用特殊方式从监狱营救出来的薄一波，遵照刘少奇的意见，接受阎锡山的邀请，到太原开展统一战线工作。10 月，北方局派一批党的骨干到山西，与薄一波一起组成中共山西公开工作委员会，薄一波任书记。薄一波等人与阎锡山建立起特殊形式的统一战线，用薄一波的话说，就是“戴阎锡山的‘帽子’，说的是‘山西话’，贯彻执行的却是中国共产党的主张。”① 而改组山西牺牲救国同盟会（简称牺盟会或牺盟），则是成功的范例。牺盟会原来是由山西自强救国同志会中的进步青年组织起来的，成立于 1936 年 9 月 18 日。成立之初，成分比较复杂，既有共产党员，也有一批进步青年，还有一些跟随阎锡山反共的人。因在纲领和宣言上发起人之间存在严重分歧，从而使牺盟会一成立，工作就被搁置起来。薄一波征得阎锡山同意，对牺盟会进行了改组，成立了新的工作班子。改组后的牺盟会，7 名常委中，有 6 名是共产党员，22 名执委中，共产党员和进步分子亦占 80%以上。但阎锡山仍是会长，梁化之（薄一波高小的同学、阎锡山的表侄）仍是总干事，牺盟会工作由薄一波主持。牺盟会实际上成为共产党领导的特殊形式的抗日民族统一战线组织。

毛泽东十分关心华北地区的统一战线工作。他致信刘少奇，指出：北方统一战线非常要紧，特别着重军队方面，加紧二十九军工作之外，晋绥应放在第一位。遵循毛泽东的指示，北方局通过华北联络局系统委托朱蕴山以中华民族革命同盟华北办事处主任的身份去太原同阎锡山会谈。张友渔与张经武一起赴绥远，会

① 薄一波：《七十年奋斗与思考》上卷，中共党史出版社 1996 年版，第 210 页。

见国民党绥远省政府主席兼第三十五军军长傅作义，支持并推动该部抗日。

（三）中共中央对其他国民党统治区中共组织的恢复及其统一战线策略转变的推动

刘少奇在华北地区卓有成效的工作，对其他国民党统治区中共组织的恢复及其统一战线策略的转变起了促进任用。与此同时，中共中央采取措施，推动其他国民党统治区中共组织恢复及其统一战线策略的转变。

北方局根据中共中央的指示，派出一批干部分别到上海、汉口、广州、香港，恢复和建立党的组织，开展抗日民族统一战线工作。1936 年 9 月，在香港成立中共南方临时工作委员会；12 月，建立广州市委和香港工作委员会。

上海曾是中共中央所在地，由于推行“左”倾错误造成的严重恶果，中共临时中央机关难以在上海立足，被迫于 1933 年 1 月迁入中央革命根据地。随后，党在上海成立中央局，作为临时中央的派出机关，领导党在国民党统治区的工作，负责同共产国际的联系。但上海中央局继续执行冒险主义的方针，从 1934 年 3 月到 1935 年 2 月，遭到六次大破坏，1935 年 2 月，上海中央局停止活动。1936 年上半年，中共驻共产国际代表团派潘汉年回国，并担任国共两党秘密谈判的联络代表。中共中央派冯雪峰作为中央特派员前往上海，开展上层抗日统一战线工作，促进各党各派联合抗日，同时了解上海各系统党组织的情况，为重建上海党组织做准备。潘汉年也在上海开展党的组织方面的工作。1936 年秋，中共中央决定设立上海办事处，潘汉年为主任，冯雪峰为副主任。年底，建立中共上海临时工作委员会，负责了解和整理上海各系统党的组织。

1936 年初，北方局派遣李家栋到武汉开展活动，与从事抗日救亡工作的进步教师霍恒德取得联系，一起赴上海参加全国各界救国会的成立大会，霍恒德当选为救国会常委，会后，到天津加入共产党，改名何伟。北方局派何伟回到武汉开展工作，与当地隐蔽的中共党员取得了联系，成立了中共武汉临时工委，何伟任书记。在他主持下，武汉地区相继成立了学生救国会、工人救国会、妇女救国会、文化救国会等，进而成立了武汉各界救国联合会。

瓦窑堡会议后的两年多时间里，中共在国民党统治区活动的一个鲜明特点，是党组织建设与政治策略转变有机结合，同步进行。党组织建设围绕党的政治策略的转变进行，党组织的恢复、整顿、发展，加强了政治策略转变的动力和领导力。而党的政治策略的转变，抗日民族统一战线工作的开展，赋予党组织建设新的功能，促进了党组织建设。

二、西北地区抗日力量大联合局面的形成

中共中央率领工农红军突破国民党军队的重重围堵，高举抗日旗帜，来到陕北后，仍面临着严重的生存危机，并更加直接地感受到民族危机加重和民族觉醒。一方面，蒋介石集结重兵，对陕北地区红军形成新的“围剿”之势，势单力薄的红军，承受着极大的军事乃至基本生存条件恶劣的压力。另一方面，日本侵略军步步深入，使得与红军对峙的国民党军队中抗日呼声在增强。中共中央经过对现状的分析，选择张学良、杨虎城及其所部作为重点争取对象。大力开展对东北军和第十七路军的统一战线工作，以期促成西北地区抗日力量大联合局面的实现，推动全国抗战，并且争取中国共产党及其红军生存状况的改善。

（一）争取张学良东北军的统一战线工作

东北军的前身为奉系军阀张作霖所统辖的部队，张作霖被日军谋害，其子张学良继位后，于1928年在东北易帜，归顺国民党南京政府，改编为东北边防军。1931年，日本关东军在沈阳制造了九一八事变，东北军退入关内，遭国人谴责。张学良被迫辞职，前往欧洲考察。1934年回国后，向蒋介石请缨，率东北军前往绥远、察哈尔抗战，而蒋介石却委任其为“西北剿匪副总司令”，率领东北军开往陕北。东北军在与红军作战中遭受重挫，这对张学良的思想震动很大。

在瓦窑堡会议前后，毛泽东、周恩来等以传递信件等方式，向张学良表明中共联合抗日的主张。1936年1月25日，毛泽东、周恩来等21名红军将领发出《为红军愿意同东北军联合抗日致东北军全体将士书》，指出：攻打红军不是东北军的出路，而是你们的绝路，只有“抗日反蒋才是东北军的唯一出路”[①]。这封信对张学良思想产生很大触动，他对属下说：救国之路，只有“一条共产党的道路”。中共中央成立了以周恩来为书记的东北军工作委员会，采取上下层相结合、内外相结合，争取东北军联共抗日。

1. 高福源传递中共的诚意

高福源，东北军六十七军一〇七师六一九团团长，系张学良的亲信，在榆林桥战役中被红军俘虏。红军严格执行党的统一战线政策和对待俘虏的纪律，不仅不虐待他们，而且对他们进行抗日救亡和建立抗日民族统一战线的教育。这些俘虏被分批释放，很多人成为中共和红军的宣传员，高福源就是其中一员。高福源

① 中共中央文献研究室、中央档案馆编：《建党以来重要文献选编（1921—1949）》第13册，第12—13页。

在红军中生活了两个月，所见所闻，感受很深。在彭德怀与他亲切交谈时，他主动请缨，回东北军劝说张学良与中共联合抗日。1月，他先到洛川六十七军军部，与军长王以哲进行了面谈，传递中共及其红军的诚意，说明了共产党人联合抗日主张。张学良得知后，从西安亲自驾飞机来到洛川，直接向高福源了解有关情况。听了汇报后，他表示，你赶快回去，请中共方面派一位正式代表，就联合抗日的问题进行商谈。

高福源回到红一方面军指挥部所在地，向彭德怀作了汇报。彭德怀立即电告中共中央，说：张学良表示，“我真抗日，愿以实力相助”，急请我方派全权代表到洛川与张一谈。①

经过高福源的秘密穿梭往来，中共中央与张学良开始建立直接联系。

2. 肤施（延安）教堂里的秘密会谈

肤施是延安的别名，这一称呼源自于古代一位佛教高僧割自己身上的肉救生命垂危老鹰的传说。在中国传统文化土壤里，泊来宗教如来的菩提树与耶稣的十字架在此地和平相处，意味深长。1936年4月，张学良选择此地作为与周恩来会谈的地点，蕴含了包容、合作的诚意。而此前中共代表李克农与张学良在洛川的会谈，则为肤施会谈奠定了基础。

1936年1月至3月，李克农作为中央和红军的代表，与张学良、王以哲多次会晤。3月，张学良到洛川与应约前来的李克农会谈，双方达成关于停战、交通和通商等问题口头协议。张学良对李克农幽默地说：“我是来做大买卖的，是整销，不是零售。”② 希望尽快与中共中央领导人进行会谈。

---

① 参见张魁堂：《挽救危亡的史诗——西安事变》，广西人民出版社1994年版，第30—31页。

② 《张学良世纪传奇（口述实录）》，山东友谊出版社2002年版，第594页。

4月9日，周恩来应张学良的邀请，前往东北军辖区肤施天主教堂，同张学良举行秘密会谈。

双方就停止内战、一致抗日、组织国防政府抗日联军、联合晋绥地方实力派、联合苏俄等一系列重大问题，以及对待蒋介石方针问题进行了交谈。在对待蒋介石的问题上，周恩来希望张学良参加抗日反蒋，张学良则对此有不同看法。他说，据我观察，蒋介石有民族情绪，有抗日的可能。并说："对蒋介石就得逼一逼，我们对他来个内外夹攻。"[①] 双方在停止内战、一致抗日，红军发展方向，国防政府和抗日联军等方面达成一致，还商定了红军与东北军互不侵犯、相互帮助、互派常驻代表及帮助东北军进行抗日教育等具体协定。

6月20日，中共中央发出《关于东北军工作的指导原则》的指示，指出"争取东北军走上抗日是我们的基本方针"，在东北军统战的目的是争取整个东北军，所以在东北军中的统一战线应该是上层的与下层的同时并进、相互协调，以上层统一战线为主。[②] 9月，中共及红军与东北军正式签订了《抗日救国协定》，双方正式结束敌对状态，结成反日联盟。为了协调与张学良的关系，中共中央应张学良的要求，先后派刘鼎、叶剑英作为中共中央代表，秘密常驻西安东北军总部，在张学良身边工作，并通过张学良提供的电台传递双方重大信息。

3. 两军在前线的默契

在特定的背景下，中共和红军与张学良东北军没有正式文字协定，而是君子协议，在执行的形式上则是一种心照不宣的默契。一是通报军事动向，避免误判。张学良多次向刘鼎透露蒋介

① 《张学良世纪传奇（口述实录）》，第600页。

② 中共中央文献研究室、中央档案馆编：《建党以来重要文献选编（1921—1949）》第13册，第157页。

石“围剿”的指令，刘鼎则用密信报告李克农。中下层对于不得不为之的军事行动，一般采取放“空枪”，以掩人耳目。二是交流军需物资，互通有无。当时，红军最缺的是武器弹药、医药和医用器材，东北军在这方面予以帮助。东北军驻防陕北，人地两生，交通不便，粮食紧张。红军履行协定，开放集贸市场，发展“红白通商、互市贸易”，帮助他们解决粮、柴、肉、马料等物资匮乏的问题。三是配合军事行动，相互支援。1936 年 10 月，红军三大主力即将会师。叶剑英等向张学良通报了这一重大军事行动。张学良回电毛泽东、彭德怀：“我部决无反对贵部前进之意”，“万一贵部必须路经某据点时，请兄通知，我当设法调剂。”并通知所部于学忠，若红二、四方面军北上，东北军要让路。他到甘肃亲自部署东北军配合。①

（二）争取杨虎城第十七路军的统一战线工作

杨虎城出身贫寒，赤诚爱国，追求进步，早年参加辛亥革命，后来较早地同共产党建立起合作关系，有些共产党员受其重用，中共甚至在其部队长期保留了地下组织。

1931 年九一八事变发生后，他公开发表了《杨虎城泣告全国电》。他对蒋介石的“攘外先安内”政策不满，在政见上与其相左，加上蒋介石的排斥，蒋杨矛盾日趋尖锐。而且十七路军与红军作战，损兵折将，官兵不愿同红军打仗。中共中央有针对性地对杨虎城及其十七路军开展抗日民族统一战线工作。

1. 多渠道的工作网络

1935 年 12 月，毛泽东写了一封致杨虎城的信。他在写此信之前向汪锋询问了有关情况，汪锋是曾在杨部工作的地下党员。因此，这封信有很强的针对性。汪锋携带这封信，前往西安代表

① 参见吴殿尧：《刘鼎传》，中央文献出版社 2012 年版，第 241 页。

红军与杨虎城谈判。杨虎城表示同意毛泽东在信中提出的西北大联合、共同抗日主张。此后，中共北方局派曾在杨部活动过的王世英与杨虎城商谈合作抗日的问题。王世英到陕北中央所在地，向中央汇报了与杨虎城会谈的情况。

为了进一步促进西北军与红军合作，8 月，毛泽东派秘书张文彬携带他再次写给杨虎城的亲笔信到西安。此时，杨虎城生病，派秘书王菊人与张文彬会谈。双方就建立交通站、互不侵犯、前线地区通商等问题交换了意见并达成共识。杨虎城病好后，立即与张文彬进行秘密会谈。根据中央指示，张文彬作为中央代表留在西安，开展统战工作，以杨虎城的少校秘书身份活动。

瓦窑堡会议后，中共不同层次的组织，通过不同渠道来到十七路军，开展抗日民族统一战线工作。除毛泽东的秘书张文彬作为中共中央的代表外，还有共产国际派的王炳南、中共北方局派的南汉宸、王世英等，一批年轻共产党人聚集在杨虎城身边，被委以不同的公开身份。有的人深得他的信任，参与机密谋划。

此外，1936 年 5 月，在周恩来指示下成立了谢华为书记的中共西北特别支部，这一组织以十七路军中的中共地下组织为基础。主要对杨虎城身边的人员和十七路军上层人士开展统战工作。西北特别支部还以西北各界救国联合会的名义作掩护，领导西北地区抗日救亡运动。

2. 特殊的联络形式

杨虎城处事比较谨慎，为了防止与中共的联系被国民党特务发现，他不与中共建立电台联系。涉及重要信息，口头告诉中共代表，再由中共代表报告陕北中共中央领导机关。为了方便双方人员往来，他密令设立了交通站，在西安设了三个交通站，有两个地方保护极为周密，与杨虎城直接联系的共产党人住在这里。在前线也有三处交通站，帮助运输必要物资，便于负有特别使命的人安全通过十七路军防区。[①]

（三）“三位一体”，协同开创西北地区大联合局面

中国共产党分别与东北军、第十七路军建立起合作关系，为西北地区抗日武装力量大联合奠定了基础。然而，要使这三股力量融为一体，形成合力，还必须化解东北军与第十七路军之间的隔阂。由于张学良与杨虎城之间在出身、经历、性格等方面的差异，更由于不同军事集团间的利害关系，东北军与第十七路军之间的磨擦、冲突时有发生。因此，中共中央指示在两军中工作的中共党员和进步人士帮助消除隔阂，做联合张、杨内部的工作，从而促进了东北军与第十七路军团结合作，在联合抗日的共同政治目标下，两军间的关系也得到改善。从 1936 年上半年开始，红军同东北军、第十七路军之间实际上停止了敌对状态。

1936 年 9 月 1 日，中共中央向全党发出《中央关于逼蒋抗日的指示》，放弃了“反蒋抗日”的方针，正式提出“我们的总方针应是逼蒋抗日”[②]。红军与东北军、西北军之间在逼蒋抗日方针下秘密结成联盟，标志着“三位一体”西北大联合格局的初步确立。

“三位一体”格局的初步形成，主要体现在以下几个方面：

第一，确定了合作的组织形式，即：成立国防政府和抗日联军。《八一宣言》提出建立全国统一的国防政府和统一的抗日联军。中共中央结合国内尤其是西北地区的实际，进行了广泛宣传并将其作为协商的重要内容。经过谈判协商，在建立国防政府和抗日联军上达成一致。国防政府是统一战线的政权，其主要责任

① 参见杨瀚：《杨虎城与西安事变》，当代中国出版社 2014 年版，第 71—72 页。

② 中共中央文献研究室、中央档案馆编：《建党以来重要文献选编（1921—1949）》第 13 册，第 276 页。

在于抗日救国。近期目标是成立西北国防政府，与南京国民政府并存。抗日联军由一切愿意抗日的部队合组而成，在国防政府领导之下，组成统一的抗日联军总司令部。

第二，初步形成军事上的互信与协调机制。东北军、第十七路军仍在奉命"围剿"红军，形式上两军仍处对峙态势，但按照达成的互不侵犯的协定，在前线实际停止了军事冲突。为了避免误判，对于各自的军事行动，提前通报、鸣枪预警、放空枪掩人耳目、绕道规避等约定方式，防止擦枪走火；与此同时，东北军、第十七路军，对红军的重大军事行动，予以了配合。

第三，达成对外关系的共识，即：联苏抗日。当时，中国共产党是共产国际的一个支部，共产国际有向中共提供资助的责任，不仅提供活动资金，而且打算借助苏联之力，给中共予以支援。鉴于大革命的经验，张学良、杨虎城也把希望寄托在苏联援助身上。他们在与中共会谈时，都把通过中共得到苏联的援助作为条件。张学良在肤施与周恩来会谈时，明确提出"联合苏联及先派代表赴莫斯科问题"①。通过会谈，中共中央与张学良、杨虎城在联苏抗日上达成共识。

第四，形成联合西北地区其他实力派抗日的合力。中共中央通过多种渠道，向山西的阎锡山宣传联合抗日的主张。派邓发赴新疆联络新疆督办盛世才，初步沟通了中共中央与盛世才的联系。还派人开展对驻守陕北国民党军第八十四师师长高桂滋的工作。9 月，中共中央派彭雪枫为特使，携带毛泽东给国民党甘肃省政府主席、第五十一军军长于学忠的亲笔信，赴兰州联络，向于学忠表示了双方立即停战、联合抗日救国的愿望。

张学良、杨虎城也通过多种方式，争取地方实力派联共抗

① 中共中央文献研究室编：《毛泽东年谱（一八九三——一九四九）（修订本）》上卷，中央文献出版社 2013 年版，第 531 页。

日。张学良在与周恩来会谈后，多次到太原与阎锡山晤谈，就联共抗日与他交换意见。10月，张学良到太原与阎锡山商定吁请蒋介石联共抗日，如蒋介石不同意，则晋军、东北军与红军联合抗日。杨虎城多次派亲信到太原与阎锡山联系，阎锡山表示，联合抗日我们赞成，不过具体做法还须从长计议。张学良与杨虎城的行动收到一定的效果。

在中共不懈努力和张学良、杨虎城的协助下，到1936年12月前，中国共产党与陕、晋、绥、新、甘等省的地方实力派之间建立起了联系。以红军、东北军、第十七路军“三位一体”为主体，包括西北地区其他愿意联共抗日的地方实力派在内的抗日统一战线初步形成。

西北大联合局面形成重大影响，一方面，与张学良、杨虎城停战议和之后，陕北革命根据地有了一个相对稳定时期，加上得到张学良、杨虎城的资助，红军力量得到迅速发展，不仅为自身的生存赢得了条件，而且为在全国抗日战争中担当起历史重任，做了一定的人力和物力准备。另一方面，在国民党“不抵抗”主义的阵营打开了一个大缺口，为挽救民族危难，进行全国抗日的发动做了准备。西北大联合局面形成，导致了具有历史转折意义的西安事变。

三、从抗日反蒋到逼蒋抗日

瓦窑堡会议后，中共中央对待以蒋介石为首的国民党统治当局的政策，经历了由抗日反蒋到逼蒋抗日的发展变化过程。张学良、杨虎城发动西安事变以激烈的形式逼蒋抗日，为实现联蒋抗日打开了通路。

（一）国共两党秘密接触

1935年华北事变后，面对日本的步步进逼，以蒋介石为首的国民党统治当局，开始考虑调整内外政策。对外政策方面，在继续争取美英等国抑制日本侵略的同时，还加强了对苏联的外交工作，以利用苏联牵制日本并援助中国。为此，南京政府与苏联的关系有所改善。在对内政策方面，在以军事力量消灭中国共产党为主的方针下，打算以极苛刻的条件同共产党谈判，以达到“溶共”的目的。

1. 莫斯科探路

1935年年初，蒋介石派侍从邓文仪出任国民政府驻苏联大使馆武官，了解苏联的军事动向。当年秋冬，邓文仪应召回国，蒋介石交给新的任务，要他在莫斯科与中共驻共产国际代表团接触谈判。

1936年年初，邓文仪回到莫斯科，与中共驻国际代表团团长王明会面。他向王明表示，南京政府联合共产党的原则已经决定了。按照王明的要求，邓文仪转达了蒋介石关于两党合作的具体建议，关键是要解决统一指挥和取得苏联援助的问题，希望中共促使苏联援助中国政府抗日；对中共的基本要求是，中共实行政府改制、红军改编。虽然他们进行了多次会谈，但没有取得什么具体的结果。王明提议，愿意派代表与邓文仪或邓文仪的手下回国，一起促成国共具体商谈。王明对邓文仪说：莫斯科去的中共代表只负责国共两党的联络工作，“有关的具体条件你们必须去和毛泽东及朱德同志谈”。① 经共产国际和中共代表团研究后，决定派潘汉年回国促成国共谈判。

---

① 转引自杨奎松：《国民党的联共与反共》，社会科学文献出版社2008年版，第317页。

2. 国民党南京当局的信使到陕北

宋子文遵照蒋介石在国内打通中共中央联系的授意，经与宋庆龄商议，选定董健吾为信使前往陕北，直接向中共中央传递国民党愿意谈判的信息。董健吾 1928 年加入中国共产党，以圣彼得教堂牧师职业为掩护，负责共产党的地下联络工作。董健吾与宋氏兄妹关系比较密切，1936 年 1 月，董健吾（化名周健吾）受宋庆龄、宋子文的派遣，带上密信，持有孔祥熙签名“西北经济专员”委任状，以财政大员的名义，经西安前往陕北。在西安到张公馆，请求张学良的帮助。张学良电询蒋介石核实后，派飞机将他送到延安，然后武装护送到达瓦窑堡。董健吾受到博古（秦邦宪）和林伯渠的接待，向他们转交了南京方面的信函，并作了口头汇报。博古立即将这一情况电告在东征前线的毛泽东、洛甫、彭德怀。

3 月 4 日，张闻天、毛泽东、彭德怀集中各方面的意见，在致博古并转周健吾的电报中表示：同意周健吾即返南京，以便迅速磋商大计。并提出同国民党谈判的五条意见：“一、停止一切内战，全国武装不分红白，一致抗日；二、组织国防政府与抗日联军；三、容许全国主力红军迅速集中河北，首先抵御日寇迈进；四、释放政治犯，容许人民政治自由；五、内政与经济上实行初步与必要的改革。”① 这五条意见，是中国共产党与国民党联合抗日的初步要求与政治基础。

董健吾带着这个密件返回上海，向宋庆龄、宋子文、孔祥熙转达了中共中央的建议。董健吾陕北之行，使中共中央与国民党中央的联系接通了。

---

① 中共中央文献研究室编：《毛泽东年谱（一八九三——一九四九）（修订本）》上卷，第 518 页。

3. 国共两党代表在上海、南京的秘密谈判

1936 年 4 月，潘汉年经巴黎回国。他先在南京同国民党指定的代表曾养甫进行了会谈。8 月 8 日到达中央所在地保安。向毛泽东、张闻天、周恩来等汇报了共产国际执委会的意见和同国民党联络的情况。中央决定成立中共上海办事处，任命潘汉年为主任，负责同国民党联络和谈判。

潘汉年随身携带周恩来写给陈立夫、陈果夫及蒋介石的信和毛泽东起草的《国共两党抗日救国协定草案》等文件，11 月 10 日在上海沧州饭店与陈立夫会晤。潘汉年申述了中共谈判的条件，陈立夫则代表蒋介石作了答复，说：对立的政权与军队必须取消；目前可保留 3000 人之军队，师长以上一律解职出洋，半年后召回量才录用，党内干部可到相应的政府机构服务。潘汉年指出，这恐怕是蒋先生站在“剿共”立场的收编，谈判一时陷入僵局。潘汉年两次向毛泽东和中共中央发电报，汇报谈判情况。毛泽东回电对谈判原则予以明确指示。

11 月 19 日，潘汉年应邀，赴南京与陈立夫进行第二次谈判。陈立夫说：“蒋先生坚持原来提出的方案，绝不让步。你可以把收编办法报告你们中央。”并提出请周恩来到南京与蒋先生商谈。针对陈立夫的态度，潘汉年则提议，双方可先停战，以便双方军事长官面商一切。是先“收编”还是先停战，各执一端，谈判无果而散。

从 1936 年 1 月至 10 月，国共两党进行多次秘密接触与谈判。由于蒋介石真实用意是要“缴械”、“溶共”，没有联共抗日的诚意，所以国共两党谈判并没有结果。尽管如此，但其还是产生了积极作用，一是开通了两党联系的渠道，尤其是使两党中央中断了十年的联系重新开启了。二是双方传递出的信息，有利于两党进一步调整自己的方针，也为以后的谈判做了准备。毛泽东曾对此作了概要总结，他说：“南京内部已起变化，民族资产阶级与

上层小资产阶级均与以前不同，所以我们重提国共合作，力求停止内战，以便真正抗日，这是当前唯一正确方针。”①

（二）中共中央调整对以蒋介石为首的国民党统治集团的方针

瓦窑堡会议提出要建立最广泛的抗日民族统一战线，发动、团结与组织全中国一切革命力量去反对当前的主要敌人。这个主要敌人是指“日本帝国主义与蒋介石”。当时坚持“抗日反蒋”，是因为蒋介石仍实行对日妥协、对红军“剿灭”的政策。后来，中共中央根据国际、国内时局变化所引起阶级关系新变化，综合诸多因素，调整对蒋介石为首的国民党统治当局的方针，“逼蒋抗日”逐渐明晰。

1.《停战议和一致抗日通电》的微妙变化

1936 年 2 月，毛泽东、彭德怀率领由一方面军主力组成的抗日先锋军，东渡黄河进入山西东征。开始进展顺利，打击了阎锡山，壮大了队伍，补充了物资。不久，应阎锡山请求，蒋介石调中央军增援，并对暗中与中共接触，持消极、观战态度的张学良、杨虎城施压。红军面临形势严峻。此时，不仅董健吾传递了蒋介石谋求“政治解决”中共及红军的信息，而且刘长胜带着共产国际七大决议和《八一宣言》等文件，从苏联回国到达陕北。

根据国民党统治当局的某些变化和共产国际传来的精神，3 月 8 日至 27 日，中共中央在晋西召开会议（史称晋西会议），专门讨论了军事战略方针和同南京政府谈判的问题。“这次会议，对于我党由‘抗日反蒋’到‘逼蒋抗日’的策略转变起着重要

---

① 中共中央文献研究室编：《毛泽东年谱（一八九三——一九四九）（修订本）》上卷，第 589 页。

的推动作用。”[1] 4月9日，毛泽东、彭德怀致电张闻天，提出目前不应发布讨蒋令，我们的旗帜是讨日令，在停止内战旗帜下实行一致抗日。5月初，红一方面军主力西渡黄河，回到陕北。5月5日发表了毛泽东、朱德署名的《停战议和一致抗日通电》，通电说：“为了促进蒋介石氏及其部下爱国军人们的最后觉悟，故虽在山西取得了许多胜利，然仍将人民抗日先锋军撤回黄河西岸，以此行动向南京政府、全国海陆空军、全国人民表示诚意。我们愿意在一个月内与所有一切进攻抗日红军的武装队伍实行停战议和，以达到一致抗日的目的。”[2] 通电对蒋介石的称呼发生微妙变化，不再称蒋介石为卖国贼，而称其为蒋介石氏。

2.“在抗日的大目标上国共两党重新合作”的倡议

1936年6月，粤系陈济棠和桂系李宗仁、白崇禧等策动了两广事变。他们在广州召开会议，发表通电，并成立军事委员会和抗日救国军，宣布要北上抗日反蒋。事变发生后，中共中央政治局在瓦窑堡召开会议，研究两广事变及整个形势发展的问题。会后，毛泽东、朱德发表《为两广北上抗日宣言》，提出和平解决两广事变，以利抗日救国的建议。6月初两广事变发动者联合出兵湖南，蒋介石收买陈济棠的干将，迫使陈济棠于9月下台；对李宗仁、白崇禧作了让步，同意桂系方面提出的和平方案。两广事变表明，中日民族矛盾的发展，已经进一步影响到国民党内部关系。此时，虽然蒋介石对共产党和红军仍坚持“剿灭”的政策，但同时又继续进行秘密谈判，国民党五届二中全会后，南京政府提出新的国共谈判条件。

---

① 中国延安干部学院编：《延安时期大事记述》，中央文献出版社2010年版，第37页。

② 中共中央文献研究室编：《毛泽东年谱（一八九三——一九四九）（修订本）》上卷，第539页。

中共中央进一步研究了对蒋介石的方针。8月10日，中央政治局召开会议，毛泽东在报告中指出："我们愿意与南京谈判，现在还是这个方针。在今天应该承认南京是一种民族运动的大力量。我们可以承认统一指挥、统一编制，在许多策略方面要有所改变，但是一定要停止'剿共'，一定要实行真正的抗日"。"'抗日必须反蒋'的口号，现在已不适合，要在统一战线下反对卖国贼。"① 半月后，毛泽东为中共中央起草了《中国共产党致中国国民党书》，呼吁停止内战，一致抗日，倡议在抗日的大目标下，实现国共两党重新合作。

3. 我们的总方针应是逼蒋抗日

经过逐步调整，"逼蒋抗日"的策略方针呼之欲出。1936年9月1日，中共中央发出《关于逼蒋抗日问题的指示》，指示说：目前中国的主要敌人是日本帝国主义，把日本帝国主义与蒋介石同等看待是错误的，"抗日反蒋"的口号也是不适当的。"我们的总方针应是'逼蒋抗日'。在逼蒋抗日的方针下，并不放弃同各派反蒋军阀进行抗日的联合。"② 17日，中共中央政治局通过《中央关于抗日救亡运动的新形势与民主共和国的决议》，决议指出，"在日寇继续进攻，抗日救亡运动继续发展，国际形势发生新的变动等条件之下，国民党南京政府有缩小以至结束其动摇地位，而转向参加抗日运动的可能"，因此，"推动国民党南京政府及其军队参加抗日战争，是实行全国性大规模的严重的抗日武装斗争之必要条件"。③

---

① 中共中央文献研究室编：《毛泽东年谱（一八九三——一九四九）（修订本）》上卷，第567页。

② 中共中央文献研究室编：《毛泽东年谱（一八九三——一九四九）（修订本）》上卷，第575页。

③ 中共中央文献研究室、中央档案馆编：《建党以来重要文献选编（1921—1949）》第13册，第283页。

（三）西安事变：逼蒋抗日的伟大义举

1936年12月发生的西安事变，是在中国共产党抗日民族统一战线政策的影响、全国日益高潮的抗日救亡运动的推动下，面临蒋介石胁迫“剿共”的强势，张学良、杨虎城不得不采取的行动。由张学良、杨虎城策划与组织实施的西安事变，是逼蒋抗日的伟大义举。

1. 惊天动地大计划的酝酿

张学良与周恩来在肤施教堂会谈时，就提出促使蒋介石改弦更张的建议。在此前后，他利用与蒋介石较密切的联系，多次进言，劝其停止内战，联共抗日，但均遭蒋介石的严斥。因此，张学良也曾有过与蒋介石翻脸的念头。1936年4月底，他在与刘鼎一次谈话时说，自己在酝酿一个大计划，目前在表面上还要与蒋介石周旋，但“预备着硬干，预备着与大老板（指蒋介石）打一架”。刘鼎在发给李克农的信中用密语暗示，信中说老头（指张学良）提出，现在还要“暂时与大老板周旋”，“牵延到11月就起变化”，“只要半年功夫，大事可济。我要干就干到底。”①

1936年10月，蒋介石亲赴西安，逼迫张学良、杨虎城率部“剿共”。10月24日，蒋介石刚到，张学良即去华清池晋见，陈述停止内战、一致抗日的意见，遭到训斥。10月29日，叶剑英、刘鼎会见张学良时，他表示对蒋介石反感。叶剑英、刘鼎致电中央，说：“蒋张已会谈，结果亟恶。”② 蒋介石会见杨虎城，逼迫他执行“剿共”计划。

张、杨在劝蒋介石联共抗日遭拒绝后，曾在一起商讨对策。张学良后来在其《西安事变忏悔录》中记述道：“良对蒋公发有

---

① 吴殿尧：《刘鼎传》，第157页。

② 吴殿尧：《刘鼎传》，第245页。

怨言，并问计于杨，彼有何高策，可以停止内战，敦促蒋公领导实行抗日之目的。杨反问良，是否真有抗日决心？良誓志以对，杨遂言待蒋公来西安，余等可行挟天子以令诸侯之故事。”①

2.“一个星期内用事实回答”的许诺

12月4日，蒋介石由洛阳返回西安，迫令张学良、杨虎城立即将其军队全部开赴陕北“剿共”前线，由“中央军”在后接应督战；否则就要把东北军和第十七路军调离陕西，由“中央军”在陕甘“剿共”。张学良、杨虎城被逼到绝路。他们设想了两个应对方案，即继续苦谏，促使蒋停止内战；如果无效，准备硬干，“挟天子以令诸侯”。12月7日，张学良到临潼晋见蒋介石，声泪俱下，慷慨陈词，予以劝说。蒋介石毫无回转之意。在“哭谏”遭拒后，不得不采取“兵谏”了。

而在此前后发生的抗日救亡事件，则对张、杨发动“兵谏”起了助推作用。11月23日，南京国民政府以“危害民国”罪，在上海逮捕了救国会领导人沈钧儒、章乃器、邹韬奋、史良、李公朴、王造时、沙千里等七位救国会的领导人，制造了七君子事件。这一事件激起了中国共产党、全国人民和国内外各方面人士的强烈抗议和谴责。12月9日，西安城内1万余名学生为纪念一二·九运动一周年，举行请愿游行，要求停止内战，一致抗日，遭国民党特务开枪射杀。这一暴行激起学生愤怒，他们要到临潼华清池蒋介石住地请愿。为了避免学生再遭特务伤害，张学良赶到灞桥劝阻学生。他被慷慨陈词的学生们的爱国热忱所感动，答应在一星期内用事实回答他们的要求。这表明，张学良决心已下。

① 参见杨奎松：《西安事变新探——张学良与中共关系之谜》，凤凰出版传媒集团、江苏人民出版社2010年版，第281页。

3. 西安事变的发动

12 月 10 日，蒋介石召开军事会议，参加人都是他的嫡系将领，确定了第六次“围剿”计划，预定于 12 日上午公布。这一消息很快传了出来。在此情况下，张学良、杨虎城密议，进行“兵谏”的分工，各自秘密做好准备。

12 月 11 日深夜 12 点以前，张学良召集亲信在公馆二楼举行紧急会议，当众宣布“兵谏”计划，他还嘱咐去临潼扣蒋的官兵：“一定要把委员长请来，不能伤害。”“只要他答应我们抗战，我们还拥护他做领袖”①。部署完毕，张学良把对蒋兵谏的决定告诉刘鼎，并要刘鼎立刻电告中共中央，请中共准备配合。

12 月 12 日凌晨，按照张学良的布置，东北军卫队一、二营担任蒋介石外围警卫的官兵在孙铭九等人率领下，来到临潼华清池，与蒋介石侍从发生交火。蒋介石闻讯，翻墙而逃。经过搜山，早晨 8 时许，躲藏在骊山半山腰石缝的蒋介石被扣留。按照杨虎城的布置，十七路军控制西安城，拘禁了随从蒋介石到西安的几十名军政要员。这一“兵谏”之举史称“西安事变”。

在西安事变发生的当天，张学良、杨虎城等 18 位高级将领署名发表《对时局的通电》，说明了在国难当头的形势下被迫发动事变是为了敦促蒋介石进行抗战，并提出了八项抗日主张：（一）改组南京政府，容纳各党派共同负责救国。（二）停止一切内战。（三）立即释放上海被捕之爱国领袖。（四）释放全国一切政治犯。（五）开放民众爱国运动。（六）保障人民集会结社之政治自由。（七）确实遵行孙总理遗嘱。（八）立即召开救国会议。②

---

① 申伯纯：《西安事变纪实》，人民出版社 2008 年版，第 109 页。

② 申伯纯：《西安事变纪实》，第 113 页。

四、西安事变的和平解决

西安事变发生后，在国内外引起强烈反响。中共中央秉承民族大义，提出和平解决西安事变的方针。周恩来等作为中共中央的代表出使西安，与张学良、杨虎城会商，协调立场，确定对策，并同张学良、杨虎城一起与宋子文、宋美龄谈判，促成西安事变和平解决。西安事变的和平解决成为时局转换的枢纽。

（一）国内外对西安事变的反响

西安事变震惊中外，如何处置这个突发事变，一时之间成为国内各种政治力量斗争的焦点和国际上关注的一个重大问题。

1. 国民党内部的严重分歧

西安事变在国民党内反响强烈，在对事件性质的判断及如何应对上分歧很大。以军政部部长何应钦为代表的亲日派，持强硬态度，主张用武力“讨伐”。他们调动陕、甘、宁、绥、豫等地的“中央军”准备进攻西安，并派数十架飞机飞临西安上空侦察示威，准备进行轰炸。国民党的一些元老也支持“讨伐”。在这些人鼓动下，主战派一时占上风。

以孔祥熙、宋子文、宋美龄为代表的亲英美派则主张和平谈判。他们深知蒋宋孔陈“四大家族”作为利益共同体，与蒋介石的命运休戚相关，反对“讨伐”。12 日晚，在上海的孔祥熙和宋美龄商量认为，为了蒋介石安全，不能有过激反应。他们怀疑“讨伐”派别有用心，对南京城内“戏中有戏”特别警惕。希望尽快和平解决，以免夜长梦多。

国民党中的地方实力派和中间状态的众多人士中，少数人表示完全支持张、杨；大多数人赞成抗日，但担心张、杨的行动引发更大规模的内战，因而对张、杨不表示支持。尽管他们的态度不一致，但都希望和平解决西安事变。

2. 美英苏等大国的态度

在国际上，与日本企图挑动扩大中国内战，从中渔利的态度相反，美英苏等大国从各自的利益出发，都希望和平解决。英国和美国力求维持蒋介石统治，以免南京政府完全为亲日派控制，并认为在这种前提下，需要同共产党改善关系，重新合作，共同对付日本。

此时，苏联同南京政府的外交关系回暖。为了抑制日本对苏联的威胁，希望同以蒋介石为首的南京政府保持良好关系，支持中国抵抗日本侵略。《真理报》、《消息报》连续发表社论和评论，表示盼望事变能够早日得到和平解决，同时却违背事实地指责张学良、杨虎城与亲日派有密切关系，认为此次事变是日本在中国的新阴谋。这对期望得到苏联支援的张学良、杨虎城来说，无疑是很大打击。

（二）中共中央和平解决西安事变方针的提出

张学良、杨虎城策动“兵谏”，中共中央事先并不知晓。12月12日清晨，刘鼎向中共中央发电报报告张、杨兵谏的决定，电称：“西北全部武装暴动，意图俘虏卖国头子，举抗日义旗”。中央领导人看了刘鼎的电报后，经过研究，由周恩来署名致电张学良，询问是否已将蒋介石扣留。张学良于12日下午1时按照约定时间，发报给中共中央，告以：“蒋先生已扣留在西安，蒋鼎文、朱绍良等十余高级将领均扣留。”在确认无误后，中共中央以军委主席团名义通报全军，“向全军宣布加紧准备、待命行动。”① 中共中央处理西安事变的方针是逐步明确的。

① 参见吴殿尧：《刘鼎传》，第276—279页。

1. **快速反应，初步定向**

毛泽东和周恩来接到张学良的电报后，立即回电表示，拟派周恩来前往西安协商大计，并向张学良提出军事部署的建议。12月13日，中共中央召开政治局扩大会议，讨论处理西安事变的方针。毛泽东在报告中指出，这次事变是革命性的，是抗日反卖国贼的，它的行动，它的纲领，都有积极意义。我们对这次事变，应明白表示拥护。他提出："我们应以西安为中心，以西北为抗日前线，来影响和领导全国，形成抗日战线的中心。"① 张闻天在讲话中指出，西安这个行动的意义是使整个局势"向着全国性的抗日方向发展"。他指出这事变将使局部的抗日统一战线，转到全国性的抗日统一战线，并预见到我们党的工作也将有一个转变，"要转到合法的登上政治舞台"。他说："对妥协派应尽量争取，与分化、孤立，我们不采取与南京对立方针"，"尽量争取南京政府正统，联合非蒋系队伍。在军事采取防御，政治上采取进攻。"② 毛泽东作结论说：现在处在一个历史事变新的阶段，前面摆着很多道路，也有很多困难。为了争取群众，我们对西安事变不轻易发言。"我们不是正面反蒋，而是具体指出蒋介石个人的错误，不把反蒋抗日并列"。③ 中共中央争取和解，避免内战的方向初步确定。

2. **谋求和解与公开审蒋并提**

起初在处置蒋介石问题上，中共中央领导层中多数人倾向于审蒋、除蒋。虽然张闻天提出了不同看法，明确提出尽量争取南京政府正统，这里面包含争取被扣留在西安的蒋介石。但审蒋主

① 中共中央文献研究室编：《毛泽东年谱（一八九三——一九四九）（修订本）》上卷，第622页。

② 《张闻天文集》（2），第198页。

③ 中共中央文献研究室编：《毛泽东年谱（一八九三——一九四九）（修订本）》上卷，第622页。

张占主导，审蒋主张也合乎常情。自蒋介石 1927 年叛变革命后近十年里，在他的指挥下，杀害了无数共产党人、革命群众。共产党人与其有血海深仇。15 日，红军将领联名发表《关于西安事变致国民党、国民政府的电报》，高度赞扬张、杨发动西安事变的爱国义举，表示支持张学良、杨虎城提出的八项主张，反对亲日派借机“讨伐”张、杨，发动大规模内战。该电重申中国共产党关于国共合作、化敌为友、共赴国仇的政策，表达与国民党及其军队“联袂偕行，共赴民族革命之战场，为自由解放之祖国而战”的坚定意志；要求南京国民党当局“罢免蒋氏，交付国人裁判”。①

3. 独立自主地作出和平解决西安事变的决策

12 月 17 日，周恩来等抵达西安，代表中共中央与张、杨共商解决西安事变大计。18 日，周恩来综合张学良、杨虎城对处置事变的主张及国内的反响，致电中共中央陈述个人对于解决西安事变的意见。中共中央根据周恩来的意见，考虑到蒋介石被扣问题实际上成为南京与西安对立的焦点，考虑到国民党内出现的“拥蒋”势头等情况，为促成西安事变的和平解决，18 日，中共中央在《关于西安事变致国民党中央电》中提出五项要求的同时，还明确指出，如贵党果能实现全国人民的迫切要求，“不但国家民族从此得救，即蒋氏的安全自由当亦不成问题”。②

19 日，中共中央召开政治局扩大会议，会议讨论中央关于西安事变给全党的指示电。毛泽东在会上作报告，着重分析了事变影响的两重性，一方面是光明的方面，“这次事变促进抗日与亲日的分化，使抗日战线更为扩大”；一方面是黑暗的方面，因为

---

① 中共中央文献研究室、中央档案馆编：《建党以来重要文献选编（1921—1949）》第 13 册，第 414—415 页。

② 中共中央文献研究室、中央档案馆编：《建党以来重要文献选编（1921—1949）》第 13 册，第 418 页。

捉蒋，南京“把张杨一切抗日主张都置而不问”，“更动员所有部队讨伐张杨”，内战有爆发与延长的危险。由此而来有两种前途：胜利的前途或失败的前途。我们要力争前一种前途，避免后一种前途。毛泽东在报告中说明了党的策略方针是和平调停，使内战结束。[1] 张闻天在会上发言表示赞同毛泽东的报告，突出强调抗日而不反蒋。他说：“我们应以抗日为中心”，“不站在反蒋的立场，不站在恢复反蒋的立场”。[2] 会议通过了《中央关于西安事变及我们的任务的指示》，提出“主张南京与西安间在团结抗日的基础上，和平解决。”[3] 以这个文件的通过为标志，中共中央和平解决西安事变的方针正式确定了。

关于和平解决西安事变的方针，有的认为是中共中央按照共产国际指示提出的，其依据是共产国际 12 月 16 日发给中共中央的指示电报。这一封电报确有其事。13 日晚，中共中央致电共产国际，通报西安事变发生，汇报中共和红军的主张和对策。16 日，共产国际总书记季米特洛夫就西安事变给中共中央发了专门的电报，提出用和平方式解决西安事变的意见。但因电码错乱，完全不能译出。[4] 应中共中央要求，共产国际重新发了一份电报，仍无法翻译出来。中共中央 18 日曾就此给共产国际发电报称：接连两电“勤务组弄错了，完全译不出”。[5] 值得指出的是，以遵义会议为转折，以毛泽东为核心的中共中央不再对共产国际和苏联党唯命是从，而是独立自主地处理中国革命的重大问题。事

① 中共中央文献研究室编：《毛泽东年谱（一八九三—一九四九）（修订本）》上卷，第 626 页。

② 程中原：《张闻天传》，当代中国出版社 1993 年版，第 348 页。

③ 中共中央文献研究室编：《毛泽东年谱（一八九三—一九四九）（修订本）》上卷，第 626 页。

④ 参见张培森主编：《张闻天研究文集》第一集，中共党史资料出版社 1990 年版，第 236 页。

⑤ 转引自杨奎松：《西安事变新探——张学良与中共关系之谜》，第 354—355 页。

实胜于雄辩，中国共产党关于和平解决西安事变的方针，是独立自主地确定的。

（三）周恩来代表中共中央出使西安，促成西安事变和平解决

1. 商讨大计，助谈促和

张学良、杨虎城面临着极大的国内压力。周恩来等到西安后，张学良、杨虎城极为高兴。张学良对人说："他来了，一切就有办法了。"[①] 17日周恩来一到，张学良就把他安置在自己的公馆里。当晚，周恩来同张学良谈话一直到深夜。在周恩来到来之前，即14日，宋美龄曾派澳大利亚人、蒋介石顾问端纳携带其写给蒋介石和张学良的亲笔信来到西安，望蒋介石控制情绪，为国家民族保重身体，并说可能和必要的时候愿亲自到西安。信的最后有这样一句："南京的情形是戏中有戏"。[②] 当晚，端纳由张学良陪同与蒋介石会见。这为解决西安事变问题提供了转机。

当时，最关键的问题是如何处置蒋介石。张学良认为：争取蒋抗日，现在最有可能。只要蒋答应停止内战，一致抗日，应该放蒋，并拥护他做全国抗日领袖。周恩来对张学良的看法明确表示同意。他说：西安事变是一件震动世界的大事。对蒋介石的处置极需慎重。周恩来分析对蒋介石的不同处置方法可能导致西安事变两种不同的前途，历史的责任要求我们争取中国走一个更好的前途。这就要力争说服蒋介石，只要他答应停止内战、一致抗日的条件，就释放他回去。

周恩来当晚给中共中央发电报，报告他到西安后所了解的情

① 金冲及主编：《周恩来传 1989—1949》，人民出版社 1989 年版，第 327 页。

② 申伯纯：《西安事变纪实》，第 140 页。

况，并说：对蒋介石的处置问题，准备“答应保蒋安全是可以的，但声明如南京兵挑起内战，则蒋安全无望。”这个处置办法当即得到中共中央的认可。

第二天上午，周恩来到杨虎城公馆拜会杨虎城，向他说明了同张学良谈话的经过和主要内容。周恩来提出和平解决，完全出乎杨虎城的意料。杨虎城坦率地陈述了自己的看法，感到对蒋介石将来能否抗日，是否不对发动西安事变的人施行报复，不能不有所顾虑。周恩来对他的顾虑表示理解，并作了解释。杨虎城听了周恩来的意见后说：共产党置党派历史深仇于不顾，以民族利益为重，对蒋介石以德报怨，令人钦佩。我是追随张副司令的，现在更愿意倾听和尊重中共方面的意见。既然张副司令同中共意见一致，我无不乐从。①

对东北军、十七路军高级将领、中下级军官以及社会各界人士中一些有不同意见的朋友，周恩来也做了不少工作。他找了不少人谈话，还通过别人来做工作。

经过周恩来等人的工作，通过谈判和平解决西安事变，在西安尤其是在东北军和十七路军中开始占主导。

2. 协调各方，主导和谈

12 月 20 日，宋子文为了营救蒋介石，以私人身份，由端纳陪同飞抵西安，受到张学良、杨虎城的热情接待，张、杨向他表达了和平解决西安事变的愿望。在张学良的陪同下，宋子文与蒋介石会面，向其递交了宋美龄、孔祥熙写的亲笔信。当得知周恩来来到西安时，宋子文感到紧张，对手下说周恩来一来，事情就难办了。为了了解中共方面的主张，他让郭增恺面见周恩来。周恩来告诉他，这次事变，中共未曾参与，对事变主张和平解决，

① 罗瑞卿、吕正操、王炳南：《西安事变与周恩来同志》，人民出版社 1978 年版，第 48 页。

望宋先生认清大势，权衡利害，劝说蒋先生改变政策。并说：只要蒋先生抗日，共产党当全力以赴，并号召全国拥护国民政府，结成抗日统一战线。郭增恺向宋子文转达了周恩来的意见，宋子文对中国共产党的态度十分赞赏。

南京方面在了解张学良、杨虎城和共产党并不想加害蒋介石，而希望和平解决事变的态度后，于22日正式派谈判代表宋子文、宋美龄到西安。蒋介石见到宋氏兄妹后暗示：改组政府，三个月后开救国会议，改组国民党，同意联俄联共。① 授意宋氏兄妹代表他与西安方面谈判。23日，张学良、杨虎城同宋子文、宋美龄进行谈判，周恩来作为中共中央全权代表参加谈判。周恩来遵照中共中央21日指示，与张学良、杨虎城共同商讨有关问题，协调立场，在同宋氏兄妹谈判中，坚持原则立场，又在策略上灵活务实，做了大量卓有成效的工作。

经过两天的谈判，24日同宋子文、宋美龄最后达成六项条件：（一）改组国民党和国民政府，驱逐亲日派，容纳抗日分子；（二）释放上海爱国领袖，释放一切政治犯，保证人民的自由权利；（三）停止“剿共”政策，联合红军抗日；（四）召集各党各派各界各军的救国会议，决定抗日救亡方针；（五）与同情中国抗日的国家建立合作的关系；（六）实行其他具体的救国办法。② 三方谈判取得的成果，成为和平解决西安事变的准绳。

3. 认同“以人格担保”的承诺

在三方达成协定后的当晚，周恩来由宋氏兄妹陪同见蒋介石。周恩来先对蒋介石说：“蒋先生，我们有十年没有见面了，你显得比从前苍老些。”蒋介石点点头，叹口气，然后说：“恩来，你是我的部下，你应该听我的话。”周恩来立即回答说：“只

① 《周恩来选集》上卷，人民出版社1980年版，第70页。

② 参见《周恩来选集》上卷，第72—73页。

要蒋先生能够改变‘攘外必先安内’的政策，停止内战，一致抗日，不但我个人可以听蒋先生的话，就连我们红军也可以听蒋先生的指挥。”① 蒋介石听了这句话后，沉默了片刻，然后向周恩来作了三点表示，周恩来在给向中共中央电报中转达说：“子、停止剿共，联红抗日，统一中国，受他指挥；丑、由宋、宋、张全权代表他与我解决一切（所谈如前）；寅、他回南京后，我可直接去谈判。”② 张学良、杨虎城和中共三方面都希望达成的协议形成正规文本性的东西，蒋介石在上面签字，以免其反悔食言。然而，蒋介石要求不采取签字形式，而以他的人格担保履行这些条件。具有高超谈判能力的周恩来，以灵活、务实的态度，没有在这个枝节上作纠缠，而是认同了蒋介石的这个没有签字、而在中国传统礼仪中十分神圣的承诺。

（四）时局转换的枢纽

西安事变，经过两天的谈判，已实现了逼蒋抗日的目标，似乎可以完满地画一个句号，然而，蒋介石扣押张学良的不义之举，掀起新的波澜。中共中央及其处在激流中的周恩来沉着应对，多方努力，避免了形势逆转。

12 月 25 日，张学良在没有告知周恩来的情况下，陪同蒋介石乘飞机离开西安。此后蒋介石的态度发生很大变化。一到南京，即扣留张学良，30 日，在南京组织高等军事法庭，悍然对张学良开庭审理。并调集军队，重新进逼西安，造成大军压境之势，企图压迫西安方面屈服。

消息传出后，西安出现了动荡不安的情势。东北军、十七路

① 申伯纯：《西安事变纪实》，第 154—155 页。

② 中共中央文献研究室、中央档案馆编：《建党以来重要文献选编（1921—1949）》第 13 册，第 446 页。

军中“主战”、“主和”争论激烈，而坚持和平解决西安与南京新的矛盾的王以哲被一部分主张用武力攻蒋救张的青年军官杀害，矛盾重重的西安如同火药桶，随时可能被引爆，使和谈成果付之东流。周恩来在极端困难的条件下，沉着应对，对和战两派平等相待，尽力说服大家团结合作，及时地解决了一系列的棘手的问题，基本上维持住了和平解决西安事变的大局。

西安事变的发生及其和平解决具有重大的历史意义，它是时局转换的枢纽。

首先，它推动了从内战向抗战的转变。西安事变用极端的形式促使以蒋介石为首的国民党当局政策转变，避免了新的内战，从此内战停止，抗日战争的准备开始。毛泽东曾高度评价西安事变的意义。他在 1936 年 12 月 27 日中共中央政治局扩大会议上说，西安事变逼着国民党结束错误政策，结束十年内战，而内战的结束也就是抗战的开始。“西安事变促进了国共合作，是划时代的转变，是新阶段的开始”。①

其次，它是中华民族觉醒的新起点。从根本上讲，西安事变是民族觉醒的产物，它用特殊的形式表达了民众抗日的呐喊，充分体现了中华民族的爱国主义精神和民族英雄气概，同时，也激发了全民族救亡图存的意识。在和平解决西安事变过程中，无论是西安谈判三方，还是中国社会各方面，其主导面是以民族利益为重，在事变发生后做出了不同程度的让步、妥协和牺牲，奠定了全民族抗日的基础，也奠定了中华民族复兴的基础。这种精神也极大地促进了民族的觉醒。

最后，它是中国共产党及其红军地位变化的转折点。中国共产党以民族大义为重，不计前嫌，推动西安事变的和平解决，主

① 中共中央文献研究室编：《毛泽东年谱（一八九三——一九四九）（修订本）》上卷，第 632 页。

导三方谈判，提升了政治地位，赢得全国性的尊重；西安事变的和平解决，促使南京当局最终放弃了“剿共”的政策，愿意通过正式谈判以实现国共两党的第二次合作，成为中国共产党和红军由非法变为事实合法的转折点。这不仅极大地减少了生存压力，而且为中国共产党和红军的未来发展开辟了广阔天地。在这里值得一提的是，西安事变也改变了延安的地位。西安事变后几天，原来驻防延安的东北军撤向西安一带集中。根据双方达成的协议，由红军接管延安。1937 年 1 月 10 日起，中共中央从保安经过四天行程于 13 日迁往延安，延安开始由一个内地小城，逐渐成为闻名中外的革命圣地。

五、积极促进国共合作抗日

西安事变和平解决后，中共中央致力于维护西安事变和平解决的成果，巩固和平，促进国共合作，推动抗日民族统一战线的建立，实现全民族共同抗战。

（一）督促蒋介石履行其承诺

蒋介石在西安时虽然对停止内战、合作抗日作出了承诺，但他回到南京后，态度发生动摇，扣留张学良，挑起新的矛盾，时局出现曲折。对于这种曲折、反复，中共中央已有预见，认为蒋介石对其诺言有执行和不执行的两种可能。12 月 27 日，中共中央向党内发出《中央关于蒋介石释放后的指示》指出：为达到抗日的目的，必须“继续督促与逼迫蒋介石实现他自己所许诺的条件”。[①] 为了督促蒋介石实现诺言，中共中央采取了相应对策。

第一，巩固东北军、西北军与红军的团结。张学良在南京被扣引起东北军内强烈反弹，巩固团结成为首要问题。毛泽东当时指出：“对军事上应有准备，对西安更要积极帮助与团结。”[②] 在情势危急的关头，中共中央作了专门部署，1937 年 1 月 2 日，政治局会议专门讨论张学良被扣留的形势与方针。1 月 5 日，张闻天、毛泽东联名致电在西安的周恩来、博古，提出目前的对策应该“三方面团结，真正的硬一下，并把红军的声威传出去，使中央军不敢猛进”[③]。中央负总责的张闻天前往西安，亲临第一线，同周恩来一起商量、决策，防止局势进一步恶化。为了支持东北军、十七路军，中央军委指示彭德怀、任弼时“速令十五军团出陕南”。红一军团以及红十五军团全部立即急行军南下，几天内红军主力部队出现于西安附近，驰骋于商洛一带，有力地支援了东北军和十七路军。

第二，批驳蒋介石歪曲事实真相的“声明”。12 月 26 日，蒋介石到达洛阳后，发表了一个歪曲西安事变真相的声明，即所谓《对张杨训词》。针对这个声明，中共中央于 28 日发表《关于蒋介石声明的声明》，既坚持原则，又讲究策略，对歪曲事实真相的言论予以批驳，对蒋介石表现出的正面势态予以肯定。一开头就指出，“蒋介石氏在西安接受张学良杨虎城二将军和西北人民抗日的要求，首先命令进行内战的军队撤离陕甘两省，这是蒋介石氏转变其十年错误政策的开始。”赞扬蒋介石在声明中所说的“言必信，行必果”表态，同时更强调听其言而观其行。驳斥

---

① 中共中央文献研究室、中央档案馆编：《建党以来重要文献选编（1921—1949）》第 13 册，第 447 页。

② 毛泽东在中共中央政治局会议上的发言记录，1937 年 1 月 2 日。

③ 中共中央文献研究室编：《毛泽东年谱（一八九三——九四九）（修订本）》上卷，第 639 页。

蒋介石所说的西安事变系受“反动派”包围的谎言，分析了促成西安事变的各种因素，要求蒋介石“不打折扣”地履行自己的诺言，并严正地指出：“蒋氏如欲在抗日问题上徘徊，推迟其诺言的实践，则全国人民的革命浪潮势将席卷蒋氏以去。”①

由于中国共产党及其东北军、十七路军中反对内战、坚持抗日广大将士的督促，由于“停止内战、一致抗日”已大势所趋，蒋介石虽有动摇，但也不得不履行自己的承诺。1937 年 2 月 5 日，蒋介石确定了“对内避免内战”、“不说排日，而说抗战”、“各省物色品行方正之才”等关于时局的五项方针，并将它作为国民党五届三中全会讨论结束内战和国共关系问题的根据。②

（二）中共中央致电国民党五届三中全会

西安事变和平解决，逼蒋抗日的目标已基本实现，联蒋抗日已提上党的议事日程。2 月 11 日，张闻天主持政治局会议时说，西安事变由于中央采取和平方针，避免了内战，中国革命“开始了一个新的阶段，内容是和平统一团结御侮。”我们以后的任务“主要是在‘联蒋抗日’或‘拥蒋抗日’口号下争取中派”，以实现对日抗战。③ 为了联蒋抗日，促进国共两党合作的实现，张闻天主持起草了《中共中央给国民党五届三中全会电》，于 1937 年 2 月 10 日发出。

该电向国民党提出五项要求，即：停止内战，集中国力，一致对外；保障言论、集会、结社的自由，释放一切政治犯；召开各党各派各界各军的代表会议，集中全国人才共同救国；迅速完成对日作战的一切准备工作；改善人民的生活。电文指出，如果

① 中共中央文献研究室、中央档案馆编：《建党以来重要文献选编（1921—1949）》第 13 册，第 449、451 页。

② 参见程中原：《张闻天传》，第 357 页。

③ 《张闻天文集》（2），第 218—219 页。

国民党将上述五项要求定为国策，中国共产党愿意作出四项保证，即：在全国范围内停止推翻国民党政府的武装暴动的方针；苏维埃政府改名为中华民国特区政府，红军改名为国民革命军；在特区政府区域实施普选的彻底的民主制度；停止没收地主土地的政策，坚决执行抗日民族统一战线的共同纲领。[①] 四项保证是对国民党做出的重大让步。其目的在于解决国内两个政权对立的状况，以便组成抗日民族统一战线，一致反对日本的侵略。这种让步是有原则的：一是国民党必须抛弃内战、独裁和对外“不抵抗”的政策，同时共产党取消两个政权敌对的政策。二是在特区和红军中必须保持共产党的独立性和批评的自由。这两条是让步的底线，超过这种限度则是不利于团结抗日的。

这个电文发表后，得到广大爱国人士的赞同，也进一步推动了国民党内部抗日派同亲日派的斗争。宋庆龄、何香凝、冯玉祥等赞成共产党的建议，在2月15日召开的国民党五届三中全会上，提出恢复孙中山的“联俄、联共、扶助农工”的三大政策案，呼吁国共两党第二次合作，联合抗日，反对汪精卫提出的坚持“剿共”方针的政治决议草案。这次全会虽然还没有制定出明确的抗日方针，没有检讨国民党过去政策上的错误，但确定了和平统一、修改选举法、扩大民主、释放政治犯等项原则；虽然还没有根本放弃反共立场，但提出的谈判条件与共产党提出的条件在原则上相接近。国民党五届三中全会具有两面性，一方面和平了，一方面又埋伏了文章。但毕竟它在国共合作道路上前进了一步。

① 中共中央文献研究室、中央档案馆编：《建党以来重要文献选编（1921—1949）》第14册，第38—39页。

（三）开启国共正式谈判的进程

从1937年2月开始到7月全民族抗战爆发前，应蒋介石邀请中共中央派代表周恩来、林伯渠、博古、叶剑英等，与蒋介石及其代表进行谈判。国共两党的正式谈判经历了从西安到杭州再到庐山，几经反复的曲折过程。

1. 西安谈判的良好开局与“三八协议”夭折

在西安和谈临近结束时，蒋介石曾当面向周恩来表示：在回南京后，恩来可以直接去谈判。但在蒋介石扣留张学良后，中共中央对周恩来去南京的人身安全担心。毛泽东接连在两个电报中表示了这种担忧，认为：“此时则无人能证明恩来如果去宁（即南京）后，不为张学良第二。”因此他强调，恩来此时绝对不应离开西安。[①]

2月初，东北军、十七军路被迫让出其驻防地，国民党军队驻西安最高长官顾祝同被蒋介石委派为国民党方面在两党谈判中的代表，成员包括张冲、贺衷寒，与中共代表周恩来及叶剑英等进行谈判。开始几天，谈判比较顺利，双方就共产党在适当时刻公开、苏区政府改为中华民国特区政府、红军改编为国民革命军，扩大民主、分期释放在狱中的共产党员等问题达成了初步的协议。3月8日谈判时，双方都认为许多意见大体已趋一致，决定对一个月来的谈判做一个总结，由周恩来写成条文，电告蒋介石作最后决定。这个文本被称作“三八协议”。但贺衷寒对达成共识的协议大加修改，使之面目全非。

当晚，周恩来约见张冲，指出由于贺衷寒横生枝节，一切都有根本动摇的可能。要张冲以原拟条文电蒋介石。周恩来当即电

① 中共中央文献研究室、中央档案馆编：《建党以来重要文献选编（1921—1949）》第14册，第9页。

告中共中央书记处，报告了协议发生的波折，并表明了处理的意见。中共中央书记处同意周恩来的意见，由他向国民党方面“申明西安无可再谈，要求见蒋解决。”①

历时一个多月的西安谈判尽管出现了波折，但它使国共两党毕竟开始了正式谈判。双方也达成了一些协议，如红军改编成三个师，在西安设立中共办事处等。从3月份起，国民党开始接济红军的军饷。

2. 杭州会谈意外顺利

3月下旬，周恩来由张冲陪同飞抵杭州，同蒋介石直接会谈。在会谈前一天，周恩来通过宋美龄将中共中央书记处的15条意见先交给蒋介石。

与蒋介石见面，周恩来先说明中国共产党对国共合作的立场，重申中国共产党的几项具体的合理要求。蒋介石在谈话中表示：承认中共有民族意识、革命精神，是新生力量。而他这次谈话着重强调的是：要中国共产党不必说同国民党合作，只是同他个人合作。甚至这样表示，希望中共这次改变政策后，与他永久合作；即使他死后，也不要分裂；因此要商量一个永久合作的办法。对于具体问题，他表示，这些都是小节，容易解决。

关于商量一个永久合作办法，周恩来说：“共同纲领是保证合作到底的一个最好办法”。蒋介石立刻说，那就赶快回延安去，商量合作与纲领问题。周恩来问：有什么具体办法？蒋介石回答说：没有，要中共先商量。在会谈中蒋介石表态爽快，但周恩来从中也看出他的计谋，周恩来在一份报告中，写道：“总观蒋的谈话意图，中心在领袖问题”，“他认为这一问题如能解决，其他具体问题自可放松一些，否则必从各方面给我们困难，企图逼我

① 中共中央文献研究室、中央档案馆编：《建党以来重要文献选编（1921—1949）》第14册，第93页。

就范。”①

4月初返回延安后，中共中央立刻召开政治局扩大会议，听取周恩来关于杭州谈判的报告。会议根据两党谈判以来的情况，讨论了国内形势与党的任务，认为：“民族矛盾超过国内阶级矛盾，党今后应坚持民族的统一战线方针，不为局部变动而动摇。党在新的环境中应善于利用新的斗争形式。”会议强调：“我党必须在各种斗争中努力争取领导权。”② 关于合作的纲领问题，会议决定由周恩来拟定一个方案，在下次会谈时向蒋介石提出。周恩来起草了一份方案，中共中央进行了认真讨论，反复推敲。周恩来认为，在共同纲领上，中国共产党要坚持三个原则，第一是组织独立性，无论如何不能混合；第二是国际性，不能断绝同国际的联系；第三是阶级性，是代表无产阶级的。联合组织的名称，周恩来认为最好用民族统一联盟。③

3. 没有结果的第一次庐山会谈

6月4日，周恩来到达庐山，8日至15日同蒋介石进行多次会谈，宋美龄、宋子文和张冲也参加了。周恩来先提交中共中央提出的《关于御侮救亡、复兴中国的民族统一纲领（草案）》。蒋介石在这次会谈中的态度同在杭州时相比，发生很大变化，给谈判设下许多新的障碍。本来，是他提出要中国共产党先商量提出一个合作的纲领，他这次却完全撇开周恩来带来的《民族统一纲领（草案）》，另外提出成立革命同盟会的主张。这个办法的主旨是要在“国民革命同盟会”的名义下，从组织上把共产党溶化在国民党内。对国共合作中亟须解决的具体问题，他态度也发

① 中共中央文献研究室、中央档案馆编：《建党以来重要文献选编（1921—1949）》第14册，第139—140页。

② 转引自金冲及主编：《周恩来传》，第358页。

③ 周恩来在政治局会议上的发言记录，1937年4月20日。

生变化，推倒在杭州时作过的许多承诺。周恩来对蒋介石态度的变化早有思想准备。当即表示：有关国民革命同盟会的组织，事关重大，必须请求中共中央后定；有关红军指挥机关和辖区人事安排等问题，不能同意；严词驳斥要朱、毛“出洋”的安排。[①]双方争执很久，以后经宋子文、宋美龄、张冲往返磋商，问题仍无法解决。因此，这次谈判没有取得结果。

从1937年的2月至7月的半年时间里，周恩来等代表中共中央与蒋介石等人，就两党合作抗日的重大议题进行了多次正式谈判，中共代表坚持原则又务实灵活，既尽可能照顾蒋介石所提出的要求，做出了重大让步，又坚决拒绝或限制一些极端无理的要求，力争和谈成功。然而，由于蒋介石缺乏诚意，谈判没有达成实质性的协议。尽管如此，半年的国共正式谈判为以后的谈判奠定了基础。

（四）热情接待访问延安的南京国民政府考察团

在国共两党代表谈判过程中，国民党中央提出要派一个代表团到延安等地考察，中共中央对此表示欢迎。

1937年5月下旬，国民党中央考察团在西安组成，公开名为“国民政府军事委员会委员长西安行营考察团”（简称中央考察团）。涂思宗、萧致平任中央考察团正、副团长，团员由军政部、军训部、全国政训处、别动总队部、西安行营、陕西省政府等单位共17人组成。为了便于与中共联络，尽量选与中共领导人有渊源背景的人员，团长涂思宗及不少成员是黄埔军校出身的军官。在着装上，不穿军装，而是一式的中山装束、巴拿马礼帽。考察团于5月26日从西安出发，29日抵达延安。

中共中央高度重视考察团到访之事。对考察团一行的路线、

① 周恩来致毛泽东的电报，1937年6月15日。

行程、接待、宣传等作了周密部署。安排曾在黄埔军校当教官、学员的叶剑英、陈赓全程陪同，还特意安排林彪、徐向前等黄埔生出面接待。

考察团抵达延安当天晚上，陕甘宁特区政府举行了盛大欢迎晚会，毛泽东在欢迎词中说，今天这个欢迎会有伟大的历史意义，因为第一次大革命是国共两党干起来的。过去十年两党没有团结，现在情形变了，如两党再不团结，国家就要灭亡。他对怀疑两党合作是否有诚意、是否是临时的策略等看法，作了解释和说明，表示："我们是希望两党长期地合作下去，并且努力向着这个目标做。"① 中央考察团团长涂思宗应邀致答词。次日，延安城各机关、群众团体和武装部队在南门操场举行欢迎中央考察团的群众大会。随后考察团成员以组为单位赴延安各地考察，参观了中共中央党校、抗日军政大学、红二方面军以及彭德怀的前敌总指挥部。

在延安期间，涂思宗和毛泽东、朱德等进行了单独会谈，交换了国共合作共同抗日救国的意见，并表示愿将延安各界对国共两党合作的愿望和诚意转达南京政府，以迅速促进抗战的实现。中共中央热情接待南京政府考察团，对改善两党关系产生了重大影响，以至后来台湾学者在研究这一史实时给予了积极评价，指出："毫无疑问，共产党借着国民党要员首次来访，表达了最大的善意，增进双方友好合作的气氛，取得了实质议题上的主动性。"②

---

① 中共中央文献研究室编：《毛泽东年谱（一八九三—一九四九）（修订本）》上卷，第679页。

② 徐宗懋：《台湾学者笔下的历史——1937 希望的延安》，《台声》2003年11期，第30页。

六、在政治上和组织上为迎接全民族抗战的到来做准备

1937 年 2 月召开的国民党五届三中全会在实际上接受了中国共产党合作抗日的政策。在中国革命进程和国共关系即将发生重大变化的转折关头，为了使全党明确认识当前的形势、任务及党的政策、策略，做好迎接大转变的思想准备，中共中央于 1937 年 5 月至 6 月，先后在延安召开中国共产党全国代表会议（当时称苏区代表会议）和中国共产党白区工作会议。

（一）党的全国代表会议

1937 年 5 月 2 日至 14 日，中国共产党在延安召开了苏区代表会议，即党的全国代表会议。出席会议的有来自根据地、国民党统治区和红军中的党组织的代表 218 人，列席的有 64 人。会议的中心议题是讨论新形势下全党面临的全局性任务，确定党的政策、策略及其组织保障。会上，张闻天致开幕词，毛泽东作《中国共产党在抗日时期的任务》的报告和《为争取千百万群众进入抗日民族统一战线而斗争》的结论，博古作《组织问题》的报告，刘少奇、朱德作专题发言。这次会议回答与解决了推进第二次国共合作实现、建立抗日民族统一战线的一些具有全局性、根本性的问题。

第一，确定了党在新阶段的中心任务。毛泽东的报告分析中日矛盾上升为主要矛盾，以及国民党政策由内战、独裁和对日“不抵抗”开始向和平、民主和抗日转变的政治形势，提出了巩固和平、争取民主和早日实现抗战的“三位一体”的政治任务。报告指出，争取和平的任务已经基本上实现，下一段的任务主要

是争取民主。他强调说：“必须知道，为了建立真正的坚实的抗日民族统一战线，没有国内和平固然不行。没有国内民主也不行。所以争取民主，是目前发展阶段中革命任务的中心一环。”①为了实现这一任务，必须立即实行两方面的民主改革：一是将国民党的一党独裁的政体，改变为各党派各阶级合作的民主政体；二是保证人民的言论、集会、结社自由。实行这两方面的改革是建立真正的坚实的抗日民族统一战线的必要条件。

毛泽东指出，为了实现和平、民主和抗战，中国共产党在斗争策略上可以作些让步，以便团结一致共同对敌。当然，“这是一种有原则有条件的让步，实行这种让步是为了去换得全民族所需要的和平、民主和抗战。”② 根据“三位一体”的任务，他还提出红军和抗日根据地的四项主要任务。他在题为《为争取千百万群众进入抗日民族统一战线而斗争》的结论中，对一些同志在“和平问题”、“民主问题”、“革命前途问题”上的不正确认识作了回答，进一步阐述了当前的中心任务。

第二，明确了中国共产党在抗日民族统一战线中的领导责任。毛泽东在报告中总结了第一次国共合作的经验教训，阐明了在抗日民族统一战线中坚持无产阶级领导权的极端重要性。他强调，必须坚持无产阶级政党的领导，这是革命成败关键。他在分析了国民党对待共产党建立抗日民族统一战线主张的被动性、保守性后，指出国民党的现实情况，“加重了无产阶级及其政党的政治领导责任。抗日救国的总参谋部的职务，共产党是责无旁贷和义不容辞的。”③ 无产阶级政党实现其政治领导责任要具备哪些条件呢？毛泽东指出，必须根据历史发展过程，提出基本的政治

① 《毛泽东选集》第1卷，第255页。
② 《毛泽东选集》第1卷，第258页。
③ 《毛泽东选集》第1卷，第262页。

口号和每一发展阶段的动员口号；共产党人在为实现这些口号和所规定的具体目标时，应发挥先锋模范作用；必须在坚持政治目标的原则上，建立、发展与同盟者的关系；必须发展共产党的队伍，保持党的思想统一和严格的纪律。他认为："这些条件是保证自己的政治领导的基础"①。

第三，决定了包括加强党内民主、转变活动方式在内的党的建设任务。毛泽东在会上作的《为争取千百万群众进入抗日民族统一战线而斗争》的结论中论述党内民主问题时提出，"要党有力量，依靠实行党的民主集中制去发动全党的积极性"。"在新时期，集中制应该密切联系于民主制。用民主制的实行，发挥全党的积极性。"② 博古在《苏区党代表会议组织问题报告提纲》中，阐述了新的形势下苏区党的任务，提出了党内生活民主化，工作方式、领导方式适合新条件转变的任务。③ 毛泽东在报告中强调，和平实现与国共合作建立后，过去在两个政权敌对路线下的斗争方式，组织方式和工作方式，应当有所改变。这种改变，主要是从武装的转到和平的，非法的转到合法的。"这种转变是不容易的，需要重新学习。重新训练干部，成为主要的一环。"④

党的苏区代表会议通过了毛泽东的报告和结论，通过了博古的《苏区党代表会议组织问题报告提纲》，批准了从遵义会议以来中央的政治路线。

（二）党的白区工作会议

党的全国苏区代表会议结束后，紧接着于 5 月 17 日至 6 月

① 《毛泽东选集》第 1 卷，第 263 页。

② 《毛泽东选集》第 1 卷，第 278 页。

③ 参见中共湖北省委办公厅、党史研究室编：《中国共产党重要会议决策历程》，湖北辞书出版社 2003 年版，第 432—435 页。

④ 《毛泽东选集》第 1 卷，第 263 页。

10日，在延安召开了党的白区工作会议。出席会议有北方局及其所属的北平、天津、河北、山西、河南、山东、绥远等地党组织负责人。张闻天、刘少奇主持会议。刘少奇在会上作《关于白区的党和群众工作》的报告和会议结论发言。张闻天作了《白区党目前的中心任务》的报告。他们的报告和发言阐明了白区工作迫切需要回答与解决的重大问题。

第一，阐明了白区工作彻底转变的必要性。刘少奇的报告总结了八七会议以来特别是瓦窑堡会议以来华北地区白区工作的经验，比较系统地揭露与批评关门主义和冒险主义的错误，分析过去白区工作遭受挫折的教训，强调必须彻底否定错误的工作指导方针；深刻分析了新形势下白区工作面临的环境，强调白区工作必须随着环境的变动而转变。他指出党的组织工作的转变具有两重性，一方面是因为环境的变动和新的任务，需要改变党和群众工作方式、组织方式和斗争方式；另一方面，因为党内还存在着严重的关门主义、冒险主义的历史传统，需要肃清与改变。“前一种转变，是从武装的转到和平的，非法的转到合法的，秘密的转到公开的，单独的转到与同盟者合作的。后一种转变，是从机械的转到活泼的，主观的转到客观的，空谈转变到实际，形而上学转到辩证法。因此，目前的转变，是党与群众工作全盘的、彻底的转变。”①

第二，指明了新形势下白区工作的中心任务和斗争策略。他们指出，党在白区工作的中心任务，是建立强大的民族统一战线，使千百万群众团结在党的周围，实现无产阶级在民族革命战争中的领导权，为战胜日本帝国主义而斗争。为了争取千百万群众在党的领导之下进入民族革命的战场，必须正确建立党与群众的关系，必须采取正确的斗争策略，这是我们党与国民党争取领

① 《刘少奇选集》上卷，第56—57页。

导权的重要工作之一。[①] 他们辩证地、历史地论述了公开工作与秘密工作的关系。张闻天指出，“利用合法”与“合法斗争”是党在白区工作中的一种重要形式，那种认为“利用合法就是合法主义”的观点是错误的。[②]

第三，强调在新形势下必须加强党的组织工作和组织领导。他们认为党组织的巩固与发展，是实现党的方针、策略与任务的根本保障。刘少奇提出各地党部应当在中央帮助下迅速恢复起来，并且谨慎地认真地发展党员；加强对党员的政治理论教育，加强党的纪律，扩大党内民主，慎重地选择党的干部。张闻天强调必须善于在组织上保证自己所决定的行动方针和计划的实现，这就要求发挥党内民主。他说：在秘密条件允许的情形之下，应该尽量的发展党内民主，党的集体领导的保证，问题的共同讨论，自上而下与自下而上的自我批评的发展，意见的适当提出，一定的会议生活等，都是保证党内民主的具体办法。

党的全国代表会议和党的白区工作会议的召开，从政治上、组织上为迎接全民族抗战的到来做了准备。会议结束后，党积极开展了以争取民主为中心的巩固和平、促进团结、实现抗战的各项工作。

---

① 参见中国延安干部学院编：《延安时期大事记述》，第 78 页。

② 程中原：《张闻天传》，第 373 页。

第三章　抗日民族统一战线的建立与国共合作抗战局面的形成

1937年卢沟桥事变，全民族抗战爆发。从1937年7月7日至1938年10月底武汉、广州相继沦陷的一年多的时间里，中共中央推动国共两党继续谈判，公布国共合作宣言，促成抗日民族统一战线正式建立。在此基础上，促进国共两党在军事上、政治上、民众救亡运动等诸多方面合作，开创了国共合作抗战的局面。

一、《中共中央为公布国共合作宣言》发表与第二次国共合作正式形成

中国共产党是民族革命战争和抗日民族统一战线的积极倡导者和组织者。在卢沟桥事变发生后，向全国发出实行全民族抗战的通电，并派以周恩来为首的代表团与国民党谈判。中共代表团在谈判中既坚持原则立场，又采取灵活务实的态度，不仅促使国共两党在军事上达成联合行动的协议，而且促使国共两党公开发表《中共中央为公布国共合作宣言》。

（一）卢沟桥事变引爆全国性抗日战争

1937年7月7日夜，侵华日军一部在卢沟桥附近借“军事演习”之名，向中国驻军寻衅，并以一名士兵失踪为借口，要求进

入宛平县城搜查。日方的无理要求遭到中方的拒绝。当交涉正在进行时，日军即向卢沟桥一带的中国驻军发动进攻，并炮轰宛平县城。中国驻军第二十九军一部奋起抵抗。是为卢沟桥事变（或七七事变）。卢沟桥事变是日本全面侵华的开始，也是中国全国性抗战的起点。

7 月 8 日，中共中央向全国发出通电，指出只有全民族实行抗战，才是中国的出路，号召“全中国同胞，政府与军队，团结起来，筑起民族统一战线的坚固长城，抵抗日寇的侵掠!”呼吁“国共两党亲密合作抵抗日寇的新进攻!”① 与此同时，毛泽东、朱德率彭德怀等红军将领向蒋介石致电，请缨率领红军将士出征。7 月 14 日，中共中央军委命令红军做好开赴前线的准备。

7 月 17 日，蒋介石在庐山发表谈话，提出解决事变的最低限度条件，表示了中国政府的抗战决心，但仍对和平解决心存幻想。7 月下旬，日军大批增援部队到达中国，向北平、天津发动大规模进攻。日军在占领北平、天津后，沿平绥、平汉、津浦铁路向华北腹地大举进攻。随后，日军在上海虹桥机场进行武装挑衅，并借机扩大事态，8 月 13 日，在虹口、杨树浦一带向中国军队发动进攻，制造了八一三事变，张治中率部奋起抗击。8 月 14 日，国民政府外交部发表声明，谴责日本对中国领土主权的侵犯，表示：中国决不放弃领土之任何部分，遇有侵略，惟有实行天赋之自卫权以应之。

（二）国共两党围绕《中共中央为公布国共合作宣言》等议题进行的谈判

为了早日实现国共合作抗日，推动全民族抗战，中共中央原

① 中共中央文献研究室、中央档案馆编：《建党以来重要文献选编（1921—1949）》第 14 册，第 357 页。

则上同意蒋介石组织国民革命同盟会的提议，但要求先确定共同纲领，以便奠定同盟会及两党合作的政治基础。周恩来起草了《中共中央为公布国共合作宣言》，准备向全国公开发表。然而这个宣言发表并不顺利，经过了两次谈判的反复。

1. 第二次庐山谈判再次受挫

7月中旬，应南京方面的邀请，中共中央派周恩来、博古、林伯渠第二次上庐山，同国民党继续谈判。周恩来将《中共中央为公布国共合作宣言》送交给蒋介石。宣言提出迅速发动全民族抗战、实行民权政治、改善人民的生活等基本主张，希望国民党能予以实行。同时，声明中国共产党愿为实现孙中山的三民主义而奋斗，停止推翻国民党政权和没收地主阶级土地的政策，取消苏维埃政府，取消红军名义及番号，改编为国民革命军。中共中央希望以宣言作为国共合作的政治基础。

此时，蒋介石同汪精卫在庐山正邀请各方人士举行谈话会，中共代表被排除在谈话会之外，活动受到限制。蒋介石此时对日本还心存幻想，同时对共产党心存戒备，对共产党提出的宣言态度冷谈。周恩来后来回忆说："我们带去起草好的宣言，他要动手改两句，那时候我们还客气，同意他修改了两点。但修改了他也不发表，总想把共产党合法这一点抹杀掉。"① 在红军改编问题上，蒋介石坚持红军改编后不设统一的军事指挥机关，改编后三个师的管理教育直属西安行营；各师的参谋长由南京派遣，"政治训练处"只管联络，无权指挥，各师、团、营、连副职均由国民党派，企图取消中共的军权，并企图逼朱德、毛泽东"出洋"，以便控制和吞并这支革命军队。周恩来严正表示：中共中央不能接受蒋介石对红军改编后的指挥和人事的意见。谈判陷入僵局。

鉴于蒋介石的强硬态度，中共中央感到已经退让到不能再退

① 转引自金冲及主编：《周恩来传 1898—1949》，第364页。

的地步，认为，退让应是有原则的。因此，中共中央致电周恩来："日军进攻之形势已成，抗战有实现之可能。""我们决采取蒋不让不再谈之方针"，要周恩来干脆返回延安。[①] 第二次庐山谈判再次因国民党当局缺乏诚意无果而终。

2. **南京谈判水到渠成**

8月上旬，平、津已经沦陷，上海的形势日趋紧张。蒋介石让张冲向中共中央发来急电，邀请毛泽东、朱德、周恩来迅即到南京共商国是。中共中央经慎重研究后，决定派周恩来、朱德、叶剑英前往南京参加国防会议，并与国民党继续谈判。

由于蒋介石急欲调动红军开赴山西抗日前线，在红军改编等问题上的态度有所松动。因此，在关于红军改编问题上取得突破。双方达成协议：将红军主力改编为国民革命军第八路军（简称八路军），并设总指挥部；在国民党统治区的若干城市设立八路军办事处。8月22日，国民政府军事委员会发布命令，将红军改编为八路军，任命朱德为总指挥，彭德怀为副总指挥[②]。8月25日，中共中央军委发布命令：红军改编，叶剑英任参谋长、左权任副参谋长，任弼时任政治部主任，邓小平任政治部副主任。八路军全军约4.6万人，下辖三个师：第一一五师，师长林彪，副师长聂荣臻；第一二〇师，师长贺龙，副师长萧克；第一二九师，师长刘伯承，副师长徐向前。

红军改编问题初步解决后，发表国共合作宣言与边区政府人选问题便成为国共谈判的主要内容。国民党代表有意在一些问题上进行刁难。9月初，在大部分八路军主力部队开赴抗日前线的情况下，国民党仍坚持宣言的发表要在八路军开动之后，并提出

① 《洛甫、毛泽东致周恩来转林伯渠》，1937年7月20日。

② 1937年9月11日，按全国统一的战斗序列，改称为第十八集团军，朱德、彭德怀为正、副总司令。

陕甘宁边区政府主席以丁惟汾（国民党的反共专家）为正，林伯渠为副。此时，周恩来前往山西谈判有关八路军进入山西问题，由博古与叶剑英一起，在南京与国民党谈判。周恩来致电国民党方面，要求立即发表国共合作宣言，陕甘宁边区政府主席按共产党方面推荐的人选，以林伯渠为正，张国焘为副。博古、叶剑英在谈判中坚持上述立场。蒋介石考虑到对日作战形势紧迫，急需八路军开赴华北前线，于是，承认了陕甘宁边区政府的组成。双方在发表"宣言"方面的争论得到解决后，博古代表共产党、康泽代表国民党分别在文件上签字。至此，国共合作已经水到渠成。

（三）第二次国共合作正式形成

9 月 22 日，国民党方面授权中央通讯社发表《中共中央为公布国共合作宣言》。宣言向全国同胞提出奋斗之总目标：（一）争取中华民族之独立自由与解放；（二）实现民权政治，召开国民大会，以制定宪法与规定救国方针；（三）实现中国人民之幸福与愉快的生活。宣言指出，这三项均为中国的急需，表示"中共愿在这个总纲领的目标下，与全国同胞手携手一致努力。"这是一个抗日、民权、民生"三位一体"的目标，抗日为主体，民权、民生为两翼，以解决民权、民生问题，作为动员与组织各阶级、阶层民众支持、投身于民族解放战争的根本性动力。

中共在宣言中宣示：（一）孙中山先生的三民主义为中国今日之必需，本党愿为其彻底的实现而奋斗；（二）取消一切推翻国民党政权的暴动政策及赤化运动，停止以暴力没收地主土地的政策；（三）取消现在的苏维埃政府，实行民权政治，以期待全国政权之统一；（四）取消红军名义及番号，改编为国民革命军，受国民政府军事委员会之统辖，并待命出动，担任抗日前线之职责。这是以民族利益为重，在民族危亡关头敢于担当的承诺，向全国同胞展现“光明磊落大公无私”[①] 的政党风范。

次日，蒋介石发表了《对中国共产党宣言的谈话》，在谈话中，他指出：在存亡危急之秋，不应计较过去之一切，而当使全国国民彻底更始，力谋团结，以共保国家之生命与生存。他肯定了中国共产党的民族意识，宣布了“开诚接纳”共产党“共同奋斗”[②] 的态度，事实上承认了中国共产党在全国的合法地位。国共合作宣言和蒋介石谈话的发表，标志着国共第二次合作的正式形成，以此为基础，全民族的抗日民族统一战线正式建立起来。

从西安事变和平解决到“宣言”和“谈话”的公开发表，历时九个月，国共两党先后在西安、杭州、庐山、南京正式谈判五次之多，谈判过程几经曲折，充满了斗争又都有妥协与让步。尽管双方都觉得有不尽如人意的地方，但都守住了各自的底线。国共两党谈判最终达成共识，实现了第二次国共合作，“为中国的全面抗战赢得了一段可贵的内部和平时期，从而成就了一种前所未有的国内统一与团结的局面。”[③] 因此，受到全国各族人民、各民主党派和爱国民主人士的热烈欢迎。宋庆龄异常兴奋地表示：“中共宣言和蒋委员长谈话都郑重指出两党精诚团结的必要，我听到这消息，感动得几乎要下泪。”[④]

---

① 中共中央文献研究室、中央档案馆编：《建党以来重要文献选编（1921—1949）》第14册，第370页。

② 《中华民国重要史料初编》第五编（一），台北中国国民党中央委员会党史委员会1985年编印，第285页。

③ 杨奎松：《国民党的“联共”与“反共”》，社会科学文献出版社2008年版，第385页。

④ 宋庆龄：《国共统一运动感言》，《抵抗》三日刊第12号，1937年9月20日。

二、中共代表团在武汉与国民党高层的谈判与协商

1937 年 12 月 13 日，国民政府的首都南京继上海之后失守，被日军占领。此前，国民政府已于 11 月宣布西迁，党、政、军各重要机构大部分迁到武汉；在野的各党各派领袖，文化界知名人士云集武汉，武汉成为当时国民党统治区的政治、军事、文化中心，实际上的战时首都，中国抗日战争进入了武汉抗战时期①。为了适应这一重大变化，中共中央政治局会议决定，由王明、周恩来、博古、叶剑英组成中共代表团驻武汉，负责与国民党的联系和谈判，由王明、周恩来、项英、博古、董必武组成中共中央长江局，领导南方各省党的工作。王明任长江局书记，主持长江局工作；周恩来作为长江局副书记和中共中央代表团负责人，主要负责统一战线方面的工作。

12 月 18 日，王明、周恩来、博古来到武汉。叶剑英已于 12 月初率八路军驻南京办事处部分成员先期到达这里，与武汉办事处合并。中共中央代表团在武汉同蒋介石及国民党的代表继续谈判，以解决南京谈判遗留的问题，巩固国共合作，进一步推动全民族抗战。

---

① 参见欧阳植梁、陈芳国主编：《武汉抗战史》，湖北人民出版社 1995 年版，第 3 页。

（一）中共代表团与蒋介石等人的会谈及两党关系委员会的协商

1. 同蒋介石在武汉的首次会谈

周恩来、王明、博古到达武汉后，于 20 日同国民党代表陈立夫接触，21 日晚与蒋介石直接会谈。此时，蒋介石希望从苏联获得援助，并借苏联之力来解决中共问题。在这一思想主导下，他以颇为开放的心态对待中共代表团的到来①。周恩来建议：成立国共两党关系委员会，制定共同纲领，出版中共机关报《新华日报》，加强军事工业建设，成立国防军事工业机关——军事工作部和征兵委员会，补充扩大和改造部队，中共协助政府组织扩大国防参议会为民意机关等。蒋介石当即答复："所谈极好，照此做去，前途定见好转。"表示完全同意中共代表团所谈建议。②双方还就成立两党关系委员会问题达成了协议。经蒋介石同意，两党关系委员会于 12 月 26 日正式成立，国民党方面以陈立夫、刘健群、张冲、康泽为委员，共产党方面以王明、周恩来、博古、叶剑英为委员。两党关系委员会成立的当天召开了第一次会议，决定由周恩来、刘健群起草共同纲领，供下次会议商讨、确定。

2. 两党关系委员会关于制定共同纲领的协商

中共中央希望制定国共两党认同的共同纲领，以奠定第二次国共合作的政治基础。卢沟桥事变前，中共谈判代表再三建议制定一个抗日救国纲领，并多次提出纲领草案，均被国民党拒绝。1937 年 8 月召开的洛川会议制定了全面抗战路线，通过了《中国

① 参见马雨农：《张冲传》，团结出版社 2012 年版，第 416 页。

② 中共湖北省委党史资料征集编研委员会、中共武汉市委党史资料征集编研会编：《抗战初期中共中央长江局》，湖北人民出版社 1991 年版，第 115—116 页。

共产党抗日救国十大纲领》，中共中央希望以孙中山的三民主义和这个纲领作为统一战线的共同纲领。

周恩来遵照两党关系委员会第一次会议的决定，起草了《中国人民抗日救国纲领》草案。这个纲领提交给两党关系委员会第二次会议讨论时，国民党方面的代表却要把它移到下次再谈。以后，双方代表虽继续磋商，国民党中央却始终没有表示正式意见，共同纲领问题事实上被搁置起来，两党关系委员会也形同虚设。尽管如此，中共中央提出的抗日救国十大纲领对国民党还是有所促进。

1938 年 3 月 29 日至 4 月 1 日，国民党在武汉召开临时全国代表大会，通过了大会宣言和《抗战建国纲领》。4 月 27 日，中共中央致电长江局，认为这个纲领同中国共产党提出的十大纲领基本上是一致的，应该“坚决赞助其实现”，“今天的中心策略，不是要国民党定出一个更完善的纲领，而是站在主动的积极地位，帮助国民党实施这个纲领，在实施中发展与提高它。”①

（二）关于两党合作组织形式的谈判

关于国共合作组织形式议题的谈判，在武汉多次进行，几经周折。

1. 关于国民革命同盟会的谈判与“一个领袖、一个主义、一个党”的风波

1937 年 6 月，蒋介石在与周恩来进行第一次庐山会谈时，提出成立国民革命同盟会。当时周恩来说要向中共中央汇报。7 月在与蒋介石进行第二次庐山会谈时，周恩来表示，中共中央原则上同意组织国民革命同盟会，但要求先确定共同纲领；同盟会组

---

① 中共湖北省委党史资料征集编研委员会、中共武汉市委党史资料征集编研会编：《抗战初期中共中央长江局》，第 225—226 页。

织原则在共同纲领的基础上，由国共双方推出同数干部组成。

然而，蒋介石的“溶共”政策阻碍了关于国民革命同盟会的谈判。从 1937 年年底至 1938 年初，在国民党内一些人发动了一场鼓吹“一个领袖、一个主义、一个党”的宣传运动。他们控制的《扫荡报》等报刊，连篇累牍地发表反共文字。这样的言论也被带到谈判桌上。

针对《扫荡报》等掀起的反共风波，2 月 6 日，中共代表团与长江局联席会议决定向国民党发出建议书，指出取消各党派、限制信仰是错误的，提议建立民族革命联盟，以更加巩固统一战线。中共代表团加紧同其他党派联络，分头与在汉各方谈话。① 2 月 9 日，中共代表团将《毛泽东先生与延安新中华报记者其光先生的谈话》② 分送各通讯社、报馆、杂志社，《新华日报》于 2 月 10 日全文发表，对国民党一党专政的谬论进行了公开答复和批评。

“一个领袖、一个主义、一个党”的闹剧本来是为蒋介石取消共产党的方案造舆论的，反而成了众矢之的，他不得不重新考虑“溶共”方案。在毛泽东谈话发表的第二天，蒋介石紧急约见周恩来。在这次会谈中，周恩来向蒋介石、陈立夫指出了《扫荡报》等这种宣传的严重后果。蒋介石则表示：对于主义的信仰不想限制各方；对各党各派无意取消或不允许其存在，唯愿溶成一体；《扫荡报》的言论不能代表国民党和他个人。周恩来指出，党不能取消，国共两党都不可能取消，只有从联合中找出路。

2. 中共中央提出建立民族解放同盟的建议与蒋介石的对策

为了推动关于两党合作组织形式的谈判，2 月 27 日中共中央召开政治局会议，提出建立民族解放同盟，“在共同纲领下，组

---

① 《中共中央代表团与中共长江局第九次联席会议》记录，1938 年 2 月 6 日。

② 此件由王明起草，经长江局修改，发表前未送毛泽东本人审阅。

织各党仍保持自己独立性的民族革命联盟之类的政党，以实现更进一步的统一团结，战胜敌寇”。3 月 25 日，中共中央在致国民党临时全国代表大会电中，明确提出这一建议。提议在抗日民族统一战线的共同纲领下，“遵照孙先生过去联共的精神，建立一种各党派共同参加的某种形式的民族解放同盟。”

蒋介石对中共建立民族解放同盟的建议不予理睬，却另打算盘。1938 年 6 月由国民党中央监察委员会决议：恢复毛泽东、周恩来等 26 人国民党党籍，逼迫中共就范。同日，毛泽东、周恩来、林伯渠、吴玉章、董必武、邓颖超、叶剑英等七人发表紧急声明，以“国共两党虽在政治上已宣告合作，但组织上两党合作关系是否恢复民国十三年之办法并未商定”①，且事前并未征求本党中央及各人意见为由，郑重声明不能接受，并要求国民党登报发表。几经交涉，最后由国民党中央委员会撤销此案。关于两党合作组织形式的谈判严重受阻。由于“溶共”与反溶化根本对立，关于两党合作组织形式的谈判从武汉一直谈到重庆，断断续续数年，一直没有结果。

关于两党合作的组织形式，中共中央曾设想有三种形式：第一种是党内合作的组织形式，即 1924 年国民党一大时的形式，使国民党改为民族革命同盟，各党派加入国民党而又保持独立性；第二种是各党派共同组织民族同盟，拥戴蒋介石，各党以平等形式互派代表组织中央以至地方的各级共同委员会；第三种是现在的办法，没有成文，不要固定，遇事协商，解决两党的有关问题。② 对于第一种形式，国民党认为，共产党是“孙猴子”，会钻进来搞党中党，不能同意。第二种形式，国民党又觉得是两党平起平坐，降低了国民党，也不同意。国共两党关系仍在原地

① 《中共党史资料》第 11 辑，第 53 页。

② 参见金冲及主编：《周恩来传 1898—1949》，第 396 页。

踏步，而不成文的第三种形式则成为两党沟通的方式。采取遇事协商、随时约见的办法，在武汉抗战时期，主要在周恩来和蒋介石之间进行。两党关系的谈判也一直延续着，谈判协商不仅在武汉乃至在整个抗战时期是国共两党的特殊合作形式，而且成为两党合作抗日的桥梁与纽带。

（三）关于陕甘宁边区合法地位与八路军、新四军编制问题的谈判

第一次国共合作时期，共产党既不掌握政权，也几乎没有自己的军队，而国民党则掌握政权，又掌握军权。第二次国共合作则不同，两党都有自己的政权和军队，是有政权、有军队的合作。政权和军权对于共产党来说，是生存与发展的命根子；而国民党则将其视为心腹之患。因此，国民党对共产党领导下的政权和军队的限制与共产党反限制的斗争，贯穿于第二次国共合作的始终。

1. 关于陕甘宁边区合法化及扩大边区范围的谈判

陕甘宁边区的合法性问题一直是谈判争论的焦点。在武汉谈判之前，国共两党在陕甘宁地区的苏维埃政权改制问题上达成了一致，陕甘宁苏区改制为国民政府特区，但在特区政府领导人选上，则存在很大分歧。

为了打破僵局，毛泽东、张闻天提出，特区政府要迅速解决，关键是要争些地方，为求得合法，特区政府称边区。周恩来根据这一精神，提出有关陕甘宁边区的谈判条件：陕甘宁称边区，不称特区，由林伯渠、张国焘等人组成边区政府；边区区域由原来 18 个县扩展到 23 个县；边区经费力争 5 万元，确保 3 万元；边区机构争取设厅，退步设处。中共代表团以此为依据，同国民党进行谈判，但国民党对中共的要求大打折扣。中共中央书记处关于同国民党谈判陕甘宁边区问题致电陈绍禹（王明）、周

恩来、秦邦宪指出：边区问题的谈判似乎比过去所谈的又退了一步，请设法争取增款、增地和给陕北部队名义①。

1938 年 2 月 10 日，周恩来会见蒋介石、陈立夫，转达了中共中央的要求，蒋介石不肯让步，对边区，借口各县主席、各县长并存，予以拖延。关于边区问题的谈判就这样搁浅了。6 月 19 日，周恩来经中共中央书记处同意后，将写出的十条关于中共推动抗战的书面意见送交蒋介石，其中关于边区问题的要求：明令划定延安等 23 个县为陕甘宁边区，组织边区政府，直属行政院，并请委任林祖涵（伯渠）为边区政府主席。② 对于中共合理要求，蒋介石仍是拖延。直至 7 月份，国民政府终于承认了陕甘宁边区的合法地位。而边区范围已既成事实，国民党方面只好默认。

2. 关于八路军和新四军编制问题的谈判

中共领导的军队的编制问题涉及两部分，即：八路军扩编和新四军组建与扩编。

全民族抗战爆发后，根据国共谈判达成的协议，八路军开赴前线，深入华北敌后，开展游击战争，激发了敌后民众参军参战的热情，同时，部队适应对敌作战的需要，急需扩大部队编制。在日军强势进攻下，国民党军队的正面战场吃紧，急需中共军队对日军予以牵制与打击，但出于阶级本性，对中共的军队发展有一种恐惧感。因此，国民政府一方面不得不履行诺言，发给少量的经费、军械、给养；另一方面又用卡扩编、卡军费的方式，限制中共军队的发展。当时仅供给八路军三个师 4.5 万人的粮食、被服与必要的弹药，八路军处境艰难。至 1938 年 2 月底，八路

① 中共湖北省委党史资料征集编研委员会、中共武汉市委党史资料征集编研会编：《抗战初期中共中央长江局》，第 155 页。

② 中共湖北省委党史资料征集编研委员会、中共武汉市委党史资料征集编研会编：《抗战初期中共中央长江局》，第 256 页。

军前后方共有 14 万人，仅 4.5 万支枪。为了改变这种困境，中共中央指示中共代表团向国民党提出给八路军补充师的编制。

7 月下旬，周恩来、林伯渠面见蒋介石、何应钦，要求解决八路军编制问题。他们却借口 200 个师已满额，不愿给师的番号，只肯给其他名义，这与以前拖延的态度相比，有所松动。据此，中共代表团提出扩编方案：一、仍请编三军六师或三师九旅二十七个团，以建立三三制的基础；二、请委五台聂荣臻，冀热宋时轮、邓华，津浦徐向前、陈再道，河防肖劲光以司令名义。[①] 何应钦表示：师不能增加，只每师成立一个补充团。聂、宋、肖、徐、陈可委一名义。但是只许愿，不行动。10 月 22 日，朱德到武汉参加军事会议，周恩来陪同朱德会见蒋介石，陈述八路军兵力及颁布状况，要求改师为军，并成立八路军总部直属炮兵营。但扩编问题最终还是未能得到解决。不过，扩编已成事实，想用经费、给养、编制来卡住八路军的发展，其作用微乎其微。

关于南方红军和游击队改编为新四军的谈判，从 1937 年 8 月就开始了。9 月 28 日，国民政府军事委员会铨叙厅通报任命叶挺为国民革命军陆军新编第四军军长[②]。11 月上旬，中共中央正式同意叶挺任新四军军长。12 月，中共中央政治局会议专门讨论了南方游击区和新四军工作问题，明确规定了发展方向、方针政策和组织领导。25 日，叶挺、项英（中共党员、副军长）在武汉召集了军部机关干部大会，新四军军部正式成立。1938 年 1 月初，国民政府军事委员会核准中共提出的新四军支队以上干部名单及编制、薪饷等。成立之初，新四军由四个支队组成，分别集中在江南、江北。在新四军准备东进抗日之际，中共代表团向蒋

① 中共湖北省委党史资料征集编研委员会、中共武汉市委党史资料征集编研会编：《抗战初期中共中央长江局》，第 270 页。

② 1937 年 7 月，周恩来在上海会见刚从海外回国的叶挺时表示，希望他能出面集合南方各省的红军游击队进行抗日。叶挺申明完全接受中国共产党的领导。

介石、何应钦提出在新四军增设两个纵队。被蒋介石、何应钦回绝。然而，新四军扩编已大势所趋，国民党也难以限制。

关于八路军和新四军编制及其经费、给养等问题的谈判极其艰难。凡涉及编制、经费、给养等问题，国民党军事当局总是以各种借口予以拒绝，在编制上始终没有大的松动，在经费、给养问题上，拒绝不成，继之以拖延，拖延不成，才被迫解决一点。中共代表团则据理力争。更为重要的是，中共中央坚持独立自主原则，在坚持国共合作的前提下，牢牢把握主动权，独立自主地发展八路军、新四军，以适应对敌作战的需要。

在全民族抗战初期，由于日本侵略者的大举进攻和全国民族义愤的高涨，国民党政府政策的重点放在反对日本侵略者方面，对日作战比较努力，对待中国共产党和其他抗日党派的态度比过去也有一些改变，这使得两党谈判有了较融洽的气氛。但由于国共两党民族利益一致的同时，还各代表着处于对立的不同阶级利益，坚持不同的抗战路线（共产党的全面抗战路线、国民党的片面抗战路线），且蒋介石为首的国民党当局坚持"一党专政"，实行"溶共"政策。因此，在中共中央指导下，中共中央代表团在谈判中坚持原则，保持共产党的独立性。周恩来后来在谈到武汉谈判时说："他们那时叫'溶共政策'，好像要拿水把我们化了。国民党是水做的林黛玉，但是我们没有做贾宝玉，化不了。"① 与此同时，双方都有所让步与妥协。武汉抗战时期，两党间的谈判虽然在共同纲领和合作的组织形式上没有达成协议，但谈判期间创造了协商的形式。谈判、协商在管控分歧，缓解矛盾，维系合作抗战局面上发挥了重要作用。武汉抗战时期是第二次国共合作

① 《周恩来统一战线文选》，人民出版社 1984 年版，第 85 页。

最好时期，当时郭沫若将其喻为“国共再婚蜜月时期”①。

三、推动国共两军在战场上配合作战

第二次国共合作是从军事合作开始的。红军改编为八路军后，开赴华北抗日前线，以独立自主的游击战争，配合国民党军队正面防御战场。随后深入敌后，开辟敌后战场，形成敌后战场与正面战场相互支撑的对敌军事斗争的战略格局。中共中央推动国共两党军事上合作御敌，主要在两个层面：一个是战略层面，提出理论、战略方针以及军事部署指导原则和建议。另一个层面是组织、指挥八路军、新四军，对国民党军队的战役予以军事行动上的配合与支持。

（一）提出指导抗日战争的理论及其方针

军事战略理论及其方针，是指导战争夺取胜利的思想武器。全民族抗战开始后，中国抗日战争的前途如何，游击战在抗战中的地位如何，中国共产党领导的军队与国民党军队的关系如何定位，这是普遍关注并在争论的根本性问题。以毛泽东为核心的中共中央从不同角度对这些问题予以了回答。

1937 年 8 月初，在日军占领平津准备发动新的大规模进攻的形势下，中共中央在给周恩来、朱德、叶剑英的指示中，对抗日的国防有关重大问题提出了指导性意见，意见包括：第一防线、第二防线、第三防线的兵力部署及其战略战术；总的战略方针，即暂时是攻势，应给进攻之敌以歼灭的反攻，决不能是单纯防

① 中共中央党校科研部编著：《论抗日战争》，中国人事出版社 1996 年版，第 57 页。

御；正规战与游击战相互配合，游击战以红军与其他适宜部队及人民武装担任，在整个战略部署下，给予独立自主的指挥权；红军开赴前线的兵力部署，即依冀、察、晋、绥四省交界地区为中心，向着沿平绥路西进及沿平汉路南进之敌执行侧面的游击战；实行人民战争，强调："发动人民的武装自卫战，是保证军队作战胜利的中心一环，对此方针犹豫是必败之道。"① 中共中央还拟定了《全国抗战之战略计划及作战原则案》。为了推动和促进全面抗战路线及战略方针的制定，8 月上旬，中共中央派周恩来、朱德、叶剑英前往南京，参加国民政府召开的国防会议，他们依据中共中央指示，在会上提出战略计划及作战原则方案，进一步阐述中国共产党对全面抗战路线和战略方针的一贯主张。周恩来发言强调：部署动员全国军民，方可取得最后胜利，外交拖延办法只可便利军事准备及民众动员，但不可动摇抗战的决心；主战场在华北方面，不因其局部扰乱过分分散我兵力；黄河北岸之抗战，因交通运输有被切断之可能，故第一、第二战区须培养独立持久之能力；正面防御不可依赖一线及数线之阵地，宜采用集团工事，并在平原和山地开展广大的运动战、游击战。朱德在发言中着重指出，在战略上需要持久防御，但在战术上应采取攻势行动；在整个抗战中，政治工作甚为重要，能发挥动员民众和瓦解敌人的重大作用，破坏敌人后方、钳制敌人兵力效果甚大。中共中央提出的国防问题意见和战略方针、作战原则案，以及中共中央代表在会议上的重要发言，对国民政府军事委员会制定抗日战争指导案，起了积极的作用。②

1938 年 5 月 26 日至 6 月 3 日，毛泽东在延安抗日战争研究

① 洛甫、毛泽东关于国防问题给周恩来、朱德、叶剑英的指示，1937 年 8 月 4 日。

② 参见军事科学院军事历史研究部：《中国抗日战争史》中卷，解放军出版社 1991 年版，第 55—56 页。

会上作了《论持久战》的演讲，科学而系统地提出并阐明了中国抗日战争持久战的战略思想。深刻分析中日双方不同特点，揭示其规律，指出："抗日战争是持久战"，"最后胜利是中国的"①；科学地预见抗日战争发展的三个阶段。总结抗战开始后的经验教训，指出，持久战是抗日战争的总的方针，为了实现总的战略方针，还必须有一套具体的战略方针，并对具体战略方针予以了概括。在此前发表的《抗日游击战争的战略问题》，则分析了中国国情及其抗日战争的特点，他指出战争的长期性及其残酷性"规定了游击战争不能不做许多异乎寻常的事情"，"于是中国抗日的游击战争，就从战术范围跑了出来向战略敲门"②。

毛泽东《论持久战》和《抗日游击战争的战略问题》，科学地论证了抗日战争发展规律，阐明了争取抗战胜利的正确道路，是指导全国抗战的军事理论纲领。不仅指引中国共产党及其领导的抗日武装力量的方向，而且对国民党及其军队产生了重大影响。中共中央长江局以《新鲜丛书》单行本的形式，大量印刷这两本著作，在国统区广为散发。爱国将领冯玉祥属下办的三户印刷所，也大量印刷了《论持久战》。周恩来、叶剑英等中共领导人在国民党军界政界人物中，热情地宣传介绍《论持久战》。时任国民政府军事委员会副总参谋长、被喻为小诸葛的白崇禧听了周恩来向他介绍《论持久战》基本精神后，深为赞赏，认为这是"克敌制胜的最高战略方针"。后来他向蒋介石转述，蒋介石也十分赞成。在蒋介石的支持下，白崇禧把《论持久战》的精神归纳成两句话："积小胜为大胜，以空间换时间"。并取得周恩来的同意，由军事委员会通令全国，作为抗日战争中的战略指导思想。③

① 《毛泽东选集》第2卷，第442—443页。

② 《毛泽东选集》第2卷，第405页。

③ 程思远：《政坛回忆》，广西人民出版社1983年版，第119页。

（二）在山西开展统战工作，推动国共两军在华北战场配合作战

全民族抗战初期，日本侵略者依仗军事上的优势，对华北和华中展开了大规模的战略进攻。国民政府统帅部调动全国军队，同时在北线和东线战场实行防御战略，抵抗日军进攻。八路军和新四军分属第二、第三、第五战区战斗序列，分别参加了各战区的防御作战。中共中央、中央军委，精心地部署八路军进行战略统一下独立自主的山地游击战争；开展统一战线工作，推动国共两军在华北战场配合作战。

为了推动华北战场国共两军合作抗战，中共中央加强了对山西阎锡山的统一战线工作。1937 年 8 月 31 日，毛泽东急电在西安的周恩来、博古、彭德怀等称："周（指周恩来）宜即赴太原、大同晤阎（指阎锡山），商好红军入晋后各事（活动地区、作战原则、指挥关系、补充计划等）"。[①] 周恩来、彭德怀、徐向前立即前往山西。中共中央之所以如此重视对阎锡山的统战工作，一方面是因为山西当时处在华北抗战的前线，战略地区十分重要。"山西自雁门关以南，井陉、娘子关以西系高原多山地区，对保卫华北、支持华北战局，有极重大的意义。"[②] 更重要的是，八路军开赴抗日前线时主力正集中在山西境内。山西是八路军开往抗日前线的最便捷的地方，同时山西地形有利于进行山地游击战。此时，八路军一一五师先头部队、一二〇师主力已东渡黄河，进入山西境内，有许多问题需要周恩来与阎锡山商谈处理和解决。

阎锡山是山西实力派的首领，具有两面性，曾奉行亲日反共

① 毛泽东致周恩来、博古、林伯渠电报，1937 年 8 月 31 日。

② 《任弼时选集》，人民出版社 1987 年版，第 137 页。

的政策，华北事变后日本侵略者步步进逼，使日阎矛盾激化，他想借助共产党的力量抵制日本侵略。在他的邀请下，薄一波等人到太原协助其从事抗战的准备；彭雪枫作为中共中央代表到太原，建立秘密的联络处。七七事变发生后，又成立由彭雪枫任主任的八路军驻晋办事处。正因为阎锡山当时有着两面性，周恩来到山西就是要利用他愿意同共产党合作的一面，推动他抗战。

9月7日，周恩来、彭德怀、徐向前到达山西太和岭口与担任第二战区司令长官的阎锡山会谈。这时，阎锡山因晋军连遭失败对抗战失去信心。周恩来分析了抗战形势，鼓励其坚持抗战，阎锡山听后解除了许多顾虑。他请周恩来帮助写一个第二战区作战计划。周恩来用一天时间就写出来了。阎锡山看后，吃惊地说："写得这样好，这样快！如能这样打，中国必胜！"① 关于八路军进入山西后的作战地域和方针问题，周恩来指出：中共根据自己的兵力及战术特长，开赴冀察晋绥四省交界地区，以山地战、游击战侧击西进与南下之日军，配合友军正面作战。阎锡山表示同意八路军在这一带作战，并以太行山脉和太行山北端为根据地。9月21日，周恩来陪同朱德前往太和岭口会见阎锡山，通过谈判，阎锡山同意八路军进行独立自主的山地游击战，还商谈了八路军游击地区、军队驻扎和兵力使用等问题。周恩来、朱德与阎锡山研究了平型关战役的计划，阎锡山决定在平型关—雁门关—神池内长城线组织防御。并致电八路军总部称：我决歼灭平型关之敌，增加八个团的兵力拂晓可到，希电林师夹击敌之侧背。

为了配合友军作战，八路军总部按照中共中央的指示，命令第一二〇师进至雁门关以西的神池地区，侧击由大同南犯之日

---

① 薄一波：《深切怀念敬爱的周恩来同志》，载《不尽的思念》，中央文献出版社1987年版，第22页。

军；第一一五师进至平型关以西之大营待机，准备侧击进犯平型关之日军。9月24日，一一五师在平型关东北的小寨村至老爷庙公路附近山地设伏。25日拂晓，日军第五师第二十一旅团的一部进入一一五师的伏击区。一一五师指战员利用居高临下的有利地形，突然发起猛烈进攻，歼敌1000余人，击毁汽车100余辆，缴获一批辎重和武器，取得了全国抗战开始以来中国军队的第一个大胜利。平型关大捷有效地钳制了日军，支援了友军的作战，也使国民党第二战区的官兵受到鼓舞。第二战区战地动员主任续范亭著文称赞道：平型关大捷“打破了‘皇军’不可战胜的神话，提高我们的士气。”①

对于忻口战役和太原作战，毛泽东提出了军事部署的建议，于10月6日致电参加太原军事会议的周恩来，让他转告国民党军事当局：敌人占领石家庄后，必将向西进攻，故娘子关、龙泉关两点须集结重兵，实行坚守，以利太原以北作战的胜利。阎锡山等人根据日军分三路南进的态势，把作战部署划分为左、中、右三个地区，并将主力用于中路的正面防御。

为了配合和支援友军的正面防守作战，八路军一一五师主力于晋东北袭击张家口至广灵、代县的交通线，并派独立团和骑兵营向察南、冀西出击。一二〇师主力于晋西北袭击忻口至雁门关、宁武至大同的交通线，并派雁北支队向长城以北出击。当忻口正面激战时，一一五师和一二〇师各部积极配合，在敌人侧翼和后方频频出击，多次截断敌后方主要交通线，击毁日军大批运输汽车，袭击敌增援部队，收复一些县城，使日军侧背受到严重威胁，并不能及时得到粮食、弹药的接济。一二九师第三八五旅第七九六团进至崞县、代县之间袭扰敌军，10月19日凌晨袭击代县阳明堡日军飞机场，毁伤敌机20余架，消灭敌守备队100

① 《聂荣臻回忆录》，解放军出版社1984年版，第39页。

余人。八路军各部的积极作战，削弱了日军的有生力量，迫使敌人不得不以相当兵力守备后方，这就大大减轻了忻口正面国民党守军的压力。

（三）对台儿庄战役的支持与配合

1938 年 3 月，中国第五战区组织了徐州会战。蒋介石派白崇禧等人组织临时参谋团，到徐州协助战区司令官李宗仁指挥作战。白崇禧离武汉赴徐州前，特邀周恩来、叶剑英到其寓所，商讨对敌作战方针。周恩来对白崇禧说：在津浦线南段，已令新四军第四支队协同李品仙、廖磊两集团军，采取运动战为主、游击战为辅的联合行动，运动于辽阔的淮河流域，使津浦线南段日军时刻受到威胁，不敢贸然北上支援南下日军。同时在徐州以北应采取阵地战与运动战相结合的方针，守点打援，以达到各个击破的目的。白崇禧对此建议，深加赞赏。他到徐州后，协助李宗仁指挥，基本上采取了周恩来提出的方针。①

此后，周恩来派张爱萍以八路军代表的名义去徐州见李宗仁，建议在济南以南、徐州以北抵抗日军，同日军打一仗。张爱萍陈述了三条理由：一是日本侵略军占济南后南下，孤军深入，骄兵必败；二是济南以南徐州以北的地形很好，台儿庄一带都是山区，对我有利；三是广西军队是有战斗力的，北边有八路军在战略上配合，集中兵力打一个大仗，可以给日军一次沉重的打击。李宗仁表示这个意见很好，并要张爱萍转告周恩来。② 这些建议被采纳，促成了台儿庄大捷。

---

① 程思远：《政坛回忆》，第 116 页。

② 金冲及主编：《周恩来传》，第 411 页。

（四）对武汉保卫战的支持与配合

1938年6月至10月，针对日军“武汉攻略作战”，国民政府军事委员会部署了以“保卫大武汉”为口号的武汉保卫战。蒋介石亲任总指挥，统率陆海空共约120多师、100余万人投入这场保卫战。鉴于武汉近郊均为水网地区，无险可守，不宜大兵团作战。因此采取了“守武汉不战于武汉”的战术，在武汉外围设防。战场在武汉外围沿长江南北两岸展开，遍及安徽、江西、湖北、河南、湖南五个省广大地区。中国共产党及其八路军、新四军对武汉保卫战予以坚定支持与有力配合。

早在3月25日，中共中央致电国民党临时全国代表大会就指出：“日寇现正倾其全力继续向我国进攻，中国的西北部、中部与我们的首都武汉正在危急中。在全国人民面前，当前最中心的任务，就是如何加强全国团结，不屈不挠，坚持抗战到最后胜利。”① 为达此目的，中共中央向国民党临时全国代表大会提出了八条建议。中共中央和八路军总部作出了挺进冀鲁平原的战略决策。八路军各部迅速行动，分头挺进冀鲁平原，开辟敌后战场，广泛开展敌后游击战争，袭扰日军战略后方，牵制日军兵力，配合策应正面战场作战。1938年8月下旬，为了钳制豫北黄河沿岸的日军南进，破坏其潼关、洛阳的计划，并配合武汉方面的友军的作战，八路军第一二九师派出青年纵队、东进纵队、第六八九团和新编第一团发起了漳南战役，对深入鲁南的日军和平汉路沿线的日军形成了侧击之势。冀中部队遵照八路军总部和晋察冀军区的指示，在“平汉路西尾击敌人，截击敌给养，数次获得胜

① 中共湖北省委党史资料征集编研委员会、中共武汉市委党史资料征集编研会编：《抗战初期中共中央长江局》，第194页。

利。”[①] 冀中游击战争的广泛开展和对日军交通线及后方的袭击，不仅扩大了冀中抗日根据地，而且直接策应了正面战场发动的武汉保卫战以及晋察冀边区的反围攻作战。

处在武汉保卫战地区的新四军，根据中共中央和毛泽东关于开展华中敌后抗日游击战争的方针部署，提出本军的任务是：深入敌人后方，开展广泛的游击战，达到牵制和分散敌人的兵力，配合国军主力正面作战，在持久战中，争取最后的胜利。本着这一精神，新四军各支队挺进苏南、皖南、皖中、豫东，开展游击战争，开辟华中敌后战场，成为插向日军华中派遣军背后的一把尖刀，牵制大量日军兵力，支持和配合了正面战场的作战，对稳定华中战局起了重要作用。

（五）促进国民党支持八路军、新四军抗战

中国共产党通过谈判，尤其是八路军、新四军配合国民党军队对敌作战促进了国民党军队对八路军、新四军抗战的支持。这种支持，主要体现在两方面，国民党军队正面战争坚持抵御日军的进攻，为八路军、新四军在敌后开展游击战争，建立与扩大抗日根据地给予了战略上的支持。另一方面，国民党对八路军、新四军在办事机构、物资等方面给予了有限的支持。

根据国共谈判达成协议，全民族抗战初期八路军开始在国统区设立公开办事机构，先后在南京、西安、太原、上海、乌鲁木齐、武汉、长沙、广州、香港、衡阳、桂林、洛阳、新乡等地设立了八路军办事处（简称“八办”）。全民族抗战初期的南京、武汉和后来的重庆八办，在抗日期间担负着八路军与国民党中央军事当局联系的重任，负责转呈两党公文函电，并按中共中央规定，向国民党军委会报告八路军、新四军的战斗情况以及日伪军

---

① 《八路军军政杂志》第1卷第9期，1939年9月。

的情况，领取八路军和新四军的军饷、武器弹药、军需物资等。各地“八办”利用合法地位，在恢复建立党的组织、开展统一战线工作、推动群众性的抗日救亡运动、联络友军、筹运军需物资、向抗日根据地尤其是向延安输送人才等方面做了大量工作。

全民族抗战初期，国民政府基本上履行了两党谈判达成的协议，为八路军和新四军解决军饷、被服、武器弹药、医药器材等困难。这些军需由中央政府和战区或地方两个层级供给。武汉抗战时期，在国民政府中央层级的供给，主要由武汉八路军办事处向国民政府各有关部门申报、领取，并转运到延安八路军总部及新四军各支队。据不完全统计，从 1937 年 9 月至 1938 年 10 月间，国民政府每月发给八路军军费 50 万元，米津 10 万元，河防米津 1.4 万元，合计 61.4 万元。新四军的军费，国民政府军政部批准发每月军费 6.5 万元。

在战区或地方层面，八路军、新四军也获得一些资助。主要是由各地八路军、新四军办事处与各地方、各战区国民党政府交涉得到的部分资助。战区与各地方的资助，在很大程度上是由于八路军出师抗日打了胜仗，赢得了各界的尊重。1937 年 10 月 29 日，董必武在《关于最近工作情形致张闻天、毛泽东信》中说，在武汉对八路军的观感，与我们初到时有很大不同。“八路军在晋北平西的胜利，不仅与平汉、津浦两路战事成相反的对比，即与上海方面相比，亦令人看出八路军的不同。”新闻界、社团和个人指名慰劳，“见我们的人一开口就说：晋北得你们，八路军打得顶好！”① 当八路军、新四军与战区或地方政府交涉军需方面的资助时，他们还是比较乐意的。董必武讲了实例：湖南省政府主席何键起初对新四军很猜疑，派保安队筑碉堡把由游击队改编

① 中共湖北省委党史资料征集编研委员会、中共武汉市委党史资料征集编研会编：《抗战初期中共中央长江局》，第 100 页。

成新四军的傅秋涛部围住。由于上述八路军打胜仗因素的影响，经交涉解释后，何键态度也改变了，傅部伙食不够，湖南省政府拨给了2000元，再加上湖北省政府拨给的5000元，暂时解决了伙食问题。[①] 八路军在第二战区协同国民党军队作战，其在与日军作战中的表现对国民党官兵影响更为直接。1938年4月，经第二战区副司令长官卫立煌批准，八路军兵站在西安领取了步枪子弹100万发、手榴弹25万枚、牛肉罐头180箱和3个师的夏季军服。

总之，全民族抗战初期大敌当前，国共两党的军队在御敌的战场上进行了良好合作。在这近一年半时间里，国共两党的军队合作御敌显现出一些特点。

第一，军事合作层级既有战略性的也有战役性的，但以战略上的合作为主。全民族抗战展开之初，八路军在华北前线，对国民党军队的正面防御战场直接在战役上予以配合。但就中国军队整个军事部署格局而言，八路军、新四军的游击战争在战略上对国民党御敌军队予以支持。八路军、新四军开辟敌后战场后，在战略上形成了国民党军队以正规战为主的正面战场和以八路军、新四军以游击战为主的敌后游击战场，这两个战场相互依托，共同御敌。

第二，军事合作上保持相对独立自主性。从程序上看，红军改编为国民革命军第八路军（后称第十八集团军）、江南游击部队改编为新四军，隶属于国民政府军事委员会，而且归华北战区、华中战区。但作为中国共产党领导的抗日武装力量，八路军、新四军贯彻执行独立自主的游击战原则，配合正面战场，自主地组织实施军事部署。正因为如此，八路军、新四军得以实行

① 中共湖北省委党史资料征集编研委员会、中共武汉市委党史资料征集编研会编：《抗战初期中共中央长江局》，第101页。

灵活机动的战略战术，开战之初就捷报频传。

第三，军事合作中也发生过矛盾，但这时的矛盾处在可控范围内。尽管八路军、新四军在全民族抗战初期有出色的作为，但在国民党的政界、军界，出于“防共”、“溶共”心理，对中国共产党领导的抗日武装力量有些非议；中共对国民党的片面抗战也有批评。虽有相互指摘，但敌人大兵压境，国共相互依存，双方最高领导层比较注意分寸，管控分歧。因此没有出现大的军事磨擦。

全民族抗战初期国共两党军事合作良好，团结御敌，阻滞了强大日军的进攻，使日本在数月内灭亡中国的战略图谋破产。

四、中共在政治、文化领域里的统一战线工作

相对于军事合作而言，国共两党由于政治理念、价值观念的对立，在政治和文化领域则相互戒备，且时有激烈斗争。而以蒋介石为首的国民党统治当局在武汉抗战时期设立国民参政会、国民政府军事委员会政治部第三厅，为中共开展统战工作，巩固国共合作，推动全民族抗战提供了条件。

（一）武汉抗战时期的国民参政会：中共与国民党及其他抗日党派在政治上合作的平台

1. 国民参政会的设置

国民党长期以来，坚持“以党治国”，实行“一党专政”，严重阻碍民主政治的建立。中国共产党认为，只有把民主与抗日结合起来，并解决民生问题，才能实现全民族的抗战。因此，西安事变和平解决后多次呼吁国民党实行民主改革，成立包括各党各派各界在内的具有广泛性的国民大会。各民主党派和无党派民

主人士也纷纷要求国民党设立民意机关，使人民有参政议政的机会。在国民党内部改弦更张的呼声强烈。

1937 年 8 月，为了缓解政治压力，国民政府成立了战时国防军事最高决策机构——国防最高会议，并设国防参议会，邀请包括中国共产党在内各抗日党派代表人物、社会名流等 20 余人为参议员。但国防参议会实际上是一个坐而论道的“清谈馆”。1938 年 1 月，中共中央长江局会议决定就国防参议会问题向国民党提议：要规定职权；多吸收坚决抗日分子和真正代表民意的分子参加；各军至少各集团军派代表参加。各抗日党派也提出要彻底改革政治，实行民主政治的要求。

在中共和各抗日党派以及国民党内民主派的推动下，1938 年 3 月，国民党临时全国代表大会决定在“非常时期”设立国民参政会。4 月国民党五届四中全会通过《国民参政会组织条例》。国民参政会不是真正的民意机关，没有实际权力，只是咨询性质的机构，参政员也不是选举产生，而是由国民政府“遴选”，国民党以外的参政员所占比例很小。但是，它在职权范围和代表数量方面比国防参议会扩大了，在实行民主政治方面前进了一步。因此，中共采取了积极赞助态度。中共中央和长江局反复研究，确定毛泽东、陈绍禹、秦邦宪、吴玉章、林伯渠、董必武、邓颖超等七人为中共参政员。在参政会第一届第一次会议召开前夕，毛泽东等七名中共参政员发表了《我们对于国民参政会的意见》，肯定参政会的产生标志着“我国政治生活向着民主制度的一个进步”，也指出参政会在其产生方法与职权规定上“还不是尽如人意”。但它具有“企图使全国政治生活趋向真正民主化的初步开端的意义”。①

---

① 中共湖北省委党史资料征集编研委员会、中共武汉市委党史资料征集编研会编：《抗战初期中共中央长江局》，第 260—261 页。

2. 中共与国民党及其他抗日党派共商抗日大计

1938年7月6日，在“保卫大武汉”的紧张气氛中，国民参政会第一届第一次会议在汉口开幕。中共参政员陈绍禹、秦邦宪、林伯渠、吴玉章、董必武、邓颖超出席了会议。毛泽东请假，他在致大会的电文中说：“寇深祸亟，神州有陆沉之忧；民众发舒，大难有转旋之望。转旋之术多端，窃谓以三言为最切：一曰坚持抗战；二曰坚持统一战线；三曰坚持持久战。诚能循是猛进，勿馁勿辍，则胜利属我，决然无疑。”①

出席参政会的参政员共160多人。国民党及其政府官员，英、美、瑞典、法、意、比等国使节，以及中外记者等1000余人到会。

中国共产党的参政员与国民党及其他党派、无党派参政员在这个平台，共商抗战建国大计。这次参政会举行正式会议10次，提案130件，临时动议19件。由中共参政员陈绍禹领衔提出《拥护国民政府实施抗战建国纲领案》，号召全国军民积极帮助政府，为全部实现抗战建国纲领而努力奋斗。这一提案充分显示了中国共产党对国共合作团结抗战的诚意，得到全体参政员的拥护，共有68人联署，成为这次大会代表性最广的提案。此外，中共参政员还联合其他中间党派提出了《关于保卫武汉问题案》、《关于建军实施方案》、《改善县区政治机构与保甲办法》等提案。

中国共产党的参政员与国民党主战派及其他党派和无党派爱国人士参政员一起，同汪精卫投降派进行了斗争。会议之前，汪精卫即同日本帝国主义者暗地接触，密议“和平”条件；在会上，又大造“和平”舆论。亲日派参政员李圣五等提出《对德意外交采取分化方略案》，要求改善与德意关系，其目的是请德意

① 《新华日报》1938年7月7日。

出面调停，与日本和谈妥协。这一提案遭到中共、各民主党派及其国民党内主战派参政员的极力反对。

第一届第一次国民参政会于7月15日闭幕。经过共产党与国民党及其他各抗日党派合作，使得大会通过了《拥护国民政府实施抗战建国纲领案》等决议，确定了“抗战到底，争取国家民族之最后胜利”的国策，宣布了“各党各派各界的民族统一战线”的方针。大会发布宣言宣示中外：“中华民族必须以坚强不屈之意志，动员一切物力人力，为自卫，为人道，与此穷凶极恶之侵略者长期抗战，以达到最后胜利之日为止。”①

国民参政会第一届第一次会议，是中国共产党与国民党及其他抗日党派在政治上合作的良好开端。《群众》周刊发表社论指出，国民参政会是“中国政治开始趋向民主的标志”②。

（二）国民政府军事委员会政治部第三厅：中共在文化战线开展统战工作的载体

上海、南京失陷后，全国各地的救亡团体、文化机关、文化艺术团体、文化界名流及大批流亡学生和知识分子云集武汉，武汉成为战时的文化中心。国民政府军事委员会政治部第三厅（以下简称“第三厅”）的设置，为中共在文化战线开展统战工作，把这些文化人集合在抗日民族统一战线旗帜下，服务于抗日战争的伟大事业提供了一个重要载体。

1. 第三厅的组建及其性质

1938年1月，国民政府改组军事委员会，下设军令、军政、军训、政治四个部。蒋介石任命陈诚为政治部部长，提名周恩来担任政治部副部长。3月，中共中央政治局会议同意周恩来出任

---

① 《国民参政会纪实》上卷，重庆出版社1985年版，第183页。

② 《群众》周刊1938年第2期5卷。

政治部副部长。“由共产党人在国民政府担任此要职，是国共合作团结抗战的一个重要标志。”① 政治部设四个厅，第三厅掌管宣传工作，按照蒋介石的指示，陈诚邀请刚从日本归国的郭沫若当厅长。对于蒋介石这种安排的用意，时任第三厅主任秘书阳翰笙回忆说：“有周恩来、郭沫若这样众望所归的人物，又通过郭沫若延揽大批文化、学术、文学艺术著名人士，同时将三厅掌握在自己控制之下，让周恩来当空头副部长，郭沫若作空头厅长，既装璜了门面，又羁縻了人才，这便是蒋介石心目中的‘改组政府机构’。”② 而周恩来则要把政治部第三厅建设成共产党领导下的统一战线机构，用来推动抗日救亡文化宣传运动。起初，郭沫若不愿到这个机构工作，认为“在国民党支配下做宣传工作，只能是替反动派卖膏药，帮助欺骗。”③ 经周恩来耐心说服，郭沫若认识到这是去“抢”工作做。表示服从党的决定，仍以进步文化人士的身份来领导第三厅工作。

关于第三厅的性质，周恩来当时指出：我们反对国民党的控制，但又不能由共产党包办。要把第三厅建设成为以共产党为核心，动员各民主党派、人民团体和民主人士参加的抗日民族统一战线的机构。由于有国民政府的定编与授权，第三厅的活动具有公开性、合法性。正如阳翰笙所说：“我们拿着三厅这个招牌，就可以用政府的名义，组织团体到前线去，也可以到后方去，到后方大大小小的城市乡村去，公开地、合法地，名正言顺地进行宣传，既可以宣传群众，也可以宣传士兵。”④

第三厅于1938年4月1日正式成立，下设三个处，厅长郭沫

① 军事科学院军事历史研究部：《中国抗日战争史》中卷，第372页。

② 阳翰笙：《风雨五十年》，人民文学出版社1986年版，第167页。

③ 郭沫若：《洪波曲》，人民文学出版社1979年版，第19页。

④ 阳翰笙：《第三厅——国统区抗日民族统一战线的一个战斗堡垒》，载《新华文学史料》1980年第4期。

若，副厅长范寿康、范扬。第五处掌管动员工作，由胡愈之任处长；第六处掌管艺术宣传，由田汉任处长；第七处掌管对敌宣传，由范寿康任处长；阳翰笙任第三厅主任秘书。第三厅文化界名人会聚，科长和科员中有张志让、洪深、杜国庠、冯乃超、史东山、应云卫、冼星海、傅抱石、张曙等名人。其中，有共产党员，也有非党的文化界进步人士，人才济济，当时有人将其称为"名流内阁"①。第三厅办公机关设在武昌昙华林，编制 300 人。另外，还组建有四个抗敌宣传队，十个抗敌演剧队，一个孩子剧团，一个漫画宣传队，一个电影制片厂，加上勤杂人员和警卫人员，总数达 3500 多人。②

2. 第三厅所发挥的重要作用

第三厅在周恩来、郭沫若领导下，高举抗日民族统一战线旗帜，在集聚进步文化工作者、广泛深入地进行抗日宣传，推动救亡运动、激励我军战斗意志等方面发挥了重要作用。

一是凝聚各界文化队伍。第三厅的很多成员是文化界的知名人士，有些还是某方面的领军人物。第三厅通过他们的影响力，把一大批致力于抗日民主运动的进步文化工作者凝聚到抗日民族统一战线旗帜下。此时，在武汉成立的中华全国戏剧界抗战协会、中华全国电影界抗敌协会、全国歌咏协会和全国战时教育协会，都是以共产党员为核心的抗日统一战线组织。这些协会的部分领导人，同时担任第三厅下属机构的领导职务。在剧协、影协、歌协等专业协会成立后，为了整合队伍，阳翰笙根据周恩来的意见，积极筹备中华全国抗敌协会，以尽可能多地把大批文化人团结在抗日民族统一战线的旗帜下。1938 年 3 月 27 日，中华

① 欧阳植梁、陈芳国主编：《武汉抗战史》，湖北人民出版社 1995 年版，第 495 页。

② 武汉市档案馆、"八办"武汉旧址纪念馆、武汉图书馆编：《武汉抗战史料选编》，1985 年，第 103—105 页。

全国抗敌协会（简称“文协”）在汉口成立。第三厅组建后，文协参与第三厅组织的活动，广泛深入地进行救国宣传，推动抗战文化的发展，并开展对敌、对外宣传。

二是扩大抗战宣传，进一步激发民众爱国热忱和抗战决心。文协和第三厅成立后，做的第一件大事，是举行抗战扩大宣传周。第一天文字宣传和开幕大会，适逢台儿庄大捷消息传来，当晚举行了10万人的火炬游行。几十个演剧队和几百个口头宣传队深入大街小巷、工厂码头、郊区农村进行抗日宣传，整个武汉三镇沸腾起来了。1938年7月，武汉会战进入了紧张阶段。为了更广泛地发动广大民众以“有钱出钱，有力出力”的实际行动支持保卫大武汉的会战，在纪念七七抗战一周年之际，组织了全国性“七七”献金运动。周恩来和中共代表团、八路军武汉办事处全体成员组成“中共献金团”，带头参加献金。毛泽东从延安打来电报，献出他的国民参政员的月薪。蒋介石等国民党党政军要员也参加了献金活动。下层社会的民众十分踊跃，“来献金的人中，有工厂的工人，有郊区的农民，有船员，还有人力车夫、店员、小贩，甚至还有乞丐。”短短5天内参加献金者达50万人以上，献金总额超过100万元。献金活动极大地激发了民众的爱国热忱和抗战决心。当时有人说：“这次献金是中国兴亡的重大测验！测验结果，中国不会亡！中国一定复兴！”献金运动的伟大成果又给了人们极大的鼓舞和信心。①

三是进行战地鼓动，激励广大官兵战斗意志。第三厅成立后，还建立了十个抗敌演剧队和四个抗敌宣传队。它的成员主要从上海地下党组织的12个救亡演剧队和被国民党强迫解散的民族解放先锋队、青年救国团等救亡团体中挑选的人组成。在抗敌演剧队的成立大会上，周恩来发表讲话，指出：“你们是演剧队、

① 金冲及主编：《周恩来传 1898—1949》，第407页。

工作队，也是战斗队，除了演戏，还要做许多工作。”[①] 这些演剧队奔赴抗日前线，深入各战区为官兵演出。与此同时，还对前线浴血奋战的官兵予以慰问。在汉的知名人士和文化人郭沫若、李德全、沈钧儒等与有关演剧队、放映队一起，组成前线慰问团，携带慰问信、抗战书报、画册、锦旗、药物、食品、寒衣和文艺节目、抗战影片，赶赴前线慰问抗战将士。

五、支持与推动民众抗日救亡运动

全民族抗日战争爆发后，民众抗日救亡运动蓬蓬勃勃地兴起。中国共产党坚持全面抗战路线，积极推动与支持民众抗日救亡运动。

（一）在工人中开展抗日救亡运动

大革命失败、国共分裂后，工人阶级队伍也发生了分裂。在十年内战时期，共产党领导的赤色工会组织与国民党操纵的黄色工会组织长期处在对立状态。西安事变后尤其是全民族抗战开始后，共产党纠正“左”倾关门主义错误，倡导工人阶级内部建立统一战线，共同抗击日本侵略者。

卢沟桥事变发生后，上海、武汉、广州等地的广大工人在中国共产党的领导和影响下，连续不断地举行反日游行和罢工，抗议日本帝国主义侵略中国，声援在前线抗击日军的国民党官兵。地处前线的长辛店地区的工人，立即动员起来，支援驻守宛平的中国军队。卢沟桥地区的工人和农民，抽出大批劳力帮助中国军队修公路，传送情报，运送伤员，并且提供粮食、饲料。在上海，八一三事变发生后，数十万工人组织义勇队、救护队、宣传

① 金冲及主编：《周恩来传 1898—1949》，第 408 页。

队、战地服务团等，踊跃参加支前工作。

华北地区、华东地区的工人群众，积极支持深入敌后开展游击战争的八路军、新四军。他们或参加八路军，或建立自己的游击队，坚持抗日战争。据不完全统计，各大工矿单位建立的工人游击队就有40支。1938年七八月间，唐山、赵各庄、开滦等矿工7000余人，举行抗日大暴动，暴动工人一部分由节振国率领转入农村加入冀东人民抗日联军。1938年1月，新四军活跃于上海近郊时，上海、南京、镇江、无锡的工人4000余人参加新四军。

为了有组织地开展工人抗日救亡活动，全国各地纷纷成立工会组织和救亡团体。中共中央设立了职工运动委员会，陕甘宁边区和各抗日根据地都建立了相应的工会组织。1937年11月，陕甘宁边区成立了边区总工会筹备委员会。边区总工会的筹备过程，首先抓了对边区工人群众的组织工作，在城镇和乡村分别召开工人代表大会，民主选举产生了各级工会。1938年4月17日至23日，延安召开陕甘宁边区第一次工人代表大会，到会代表及来宾500余人，武汉、广东、郑州、开封及同蒲铁路工人自卫队、平汉铁路工人破坏大队都派代表出席，并报告他们的斗争情况。这次大会宣告边区总工会成立。20日，毛泽东出席大会举行的晚会时，作了题为“结团体，打日本”的讲话。他说：中国有个大团体，叫做抗日民族统一战线，全世界也有一个大团体，就是世界反法西斯统一战线。只有团结，才能打倒日本帝国主义。①

在国统区，国民党有关人士也在进行工人组织的整合。早在1934年冬，国民党中从事劳工运动的陆京士、上海市总工会主席朱学范（国民党员）等人，发起组织中国劳动协会（劳协），1935年2月，中国劳动协会在上海正式成立。该会作为劳工文化

① 参见中国延安干部学院编：《延安时期大事记述》，第110页。

团体由国民党中央社会部管辖。

劳协中以朱学范为代表的一派，接受中共关于全国工人联合抗日的主张。为了统一工人组织，团结全国工人参加抗战，1938年2月，朱学范等人先后到广州、长沙、武汉等地，进行筹备活动。在武汉，会见周恩来、徐特立等中国共产党驻八路军办事处的领导人。2月16日，《新华日报》发表《如何动员工人群众积极参加抗战事业》的社论，提出要统一全国职工运动，“要使工人职员不分党派、不分地域、不分帮口、不分民族、不分信仰地都加入职工会的组织”，使全国的工人紧紧地团结在一起[①]。3月5日，全国工人抗敌总会筹备会在武汉成立，推举朱学范为筹备会总负责人。陕甘宁边区总工会发来贺电，派代表刘群先、廖似光参加筹备会的筹备工作。3月24日，抗敌总会筹备会举行第二次会议，会议通过了欢迎陕甘宁边区总工会参加工人抗敌总会筹备会的决议。中国工人抗敌总会筹备会成立后，在武汉积极开展抗日救亡活动。

筹备会决定在1938年4月15日举行全国工人代表大会，成立中国工人抗敌总会，但遭到国民党当局的阻挠。此时国民党心态矛盾，一方面需要利用工人抗日救亡组织，另一方面担心其被共产党掌握。因此，以“备案各节，暂缓议”为由，不准召开成立大会。5月2日，中国工人抗战总会筹备会被迫宣告结束。

（二）在青年中开展抗日救亡运动

青年尤其是青年学生是抗日救亡运动的先锋，自九一八事变以来，中国的救亡热潮大多是青年学生率先掀起，并向全国推广的。中国共产党认为“青年是抗日战争的生力军”，“中国的解放

---

① 《新华日报》1938年2月16日。

主要依靠青年人”。[1] 因此，积极指导与支持青年学生救亡运动。

瓦窑堡会议后，中共中央加强对青年工作的领导，克服“左”倾错误的影响，促进青年救亡组织的联合，引导广大青年尤其是青年学生投身于抗日救亡运动。1937 年卢沟桥事变发生后，青年学生站在救亡运动的前列。7 月 8 日，在中共北平地下组织推动与影响下，北平市以青年学生为主体的中华民族解放先锋队、北平学生联合会与华北各界救国联合会等抗日救亡团体举行联席会议，决定马上派代表赴宛平县城，对抵御日军侵略的国军将士表达北平人民的坚定支持与热情慰问。

中国共产党积极促进青年救亡团体联合。在抗战前夕，为了团结各界青年抗日救国，中共中央作出了改造共青团的决定，要求把这个先进青年的共产主义组织改造成为广大青年群众的抗日救国组织。根据中共中央的要求，陕甘宁革命根据地的各级共青团，自下而上地实行了改造，相继建立了各级青年救国会，1937 年 4 月，在延安召开了西北青年救国代表大会第一次会议。到会的有陕甘宁根据地代表 239 名和国统区、沦陷区代表 63 名。毛泽东、张闻天、朱德、周恩来等到会并讲话。西北青年救国会既是西北青年运动的领导机关，又是全国青年救亡团体的最高机关。1937 年底，西北青年救国会移驻陕西泾阳县，成为专门负责全国青年统一战线的机构。1937 年 8 月，中共中央青年工作委员会和西北青年救国联合会在陕西泾阳县安吴堡创办了安吴青训班。这是一所战时青年干部学校，从 1937 年到 1939 年下半年，共办 14 期，组编了 127 个连队，培训了 1.2 万多名学员，分别输送到延安和敌后抗日根据地。[2]

全民族抗战初期，尤其是上海、南京沦陷后，一大批爱国青

---

① 转引自中国延安干部学院编：《延安时期大事记述》，第 108 页。

② 中国延安干部学院编：《延安时期大事记述》，第 174 页。

年从平津沪宁流亡到武汉，华北流亡同学会等青年救亡组织也迁至武汉，与武汉秘密学联、武汉民先队（即中华民族解放先锋队在武汉的分支）聚集在一起。为了把在武汉地区青年组织统一起来，根据中共中央长江局的有关指示精神，中共湖北工委决定在华北流亡同学会、武汉秘密学联、武汉民先队的基础上，建立一个公开的、具有广泛群众性的青年抗日团体，即：青年救国团。1937 年 12 月 28 日，“青救团”在武昌成立，出席大会的代表 40 余人，代表着湖北、湖南、河南、江苏等省的进步青年团体，会议由中共党员杨学诚主持。“青救团”成立后，积极开展抗日救亡运动，随着其救亡活动的开展，其组织迅速扩展到湖北全境及河南、安徽、江西等省，截至 1938 年 7 月，“青救团”成员达 4 万多人，仅武汉就有 1 万多人。“青救会”的建立，加强了中共与在汉各青年进步团体的联系。与此同时，在武汉还有中国青年救亡协会、汉口蚁社。

中国学生救国联合会（简称“学联”）的部分领导人由上海来到武汉后，商议恢复“学联”工作，决定在武汉召开第二次全国代表大会。1938 年 3 月 24 日，全国“学联”筹备会在汉口举行预备会议，讨论通过了大会议程、会章，审查了代表条例和有关大会事宜，决定聘请蒋介石等国民党要员为大会名誉主席。25 日，中国学生救国联合会在汉口商会大礼堂召开，陕西、河南、四川、安徽、广东、江西等 16 省的主要学生团体共 73 个、123 人出席。国共两党负责人陈诚、周恩来、邵力子等及各界领袖人物到会表示祝贺。会议要求“不分党派，不分信仰，不分民族，不分地域，不分职业，不分男女，应该团结在全国的一个学生组织中”，号召广大学生加强团结，积极参加救亡运动[①]。《新华日报》专门为“学联”恢复活动发表了社论，指出，“中国学

---

① 《新华日报》1938 年 3 月 30 日。

生是中国救亡运动一支极有力量的队伍”，希望通过这次会议“定下全国学生大团结的基础”，结成“全国学生精诚团结的统一战线”①。

中国共产党不仅积极促进青年救亡团体联合，而且对不同党派及其不同政治主张的青年救亡团体持包容态度。在陕西国统区内，全民族抗战初期既有由共产党直接领导的被国民党视为非法的以先进知识青年为骨干的青年救亡团体，又有名义上由国民党陕西各级抗敌后援领导取得了公开合法身份、实际上由共产党领导的青年救亡团体，还有由国民党直接领导的经常与共产党领导的进步青年团体闹磨擦的青年团体。1937 年 11 月，由国民党操控的西北青年抗敌协会（简称“抗协”）在西安成立时，用不光彩的手段蒙骗学生参加。进步青年团体对此予以揭露，一些被骗学生纷纷退出“抗协”。这时，中共陕西省委及时指示进步青年团体：以最大的努力来统一青年运动，反对任何分裂现象。周恩来来到西安时，在西安青年团体代表和国共两党的陕西负责人座谈会上，强调要从大局出发，进一步巩固和发展陕西青年抗日统一战线。根据省委的意见和周恩来讲话精神，在西北青救会的主持下，1937 年 12 月 23 日，西安学生分会、民先西安队部、西安平津同学会、省妇女慰劳会、西北文艺青年协会、西北青年抗敌协会六团体制定了《共同活动的纲领》。此后，六团体建立了联席会议制度。

中国共产党领导八路军、新四军浴血奋战，英勇御敌，赢得了广大青年拥护与支持，也激发了广大青年参军参战的热情。1937 年 8 月下旬至 9 月上旬，八路军东渡黄河开赴抗日前线，沿途各地青年学生与当地群众一起热烈迎送八路军将士出征，隆重举行军民联欢大会，进行慰问演出，许多青年学生当场踊跃参

① 《新华日报》1938 年 3 月 25 日。

军。全民族抗战开始后，成千上万青年为报效祖国，奔赴抗日前线，参加八路军、新四军，直接参战；或者从沦陷区、大后方，千里迢迢奔赴革命圣地延安。据任弼时 1943 年 12 月在一次中央书记处会议上发言说：抗战后到延安的知识分子总共 4 万余人，就文化程度而言，高中以上占 19%，高中 21%，初中 31%，初中以下约 30%，多数是在 1937 年和 1938 年来的。[①] 他们到了延安后，有许多人经过学习与培训后，到敌后抗日根据地投身敌后游击战争。

（三）在妇女中开展抗日救亡运动

在中国被称作“半边天”的广大妇女，面对日军的侵略与蹂躏，把自身的解放与民族解放结合起来，奋力投身于抗日救亡的洪流中，显示出伟大力量。毛泽东当时予以热情讴歌，称：“妇女解放，突起异军，两万万众，奋发为雄。男女并驾，如日方东，以此制敌，何敌不倾。”[②] 中共中央和毛泽东高度重视妇女工作，指示抗日根据地和国统区的中共组织，在妇女界开展统战工作，积极推动妇女抗日救亡运动发展。

在陕甘宁边区和各抗日民主根据地，中国共产党加强了对妇女运动的指导。1937 年 9 月，中共中央组织部发布《妇女工作大纲》，要求在妇女工作中坚决贯彻抗日民族统一战线。根据《妇女工作大纲》精神，陕甘宁边区党委决定将原有乡妇女代表会进行改造，并在乡和乡以上成立各界妇女联合会。1938 年 3 月 8 日，在延安举行了陕甘宁边区妇女联合会第一次代表大会。大会提出边区妇女运动的基本任务是：“一方面使妇女运动和整个的

---

① 《胡乔木回忆毛泽东》，人民出版社 1994 年版，第 279 页。

② 中共中央文献研究室编：《毛泽东著作专题摘编》，中共中央文献出版社 2003 年版，第 1111 页。

民众救亡运动统一起来成为整个民众运动的一部分，配合着各种救亡团体，坚决为保卫边区、西北、全中国而斗争，同时另一方面要发动边区妇女群众，积极参加紧急的抗战动员工作，使边区妇女群众运动成为全国的先进地区，成为全国妇女运动的推动机。”① 在边区和各抗日民主根据地，妇女抗日团体因为得到中国共产党的支持，迅速发展。1938 年 3 月，陕甘宁边区妇女抗日救国会成立时，各界妇女联合会登记会员 17 万。同时成立的晋察冀抗日民主根据地妇女抗日救国会会员则达 26 万人。边区和各抗日民主根据地的妇女在中共领导下，组织起自卫队、女儿童团和姐妹团，她们站岗、放哨、坚壁清野、组织生产、开展支前活动，为建设边区，粉碎日军“扫荡”发挥了重要作用。

在国民党统治区，中国共产党在妇女界开展统战工作，推动妇女抗日救亡运动。全民族抗战开始后，以公开身份来到国统区的中国共产党妇女领袖邓颖超到南京不久，对《战时妇女》杂志发表谈话指出，需要在总的抗日统一战线之下，进行更广阔的妇女运动的统一战线。1937 年 12 月 28 日，她在武汉发表的《对于现阶段妇女运动的意见》中指出，妇女运动也要在总的抗日统一战线之下，去动员组织各界妇女到抗日救亡运动中来。

在中共长江局妇女工作委员会和邓颖超的推动下，抗战时期国统区第一个具有统一战线性质的妇女组织——战时儿童保育会在武汉成立。全民族抗战爆发后，因沦陷而流离失所的数以百万计难童亟待救济。为了救助这些儿童，由邓颖超、沈钧儒、郭沫若、李德全等人联络各界知名人士共同发起、筹建战时儿童保育会。3 月 10 日，战时儿童保育会在汉口召开成立大会，出席者 700 多人，由宋美龄、李德全分别任正副会长，邓颖超等人任常务理事。这次会议决定在汉口成立保育院，以日人办的同仁医院

① 中国延安干部学院编：《延安时期大事记述》，第 112—113 页。

为院址。5 月 1 日，汉口第一保育院在同仁医院正式开办，第一批 500 名儿童是从郑州、开封等地领来的。蒋介石、周恩来、冯玉祥等出席了开幕式。周恩来勉励孩子们要“锻炼一种刻苦耐劳的精神为国出力。”此后，一批批难童从战区转送到汉口第一保育院。在保育院工作的中共党员和进步人士做了大量细致、艰苦的工作。

此外，在广东、广西、江西、安徽、福建、湖南、贵州、河南以及香港、南洋各地华侨社会，相继建立了分会；在重庆、成都、贵阳、桂林、柳州、长沙、香港、九龙等地建立了保育院，在宜昌、信阳等地设立了难童转送站。在不到半年时间里，有 2 万多名难童由战区转移到武汉，然后又转送到各地保育院。8 月，日军迫近武汉并对武汉狂轰滥炸，社会各界发起抢救武汉儿童运动，将近 9000 多名难童从武汉转移到安全地带。10 月 25 日武汉沦陷前，汉口战时儿童保育会和汉口第一保育院迁往重庆。邓颖超在回忆这段历史时说，全民族抗战初期战时儿童保育会是最先“出现的各界妇女联合战线”，是“由共产党同民主党派组成的组织”，它在保育儿童中取得了“显著成效”。①

中国共产党支持与推动“妇指会”改组与扩大，使之成为包括各党各派在内的妇女界统一战线组织。“妇指会”是新生活运动妇女指导委员会的简称，它是 1936 年在新生活运动促进会基础上设立的一个指导机构，而“促进会”成立于 1934 年蒋介石在江西推行以反共为宗旨的新生活运动期间，是推行“新生活运动”的工具。1938 年 5 月 20 日，宋美龄在庐山召开了一次妇女谈话会，邀请各党、各派、各界、各地区的妇女领袖出席，中共方面的邓颖超、孟庆树参加了会议。在会上，宋美龄提出以新生活运动妇女指导委员会作为全国性动员领导妇女参加抗战建国的

---

① 邓颖超：《给郭健的信》，1985 年 8 月 3 日。

总机构。中共中央长江局领导人会前已预见到她的这一意向，对准备参加会议的人员说：可以利用新生活运动形式，加上新内容，做战争动员工作。邓颖超、孟庆树在会上发表《关于陕甘宁边区妇女运动概况》和《我们对于战时妇女工作的意见》的讲话时，对这一提议予以支持，并阐述了中共对于战时妇女工作的基本方针，强调全国性妇女组织不管名称如何，应是代表包括各党各派各界各省各地区的妇女抗日民族统一战线的组织。经过讨论，到会人士表示同意宋美龄的提议，但建议对“妇指会”加以改组扩大，使之成为全国性的包括各党各派各界的统一的妇女团体机构。会议还通过了《动员妇女参加抗战建国工作大纲》，这是一个动员全国妇女团结抗战建国的纲领，大纲基本符合中国共产党提出的“为争取千百万群众进入抗日统一战线而斗争”的方针政策，奠定了妇女界联合抗日的思想政治基础。

1938 年 7 月 1 日，改组扩大后的“妇指会”在汉口正式成立，指导长仍为宋美龄，委员 36 人，包括邓颖超、孟庆树、康克清等中共党员，形成了左、中、右各派力量联合的妇女抗日救亡团体，从而改变了原来的性质，成为包括各种力量在内的妇女界统一战线组织。

新的“妇指会”在各派共同努力下，在兴办妇女学校、联络各界妇女团体、培训妇女干部、进行抗日宣传、发动献金活动等方面做了许多有益的工作。新的“妇指会”被誉为中国共产党在国统区开展妇女抗日统一战线工作的范例。

全民族抗战初期，广大妇女通过各种途径、采取各种形式支持在前线抵御日军侵略的中国军队。除了战地服务、参军参战外，更多的妇女则在后方开展救亡宣传，进行募捐钱物的活动。募捐钱物的活动从卢沟桥事变爆发后兴起，武汉抗战时期的献金运动推向高潮。据不完全统计，到 1939 年底，全国各地妇女募得现金1300余万元，金银首饰折款5000万元以上。[①]

毛泽东在《论持久战》中指出："战争的伟力之最深厚的根源，存在于民众之中。"[②] 这当然也包括参加抗日救亡运动的广大妇女。

---

① 军事科学院军事历史研究部：《中国抗日战争史》中卷，第299页。

② 中共中央文献研究室编：《毛泽东著作专题摘编》，第1304页。

第四章　坚持统一战线中的独立自主原则

抗日民族统一战线是以国共合作为基础的。由于国共两党代表不同的阶级利益，参加抗战的目的不完全一致，实行的是不同的抗战路线，统一战线内部不可避免地存在着矛盾和斗争。中国共产党在抗日民族统一战线中必须坚持独立自主原则，既统一，又独立。

一、统一战线中独立自主原则的提出

抗日民族统一战线有一个突出的特点，就是既没有国共两党合作的具体组织形式，又没有两党共同商定的抗日救国纲领。在统一战线中，国共两党之间存在着两条不同的抗战指导路线。这就决定了抗日民族统一战线内部无产阶级和资产阶级争夺领导权的不可避免及其斗争的复杂性和艰巨性。针对抗日民族统一战线的这一特点，中国共产党及时提出，在统一战线中必须坚持独立自主原则，严格保持思想上、政治上、组织上的独立性。从而，既维护了抗日民族统一战线内部的团结，又促进了中国共产党领导的人民革命力量的壮大。

（一）抗日民族统一战线中复杂的阶级关系

卢沟桥事变之后，除了极少数民族败类，各种政治力量都团结在抗日的旗帜之下，组成了空前广泛的抗日民族统一战线。抗日民族统一战线的广泛性，决定了其内部阶级关系的复杂性。

中国共产党运用马克思主义的阶级分析方法，对抗日民族统一战线中各个阶级、阶层和政治集团进行了全面而深刻的分析，主要根据对待共产党和抗日的态度，将他们分为进步势力、中间势力和顽固势力。进步势力包括无产阶级、农民阶级和城市小资产阶级的力量。他们既拥护中国共产党的领导，又坚决主张抗日，是中国革命的基本力量，是抗日民族统一战线的依靠和支柱。中间势力包括民族资产阶级、开明绅士和地方实力派。毛泽东指出："须知中国社会是一个两头小中间大的社会，共产党如果不能争取中间阶级的群众，并按其情况使之各得其所，是不能解决中国问题的。"① 一方面，中间势力本身有力量，有较大的经济力量，特别是在政治上有相当大的影响力，是中国共产党反帝的同盟军，"往往可以成为我们同顽固派斗争时决定胜负的因素，因此，必须对他们采取十分慎重的态度。"② 另一方面，由于中间势力既与顽固势力有矛盾，又与进步势力有矛盾，经常动摇于两者之间，因而成了进步势力和顽固势力争取的对象。又由于他们内部各部分代表性不同，在对待土地革命、民主权利和顽固势力的态度上也有区别。顽固势力是指以蒋介石为核心的国民党内亲英美派的大地主大资产阶级。随着抗战相持阶段的到来，蒋介石集团"消极抗日、积极反共"倾向日趋明显。1939 年 1 月，国民党召开五届五中全会，明确提出了"溶共"、"防共"、"限共"的反动方针。不久，又发动了第一次反共高潮。

抗日民族统一战线中十分复杂的阶级关系，要求中国共产党必须始终坚持统一战线中的独立自主原则，正确处理好同各阶级

① 《毛泽东选集》第 2 卷，第 783 页。
② 《毛泽东选集》第 2 卷，第 748 页。

之间的关系。

（二）独立自主原则形成的过程

1937年7月27日，中共中央书记处在为红军改编方针发出的指示中，强调红军与苏区必须全权自主，“不准国民党插入一个人”。8月1日，毛泽东指示红军作战的原则是，在整个战略方针下执行独立自主的分散作战的游击战争。随即召开的洛川会议又进一步肯定了党在统一战线中必须坚持独立自主的原则，强调要对国民党保持高度的阶级警觉性，我军的行动只能由党自己决定，不能听命于蒋介石。

1937年11月，毛泽东在延安党的活动分子会议上作《上海太原失陷以后抗日战争的形势和任务》的报告，指出一个重要事实，即卢沟桥事变后，一方面由于国民党实力上的优势和对共产党斗争策略的变化；另一方面是由于共产党内理论水平不平衡，许多党员缺乏第一次国共合作的经历和经验，加之党内小资产阶级成分的大量存在，致使一部分党员和干部滋长了右倾思想。在统一战线工作和根据地工作中，对国民党无原则的迁就，对国民党蒋介石的阴谋缺乏警惕；在抗日根据地，产生了议会主义倾向，有人主张实行资产阶级国家的议会制度；红军改编为八路军后，有些人不愿意严格接受共产党的领导，以接受国民党委任为荣耀，滋长了新军阀主义倾向，等等。为此，毛泽东尖锐地提出，必须在党内反对阶级投降主义，在全国反对民族投降主义。如何克服投降主义倾向呢？毛泽东认为，在一切统一战线工作中必须坚持独立自主的原则。只有坚持了这个原则，才能保持自己已经取得的阵地并发展阵地，才能壮大战胜日本帝国主义的基本力量。因此，对这个原则的说明、实践和坚持，是把抗日民族革命战争引向胜利之途的中心一环。1938年9月，毛泽东在中共中央六届六中全会上作了《统一战线中的独立自主问题》的报告，对统一战线中的独立自主原则进行了系统阐述。

（三）坚持独立自主原则的实质是争取统一战线的领导权

争取和坚持无产阶级领导权，是巩固和发展抗日民族统一战线的根本保证。抗日民族统一战线是一个广泛的战线，参加统一战线的成分十分复杂。各个阶级都有抗日的基本要求，但是每个阶级及其政党的政治主张在许多方面又存在很大差异。关于抗日民族统一战线中的领导权问题，毛泽东指出："司令官"在中国主要是两个，或者是无产阶级的政治代表共产党，或者是大地主大资产阶级的政治代表国民党。国民党统治集团在日本帝国主义决心灭亡中国、动摇其统治地位的情况下，参加了抗日民族统一战线，但国民党统治集团害怕共产党领导的人民力量发展壮大，害怕抗日民族解放运动的广泛发动，力图控制抗日民族解放运动不超出它所需要和允许的范围，服从于它的阶级利益。共产党是代表无产阶级和中国最广大人民的根本利益，为抗日民族解放运动的彻底胜利而坚持奋斗到底的。争取和坚持无产阶级领导权是巩固统一战线，坚持持久抗战的根本保证。

无产阶级通过中国共产党实现对抗日民族统一战线的领导权，主要表现在政治领导上。中国共产党根据抗日战争的发展进程提出自己的政治主张，并领导人民去实行、影响和推动国民党接受这些主张，发挥了共产党在抗日民族统一战线中的政治领导作用。争取和实现无产阶级领导权是以坚持抗日民族统一战线中的独立自主原则为前提的。在统一战线内部，由于国民党对共产党采取歧视、限制和削弱的方针，共产党坚持独立自主原则就显得特别重要。

二、长江局的统战工作及王明右倾错误的消极影响

中共中央长江局是延安中共中央的一个派出机构，在国民党统治区做了大量卓有成效的统战工作。但也曾一度在王明的领导下犯过右倾投降主义错误，给中国共产党全民族抗战初期的统战工作带来一定的负面影响。

（一）中共中央长江局的成立及其对统战工作的推动

1937年12月南京沦陷前夕，武汉成为全国抗日运动的中心。为了统一领导南方各省党的工作，发展长江流域和南方各省的抗日救亡运动，中共中央决定在武汉设立中共中央长江局。同时组成中共代表团，负责与国民党的联系和谈判，继续推动国民党的改革和进步。不久，两个组织合并，对内称为长江局，对外称为中共代表团。12月23日，中共中央长江局在武汉正式成立，由周恩来、项英、秦邦宪、叶剑英、王明、董必武、林伯渠等七人组成，负责管辖云南、贵州、四川、湖北、湖南、河南、江西、安徽、江苏、浙江、福建、广东、广西等省，并领导中共中央东南分局和新四军的工作。

中共中央长江局成立后，在不到一年的时间里，不仅为这一时期抗战新局面的开创做出了历史性贡献，而且为以后党在国统区的工作奠定了扎实基础，对后来国统区爱国民主运动的发展产生了深远影响。概括说来，主要表现：一是重建中国南方各省的党组织，训练和培养了一大批干部，使国统区共产党的工作得到了恢复和发展。在十年内战期间，长江流域和南方各省的共产党组织被破坏殆尽。经过长江局的努力，到1938年9月，在15个地区组建了省委、省工委、地区党委、特别区（市）党委，党员

发展到67780人，占当时全国党员总数的27%，为党组织的发展打下了基础，为后来革命斗争的开展播下了火种。二是宣传党的抗日主张，发展抗战文化事业，领导国统区人民在武汉开展轰轰烈烈的抗日救亡运动。特别是1937年4月的抗战扩大宣传周和纪念七七抗战一周年的献金活动，使一个在刀光剑影下几乎窒息了整整十年的江城重新沸腾起来，为中国现代史谱写了绚丽璀璨的一页。长江局出版的《新华日报》和《群众》，高擎团结抗战的旗帜，坚持民主进步精神，积极报道八路军、新四军和国民党军队的抗日战绩，起到了抗战号角和人民喉舌的作用。三是同国民党建立较为融洽的政治合作关系，广泛地团结各民主党派和各界人士，巩固和发展了抗日民族统一战线，为党的统战工作开创了崭新的局面。中共代表团同国民党政府开展谈判，推动其积极抗战，对国民党其他派系和地方实力派加强联系，同民主党派的代表人物共商国是，对动员各方面的力量坚持抗战起了有益的作用。中国共产党领导下的多党合作态势，实际上就是从这个时期形成和发展起来的。四是广交外国朋友，发展反法西斯的国际统一战线关系，开辟了党的外事工作新战线。长江局以中共代表团名义开展的工作，改变了中共过去除苏联以外与国际社会基本隔绝的状态。中共代表团负责人主动接触外国外交官员，与外国记者建立友好联系，热情接待参加援华工作的外国友人。通过这些活动，国际社会了解了中国共产党及其抗日主张。中共代表团的国际交往，使中国共产党的外事工作有了良好的开端。

（二）王明右倾错误

第二次国共合作建立之后，党内的右倾思想开始萌生，并对实际工作产生了一些不良的影响。1937年11月底，王明从苏联回国。王明在苏联时是中共驻共产国际代表，并任共产国际执行委员会委员、主席团委员和候补书记。王明回国的重要目的，就是要根据共产国际的旨意，使中国共产党向国民党作出更大的让步，要真正实行“一切服从统一战线”。在他的要求下，中共中央先后于1937年12月和次年3月召开了两次政治局会议。

在12月的政治局会议上，王明作了题为《如何继续全国抗战和争取抗战胜利呢?》的报告，全面阐述了他的投降主义抗战主张。主要内容是：否认统一战线中的独立自主原则，把抗日阵营的磨擦、国共合作进展的迟缓归咎为洛川会议方针，甚至主张暂缓实施抗日救国十大纲领；在国共两党的关系上，他提出所谓共同负责，共同领导，不要提谁领导谁的问题，强调要“一切经过抗日民族统一战线”、“一切服从抗日民族统一战线”；在军事上提出所谓“五统一”，反对红军实行独立自主的游击战争的作战方针；关于党的工作重心，他认为应该放在国民党统治区的大中城市，反对把工作中心放在敌后农村。由于王明是以共产国际代表的身份出现的，当时中国共产党是共产国际的一个支部，加上抗日战争的规律性还没有完全表现出来，到底谁的抗战主张是正确的，还不十分清楚和明白，因此王明的错误主张在会上一度得到多数人赞同。由于毛泽东等人的抵制，王明的主张尽管没有形成为党的正式决议，但在组织问题上，王明、康生等增选为中央书记，同时成立了长江局和东南分局。会后，王明即去武汉担任长江局书记。在主持长江局工作期间，王明极力宣扬右倾投降主义的抗战路线，擅自以中央名义滥发宣言，甚至假借毛泽东的名义发表谈话，力图为改变党中央的领导做舆论上和组织上的准备。

在王明的要求下，1938年3月中共中央又召开了一次政治局会议。在会上，王明进一步发展了他在十二月政治局会议上的右倾投降主义观点，主张全国建立真正的统一的国防军，将早先他提出的“五统一”发展为“七统一”（统一指挥、统一编制、统一武装、统一纪律、统一待遇、统一作战计划、统一作战行动），并说："国民党现在只要一个军队，我们也不能反对这个口号。"他反对洛川会议决定的红军在全民族抗战初期实行"独立自主的山地游击战"的作战方针，主张"采取运动战和游击战的战略战术"。在会议讨论中，王明的错误意见仍然得到多数人的赞同。王明曾力图在这次政治局会议上通过一个正式决议，形成一个统一文件，但由于毛泽东、任弼时等人的抵制，他的这一企图没有能够实现。王明在抗日民族统一战线问题上的错误主张，虽然没有正式形成为党的集体意志，但还是造成了一定的危害。

首先，造成全党思想上的混乱。在十二月政治局会议及以后一段时期内，王明的意见与毛泽东的抗战主张是对立的，在党内实际上形成了两种不同的抗战指导路线。彭德怀曾回忆当时的情况说："会议时间很长，似快天明才散会的。会议上的精神是不一致的，感觉回去不好传达。王明所说的内容，没有解决具体问题。蒋介石根本没有承认统一战线，工农红军要改编为国民革命军，强迫戴国民党军队帽子，与国民党军成一种隶属关系；企图改变八路军性质，同化于它的体系，根本没有承认合作。一切经过统一战线，就是经过蒋介石，他决不容许八路军扩大，决不会容许我们有任何独立自主，也不会有平等待遇。回去传达就只好是，毛主席怎么讲，王明又怎么讲，让它在实践中去证明吧。"又说："第二天，我拿着写就的传达要点问洛甫同志（他那时是总书记，也是那次会议的主席），我回到华北以后如何传达这次会议的精神？洛甫同志说，由书记处写一个统一的传达大纲。又过了两天，洛甫同志交给我一个传达大纲，即'中央政治局十二月的总结与精神'。我回到华北以后，即按照那个大纲传达的。"① 王明的意见与毛泽东的意见同时传达，两种不同的抗战主张不能不在党内思想上引起混乱。

① 《彭德怀自述》，人民出版社 1981 年版，第 226 页。

其次，王明的错误意见在全党范围内产生了一定程度的实际影响。王明的报告是以共产国际的口吻作的，会上就有不少人赞同，会后又与毛泽东的意见在全党同时传达，在实际上产生了一定的负面作用。在“中央政治局十二月会议的总结与精神”传达以后半年多的时间中，有些党的领导干部放松了对八路军的领导和思想政治工作，使“共产党对八路军的绝对领导作用有些降低，党的政治工作也有些削弱，从而发生了个别军官逃跑和国民党勾引八路军中的官兵叛变的现象”。

最后，王明在长江局推行右倾投降主义路线，丧失了在华中地区发展人民抗日力量的大好时机。王明于 1937 年 12 月到武汉后，一方面以中央名义到处发表讲话，宣传他的右倾投降主义主张；另一方面拒绝中央的指示精神，没有“作上山下乡”的准备。当时，以毛泽东为代表的中共中央已经洞悉到抗日战争是持久战，在战略防御阶段，国民党军队守不住武汉，它的丢失是不可避免的。鉴于这种分析，中共中央要王明和长江局做好准备，利用武汉失守、日军立足未稳的机会，组织工人和其他群众深入华中广大农村去组织和发动农民，开辟华中抗日根据地。但王明拒不接受中央的这个意见，认为武汉会战是所谓中日战争的最后总决战，要帮助国民党去建立所谓几十个正规师，动员工人群众和青年积极分子到国民党军队里去。结果，表面上看似轰轰烈烈，但武汉一丢失，中国共产党什么也没有，两手空空。

王明的右倾投降主义直接来源于共产国际，并因为有共产国际的支持而泛滥一时，在中国共产党内引起了思想混乱。如果不及时加以纠正和克服，抗日战争不仅不可能正常开展和坚持下去，而且整个中国革命事业都将蒙受巨大损失。因此，克服王明的右倾投降主义成为当时中国共产党亟须解决的紧迫问题。

三、党的六届六中全会

随着抗战形势的变化和国共合作的推进，党内关于统一战线中独立自主原则的分歧越来越大。由此，中国共产党有必要通过党的会议来统一思想，明辨是非，以推动抗日民族统一战线的健康发展。

（一）六届六中全会召开的背景及其概况

1937年11月底，王明是以中共驻共产国际代表、共产国际执委委员、主席团委员和候补书记的身份被派回国的。由于他不了解中国抗战的实际情况，被全民族抗战爆发后蒋介石采取的某些进步措施，以及当时在实力上国民党较强、红军数量较少等现象所迷惑，再加上他一贯具有严重的教条主义、将共产国际指示神圣化的倾向，因此很快就陷入了右倾投降主义的误区，在理论上和实践上给中国的抗战事业造成了严重损失。

面对王明的右倾言行，毛泽东、张闻天等中央领导人为顾全中央的团结统一，没有立即对王明提出批评。三月政治局会议决定，派任弼时去莫斯科，向共产国际交涉“军事、政治、经济、技术人才”等问题，说明中国抗战和国共两党关系的情况，以便促使共产国际更多地了解中国的实际和中共的政策，争取共产国际的支持和支援。

1938年6月，中共中央决定由任弼时接替王稼祥任中共驻共产国际代表。7月初，王稼祥回国前夕，共产国际负责人季米特洛夫在接见他和任弼时时明确表示，在中共中央内部应支持毛泽东的领导地位；王明缺乏实际工作经验，不应争当领袖。9月，中共中央召开政治局会议。会上，王稼祥传达共产国际指示和季米特洛夫的意见，肯定中共一年来的政治路线是正确的，指出要以毛泽东为核心解决统一领导问题，中央领导机关要有亲密团结的空气。毛泽东先后两次发言，强调党内团结，并论述了统一战线中统一与斗争的辩证关系。共产国际指示和这次政治局会议，进一步统一了中央领导层在重大政治、组织原则方面的认识，维护了以毛泽东为核心的中央的团结一致和统一领导。这为坚持党的全面抗战路线和抗日民族统一战线中的独立自主原则，纠正全民族抗战初期以王明为代表的右倾错误创造了有利条件，同时为六届六中全会的顺利召开做了重要准备。

为了总结抗战以来的经验教训，确定中国共产党在抗战新阶段的基本方针和任务，并把全党的认识统一到正确的思想上来，1938 年 9 月 29 日至 11 月 6 日，中国共产党在延安召开了扩大的六届六中全会。参加这次全会的有中央委员 17 人，中央各部门和全国各地区负责人 38 人。这是党的六大以来到会人数最多的一次中央全会。

（二）六届六中全会的基本内容

六届六中全会上，王稼祥传达了共产国际的有关指示，毛泽东代表中央政治局作了《论新阶段》的政治报告。此外，张闻天、朱德、刘少奇、周恩来、项英等也作了有关各方面工作的报告。会议的主要内容是讨论毛泽东的报告，特别是就统一战线和武装斗争两个问题，进行了热烈的讨论。最后，毛泽东作了《统一战线中的独立自主问题》、《战争和战略问题》的结论，着重就党领导统一战线和抗日战争的基本政策作了进一步的阐述，批判了党内右倾投降主义的错误。

全会明确指出，要争取实现共产党对抗战的领导权，必须坚持抗日民族统一战线中的独立自主原则。在抗日战争时期，由于国民党的对日妥协性、实力上的某种优势及所采取的“溶共”、

“限共”、“防共”政策，统一战线中的独立自主原则显得十分重要。我们强调独立自主，就是要冲破国民党的一切限制，放手发展自己的力量。中国共产党在统一战线中的正确方针，应该是“独立自主，既统一，又独立”。关于统一和独立的关系，毛泽东作了深刻阐述。抗日民族统一战线是在国共两党都同意共同抗日这个基础上建立起来的，离开了这个基础，就没有任何的统一战线，合作也就变成了无原则的行动。同时，在统一战线中的各党派实行互助互让是必需的。但这种互助互让应该是积极的，不是消极的，其目的是实现全国的抗战，推动民族解放运动的完成。为此，中国共产党已经作了一些必要的让步。例如，红军的改编，红色区域的改制，取消暴动政策等等。在抗日民族统一战线中的合作和让步都是以承认对方为前提的，要保存党派和阶级的独立性，坚持党派和阶级的一定限度的权利。没有独立也就没有统一，这两者是可以而且应当一致起来。我们决不能把“统一”变成“混一”。毛泽东在会上还提出了民族斗争和阶级斗争一致性的原则。他指出：“在民族斗争中，阶级斗争是以民族斗争的形式出现的，这种形式表现了两者的一致性”。如何处理好这两者的关系，则是领导革命的艺术。毛泽东强调：第一，一切阶级斗争的要求应以民族斗争的需要（为着抗日）为出发点；第二，阶级的政治经济要求以不破裂合作为条件。否认阶级和阶级斗争的存在是错误的，同时要注意掌握斗争的分寸。硬不硬到破裂统一战线，软不软到丧失自己的立场。

会议批判了王明提出的“一切经过统一战线”、“一切服从统一战线”的错误口号。在抗日战争中，国共两党虽然建立了统一战线，但是国民党既不承认中国共产党提出的抗日救国十大纲领，又不许有统一战线的组织形式。在这种情况下，如果要求国民党“一切”都要“经过”共产党的同意，是奢望，是做不到的。所谓“一切经过统一战线”，就是经过蒋介石和阎锡山，就是要服从国民党顽固派。这样做，只能是束缚自己的手脚，是违背中国共产党独立自主原则的，因而是错误的。为此，毛泽东要求区分各种不同情况，采取不同的做法。对待当权的国民党，中国共产党应该分别采取“先奏后斩”、“先斩后奏”、“斩而不奏”和“不斩不奏”等策略，将革命的原则性和灵活性相结合。

会议还强调了全党从事组织人民抗日武装的重要性。毛泽东指出，在中国，主要的斗争形式是战争，而主要的组织形式是军队。因此，轻视对革命武装的领导是根本错误的。在抗日战争中，游击战争具有特别重要的战略地位。中国共产党只有经过独立自主的敌后游击战争，才能坚持抗战，积蓄力量，夺取抗战的最后胜利。

鉴于王明、张国焘的错误，全会重申了党的纪律，通过了几个组织建设方面的文件。强调了党员应遵守“个人服从组织，少数服从多数，下级服从上级，全党服从中央”的基本原则。全会决定撤销长江局，另成立由周恩来负责的南方局和刘少奇负责的中原局。

（三）六届六中全会的历史功绩

六届六中全会是中共历史上一次十分重要的会议。在当时还没有条件召开党的第七次全国代表大会的情况下，扩大的六届六中全会起了重大的历史作用。全会正确地分析了抗日战争的形势，确定了党在抗战新阶段的任务，为实现党对抗日战争的领导进行了全面的战略规划，从政治上、思想上、组织上保证了党中央正确路线的贯彻执行，极大地促进了抗日民族统一战线朝着正确的方向发展。全会基本上克服了党内以王明为代表的右倾错误，统一了全党思想，进一步确定了毛泽东在全党的领导地位，为党领导抗战胜利奠定了坚实的基础。全会第一次鲜明地提出了“马克思主义中国化”的命题和任务，具有重大的理论意义和历史意义。毛泽东在回忆民主革命时期党的历史时曾说：中国共产党“历史上有两个重要关键的会议。一次是一九三五年一月的遵义会议，一次是一九三八年的六中全会。”“六中全会是决定中国之命运的”。①

四、统一战线中独立自主原则的实施

六届六中全会后，抗日民族统一战线中独立自主原则得到很好的实施。而实施的关键，是要正确处理统一与独立、自力更生与争取外部援助、中共与共产国际及苏联的关系。三个关系的正确处理，是中国共产党走向成熟的重要标志。

（一）正确处理统一战线中统一与独立的关系

全民族抗战的八年是国共双方既合作抗日又尖锐冲突的八年。国民党在抗日民族统一战线中坚持采取既联共抗日，又阴谋削弱中共力量的两面政策，“在思想上企图‘溶解’共产主义，在政治上、组织上企图取消共产党，取消边区，取消党的武装力量。”②

在这一背景下，中国共产党是听任国民党顽固派反共反人民而遭致抗战的失败，还是冲破他们的束缚与限制，独立地发展人民的力量，夺取抗战胜利，在统一战线中是共产党吸引国民党，还是国民党吸引共产党，就成了关系抗战前途的重大问题。对此，中共中央明确提出并阐述了处理统一战线中国共关系的“既统一，又独立”原则。所谓“统一”，即“统一于抗战”、“统一

① 《毛泽东文集》第3卷，人民出版社1996年版，第424—425页。

② 《毛泽东选集》第2卷，第613页。

于团结”、“统一于进步”。[①] 所谓“独立”，即是要坚持中国共产党在政治上、思想上和组织上的独立性。毛泽东强调指出：“为了坚持抗战和争取最后胜利，为了变片面抗战为全面抗战，必须坚持抗日民族统一战线的路线，必须扩大和巩固统一战线。”“但是在同时，在一切统一战线工作中必须密切地联系到独立自主的原则。”“‘统一抗战中的独立自主’这个原则的说明、实践和坚持，是把抗日民族革命战争引向胜利之途的中心一环。”[②] 如果没有统一战线中的独立自主原则，不能正确处理统一战线中的国共关系，就不能保存和发展已取得的阵地，就必然会牺牲统一战线。中共中央指出：“共产党人不许可同人家建立无原则的统一战线，因此，必须反对所谓溶共、限共、防共、制共的一套，必须反对党内的右倾机会主义。”[③] 毛泽东还多次强调：民族统一战线，不但不取消对国民党的错误政策进行批评与斗争，而且只有在这一基础上才能使统一战线充实巩固起来，使之继续前进。只有使国民党感觉到群众对于自己的不满与压迫，才能推动它在各方面的彻底转变。只有“保持加入统一战线中的任何党派在思想上、政治上和组织上的独立性”，[④] “不受国民党的限制，超越国民党所能允许的范围，不要别人委任，不靠上级发饷，独立自主地放手地扩大军队，坚决地建立根据地，在这种根据地上独立自主地发动群众，建立共产党领导的抗日统一战线的政权，向一切敌人占领区域发展。”[⑤] 才能够“克服困难，战胜敌人，建设新中国”，才能够“巩固和扩大抗日民族统一战线，发动全民族中

① 《毛泽东选集》第 2 卷，第 576—577 页。
② 《毛泽东选集》第 2 卷，第 394 页。
③ 《毛泽东选集》第 2 卷，第 760 页。
④ 《毛泽东选集》第 2 卷，第 524 页。
⑤ 《毛泽东选集》第 2 卷，第 753—754 页。

的一切生动力量”[①] 抗战。如果只谈统一性，否认独立性，不对国民党的反共理论和反共行动给予坚决的回击，那么，中共的独立地位就不可能得到承认，其战略出发点也就无所保障。针对右倾投降主义成了当时党内主要危险的现实，毛泽东警告全党不要忘了第一次国内革命战争时期血的教训，号召全党“为了争取中华民族和劳动群众的解放，为了使反对民族投降主义的斗争坚决有力，必须反对共产党内部和无产阶级内部的阶级的投降倾向”。唯有如此，才能保持和发展自己的阵地，才能“动员千百万群众进入抗日民族统一战线，打倒日本帝国主义”。[②] 假如中共在抗日民族统一战线中没有独立自主，“就是将合作变成了混一，必然牺牲统一战线。”就会丧失自己的阵地，无法动员千百万群众加入抗日民族统一战线，就会变成国民党的附庸，被国民党所“溶化”。

为了在处理国共关系时贯彻独立自主原则，保持自己在抗日民族统一战线中的独立性，在抗日战争的不同阶段，中共分别采取了相应政策。全民族抗战爆发后，中共针对中日战争的特点和规律，指明了抗战必胜的前途和夺取胜利的策略方针，并独立自主地提出了抗日救国十大纲领，制定了持久战的战略方针，指出了抗日游击战的战略地位等一系列重大问题。抗战相持阶段，中共又提出了“坚持抗战，反对投降；坚持团结，反对分裂；坚持进步，反对倒退”三大政治口号，制定了实现三大政治口号的具体政策。抗战即将胜利之时，中共则提出了废除一党专政、建立民主联合政府的口号。与此同时，中共在军事上坚持对自己军队的绝对领导，冲破国民党的限制和阻挠，独立自主地开展游击战争，发展壮大自己力量，建立敌后抗日政权；在政治上坚持实行

---

① 《毛泽东选集》第 2 卷，第 523 页。

② 《毛泽东选集》第 2 卷，第 396、394 页。

全面抗战路线；在组织上把自己的组织发展到全国；在思想上坚持共产主义旗帜；在实践中根据不同情况，分别采取“先斩后奏”、“先奏后斩”、“斩而不奏”和“不斩不奏”等灵活的策略方针对付国民党的反共行动，以保持独立处理本党一切事务的权力。

尽管中共在处理国共关系时一再强调抗日民族统一战线中的独立自主原则，但并没有因此而忽视或否认统一性，相反，中共还多次指出，我们一定不要破裂统一战线，统一战线中的独立和统一都是相对的，独立不忘统一，统一包含着独立，如把统一和独立绝对化，就会破坏抗日民族统一战线的总方针。毛泽东也指出：“统一战线中的独立性，只能是相对的，而不是绝对的；如果认为它是绝对的，就会破坏团结对敌的总方针。”正确的方针应该是统一战线中的独立自主，既统一，又独立。正因为中国共产党在处理国共关系时，坚持了“既统一，又独立”的原则，才得以克服王明“一切经过统一战线的右倾错误，保持了政治上、组织上和思想上的独立性，实现了对统一战线的领导，并巩固了自己的独立自主地位”。

（二）正确处理自力更生与争取外部援助的关系

中国共产党从日本侵华战争爆发起，就一再明确指出，中国打败日本帝国主义，主要靠中国的抗日民族统一战线，靠全国人民自己的力量。但争取国际上反法西斯的国家和人民的援助，特别是苏联的援助，也是战胜日本帝国主义不可或缺的条件。

中国人民的抗战，首先立足于自己的力量。中国没有亡国，这是中国人民自力更生、艰苦奋斗的结果。当然在此之中，也获得了国际方面的援助。中日战争爆发不久，共产国际就发表了《告国际无产阶级宣言》，号召用一切方法援助中国人民抗战。苏联政府给予中国大批军火贷款，支援中国飞机 1000 多架，航空人员2000多人。日本共产党一再向日本人民号召，“不送一兵一卒到中国去！”日共领导人冈野进亲自到中国，同中国共产党一起组织国际反法西斯统一战线和反战宣传。加拿大的白求恩大夫、印度的柯棣华大夫以及美国作家史沫特莱等人，也自愿到中国参加抗战。即使是英、美、法等国政府，因反对日本独占中国，也希望国共合作抗日。美国在中国抗战时期给予了经济、军事、外交等多方面的援助，增强了中国抗战实力，鼓舞了抗日队伍的士气。当中国抗战到反攻阶段，苏联以百万大军出兵东北，加速了日本失败的进程，使中国获得抗日战争的完全胜利。这是中国抗日民族统一战线同国际反法西斯统一战线相结合的结果，也是中国共产党坚持依靠自己的力量和争取外援相结合原则的伟大胜利。

（三）正确处理中共与共产国际及苏共的关系

1917年，俄国十月革命爆发，诞生了世界上第一个社会主义国家。1919年3月2日，在列宁领导的俄共（布）倡导下，来自21个国家的35个政党和团体的52名代表在莫斯科召开了国际共产主义代表会议，宣告了第三国际即共产国际的成立。总部设在莫斯科。共产国际的任务是宣传马克思主义，团结世界各国工人阶级和广大劳动人民，为推翻资产阶级的统治，建立无产阶级专政，消灭剥削制度而斗争。它以民主集中制为组织原则，最高权力机关是代表大会，各国共产党是其下属支部。代表大会闭会期间，由代表大会选出的执行委员会负责向各国支部发布指示和监督他们的工作。第二次世界大战爆发后，为了有效地组织反法西斯的斗争，经各国共产党同意，共产国际于1943年6月宣告解散。共产国际存在期间，联共（布）在共产国际中发挥了重要的作用。但共产国际与联共（布）毕竟是两个不同的组织，不能把世界各国共产党和共产主义团体的国际联合组织——共产国际与联共（布）简单地等同起来，或者简单地把共产国际看作是联共（布）的工具。因为参加共产国际的各国共产党，包括联共（布）在内，至少在名义上是平等的，都是共产国际的支部。从这个意义上说，中国共产党只认为自己是共产国际的一个支部，从来没有把自己看作是联（共）的一个支部。

1937 年 7 月，日本帝国主义发动全面侵华战争后，共产国际积极支持中国的抗日战争。8 月 10 日，共产国际执行委员会书记处召开专门讨论中国形势和中国共产党政策的会议，肯定了中国各种政治势力联合抗日的必要性。但是，共产国际在支持中国的抗日战争，希望中国各种政治势力联合起来共同抗日的同时，对中共应该如何建立同国民党的合作关系，先后提出了一系列不正确的意见，形成了在中国抗日民族统一战线上的错误指导方针。

第一，认为中国共产党当时已经提出和正在实行的独立自主原则是“迷失方向”。共产国际总书记季米特洛夫说：“中国的问题已经不是苏维埃化了，而是保护中国人民不受日本帝国主义的吞噬。必须在反日斗争中把中国人民的巨大力量联合起来，以确保中国人民的独立、自由和领土完整”，“现在党的政策和策略需要作 180 度的大转弯。” 10 月，共产国际执委会书记处作出关于中国问题的决议，强调要对老干部重新教育。共产国际所称的“迷失方向的因素”和“对老干部进行教育”，实际所指就是以毛泽东为代表的中国共产党人在抗日民族统一战线中实行和坚持着的独立自主原则。在多次谈判过程中，鉴于国民党顽固地不肯以平等的态度建立两党的合作关系，不愿意制订一个两党认可和必须遵守的共同纲领，而是企图借联合抗日的机会削弱或吞并共产党，中国共产党提出并正在实行着独立自主原则，即在抗日民族统一战线中，除了服从抗日的需要这一大前提外，保持了自己在政治、军事、组织等多方面的独立性。在共产国际看来，这是中国共产党“迷失方向”的表现，是必须加以纠正的。“教育老干部”，自然就是要设法使以毛泽东为代表的中国共产党人放弃独立自主原则。

第二，共产党应该“一切服从、经过抗日民族统一战线”，不要坚持在统一战线中的领导权。共产国际认为八路军只占全国军队的1/60，中国共产党的力量弱小，不起决定作用，抗击日本侵略所依靠的主要是国民党的军队。因此，“国民政府的正确政策，必须被实行，彼此间必须有完全的相互信任、共同工作与共同负责”，国民党与共产党必须坚持互相帮助、互相发展，不要提谁领导谁的问题。在10月10日共产国际执委会的决议中，直接要求中国共产党运用法国共产党“人民阵线”的经验，致力于“一切服从、经过抗日民族统一战线”。所谓“一切服从、经过抗日民族统一战线”，在既没有两党共同遵守的纲领，也没有适当的组织形式的条件下，实际只能是共产党去片面地服从国民党，也就是要中国共产党自动地放弃在抗日民族统一战线中的独立性和领导权，作茧自缚，受制于国民党。

第三，为了保证中国共产党实行“政策的转变”，要对中共领导班子进行改造。共产国际认为，要纠正中国共产党的错误倾向，必须有熟悉国际形势的新生力量去帮助中共中央。季米特洛夫在8月10日的发言中就指出：“国外有这样的干部，他们可以帮助党。向华北输送干部尤为重要，这是应当提出的第一个问题。”10月，共产国际正式决定派遣“熟悉国际形势的新生力量去帮助中国共产党中央委员会”。这里所讲的“熟悉国际形势的新生力量”，就是诸如王明这样的能原原本本地执行共产国际的指导方针的人。

可以说，抗日战争时期，共产国际在抗日民族统一战线问题上，形成了重视国民党、轻视共产党，以国民党为统一战线和抗战主体的错误思想。在这严峻关头，如若听凭共产国际摆布，放纵国民党、蒋介石的限共、反共气焰，就意味着中共的自我毁灭和抗日战争的夭折，就意味着中国革命的失败。显然，矛盾的焦点在于如何面对共产国际的有关指示及其右倾方针。自遵义会议以来，以毛泽东为核心的中共中央领导集体开始形成并已经成熟起来，正确地处理了全民族抗战初期出现的复杂的民族矛盾和阶级矛盾，勇敢地冲破了共产国际的束缚与限制，依据马克思主义基本原理，从中国实际情况出发，制定并坚持了抗日民族统一战线的独立自主原则，为抗日战争和中国革命的胜利，奠定了坚实的理论与实践基础。

对此，毛泽东曾作过较系统的总结。他说："远离各国实际斗争的共产国际"，"无法适应""非常复杂而且变化迅速"的各国情况，各国革命"要由各国共产党自己来做"。[①] 毛泽东还说："第二次国内革命战争后期的王明'左'倾冒险主义，抗日战争初期的王明右倾机会主义，都是从斯大林那里来的。"[②] 他执行了共产国际"最右的方针"，"他也是我们的一个很好的反面教员，教育了我们党"。"我们党清算了他们的错误路线，真正找到了把马克思列宁主义的普遍真理和中国的具体情况相结合的道路。"[③] 周恩来指出："这个时期，中国党由毛泽东同志当家了，但是共产国际对我们中国党还有影响。主要的问题是第二次王明路线。"认为"第二次王明路线与共产国际不无关系"。[④]

---

① 《毛泽东文集》第 3 卷，第 20 页。

② 《毛泽东文集》第 7 卷，人民出版社 1999 年版，第 42 页。

③ 《毛泽东文集》第 7 卷，第 133 页。

④ 《周恩来选集》下卷，人民出版社 1984 年版，第 311 页。

第五章　坚持抗战、团结、进步的方针，维护国共合作抗战大局

抗日战争相持阶段到来后，由于以蒋介石为代表的国民党亲英美派推行消极抗战、积极反共政策，团结抗战的局面发生严重危机，出现了中途妥协和内部分裂两大危险。针对这种情况，中国共产党坚持抗战、团结、进步的方针，努力维护国共合作抗战大局，既坚决揭露打击汪精卫集团的叛国投降活动，又继续争取同蒋介石集团合作抗日。

一、坚持抗战、团结、进步方针的提出

随着抗战形势的变化，以国共合作为基础的抗日民族统一战线内部各种力量的政治态度，也随之有所变化，需要中国共产党正确应对。否则，就会导致统一战线的破裂，后果将不堪设想。

（一）抗战进入相持阶段后统一战线内部投降分裂危险加剧

抗日战争进入相持阶段后，以蒋介石为代表的国民党亲英美派集团，表现出很大的妥协倒退倾向。由于日本的诱降和英美对日本的侵略采取绥靖主义政策，也由于国民党对共产党领导的人民武装力量发展壮大的恐惧，蒋介石集团的反共倾向明显增长。

1939 年 1 月召开的国民党五届五中全会，虽然仍声称要“坚持抗战到底”，但把对付共产党作为重要议题，制定了“溶共”、“防共”、“限共”的方针。蒋介石在会上声称：“对中共是要斗争的，不好怕它。”“应采取不打它，但也不迁就它，现在对它要严正—管束—教训—保育。现在要溶共……不要容共。它如能取消共产主义我们就容纳它。”这次全会的决议表明，国民党统治集团的主要注意力已逐步由对外转向对内，对抗日的态度日趋消极，而对人民抗日运动的限制则日益加强。不久，国民党成立反共“特别委员会”，陆续制定和秘密颁发《防制异党活动办法》、《共党问题处置办法》、《沦陷区防范共党活动办法》等一系列反共文件，由国民党党政军各系统转发，饬令各地“加紧努力，切实执行”。在其统治区内，大肆进行反共宣传，加强“中统”、“军统”等特务机构的活动，在一些地区设立集中营，囚禁和杀害共产党员、爱国人士和进步青年。

1938 年冬，国民党军队在敌后成立鲁苏和冀察两个战区司令部，增派一些部队和游击武装到敌后，名为抗日，实际上经常在共产党领导的抗日根据地周围制造磨擦事件，袭击共产党领导的人民抗日力量。在陕甘宁边区，从 1938 年 12 月到 1939 年 10 月，国民党军队先后制造磨擦事件 150 多起。在华北地区，山东国民党军秦启荣部于 1939 年 4 月在博山袭击八路军部队，捕杀团以下干部战士 200 余人。1939 年 6 月至 12 月，八路军山东纵队遭到国民党军队 90 多次进攻，被杀 1350 人，被扣 812 人。1939 年 6 月 11 日，国民党军河北省保安司令张荫梧部袭击冀中根据地深县八路军后方机关，捕杀干部、战士 400 多人。在华中地区，1939 年 6 月 12 日，国民党军杨森部包围新四军设在湖南平江的通讯处，杀害新四军参议涂正坤、八路军少校副官罗梓铭等六人，掠走枪支财物。9 月，国民党军湖北省保安司令程汝怀部在鄂东新集围攻新四军后方机关，残杀共产党员和群众 200 余人。

11 月 11 日，国民党河南确山县县长率军警特务袭击确山县竹沟镇新四军第八团留守处，残杀医院伤病员、军属和当地群众 200 多人。可见，全国团结抗战的局面出现新的危机。

相持阶段到来后，国民党当局虽然没有放弃抗战，但同时开始暗中与日本军方进行所谓的“和平谈判”。进入 1940 年后，日本加紧策划建立以汪精卫为首的伪中央政权，并再次对重庆国民政府进行诱降，实施所谓“桐工作”计划。在日本军部的导演下，由汪精卫同华北、华中地区的汉奸傀儡政权头目商谈，于 1940 年 3 月在南京拼凑成立伪中华民国政府，汪精卫自任行政院院长、代理政府主席，而把重庆国民政府的林森列为主席。这实际上是虚位以待蒋介石入伙。为迫使重庆国民政府妥协，日本军部于 5 月发动宜昌作战，并对重庆进行战略轰炸。6 月，日军攻占宜昌，控制了入川门户。在上述政治诱降和武力进攻的背景下，日本军方代表同重庆国民政府代表秘密磋商停战条件。1940 年 3 月上旬和 6 月初，双方代表先后在香港和澳门两次举行正式谈判。谈判中，重庆方面的代表虽然在承认“满洲国”、日本在中国驻兵以及“汪蒋合作”等问题上不接受日方意见，但表示希望沟通中日两国之间的理解，缩小距离，并同意停战后可考虑“缔结共同防共协定”。双方谈判虽未获实质性进展，但都不愿完全关闭和谈大门。双方商定由日本驻中国派遣军总参谋长板垣征四郎同蒋介石在长沙举行会谈。后来由于德、意、日三国同盟条约的签订和东条英机出任日本内阁陆相，日方态度更趋强硬。再加上国内外反日形势继续发展，特别是八路军在华北敌后战场展开百团大战造成巨大影响，蒋介石集团才中断了这次和谈。

（二）中共中央提出抗战、团结、进步方针，领导全国反投降、反分裂的斗争

抗战相持阶段到来后，中国共产党正确分析国际国内复杂形

势，提出了坚持团结抗战，巩固和扩大抗日民族统一战线的正确方针。鉴于1939年后国民党动摇妥协和反共倾向的加强，中共中央指出：中国抗战出现了中途妥协和内部分裂两大危险；由于中日民族矛盾仍然是主要矛盾，所以同时存在着团结抗战和分裂投降两种可能。党的任务是要清醒地认识时局的严重性，从思想上、组织上有所准备，准备舆论，准备群众，随时应付可能发生的突然事变；同时要竭尽一切可能，团结一切抗日力量，进行坚决的斗争，维护团结抗战的局面，争取时局的好转。1939年7月7日，中共中央为纪念全国抗战两周年发表对时局宣言，明确提出："坚持抗战到底，反对中途妥协""巩固国内团结，反对内部分裂"、"力求全国进步，反对向后倒退"。

中国共产党坚持抗战、团结、进步三大方针，领导根据地军民开展广泛的游击战争，坚决抗击日本侵略者的军事进攻；开展强有力的反投降斗争，声讨汪精卫集团的卖国投敌行径。同时，针对蒋介石集团既动摇妥协又不敢公开放弃抗日，既积极反共又不敢彻底破裂国共合作的两面态度，共产党采取了革命的两面政策，即一方面坚持团结合作，帮助和推动国民党进步，使局势向好的方向发展；另一方面，对其妥协动摇和倒行逆施进行坚决的斗争，以斗争求团结。对于国民党军队向根据地的军事进攻，共产党及人民军队坚持"人不犯我，我不犯人，人若犯我，我必犯人"的原则，站在严正自卫的立场上予以反击，决不轻言让步。中共中央认为，只有进行坚定而恰当的斗争，才能维护抗日统一战线，争取时局的好转。

中国共产党依据抗日民族统一战线的策略方针和同顽固派斗争的策略原则，成功地粉碎、制止了国民党顽固派的反共投降活动，并使共产党领导的抗日武装力量得到了发展和壮大，从而保证了抗日战争的胜利发展。

二、击退国民党顽固派发动的第一次反共高潮

1939 年 1 月国民党五届五中全会在重庆召开，是国民党顽固派一系列反共活动的开端，标志着其自全民族抗战以来政策上的重大转变，掀起了第一次反共高潮，被共产党击退。

（一）粉碎阎锡山发动的“十二月事变”

全民族抗战开始以后，阎锡山为抵抗日军进攻，让薄一波立即着手组建新军。薄一波决定以“国民兵军官教导团”、“军士训练团”的 300 名学员为骨干组建新军第一个团，称“山西青年抗敌决死总队”。阎锡山又组建了四个旅，由薄一波全权负责。这四个纵队（旅）的政治委员都是由薄一波提名，均是共产党员。随后，八路军总部先后派了 500 多名干部输送到这四个纵队。新军除四个纵队外，还有共产党人郭挺一组建的工人武装自卫旅。

阎锡山见形势不对，自己出钱出人组建的部队却被共产党人控制，决定要采取行动。1939 年 3 月 25 日至 4 月 22 日，阎锡山在秋林镇召开了军政民高级干部会议。会议的中心内容就是一条：取消新军政治委员制度，文官不能兼任军职。新军干部与之进行了坚决的抗争，但最终没能成功。1939 年 12 月 1 日，阎锡山以对日军发动“冬季攻势”为名，命令决死二纵队于 12 月 5 日向同蒲路实行突击，同时命旧军为“预备队”，置于新军之后。

就在二纵队准备向日军发动攻势之际，旧军从背后向二纵队开了枪。二纵队政委韩钧立即给阎锡山发电报。阎锡山收到电报后召开高干会议，在会上宣读了韩钧的电报。他说：“韩电对我说 12 月 12 日誓师，表示不相隶属了，韩钧反了！”以此为借口，阎锡山通电全国，进行讨伐。此时阎锡山以六个军的兵力，向新

军发起攻击。第二纵队苦战突围，部分转入晋西北。阎随即袭击八路军后方医院，惨杀隰县等六个县的政府、牺盟会干部及八路军一一五师伤病员千余人。同时，他令部队进攻晋西北抗日决死队和八路军一一五师三五八旅。在晋东南，阎军孙楚部进攻决死队第三纵队，杀害共产党领导的军队 600 余人。1939 年 12 月 4 日，孙楚捣毁南阳城牺盟会的新生报社，编辑王良被活埋。

晋西事变后，共产党对阎锡山进行了坚决的斗争，进攻晋西北八路军和新军的行动遭到彻底的失败，新军除了三纵队有四个团，二纵队有极小部分分离出来外，其余 33 个团全部脱离阎锡山。晋东南也让国民党的中央军乘机插足进来。阎锡山的地盘损失了四分之三。

为顾全抗战大局，共产党主动做出了让步。1940 年 2 月 11 日，毛泽东亲笔起草了致阎锡山电文，指示用薄一波的名义发出。此电不提任何条件，只提两军团结。阎锡山接到薄一波的电文，正好找了一个台阶下。他立即复电中共中央，表示愿意谈判。1940 年 2 月 25 日，萧劲光、王若飞持毛泽东给阎锡山的亲笔信到秋林见阎锡山。谈判中萧劲光强调新旧军团结，拥阎抗日，赞成新军仍属晋绥军，不受国民党中央政府改编。随后，双方代表又经过谈判，终于在 4 月初正式达成协议，晋西事变就此得以和平解决。

（二）制止国民党顽固派对陕甘宁边区的进攻

1938 年 10 月武汉失守后，国民党顽固派便以统一“军令”、“政令”为借口，宣称陕甘宁边区政府为“非法组织”而“绝对不能令其存在”。为达到取消边区政府的目的，国民党先后调集胡宗南等部及反动地方武装共 30 余万人，从北、西、南三面对陕甘宁边区实施包围，配合当地反共势力制造磨擦与流血事件。1938 年 12 月，胡宗南令其第一六五师侵占陇东分区之赤城、白马铺。随后，于1939年4月纠集镇原等县保安队进攻镇原、宁县八路军，制造了第一次“陇东事件”。5月，国民党又集中关中地区八个县保安队，袭击驻栒邑县（今旬邑）土桥镇之八路军残废军人医院，杀害抗战有功之伤残人员十余名，侵占栒邑县城，制造了“栒邑事件”。8月，胡宗南采取了更大的军事行动，指令其暂编骑兵第二师由三原北犯，企图攻占鄜县（今富县），并以一部兵力绕过鄜县，进至延安以南三十里铺一带，直接威胁延安。据统计，从1938年12月至1939年10月，国民党顽固派在陕甘宁边区制造的反共磨擦和军事挑衅事件达150余起。

面对国民党顽固派连续武装挑衅，中国共产党从抗日大局出发，多次派出代表与国民党谈判，力求避免武装冲突。同时，加强陕甘宁边区的防御力量，准备迎击国民党顽固派的大规模军事进攻。1939年8月，中共中央军委命令第一二〇师主力由冀中返回晋西北，第三五九旅由恒山地区返回陕甘宁边区。同时令留守兵团调整陕甘宁边区的防御部署，以警备第四、第五团进驻鄜县，以警备第三、第八团增防关中地区，并成立了关中警备司令部，以加强反顽作战的指挥。

1939年12月初，国民党军胡宗南部对陕甘宁边区发动新的军事进攻，从10日至16日先后调集第九十七师3000余人，袭击八路军驻宁县、镇原城之第七七〇团，杀伤该团干部战士300余人，夺占宁县、镇原两城，制造了第二次“陇东事件”。同时，盘踞于庆阳、合水等县的国民党顽固势力，也乘机向八路军进行骚扰袭击；盘踞于关中地区各县的国民党保安队亦大部集中，企图袭击关中地区的八路军，以策应其对陇东的军事进攻。

为揭露国民党顽固派破坏团结抗战的罪行，12月下旬，八路军留守兵团司令员萧劲光致电蒋介石等，呼吁停止进攻边区，恢复团结，避免事态扩大。八路军总司令朱德、副总司令彭德怀通电全国，反对枪口对内进攻边区。中共中央也及时指示八路军驻重庆办事处，向蒋介石、何应钦等提出严正抗议，要求其撤退包围边区的军队，恢复8月以前的边区态势。同时，陇东地区军民对国民党军的进攻展开反击，打击了顽固势力，恢复了陇东大部地区。为保卫中共中央所在地延安，八路军击退了解县地区的顽固势力，迫使国民党暂编骑兵第二师撤至洛川以南。在关中地区，由于八路军兵力的增强，顽军未敢轻举妄动。

国民党顽固派在其对陇东和关中的军事进攻被制止后，又于1940年1月，令其驻绥德专员何绍南集中五个县的保安大队准备进攻八路军在绥德地区的部队。当地军民纷纷声讨其罪行，并做好迎击准备。何绍南见八路军已有准备，且惧怕人民群众的力量，遂于2月5日率部逃往榆林，而后又潜回绥德，煽动当地国民党保安队哗变为匪，袭击八路军河防部队第七一七团等部。八路军忍无可忍，遂展开反击，并乘胜肃清了绥德地区五县的反共顽固势力，巩固了绥德地区的抗日民主政权。

在陕甘宁边区军民的自卫反击下，国民党顽固派被迫停止对边区的大规模军事进攻，从而保障了中共中央的安全，使边区也得到巩固。

（三）反击国民党顽固派对晋冀鲁豫地区的进攻

1939年11月下旬，国民党第九十七军由陵川、辉县北进，12月初进入冀西，抢占要点，包围压迫八路军第一二九师青年纵队、冀西游击队等部，摧残抗日政权，气焰十分嚣张。为争取其共同抗日，八路军第一二九师师长刘伯承亲赴冀西，向冀察战区总司令鹿钟麟和朱怀冰表明八路军严正立场，表示“我们是有人民作后盾的”。但鹿钟麟、朱怀冰置若罔闻，依然向八路军平汉抗日游击纵队大举进攻。八路军被迫自卫，英勇反击，歼其大部，迫使鹿钟麟、朱怀冰部于2月初南撤。1940年1月下旬，国民党第三十九集团军石友三部在冀南先后将八路军东进纵队两个连和青年纵队一个排包围缴械。接着，又围攻东进纵队第三团和清河县大队等部，并准备夺占冀南抗日根据地。

在此情况下，毛泽东于2月3日致电八路军总部和第一二九师，指出：对石友三部采取争取的方针已不适用，应在其向我出击时坚决彻底消灭之。根据这一指示，八路军总部命令冀南、冀中、冀鲁豫等军区各以一部分兵力，在宋任穷、程子华统一指挥下，于2月9日发起自卫反击作战，迫使顽固势力撤退。

国民党顽固派军事进攻虽连遭失败，但并不甘心。1940年2月初，蒋介石令其进占磁县、武安、涉县、林县、清丰等地区的朱怀冰和石友三等部，再次向太行、冀南地区八路军进攻；同时令在黄河以南之第四十一、第七十一军迅即渡河北进，协同朱怀冰、石友三等部夺取八路军太（行）南和冀南抗日根据地。鉴于这一态势，八路军总部决定乘黄河以南的顽军尚未北渡，朱怀冰部孤立突出于武安、涉县地区，鹿钟麟、孙殿英等部暂时处于观望，以及石友三部在清丰等地立足未稳的有利时机，于3月初在平汉铁路以东进行卫（河）东战役，驱逐石友三部；在平汉铁路以西进行磁（县）武（安）涉（县）林（县）战役，驱逐朱怀冰部。

2月22日，八路军总部令冀中、冀南和冀鲁豫军区各以一部在冀南军区统一指挥下，进行卫东战役，集中兵力打击石友三部，并阻止其窜入太（行山）南地区。3月4日，八路军先后在观城、濮县以及清丰县东南之卫城集、六塔集、双庙集、东北庄等地展开反击，歼灭顽军一部，大部顽固派军队于3月6日分数路南退。11日，石友三残部窜至民权以东地区。至此，八路军全部恢复了卫河以东地区，并建立了濮阳、长垣等七县抗日民主政权，同时在鲁西建立了范县、朝城等四县抗日民主政权。顽军朱怀冰部所辖第九十四师及新编第二十四师等部，窜至晋冀豫边抗日根据地之武安、涉县地区后，在武涉公路以南、漳河以北纵横

30余公里的地区内不断抢占要点，切断交通，破坏抗日政权。2月18日，朱怀冰部突然袭击驻磁县以西贾壁、大湾村八路军第一二九师先遣支队第一大队和青年纵队第二团。八路军伤亡百余人，并撤出该地区。为反击朱怀冰部，第一二九师和晋察冀军区各一部，在刘伯承、邓小平指挥下，于3月5日在磁武涉林地区展开反击作战。

此时，朱怀冰部两个师配置于磁县、武安、涉县间的张家庄、崔炉、南北王庄、东西达城地域；鹿钟麟率冀察战区总部位于林县以北、任村集以东地区，孙殿英部位于林县及其西南地区。针对顽固势力部署，第一二九师集中兵力首先歼灭朱怀冰部，监视并争取鹿钟麟、孙殿英两部中立。3月5日，第一二九师首先反击进占古台、前后牧牛池、南王庄、齐家岭等地的顽军；6日，击溃南北岔口、东西花园、南北贾壁、青碗等地的顽军。在八路军的有力反击下，朱怀冰率残部退入修武境内。八路军遵照中共中央"适可而止"的指示，停止了反击作战。是役，八路军收复了武涉公路以南、林县以北地区。

磁武涉林战役后，中共中央本着维护抗日民族统一战线，团结国民党继续抗战的政治立场以及保持八路军在政治上、军事上的有理有利地位，毛泽东于3月16日电示彭德怀："军事上必须立即刹住，转为守势，彼军进迫，我军后退，一枪不打"，"如彼再三再四进迫不已，然后我军加以还击，其曲在彼"。[①] 3月中旬，太南地区八路军主动北撤至平顺、漳河之线。随后与国民党军第一战区司令长官卫立煌谈判，议定以临屯公路和长治、平顺、磁县之线为界，以南为国民党军防区，以北为八路军防区。至此，国民党顽固派发动的第一次反共高潮被彻底打退。

---

① 《毛泽东文集》第2卷，第275—276页。

三、打退国民党顽固派第二次反共高潮

第一次反共高潮被粉碎后，国民党顽固派把反攻的中心逐渐由华北转向华中，又掀起第二次反共高潮。

（一）震惊中外的皖南事变

根据国共建立抗日统一战线的协定，新四军在编制上属于战区司令长官顾祝同领导；但是新四军事实上听命于延安的共产党；新四军在活动区域方面，国民政府规定其游击区域为苏南、皖中、皖南部分地区。

1940 年 10 月 19 日，国民政府军事委员会正副参谋总长何应钦、白崇禧发出致八路军朱德总司令、彭德怀副总司令和新四军叶挺军长的“皓电”，对中国共产党及其领导的武装力量进行了种种攻击和诬蔑，并要求在大江南北坚持抗战的八路军、新四军于一个月内全部开赴黄河以北，并将 50 万八路军、新四军合并缩编为 10 万人。与此同时，国民党当局又密令汤恩伯、李品仙等部准备向新四军进攻。“皓电”成为第二次反共高潮的起点。

中共中央对形势作出冷静的分析。要求江北部队暂时免调；对皖南方面，决定让步，答应北移。11 月 9 日，中共中央以朱德、彭德怀、叶挺、项英名义复电何应钦、白崇禧（即“佳电”），据实驳斥“皓电”的反共诬蔑和无理要求；同时表示，新四军驻皖南部队将开赴长江以北。12 月 8 日，何应钦、白崇禧再电朱、彭、叶、项（即“齐电”），要求迅即将黄河以南八路军、新四军全部调赴黄河以北。12 月 9 日，蒋介石发布命令：长江以南的新四军于 12 月 31 日前开到长江以北地区；黄河以南的八路军、新四军于 1941 年 1 月 30 日前开到黄河以北地区。12 月

10 日，他又密令第三战区司令长官顾祝同、第三十二集团军总司令上官云相等，调兵围歼新四军部队。

1941 年 1 月 4 日，奉命北移的新四军军部及其所属皖南部队 9000 余人，从云岭驻地出发绕道北上。6 日，在安徽泾县茂林地区，突遭国民党军队七个师 8 万余人的包围袭击。新四军部队英勇奋战七昼夜，终因寡不敌众，弹尽粮绝，除约 2000 余人突出重围外，一部被打散，大部壮烈牺牲或被俘。军长叶挺在和国民党谈判时被扣押，政治部主任袁国平牺牲，副军长项英、参谋长周子昆在突围中被叛徒杀害。1 月 17 日，蒋介石反诬新四军“叛变”，宣布取消新四军番号，声称将把叶挺交付“军法审判”。这就是震惊中外的皖南事变。这一事变是国民党顽固派发动的第二次反共高潮的最高峰。

（二）中共中央应对皖南事变的方针与策略

皖南事变发生后，中国共产党相忍为国，顾全大局，在军事上始终保持克制态度，未予报复。但是为挽救危亡，同国民党的反共分裂进行了严正而坚决的斗争。

1941 年 1 月 13 日，中共中央发出抗议通电，向全国各界人士披露皖南事变真相。18 日，中共中央向全党发出《关于皖南事变的指示》，决定各抗日根据地要对国民党顽固派围歼新四军的反共事变提出严重抗议，彻底揭露国民党自抗战以来消极抗日、积极反共的政策，指示我军要充分提高警惕，做好战斗准备。同日，中共中央发言人发表公开谈话，痛斥蒋介石 17 日的反动命令，声讨国民党顽固派摧残抗日力量，破坏统一战线的罪行。20 日，中共中央军委发布了重建新四军军部的命令，任命陈毅为代理军长，刘少奇为政治委员，张云逸为副军长，赖传珠为参谋长，邓子恢为政治部主任。22 日，毛泽东以中共中央革命军事委员会发言人的名义发表谈话，向国民党提出惩办皖南事变祸首等 12 条解决时局的办法。皖南事变发生后，周恩来在重庆一直沉着果断地应对。他亲自打电话痛斥何应钦："你们的行为是亲者痛，仇者快，你们作了日寇想做而做不到的事"；指示《新华日报》写了关于皖南事变真相的报道和反对蒋介石反动命令的评论，但被国民党新闻机关扣压。周恩来题词："为江南死国难者志哀！""千古奇冤，江南一叶；同室操戈，相煎何急?!"

皖南事变真相揭露后，不仅国内各界人士为之痛心疾首，就连身居世界各地的侨胞和外国人士也表示十分关切。各民主党派和爱国人士纷纷发表宣言、通电、谈话，谴责国民党消灭异己、破坏团结的行径。1 月 12 日，在香港的国民党左派宋庆龄、何香凝、柳亚子等致书蒋介石及国民党中央，要他们"慎守总理遗训，力行我党国策，撤消剿共部署，解决联共方案，发展各种抗日实力，保障各种抗日党派"。著名的文化人士邹韬奋、茅盾等九人发表《我们对国事的态度和主张》，提出了坚持抗战、坚持团结、实施民主政治、改善民生等九项主张。美洲、澳洲和东南亚各地的许多侨胞，纷纷致电蒋介石和国民党政府，抗议皖南事变的发生，反对枪口对内，呼吁团结抗日。著名华侨领袖陈嘉庚致电国民参政会，要求蒋介石"消弭内战，加强团结"。

在中国共产党的号召下，全国军民亦纷纷致电声讨蒋介石的反共投降罪行。陕甘宁边区各界人士也举行民众示威大会，发起抗议运动，通电全国，呼吁"共同为停止反共内战，肃清亲日投降分子，坚持团结抗日而斗争"。

由于中国共产党的坚决斗争和国内外舆论的强烈反映，国民党顽固派陷于被动地位。蒋介石为了改变这种不利的政治局面，躲避舆论的谴责，于 1941 年 3 月 1 日召开第二届国民参政会以粉饰太平。3 月 2 日，周恩来和在重庆的中共参政员董必武、邓颖超根据中共中央的指示，提出立即停止对中共的军事进攻，停止全国的政治压迫，承认中共及各民主党派的合法地位，承认陕甘宁边区的合法地位，承认敌后抗日民主政权，释放被捕人员等临时解决办法 12 条，作为出席国民参政会的条件。蒋介石拒绝接受中共的条件，中共参政员亦拒绝出席会议，使第二届国民参政会开得冷冷清清，从而粉碎了蒋介石的欺骗手法，争取了进步人士和中间势力的同情与支持。蒋介石还请周恩来谈话，表示皖南事变的许多具体问题可以提前解决，不愿完全破裂。这次参政会实际上成为这次反共高潮退兵时的一战。由于当时国民党还有抗日的一面，国共关系又缓和下来。至此，第二次反共高潮被彻底打退了。

粉碎国民党顽固派的第二次反共高潮的胜利，再一次证明了中国共产党的抗日民族统一战线中的又联合又斗争的革命的两面政策是完全正确的。皖南事变证明，任何的人民革命力量如果要避免被蒋介石所消灭，并迫使他承认这种力量的存在，除了对反革命政策作针锋相对的斗争，决无他路可循；皖南事变后的事实又证明：蒋介石国民党在反共方面虽已达到军事围歼的地步，但他又不愿意最后破裂，依然是一打一拉的政策。所以，中国共产党的方针只能是“以打对打，以拉对拉”，以不破裂统一战线为原则，但必须斗争，才能求得团结。中国共产党正是坚持了在统一战线中又联合又斗争的方针，坚持了对顽固派斗争的有理、有利、有节的原则，从而克服了党内的“左”、右倾的偏向，提高了干部的政策水平；在斗争中既争取了中间势力，孤立了顽固势力，也提高了中国共产党在抗日战争中的地位。

（三）国共围绕皖南事变后修复两党关系的谈判

皖南事变标志着国共关系的严重恶化。事变后，国共围绕两党关系进行了一系列修复性谈判。

皖南事变后国民党一度陷入内外交困的境地。中共中央对此有清醒的认识。毛泽东致电周恩来指出：蒋介石“从来没有如现在这样受内外责难之甚，我亦从来没有如现在这样获得如此广大的群众（国内外）。”“目前形势是有了变化的，一月十七日以前他是进攻的，我是防御的，十七日以后反过来了，他已处于防御地位，我之最大胜利在此。”认为“目前是迫蒋对我让步时期，非我对蒋让步时期，熬过目前这一关，就好办了。”①

此时，双方都关注原定于 3 月 1 日开幕的第二届国民参政会。皖南事变前，第二届国民参政会公布了参政员名单，中共方面仍是毛泽东、王明、博古、林伯渠、吴玉章、董必武、邓颖超等七人。中共方面参不参加这次会，无疑成了国共关系的晴雨表。由于皖南事变的发生，各民主党派希望通过这个会议来缓解一下国共矛盾，纷纷表示这次会议中共方面必不可少。罗斯福私人代表居里也表示：留在重庆，专等观察国民参政会。

这些给蒋介石造成很大压力。当时，参政会上有无中共代表的身影，变得十分敏感。中国共产党一方面不能无条件地出席这次国民参政会，一方面还得争取社会各界的理解与支持。2 月 10 日，周恩来同黄炎培、沈钧儒、邹韬奋、章伯钊、左舜生、张君劢等会面，向他们说明中共拒绝参加这次国民参政会的原因。他们表示谅解。会面后，周恩来接受沈钧儒等的建议，又致电中共中央，主张以中共方面七位参政员的名义将 12 条要求提交国民参政会讨论，并以接受 12 条作为出席参政会的条件，还提出准备成立各党派委员会，讨论国共关系和国内政治民主化问题。

为了能够说服周恩来让中共参政员出席国民参政会，国民党要员张冲提出三条办法要求周恩来向中共中央报告：一是军事上，十八集团军开到黄河以北，其他游击部队完全留华中，再归还一军的番号，以补新四军的缺，归还叶挺和其他干部，边区或冀察政权照前议；二是参政会改请董必武、邓颖超出席；三是军

① 《毛泽东文集》第 2 卷，第 329—330 页。

事进攻停止，政治压迫要总解决，请蒋负责纠正，再不许发生新事件。中共中央很快就给予回复：除非 12 条有满意解决并办理完毕确有保证之后，决不出席参政会；七参政员公函不撤；彼方如有诚意，应延期两个月开参政会，以解决 12 条及一切悬案，派机送周回延安开会。

鉴于蒋介石不同意中共提出的 12 条意见，周恩来于参政会召开后的第二天致函张冲转交蒋介石，提出可以另提“临时 12 条”办法解决皖南事变，并保证如果蒋介石能够采纳这“临时 12 条”，那么中共方面定将派人参加参政会。相对于先前的 12 条意见，中共做了比较大的让步，在“临时 12 条”中没有提及惩罚皖南事变的祸首何应钦、顾祝同和上官云相，也没有要求国民党公开宣布自己完全错了等条件。张冲看完这 12 条之后，表示“时间过急，等于哀的美敦书（最后通牒）”，将其退还给周恩来。周恩来收到张冲退回的信函之后再次寄送回去，并附信说：“倘此次竟因先生退此公函作为贵党破裂表示，斯诚弟所不敢置信”。张冲见此，也只能收下代为转达蒋介石。随后，董必武、邓颖超致函参政会秘书处，提出“临时 12 条”，并表示“倘此 12 条能蒙政府采纳，并得有明白保证”，“届时必可报到出席”。同时，周恩来、董必武、邓颖超又联名写信给黄炎培、张澜、梁漱溟、沈钧儒等 16 位各党派参政员，表示：中共为顾全大局，已经改定临时解决办法 12 条，具体见于参政会公函中，如果国民党方面能够接受，那么必武、颖超必亲往参政会报到，不然局势恶化，共产党人也已问心无愧。

“临时 12 条”仍然未被蒋介石接受。董必武、邓颖超当然也没有出席参政会议。但中共的立场和态度已博得广大群众、民主党派的同情。3 月 6 日，蒋介石在参政会上发表演说，虽然继续攻击中共，仍然大弹“军令、政令必须统一”的老调，但同时不得不在第二届参政会上表示“以后再亦决无剿共的军事。这是本人可负责声明而向贵会保证的。”参政会虽通过了一份国民党参政员提出的反共决议，但那不过是退兵时的策略。

《中央日报》社论称“即使中共参政员不出席，剿共事实实不至发展。”参政会上仍选董必武为驻会委员，以便收场。国民参政会结束之后，蒋介石很快便约见了周恩来。在会谈中，蒋介石表示由于先前事务繁忙，因此不便接见中共代表。对于新四军事件和近来各地的政治压迫，蒋介石推脱这不是他的意思，是下面人做的。在谈话中，蒋介石表示一些具体问题如释放被扣人员、继续发饷等可以提前解决。周恩来提及防地、扩军等问题时，蒋介石只是含糊其词地说：只要听命令，一切都好说。而这实际上是蒋介石被迫退让的表现。此后，国共关系暂趋缓和。

四、制止国民党发动的第三次反共高潮

在中国共产党领导的敌后抗战得到不断发展的时候，国民党当局仍基本上采取避战、观战政策。他们一方面希望依靠英、美、苏的力量来取得抗战的胜利；另一方面仍企图削弱乃至消灭共产党领导的革命力量，以便在抗战胜利后继续维持自己的独裁统治。由此，1943 年春，国民党掀起第三次反共高潮。

（一）蒋介石《中国之命运》的发表与第三次反共高潮的发动

1943 年 3 月，蒋介石发表了《中国之命运》一书，大肆鼓吹“一个主义、一个政党、一个领袖”，疯狂地攻击共产主义和中国共产党，公然把“制造内战、破坏抗战、危害国家”的罪名加在中国共产党头上，污蔑共产党及其军队为“奸党”、“奸军”和“新式军阀”，污蔑陕甘宁边区和各抗日根据地为“新

式割据”；并暗示两年内一定要解决共产党。与此同时，密令其包围中国共产党领导的各抗日根据地的第一线部队，进行严密封锁，阻止向外发展，并要求各“清剿”部队认真包围“进剿”。

3月上旬，驻华中阜阳、蒙城地区的国民党军队越过津浦铁路东犯淮北抗日根据地。与此同时，盘踞在淮阴地区之国民党军队也乘日军对苏北进行“扫荡”之机西犯，侵占苏北淮海区宿迁以东之里仁集、陈道口等地，企图建立洪泽湖畔新的反共阵地，切断新四军苏北和淮南根据地的联系。3月中旬，韩德勤率第八十九军、独立第六旅、保安第三纵队西渡运河，进占新四军淮北中心区青阳镇（今泗洪县）以北之金锁镇、界头集、山子头地区，并令第八十九军赶赴灵璧以北接应王仲廉部。国民党军队所到之处，大肆摧残抗日民主政权，屠杀抗日军民，从而激起抗日根据地军民的极大愤慨。为粉碎王、韩东面对进的图谋，保卫华中抗日根据地，新四军军部决定在王、韩两部会合前，首先给韩部以痛击，然后再转移兵力阻止王部东进。3月17日夜，新四军第四师主力在第二、第三师各一部的配合下，对盘踞于山子头一带之韩部进行自卫反击，战至18日上午，俘韩德勤以下官兵1000余人，迫使已经越过津浦铁路东进至灵壁以北地区的王仲廉部以及韩部之第八十九军仓惶退至津浦铁路西，从而粉碎了顽军东进夺占淮北地区建立反共阵地的计划。山子头战役后，新四军仍以团结抗日为重，根据中共中央的指示，将韩德勤释放，归还其部分人枪，并划出睢宁、宿迁之间地区由其驻守，以促其共同抗日。4月上旬，国民党军第三战区顾祝同部乘日伪军对苏南茅山根据地进行“清乡”之机，调动第二十三集团军之第二十八军的两个师向溧阳、溧水地区进犯。新四军第十六旅奋起自卫，激战三昼夜，将顽军击退。

蒋介石在对华中抗日根据地发动进攻的同时，令第二十八集团军由皖北出动，经冀鲁豫边区进犯山东抗日根据地。5月，其进占单县、砀山和巨野以南地区，对微山湖西抗日根据地中心区形成三面包围。八路军冀鲁豫军区遂集中主力和地方武装一部，在广大人民群众支援下，对进犯之顽军展开有力反击，迫使国民党军队退至成武地区。

蒋介石在上述反共军事行动受挫后，继续窥测时机，并积极准备进攻陕甘宁边区，发动更大规模的反共内战。5月15日，共产国际根据各国反对国际法西斯主义的需要，作出《关于提议解散共产国际的决定》。在此背景下，蒋介石认为这是发动新的反共高潮的有利时机。于是，他一方面指使复兴社特务头子张涤非，假借“民众团体”的名义发出通电，叫嚣“马列主义已经破产”，“要求解散共产党，交出边区”；另一方面令军统特务头子戴笠拟订《解决中共问题之方案》，提出“利用第三国际解散时机”，“在军事上施极大压力”，“以使中共将军权、政权交还中央”，达到“正式解散中国共产党”，“取消边区政府”之目的；同时，密令其第八战区副司令长官胡宗南调动兵力，准备闪击延安，妄图一举消灭首脑机关，夺取陕甘宁边区。据此，胡宗南先后从守卫黄河河防和封锁陕甘宁边区的第二线部队中抽调十个师，加强包围陕甘宁边区的第一线的兵力，并计划分三步夺占陕甘宁边区。6月9日，何应钦、白崇禧、胡宗南等在耀县召开作战会议，并于15日检阅了驻耀县之部队。18日，胡宗南又在洛川召开作战会议，并决定在洛川、黄陵、宜君、同官（今铜川）、耀县、淳化等地设置兵站派出所，在洛川、宜川、韩城设立野战医院及抢修咸榆公路。6月底至7月初，国民党军不断派小部队对抗日根据地进行侦察袭扰，并炮击八路军关中军分区警戒阵地。7月2日，胡宗南电令各部于10日前完成一切准备待命行动。至此，国民党蒋介石集团掀起的第三次反共高潮达到了顶点。

（二）开展政治攻势，制止反共逆流

针对国民党顽固派的企图和动向，中共中央决定继续坚持“人不犯我，我不犯人，人若犯我，我必犯人”及“有理、有利、有节”的一贯方针和原则，一面在政治上充分揭露蒋介石发动反共内战、破坏抗战的罪行；一面在军事上做好反击国民党军队进攻的准备。7月4日，中央军委向八路军、新四军通报了国民党顽固派准备进攻陕甘宁边区的情况，以使各部提高警惕，准备迎击国民党军之进攻。同日，毛泽东指示八路军驻渝办事处，向大后方人民和美、英、苏等国驻华使团揭露国民党军进攻边区挑动内战的阴谋。7月4日和8日，八路军总司令朱德分别致电胡宗南和蒋介石，对其发动内战的行径提出严正抗议和警告。8日，中共中央发出关于“开展揭露和声讨蒋介石发动内战进攻边区的宣传攻势”的指示，要求各地党政军民反对内战，反对分裂，支援陕甘宁边区的斗争。9日，延安军民3万多人召开抗战六周年纪念大会，向全国呼吁“坚持抗战，反对内战”，“坚持团结，反对分裂”，“坚持抗日民族统一战线”。7月12日，《解放日报》发表了毛泽东题为《质问国民党》的社论。各抗日根据地军民立即响应中共中央的号召，纷纷声讨国民党顽固派，并从各方面支援陕甘宁边区的斗争。大后方人民和爱国人士也纷纷集会和发出通电反对内战，反对分裂。与此同时，中国共产党在军事上做好迎击国民党军进攻的作战准备。6月，中央军委调第三五八旅由晋西北开赴陕甘宁边区，以加强防御力量。7月9日，毛泽东致电彭德怀，令八路军由晋察冀、太行等区抽调部队开赴晋西北和陕甘宁边区准备应变。10日，八路军总部决定由晋察冀军区之冀中军区抽调部分部队开赴晋西北地区，由晋冀鲁豫边区之太行军区、太岳军区、冀南军区和冀鲁豫军区抽调部分部队开赴陕甘宁边区，以增强晋绥军区和陕甘宁边区的防卫力量。与此同时，八路军驻渝办事处遵照中共中央和毛泽东的指示，及时向大后方人民及中外人士揭露国民党准备进攻边区，发动反共内战的阴谋，并将朱德致蒋介石、胡宗南的电文，送交美英苏等国驻华使团。朱德在电文中指出：蒋介石“若遂发动内战，兵连祸结，则抗战团结之大业势将破坏，而使日寇坐收渔利，并使英美苏各友邦之作战任务亦将受到影响”。7 月 7 日，重庆的中外记者在抗战六周年纪念会上，纷纷质询国民党官员。美英苏等国为使中国继续抗战，消耗和牵制日本的力量，以利其在欧洲和太平洋战场的反攻，因而不赞成蒋介石发动反共内战。美国政府公开表示：美英武器不能供给不打“轴心国”的国家。加之陇南民变蜂起，使胡宗南不得不抽调五个师前往镇压，从而削弱了进攻陕甘宁边区的兵力。在国内外舆论的强大压力和我军已有充分的迎战准备的情况下，蒋介石被迫放弃对边区的大规模进攻，并于 7 月 10 日电令胡宗南停止对陕甘宁边区的军事行动。至此，一场大规模的反共内战遂被制止。

然而，国民党顽固派在华北和华中的反共军事行动并未就此停止。7 月 8 日，国民党军第一战区副司令长官汤恩伯再令位于鲁西南成武、金乡地区之李仙洲部东越津浦铁路，进犯山东抗日根据地，企图占据鲁南山区。7 月中旬，李部积极调整部署，令其在巨野以南地区之第二十一师及山东保安第七旅等部和丰县、砀山地区之第九十二军之一部向成武以南天宫庙附近地区集结，靠拢其总部，准备东犯。为阻止顽军东进，冀鲁豫军区集中部分主力部队于 7 月 24 日开始对天宫庙附近地区之顽军发起反击。李仙洲部遭打击后，于 8 月 9 日分三路南撤。8 月 13 日，山东军区鲁南部队向 3 月间进占滕（县）峄（县）地区之顽军第一四二师主力发起反击，至 18 日，将其击溃，迫使其向津浦铁路以西撤退。8 月底，李仙洲部主力撤到砀山南北地区。至此，八路军反击作战胜利结束。

在华中，国民党军第五战区第二十一集团军李品仙部于7月上旬积极部署对鄂豫皖边区之新四军第五师进行“围剿”，并在罗田以北之滕家堡（今胜利）设立“清剿总指挥部”，以其副总司令刘和鼎为总指挥，集中第三十九、第八十四军的四个师和两个挺进纵队向黄冈、浠水和广济地区进犯，并深入根据地寻我主力决战。面对顽军的大规模进攻，新四军第五师坚持严正自卫立场，采取深入顽军后方，调动顽军回援，并抓住其弱点相机予以打击的方针，展开了反顽作战，先后在鄂东、鄂南、鄂中和豫南等地进行了50余次袭击战，迫使其停止了“围剿”。至10月，国民党蒋介石集团于3月发动的波及西北、华北、华中各地的第三次反共高潮彻底破产。这次反共高潮之所以被打退，主要是由于中共及其武装高举坚持抗战，反对内战，坚持团结，反对分裂的旗帜，针对国民党蒋介石的阴谋活动，在政治上开展强大攻势，及时地驳斥了国民党顽固派对中共及其武装的诽谤，揭露其破坏抗战挑动内战的阴谋，动员根据地军民和大后方人民进行坚决斗争，同时八路军驻渝办事处，及时向中外人士进行揭露，唤起国内外舆论的同情和支持，促使美英苏等国对蒋介石施加压力。在军事上则坚持自卫原则，不打第一枪，并做好充分的反击准备，对于一切敢于进犯之顽军予以坚决还击。由此，打退了第三次反共高潮，并使中共及其武装立于主动地位，赢得了国内外舆论的一致赞扬。

（三）国共围绕陕甘宁边区地位等重大议题的谈判

1943年9月18日，国民参政会在重庆召开三届二次会议。会议以共产党“破坏政令军令之统一”为由，通过了《关于十八集团军之决议》。参加会议的中共代表董必武当即声明退席，并决定不再出席这次大会。至此，重庆和延安的关系到了濒临决裂的地步。

1944 年，国际形势发生了重大变化。欧洲战场进入最后决战阶段，太平洋战场上美军也转入了大规模反攻。在中国战场上，各解放区开始了局部反攻。国民党军队在缅甸战场同美军联合作战，也转入反攻。日本法西斯的失败已成定局。此时，中国国内的政治形势发生了明显变化。陕甘宁边区与敌后各抗日根据地已度过艰苦的困难时期，人民抗日武装力量日益发展壮大，解放区呈现出欣欣向荣的景象。相反，国民党正面战场却在日本发动的打通大陆交通线的豫湘桂战役中再次出现了大溃败。国民党统治区发生了严重的政治经济危机。为了挽救危局，在国内外舆论压力和中国共产党的促使下，蒋介石集团在处理国共关系上不得不从“军事解决”的方针再回到“政治解决”方针上来，要求同中共重新谈判。

1944 年 3 月 14 日，周恩来在延安召开的纪念孙中山先生逝世 19 周年大会上，作了《关于宪政和团结问题》的演讲。周恩来明确表示，加强国内团结，以争取抗战胜利，建国成功。国民党如果有准备反攻、实施宪政的诚意，我们希望以公平合理的精神，从“政治解决”国共关系入手。这样，国共两党经过一段时间准备，又恢复了谈判。

5 月上旬，中共派代表林伯渠、王若飞等在西安同国民党代表张治中、王世杰开始会谈。林伯渠首先提出，以周恩来 3 月 12 日演说中所讲的五条意见作为谈判的基础，即：承认中共的合法地位，承认陕甘宁边区及敌后抗日根据地；承认中国共产党领导下的一切抗日军队，扩编八路军、新四军，发给粮饷弹药；恢复新四军番号；撤销包围边区的 50 万军队。但是，国民党代表则主张先就两党有关的军事问题和边区问题进行商谈。关于军事问题，林伯渠提出：经过 7 年多的抗战，中共领导下的正规军已有 47.7 万多人，本应全部编成 47 个师，现在请国民党先给 6 个军 18 个师的番号。国民党代表认为太多，只允许 4 个军 12 个师。

关于这个问题，双方代表交谈了 5 次，未能达成一致。最后双方商定，将历次会谈意见整理成记录，经双方代表签字后，各报其中央决定。记录整理后，林伯渠首先签了字。然而，国民党代表竟不顾事实，将整理出来的记录说只是林伯渠的个人意见，拒绝签字。

5 月 17 日，林伯渠、王若飞应张治中、王世杰之邀，飞往重庆继续商谈。22 日，林伯渠将中共中央拟订的《关于向国民党提出解决目前急切问题的意见》交给国民党代表，请他们转交国民党中央。但对方看后，认为有些条件的提法无疑是在宣布国民党的罪状，希望能够修改一些内容和词句，并拒绝接受和转交中央。会谈后，林伯渠立即向中共中央报告了谈判情况。中央了解了国民党的意见，决定予以让步，将 20 条意见改为 12 条，另外 8 条作为口头要求提出。12 条意见的主要内容是：国民党政府实行民主政治，保证言论、出版、集会、结社及人身自由；开放党禁，承认中共及各抗日党派的合法地位，释放爱国政治犯；将中共军队编为 16 个军 47 个师，每师 1 万人，为委曲求全，目前至少给予 5 个军 16 个师的番号；承认陕甘宁边区及华北、华中、华南敌后各抗日根据地民选抗日政府为合法的地方政府，并承认其为抗日所需要的各项设施；释放各地被捕爱国志士，请予恢复自由，以利抗日；中共中央还明确表示：为克服目前困难，击退日寇进攻，并认真准备反攻起见，中共方面认为唯有实行民主与增强团结一途。为此目的，中共希望政府方面解决若干急切的问题。

6 月 5 日，双方再次举行会谈，林伯渠将中国共产党 12 条意见交给国民党代表。对方看了之后，以“内容并未改变”为由，拒绝接受和转呈国民党中央；同时，他们把国民党《中央对中共问题政治解决提示案》交给林伯渠。《提示案》在军事问题上规定，第十八集团军及其在各地之一切部队，合共编为 4 个军 10

个师，其余 37 万人都要限期取消；在根据地政权问题上规定，把陕甘宁边区的名称定为陕北行政区，其行政机构称为陕北行政公署；关于党的问题，要求“依照抗战建国纲领之规定办理”，对中国共产党提出的各项政治要求只字未提。

围绕国共两党的两个方案，双方展开了激烈的争论。6 月 6 日，林伯渠写信给国民党代表，对国民党中央《提示案》提出两点声明：第一，提示案与我党中央提出的 12 条意见相距甚远。尽管如此，仍愿将其报告中共中央。同时，也请将我党 12 条意见转报国民党中央。第二，提示案开头所说的“以林代表祖涵在西安表示之意见为基础”一语，与事实不符。8 日，国民党代表复函林伯渠，仍坚持其意见，并希望中共能完全接受。11 日，林伯渠再次写信给国民党代表，对他们的 8 日来函提出两点意见：第一，谈判是两党的公事，非个人私事，我们彼此都是要遵照各自中央的意见去和对方谈判，并将对方的意见详细报告自己的中央，最后得到双方中央的一致意见，才能使问题真正得到解决。第二，我党 12 条意见和国民党中央《提示案》与西安商谈意见均略有出入，不足为异。而你们拒绝转交我党 12 条意见，这是很难理解的。15 日，国民党代表又复信林伯渠，声称“此次商谈之基本精神，须本统一国家军令政令之原则”。这是国共两党经过八年谈判而无结果的真正原因。国民党顽固坚持一党专政的态度暴露无遗，谈判遂呈僵局。

在这种情况下，国民党为推脱责任，让国民党中央宣传部长梁寒操出面发表谈话，对谈判肆意歪曲。7 月 26 日，梁寒操又在记者招待会上宣布：在目前谈判中，若干问题已获解决。国共关系已有改进，并将继续改进。借以混淆视听。8 月 12 日，周恩来在延安发表谈话指出：国共谈判迄今无结果，其根本障碍在国民党统治人士及其政府始终固执其一党统治与拖延实行三民主义的方针。声明谈判呈现僵局的责任，不在我方而在国民党。即使这样，中共中央仍希望谈判有结果，并电请国民党方面代表能去延安继续谈判。

为了扩大抗日民族统一战线，争取国内外舆论对中共的同情和支持，林伯渠在同国民党代表谈判期间，广泛结交朋友。他利用出席宴会、参加集会、接见来访、拜会好友等机会，和黄炎培、沈钧儒等爱国人士，郭沫若、茅盾等文化界知名人士，以及爱泼斯坦、斯坦因等外国进步记者广泛接触，宣传中共的政治主张，从而扩大了中国共产党的影响，使国民党在政治上陷入空前的孤立。

9 月 15 日，林伯渠在三届三次国民参政会上，就这次国共谈判问题作了详细汇报。林伯渠的报告披露了这次国共谈判的真相。在国民参政会前后，林伯渠多次写信给国民党方面代表，一再表示只要有一线希望，我党愿意继续谈判。但由于国民党坚持其一党专政立场，这次谈判终无结果。

历时半年的国共谈判再次暴露了国民党坚持其一党专政的顽固立场，使各民主党派和广大无党派民主人士进一步了解了中国共产党的正确主张，以及八路军、新四军在敌后战场的功绩，扩大了中国共产党的影响，有利于抗日民族统一战线的巩固和扩大。

第六章 抗日民族统一战线理论的发展

抗日民族统一战线理论是在中国民族斗争和阶级斗争十分尖锐、复杂的环境中形成的，是中国共产党的统一战线理论不断创新与发展的结果。这一理论的形成和发展，突出地体现了中国共产党第一代领导集体为国为民的博大胸怀、高超的斗争艺术和认识中国问题的理论深度。同时，这一理论也是指导中国共产党最终取得抗战胜利的重要思想，它标志着中国共产党的统一战线理论走向成熟。在中国特色社会主义进入新时代之际，深入研究抗日民族统一战线的理论创新，对于进一步加强民族团结，凝聚中国力量，不断加强和改进党的统一战线工作，扩大其统一战线的社会基础，实现中华民族伟大复兴的中国梦，有着十分重要的现实指导意义。

一、新民主主义革命总路线奠定了抗日民族统一战线的理论基础

以1919年五四运动为开端，近代中国革命开始进入新民主主义革命阶段。在这一阶段的开端，中国无产阶级开始以独立的政治力量登上历史舞台；而且，俄国十月革命的一声炮响，给中国送来了马克思列宁主义，随着马克思列宁主义在中国的广泛传播，无产阶级日益接受和认可了这一理论，并开始将其作为进行革命的指导

思想。随着新民主主义革命实践的不断发展，中国共产党的新民主主义革命理论也随之不断形成和发展，而新民主主义革命总路线的形成，从根本上奠定了抗日民族统一战线的理论基础。

（一）抗日战争时期是新民主主义革命理论的成熟时期

新民主主义革命理论是在我国新民主主义革命实践中不断形成的，它是以毛泽东为代表的中国共产党第一代中央领导集体不断学习革命理论，不断进行革命实践，并善于总结革命经验的最终结果；同时，它又反过来不断指导我国革命，经历了一个不断循环往复的过程。

抗日战争时期是新民主主义革命理论的成熟时期，具体表现为：

第一，中国共产党对新民主主义革命道路有了系统总结。1938 年 11 月，毛泽东在《战争和战略问题》中，系统总结了中国和资本主义国家不同的特点，进而指出不同的革命道路。中国不是一个独立的民主国家，而是一个半殖民地半封建国家。“在内部没有民主制度，而受封建制度压迫；在外部没有民族独立，而受帝国主义压迫。”① 因此，无议会可以利用，无组织工人举行罢工的合法权利。在这里，共产党的任务，基本地不是经过长期合法斗争以进入起义和战争，革命的道路也不是先占城市后取乡村，而是走相反的道路。

第二，中国共产党对新民主主义革命实践经验有了系统总结。1939 年 10 月，毛泽东在《〈共产党人〉发刊词》中，系统总结了中国共产党 18 年的发展经验。中国共产党能不能正确处理同资产阶级统一战线的问题，能不能正确处理武装斗争的问

① 《毛泽东选集》第 2 卷，第 542 页。

题，是同党的建设是会向前一步还是向后一步紧密联系的。党的建设更加发展，党的政治路线就会更加正确；党的政治路线更加正确，统一战线和武装斗争的问题处理就会更加正确。统一战线、武装斗争、党的建设的问题是中国革命的三个基本问题，是中国革命的三大法宝。

第三，中国共产党对新民主主义革命总路线有了系统总结。1939 年 12 月，在系统考察中国的历史、现状和基本国情的基础上，毛泽东在《中国革命和中国共产党》中，一是明确指出了中国社会的性质是半殖民地半封建社会；二是明确指出了中国革命的对象是帝国主义和封建主义；三是明确了中国革命的任务：对外是进行民族革命——推翻帝国主义压迫，对内是进行民主革命——推翻封建地主压迫，而此时最重要的任务是进行民族革命，因为它直接决定着整个民族的生死存亡；四是明确了中国革命的动力是由中国社会各阶级的经济地位所决定的；五是明确了中国革命的性质是新民主主义的革命，其前途是社会主义和共产主义，而不会是资本主义。同时，他还指出，在具备一切必要条件之下，中国革命的转变，终将由新民主主义革命走向社会主义革命。

第四，中国共产党对新民主主义革命政治、经济和文化纲领有了系统总结。1940 年 1 月，毛泽东在《新民主主义论》中，系统总结了新民主主义政治、经济和文化。新民主主义政治包括国体和政体。国体是各革命阶级联合专政，政体是民主集中制。新民主主义经济是没收垄断资本，允许有利于国计民生的资本主义发展；没收地主土地，分配给无地和少地的农民。新民主主义文化是民族的科学的大众的文化，就是人民大众反帝反封建的文化。

（二）新民主主义革命总路线奠定了抗日民族统一战线的理论基础

随着革命实践的发展，毛泽东对新民主主义革命的总路线有了更为深刻的认识，这一认识主要体现在他 1948 年《在晋绥干部会议上的讲话》中。在这一讲话中，毛泽东全面系统地总结了新民主主义革命的总路线，即“无产阶级领导的，人民大众的，反对帝国主义、封建主义和官僚资本主义的革命”。

具体而言，这条总路线包含了以下方面的内容：在革命目标方面，直接目标是推翻封建统治，最终目标是解放和发展生产力；在革命对象方面，指向帝国主义、封建主义和官僚资本主义；在革命动力方面，主要包括工人、农民、小资产阶级和民族资产阶级；在领导力量方面，必须是中国共产党的领导；在革命具体步骤方面，首先是彻底改变旧中国半殖民地半封建状态，建立新民主主义国家，然后在此基础上，继续进行革命，建立社会主义社会。这就是我们所说的中国革命“两步走”。实践证明，这一总路线是基于我国国情的科学认识，正是在这一总路线的指导下，中国共产党从而最终取得了新民主主义革命的胜利，并最终实现由新民主主义向社会主义的成功过渡。

基于对总路线的科学认识，毛泽东进一步总结了新民主主义革命统一战线的主要内容。新民主主义革命统一战线包含工人阶级和其他劳动人民的联盟和工人阶级同可以合作的非劳动人民的联盟。在第一个联盟中，其他劳动人民主要包括同农民阶级和小资产阶级。在第二个联盟中，可以合作的非劳动人民主要是民族资产阶级，当然，在特殊情况下，它有时也包括一些地主阶级和带买办性的大资产阶级，但最主要还是前面两者之间的联盟。

抗日民族统一战线是在中国共产党发起和领导下，以工农为主体，团结全民族一切抗日力量，进行抗战的联盟。它依靠工、农大众及革命知识分子等进步力量；团结民主党派和民族资产阶级以及一部分地方实力派和其他爱国分子等中间力量；分化瓦解和争取以蒋介石为代表的大地主大资产阶级顽固力量，组成了最广泛的统一战线。在抗日战争时期，一方面是工人阶级同农民阶级和小资产阶级的联盟，另一方面是工人阶级同民族资产阶级、一部分地主阶级、带买办性的大资产阶级的联盟。一部分大地主，“跟着另一部分大资产阶级（顽固派），虽然还留在抗日营垒内，亦已非常动摇。许多中小地主出身的开明绅士即带有若干资本主义色彩的地主们，还有抗日的积极性，还需要团结他们一道抗日。”① 一方面，欧美派大资产阶级尚留在抗日营垒内，因为他们还在抗日，还应该利用他们和日本帝国主义的矛盾；另一方面，欧美派大资产阶级执行着破坏抗日和团结的反共反人民的高压政策，要和他们作坚决的斗争。

抗日民族统一战线是以中国国民党和中国共产党第二次合作为核心，联合了国内各种抗日力量的广泛的统一战线。这一统一战线的形成过程是艰难曲折的，既是客观形势变化、推动的产物，又是中国共产党坚持和发展统一战线政策并促进国民党调整政策的结果。抗日民族统一战线的形成是中国共产党统一战线政策的胜利，也是中国共产党长期为实现第二次国共合作，充分发挥主观能动性的结果，更是中国共产党执行新民主主义革命总路线的必然产物。新民主主义革命总路线为新民主主义革命统一战线的建立奠定了坚实的基础，进而也为建立广泛的抗日民族统一战线奠定了坚实的理论基础。

二、“三大法宝”概念的提出与抗日民族统一战线理论的发展

中国共产党的“三大法宝”是指统一战线、武装斗争和党的建设。“三大法宝”是中国共产党在新民主主义革命中战胜敌人

① 《毛泽东选集》第2卷，第638页。

的主要武器，更是中国共产党立于不败之地的法宝。“三大法宝”是在两次国内革命战争后的成果，它对抗日民族统一战线的功能进行了科学定位。它的提出在当时指导中国新民主主义革命战争以及对后来的抗日民族解放运动都具有很重要的意义，既给中国共产党指明了前进的方向和动力，同时也极大地振奋了民心，让中国人民看到了胜利的希望。

（一）“三大法宝”概念的提出

1939 年 10 月，毛泽东在《〈共产党人〉发刊词》中指出：“统一战线问题，武装斗争问题，党的建设问题，是我们党在中国革命中的三个基本问题。正确地理解了这三个问题及其相互关系，就等于正确地领导了全部中国革命。”① 能够正确地处理统一战线、武装斗争、党的建设的问题，中国共产党就能够在中国革命中战胜敌人。毛泽东进一步指出：“十八年的经验，已使我们懂得：统一战线，武装斗争，党的建设，是中国共产党在中国革命中战胜敌人的三个法宝，三个主要的法宝。”② 1949 年 6 月，毛泽东在《论人民民主专政》中，更进一步指出：“一个有纪律的，有马克思列宁主义的理论武装的，采取自我批评方法的，联系人民群众的党。一个由这样的党领导的军队。一个由这样的党领导的各革命阶级各革命派别的统一战线。这三件是我们战胜敌人的主要武器。”③

统一战线是无产阶级与其他阶级结成的政治联盟。一方面，反对忽视资产阶级可能在一定时期中一定程度上参加革命斗争的错误。这种错误，忽视同资产阶级建立统一战线并尽可能保持这

---

① 《毛泽东选集》第 2 卷，第 605—606 页。
② 《毛泽东选集》第 2 卷，第 606 页。
③ 《毛泽东选集》第 4 卷，第 1480 页。

个统一战线的政策，把中国的资产阶级和资本主义国家的资产阶级看做一样。如果忽视了这一方面，这就是“左”倾关门主义。另一方面，反对忽视它们之间的原则差别的错误。这种错误，忽视资产阶级一到革命同他们一群一党的私利相冲突时，他们就实行叛变革命的事实。如果忽视了这一方面，这就是右倾机会主义。历史经验表明，中国共产党能正确处理同资产阶级统一战线的问题，党的建设就会向前一步；中国共产党不能正确处理同资产阶级统一战线的问题，党的建设就会向后一步。在大革命时期，中国共产党同资产阶级建立过统一战线。在土地革命战争时期，中国共产党同资产阶级及其同盟者进行过武装斗争。在全民族抗日战争时期，中国共产党同资产阶级又建立起了统一战线。

武装斗争是在无产阶级领导之下的农民战争。中国半殖民地半封建社会的国情，中国政治、经济、文化发展的不平衡，决定了中国革命的性质、主要对象和基本动力，规定了中国革命的主要形式是武装斗争。历史经验表明，中国共产党能正确处理武装斗争的问题，党的建设就会向前一步；中国共产党不能正确处理武装斗争的问题，党的建设就会向后一步。在大革命时期，中国共产党虽已开始懂得武装斗争的重要性，但还没有彻底了解其重要性，还没有了解武装斗争是中国革命的主要斗争形式。在土地革命战争时期，中国共产党已经建立了独立的武装队伍，已经学会了独立的战争艺术，已经建立了人民政权和根据地。在全民族抗日战争时期，中国共产党能够运用第一阶段中尤其是第二阶段中的武装斗争的经验，能够运用武装斗争形式和其他各种必要的斗争形式互相配合的经验。

党的建设是党的发展、巩固和马克思主义化的过程。党的政治路线是同统一战线和武装斗争紧密联系的；党的政治路线是同党的建设紧密联系的。历史经验表明，党的建设更加发展，党的政治路线就会更加正确；党的政治路线更加正确，统一战线和武装斗争的问题处理就会更加正确。在大革命时期，中国共产党对中国的历史状况和社会状况、中国革命的特点、中国革命的规律都懂得不多，对于马克思列宁主义的理论和中国革命的实践还没有完整的、统一的了解。中国共产党没有能够巩固大革命的胜利果实。在历经大革命和土地革命战争之后，中国共产党有了较为丰富的革命实践经验，对中国革命的性质、特点和规律有了较为深刻的理解，也更为深刻地认识到将马克思列宁主义的理论和中国革命的实践相结合的重要性。正是在此基础上，中国共产党于抗战时期不但建立了抗日民族统一战线，而且进行了伟大的抗日战争。

（二）“三大法宝”对抗日民族统一战线的功能进行了科学定位

抗日民族统一战线是战胜日本帝国主义侵略者的根本力量，而统一战线、武装斗争和党的建设对于形成伟大的抗日民族统一战线则起到了不可或缺的历史作用。毛泽东认为：“统一战线和武装斗争，是战胜敌人的两个基本武器。统一战线，是实行武装斗争的统一战线。而党的组织，则是掌握统一战线和武装斗争这两个武器以实行对敌冲锋陷阵的英勇战士。这就是三者的相互关系。”[①] 统一战线、武装斗争和党的建设在战胜日本帝国主义中的地位是显而易见的，它们对于抗日民族统一战线的功能是各不相同的，我们对其必须要进行科学的定位。

第一，统一战线是战胜日本帝国主义的力量源泉。团结就是力量，结合当时的革命实际，我们知道，单凭中国共产党一方的力量是难以战胜强大的日本帝国主义的反动力量的，必须团结当时的一切可以团结的力量，为革命的胜利壮大自己的队伍，革命

① 《毛泽东选集》第2卷，第613页。

应该是团结的，分散注定要失败。1939 年 12 月，毛泽东在《中国革命和中国共产党》中，进一步指出：“在中国社会的各阶级中，农民是工人阶级的坚固的同盟军，城市小资产阶级也是可靠的同盟军，民族资产阶级则是在一定时期中和一定程度上的同盟军，这是现代中国革命的历史所已经证明了的根本规律之一。”① 此外，在抗日战争时期，大地主大资产阶级也可能参加抗日民族统一战线。正是有了这样的正确认识，当时的共产党能尽最大的努力团结了所有能团结的力量，形成了强有力的抗日民族统一战线。1941 年 11 月，毛泽东在《在陕甘宁边区参议会的演说》中指出：“中国社会是一个两头小中间大的社会，无产阶级和地主大资产阶级都只占少数，最广大的人民是农民、城市小资产阶级以及其他的中间阶级。”② 因此，如果单凭自己一个阶级的力量，无产阶级是不能胜利的；必须团结一切可能的革命的阶级和阶层，无产阶级才能取得胜利。

第二，武装斗争是战胜日本帝国主义的根本保障。中国是一个半殖民地半封建的国家，内无民主制度，而受封建制度压迫；外无民族独立，而受帝国主义压迫。中国共产党主要任务是联合尽可能多的同盟军，组织武装斗争，争取民族独立和人民解放。1938 年 11 月，毛泽东在《战争和战略问题》中进一步指出：“在帝国主义举行武装进攻的时候，则是联合国内一切反对外国侵略者的阶级和阶层，进行对外的民族战争，例如现在的抗日战争。”③ 毛泽东在《〈共产党人〉发刊词》中指出：“在中国，离开了武装斗争，就没有无产阶级的地位，就没有人民的地位，就没有共产党的地位，就没有革命的胜利。”④ 所以，武装斗争是战

---

① 《毛泽东选集》第 2 卷，第 645 页。

② 《毛泽东选集》第 3 卷，人民出版社 1991 年版，第 808 页。

③ 《毛泽东选集》第 2 卷，第 543 页。

④ 《毛泽东选集》第 2 卷，第 610 页。

胜日本帝国主义的根本保障。

第三，党的建设是战胜日本帝国主义的组织保障。毛泽东在《〈共产党人〉发刊词》中指出：“当我们党的政治路线是正确地处理同资产阶级建立统一战线或被迫着分裂统一战线的问题时，我们党的发展、巩固和布尔什维克化就前进一步；而如果是不正确地处理同资产阶级的关系时，我们党的发展、巩固和布尔什维克化就会要后退一步。”① 党的组织掌握了抗日民族统一战线，能够正确运用抗日民族统一战线，团结一切可能团结的力量，取得抗日战争的胜利。因此，要不断加强党的建设，只要建设一支强有力的革命政党，革命政党做好先锋模范作用，做好组织动员各阶级阶层的一致抗日工作，以确保革命统一战线能够有源源不断的力量，才能保证抗日民族统一战线的巩固和发展，才能形成合力，从而最终打败敌人。

三、统一战线中的“联合”与“斗争”的辩证关系

中国共产党同资产阶级又联合又斗争的方针，是在同资产阶级又联合又斗争中发展起来和锻炼出来的。

（一）统一战线中的“联合”与“斗争”是辩证统一的关系

1939 年 10 月，毛泽东在《〈共产党人〉发刊词》中指出：“这里所谓联合，就是同资产阶级的统一战线。所谓斗争，在同资产阶级联合时，就是在思想上、政治上、组织上的‘和平’的‘不流血’的斗争；而在被迫着同资产阶级分裂时，就转变为武

① 《毛泽东选集》第 2 卷，第 605 页。

装斗争。”毛泽东还指出：“如果我们党不知道在一定时期中同资产阶级联合，党就不能前进，革命就不能发展；如果我们党不知道在联合资产阶级时又同资产阶级进行坚决的、严肃的‘和平’斗争，党在思想上、政治上、组织上就会瓦解，革命就会失败；又如果我们党在被迫着同资产阶级分裂时不同资产阶级进行坚决的、严肃的武装斗争，同样党也就会瓦解，革命也就会失败。”①

关于统一战线中的“联合”。中国共产党能够与资产阶级联合，目的是建立抗日民族统一战线，战胜日本帝国主义。对于民族资产阶级，毛泽东在《〈共产党人〉发刊词》中指出：“由于中国最大的压迫是民族压迫，在一定的时期中，一定的程度上，中国民族资产阶级是能够参加反帝国主义和反封建军阀的斗争的。因此，无产阶级在这种一定的时期内，应该同民族资产阶级建立统一战线，并尽可能地保持之。”② 对于大资产阶级，毛泽东指出：“大资产阶级的各个集团是以不同的帝国主义为背景的，在各个帝国主义间的矛盾尖锐化的时候，在革命的锋芒主要地是反对某一个帝国主义的时候，属于别的帝国主义系统的大资产阶级集团也可能在一定程度上和一定时期内参加反对某一个帝国主义的斗争。在这种一定的时期内，中国无产阶级为了削弱敌人和加强自己的后备力量，可以同这样的大资产阶级集团建立可能的统一战线，并在有利于革命的一定条件下尽可能地保持之。”③

关于统一战线中的“斗争”。中国共产党需要与资产阶级斗争，目的是维护抗日民族统一战线，防止抗日民族统一战线破裂。对于民族资产阶级，毛泽东指出：“由于中国民族资产阶级在经济上、政治上的软弱性，在另一种历史环境下，它就会动摇

① 《毛泽东选集》第2卷，第608—609页。
② 《毛泽东选集》第2卷，第606页。
③ 《毛泽东选集》第2卷，第607页。

变节。因此，中国革命统一战线的内容不能始终一致，而是要发生变化的。在某一时期有民族资产阶级参加在内，而在另一时期则民族资产阶级并不参加在内。”① 对于大资产阶级，毛泽东指出：“大资产阶级参加统一战线并和无产阶级一道向共同敌人进行斗争的时候，它仍然是很反动的，它坚决地反对无产阶级及其政党在思想上、政治上、组织上的发展，而要加以限制，而要采取欺骗、诱惑、‘溶解’和打击等等破坏政策，并以这些政策作为它投降敌人和分裂统一战线的准备。”②

（二）抗日民族统一战线政策，是综合联合和斗争两方面

对于究竟如何执行统一战线，进行彻底的革命，中国共产党在不同的历史时期也会有不同的认识。如在大革命后期，坚持一切联合、否认斗争，这是右倾的表现；在土地革命战争后期，坚持一切斗争，否认联合，这是“左”倾的表现。由于执行了上述错误的革命政策，中国共产党因此遭受到了巨大的损失。在全民族抗日战争时期，一方面，只知道联合，不知道斗争，高估国民党的抗战热情，分不清国共两党的原则差别，不敢对其反共、限共政策做坚决斗争，同时也一味地迁就大地主大资产阶级，这是右倾的表现，这是不利于革命势力的发展的；另一方面，只知道斗争，不知道联合，不注意荫蔽精干、长期埋伏、积蓄力量，这是“左”倾的表现，也是不利于革命势力的发展的。1940 年 12 月，毛泽东在《论政策》中指出：“现在的抗日民族统一战线政策，既不是一切联合否认斗争，又不是一切斗争否认联合，而是综合联合和斗争两方面的政策。”③

---

① 《毛泽东选集》第 2 卷，第 606 页。
② 《毛泽东选集》第 2 卷，第 607 页。
③ 《毛泽东选集》第 2 卷，第 763 页。

因此，“又联合又斗争”是抗日民族统一战线的策略总方针。对于反共顽固派，我们应以革命的两面政策对待之，也就是说，对其尚能抗日的方面，我们对其采取联合的政策，争取其加入抗日的队伍；对其坚决反共的方面，我们则对其采取孤立的政策，减少我们抗日的阻力。反共顽固派在反共方面，也有两面性。如果说，他们还不愿意在根本上放弃国共合作，那么我们就对其采取联合的政策；如果说，他们对共产党和人民进行高压政策和军事进攻，那么我们就对其采取斗争和孤立的政策。对于汉奸，也是如此。如果说，他们一味地亲日，出卖共产党和人民，那么我们就对其采取打击和孤立的政策；如果说，他们对党和人民还有动摇的一面，那么我们就对其采取拉拢和争取的政策。这就是同汉奸亲日派的“又联合又斗争”。

“又联合又斗争”既需要区别国内各阶级的关系，也需要区别国际各国的关系。关于国内各阶级关系的区别，1940 年 12 月，毛泽东在《论政策》中指出：“既须对于反对抗日的亲日派大地主大资产阶级和主张抗日的英美派大地主大资产阶级，加以区别；又须对于主张抗日但又动摇、主张团结但又反共的两面派大地主大资产阶级和两面性较少的民族资产阶级和中小地主、开明绅士，加以区别。在这些区别上建立我们的政策。上述各项不同的政策，都是从这些阶级关系的区别而来的。”① 关于“又联合又斗争”国际各国关系的区别，主要有：既要明确区分社会主义苏联和资本主义各国，又要明确区分侵略中国的日本帝国主义和现时没有举行侵略的其他帝国主义；既要明确区分同日本结成同盟的德意帝国主义和同日本处于对立地位的英美帝国主义，又明确区分英美的人民和英美的帝国主义政府；同时，还要明确区分过去危害中国抗日时的英美和目前赞助中国抗日时的英美。

① 《毛泽东选集》第 2 卷，第 764 页。

四、坚持抗日民族统一战线的基本策略

“发展进步势力，争取中间势力，孤立顽固势力”，是中国共产党在抗日民族统一战线中的基本策略。1940 年 3 月首先由毛泽东提出，而被全党采纳并广泛运用。它是我国无产阶级统一战线理论变得丰富、发展，并在实践指导上取得辉煌成就的重要标志之一。这一策略方针虽然有它的特定的历史内涵，但就其体现的原则精神而言，有普遍的统一战线理论意义。

（一）“发展进步势力，争取中间势力，孤立顽固势力”的提出

在抗日战争中，必须要有一个领导阶级领导全国各族人民进行抗争。当时，最有领导实力的无疑是共产党和国民党。那么，究竟谁作为领导阶级，这是关乎抗战胜利的关键性问题。为了取得抗战的根本胜利，中国共产党毅然地担当起领导者的角色，在全民族抗战中发挥着政治领导的作用。为更好地团结全国各族人民参与抗战，必须制定和实行正确的斗争策略。“发展进步势力，争取中间势力，孤立顽固势力”这一政策应运而生。

发展进步势力是统一战线工作的立脚点，是确保党在统一战线中的领导权的有力保障。进步势力是整个抗日战争中的最基本的力量，同时它也是争取中间势力和孤立顽固势力的基础和保障。只有进步势力不断扩大，抗战才有胜利的希望，中间势力才会逐渐向其靠拢，从而才有团结的希望。因此，发展进步势力在这一场战争中的重要性不言而喻。毛泽东指出：“所谓发展，就是不受国民党的限制，超越国民党所能允许的范围，不要别人委任，不靠上级发饷，独立自主地放手地扩大军队，坚决地建立根

据地，在这种根据地上独立自主地发动群众，建立共产党领导的抗日统一战线的政权，向一切敌人占领区域发展。”① 正是由于贯彻了正确的团结政策，进步势力得到了不断发展，从而奠定了抗战胜利的群众基础。如在进步势力的作用下，1939 年冬至 1940 年春，中国共产党有力地打退了国民党顽固派掀起的第一次反共高潮，皖南事变后，仍然有力量击退国民党的第二次反共高潮。

争取中间势力是中国共产党赢得抗战胜利必须要做的一项重要工作。中间势力包括中等资产阶级、开明绅士和地方实力派。一方面，中间势力人数较多，它是抗战的一支重要力量；另一方面，即使争取不到中间势力，但至少使其保持中立，这也是有好处的，因为这对于同顽固派进行斗争也是有力的。同时，争取中间势力同发展进步势力和反对顽固势力密切相关。争取中间势力，可以增加进步势力，以有力地反对顽固势力。毛泽东指出：“在中国，这种中间势力有很大的力量，往往可以成为我们同顽固派斗争时决定胜负的因素”。② 由此可见，争取中间势力意义非凡。在一定程度上，顽固派是否被孤立，主要取决于中间势力的态度。反过来，也可以说，孤立顽固派的重要一步就是争取中间势力。

争取中间势力是一个比较复杂的问题。因为他们本身缺乏独立性，他们在经济上和政治上根本无法自主，而且，无论是与日本帝国主义还是顽固势力之间都存在着尖锐的矛盾；同时，还与进步势力之间存在着阶级矛盾。基于此，他们在抗战中就不可避免地表现出种种的动摇。但由于日本帝国主义的入侵，他们和共产党一样面临着反日的重任，这是肯定的，这也就使得共产党有机会争取他们加入抗战队伍。但问题是，他们到底是更靠近顽固

① 《毛泽东选集》第 2 卷，第 753—754 页。

② 《毛泽东选集》第 2 卷，第 748 页。

势力还是进步势力？而且，无论是顽固势力还是进步势力都在争取他们。那么，他们最终更倾向于谁，主要取决于顽固势力和进步势力之间的较量，取决于他们与这两股力量之间谁的矛盾少，以及进步势力对他们所采取的政策和态度。这就意味着，如果共产党能够站在反日的立场去争取他们，并如实地揭露顽固派的丑陋阴谋，那么，他们就有可能向进步势力、向共产党靠拢。

孤立顽固势力，就是孤立英美派的大地主大资产阶级势力。他们是国民党的当权派，也是共产党的重要敌人。对于抗战，他们采取消极被动的态度，而且经常向日本帝国主义妥协，出卖共产党和人民。不仅如此，他们还经常反对和残害共产党和人民革命力量。如蒋介石便是这一事例的典型。他一直叫嚷“攘外必先安内”，并以此作为国民党最高当局处理对外对内关系的基本准则。随着抗日战争进入相持阶段，国民党反共便进入了一个极端尖锐化的阶段。在顽固派发动第一次反共高潮之前，山东国民党军队中就发出“宁匪化，勿赤化”、“宁亡于日，勿亡于共”、“日可以不抗，共不可不打”的反动口号。皖南事变前在苏北搞反共磨擦的江苏省那县县长王化云说：“目前苏北之危，敌伪反不足虑，其祸患实在共产党领导之甲乙两军。”可见，顽固势力对于抗日的态度是如此的消极，而对于反共则是如此的强烈，将共产党作为他们的心腹大患。

（二）“发展进步势力”的内涵及其地位和作用

关于发展进步势力的内涵，1940 年 3 月，毛泽东在《目前抗日统一战线中的策略问题》中指出：“发展进步势力，就是发展无产阶级、农民阶级和城市小资产阶级的力量，就是放手扩大八路军新四军，就是广泛地创立抗日民主根据地，就是发展共产党的组织到全国，就是发展全国工人、农民、青年、妇女、儿童等等的民众运动，就是争取全国的知识分子，就是扩大争民主的宪政运动到广大人民中间去。"①毛泽东还指出："发展进步势力，是一个严重的斗争过程，不但须同日本帝国主义和汉奸作残酷的斗争，而且须同顽固派作残酷的斗争。因为对于发展进步势力，顽固派是反对的，中间派是怀疑的。如不同顽固派作坚决的斗争，并收到确实的成效，就不能抵抗顽固派的压迫，也不能消释中间派的怀疑，进步势力就无从发展。"②

发展进步势力的地位和作用：只有一步一步地发展进步势力，才能阻止时局逆转，阻止投降和分裂，而为抗日胜利树立坚固不拔的基础。毛泽东指出："共产党领导之下的无产阶级、农民和城市小资产阶级的进步力量，最近时期有一个大的发展，基本上已经奠定了抗日民主政权的根据地。他们在全国工人、农民和城市小资产阶级中的影响是很大的，在中间势力中亦有相当影响。在抗日战场上，共产党所抗击的日寇兵力，同国民党比较起来，几乎占到了同等的地位。他们是抗日统一战线中的进步派。"③

（三）"争取中间势力"的内涵及其必备条件

关于争取中间势力的内涵，1940 年 3 月，毛泽东在《目前抗日统一战线中的策略问题》中指出："争取中间势力，就是争取中等资产阶级，争取开明绅士，争取地方实力派。"④这种争取政策，不但同争取农民和城市小资产阶级有区别，而且对于各部分中间势力也有区别。关于争取中间势力与争取进步势力有区别，毛泽东指出："对于农民和城市小资产阶级，是当作基本同盟者

① 《毛泽东选集》第 2 卷，第 745—746 页。
② 《毛泽东选集》第 2 卷，第 746 页。
③ 《毛泽东选集》第 2 卷，第 745 页。
④ 《毛泽东选集》第 2 卷，第 746 页。

去争取的；对于中间势力，则是当作反帝国主义的同盟者去争取的。”① 关于争取中等资产阶级和开明绅士与争取地方实力派有区别，毛泽东还指出：“中间势力中的中等资产阶级和开明绅士，可以同我们共同抗日，也可以同我们一道共同建立抗日民主政权，但他们害怕土地革命。在对顽固派的斗争中，其中有些人还可以在一定限度内参加，有些则可以保持善意的中立，有些则可以表示勉强的中立。地方实力派，则除共同抗日外，只能在对顽固派斗争时采取暂时的中立立场；他们是不愿同我们一道建立民主政权的，因为他们也是大地主大资产阶级。”② 中间派的态度是容易动摇的，并且不可避免地要发生分化；我们应当针对着他们的动摇态度，向他们进行适当的说服和批评。

关于争取中间势力必须具备的条件，毛泽东指出：“争取中间势力是我们在抗日统一战线时期的极严重的任务，但是必须在一定条件下才可能完成这个任务。这些条件是：（1）我们有充足的力量；（2）尊重他们的利益；（3）我们对顽固派作坚决的斗争，并能一步一步地取得胜利。没有这些条件，中间势力就会动摇起来，或竟变为顽固派向我进攻的同盟军；因为顽固派也正在极力争取中间派，以便使我们陷于孤立。在中国，这种中间势力有很大的力量，往往可以成为我们同顽固派斗争时决定胜负的因素，因此，必须对他们采取十分慎重的态度。”③

（四）“孤立顽固势力”的内涵与应坚持的原则

关于孤立顽固势力的内涵：孤立顽固势力，就是孤立大地主大资产阶级。针对顽固势力采取两面政策，中国共产党要采取革

① 《毛泽东选集》第2卷，第747页。
② 《毛泽东选集》第2卷，第747页。
③ 《毛泽东选集》第2卷，第747—748页。

命的两面政策。1940 年 3 月，毛泽东在《目前抗日统一战线中的策略问题》中指出："他们采取两面政策，一面尚在主张团结抗日，一面又执行摧残进步势力的极端反动政策，作为准备将来投降的步骤。因为他们还愿团结抗日，所以我们还有可能争取他们留在抗日统一战线里面，这种时间越长久越好。……但又因为他们在全国普遍地执行摧残进步势力的反动政策，……所以我们又必须采取反抗他们这种反动政策的斗争策略，同他们作思想上政治上军事上的坚决斗争。这就是我们对付顽固派两面政策的革命的两面政策，这就是以斗争求团结的政策。"① 关于孤立顽固势力，避免发生内战，毛泽东指出："限制他们实施反动政策的范围，就有可能逼迫他们承认进步势力的地位，就有可能发展进步势力，争取中间势力，而使他们陷于孤立。同时，也就有可能争取还愿抗日的顽固派，延长其留在抗日统一战线中的时间，就有可能避免如同过去那样的大内战。所以，在抗日统一战线时期中，同顽固派的斗争，不但是为了防御他们的进攻，以便保护进步势力不受损失，并使进步势力继续发展；同时，还为了延长他们抗日的时间，并保持我们同他们的合作，避免大内战的发生。"②

关于与顽固势力斗争应坚持的原则，毛泽东总结指出抗战时期与顽固派斗争应该坚持"有理"、"有利"、"有节"三个重要原则。一是自卫原则。人不犯我，我不犯人；人若犯我，我必犯人。这就是说，共产党绝不会自动挑起事端，对顽固势力进行无故攻击；但一旦顽固势力对共产党进行进攻，共产党也绝不会不予还击。这就是斗争的防御性。二是胜利原则。不斗则已，斗则必胜。这就是说，要有针对性地打有准备有把握的仗。要懂得利

① 《毛泽东选集》第 2 卷，第 748 页。
② 《毛泽东选集》第 2 卷，第 748—749 页。

用顽固派的矛盾，择其最反动者首先打击之，而非同时打击许多顽固派。这就是斗争的局部性。三是休战原则。在一个时期内把顽固派的进攻打退之后，在他们没有举行新的进攻之前，我们要做到适可而止，双方实行休战。此时正是团结顽固派的好时机，我们可以主张和他们讲团结，在对方同意之下，和他们订立和平协定。这就是每一斗争的暂时性。这三个原则，换一句话来讲，就是“有理”、“有利”、“有节”。坚持这三个原则，有利于我们发展进步势力，争取中间势力，孤立顽固派，并使顽固派尔后不敢轻易向我们进攻。这样，就有争取时局走向好转的可能①。

在抗日民族统一战线的基础上，中国共产党和全国各族人民最终取得了抗日战争的胜利。这一战争的胜利来之不易，其中，中国共产党在这一场战争中，为建立、维护和发展抗日民族统一战线，创造性地提出和制定了一整套理论、政策和策略，并积累了丰富的斗争经验。

五、《关于若干历史问题的决议》对统一战线的经验总结

抗战期间，中国共产党及其领导的武装力量不断发展壮大，抗日民族统一战线也取得丰硕的成果，与此同时党内长期存在的主观主义、宗派主义和党八股等问题也比较突出。为了整顿学风、党风和文风，中国共产党在各根据地开展了整风运动。通过整顿“三风”，全党确立了一条实事求是的辩证唯物主义的思想路线。在整风中，党的高级干部和领导通过讨论党的历史，总结党的历史经验，对许多重大历史问题取得了更深刻的认识。1945

① 《毛泽东选集》第2卷，第749页。

年 4 月，中共六届七中全会通过了《关于若干历史问题的决议》，对大革命失败后党内重大历史问题做出系统总结，其中对党的统一战线历史经验和教训也进行了总结。

《决议》1944 年 5 月开始起草，在毛泽东的领导下成立了以任弼时为召集人，包括刘少奇、周恩来、博古、洛甫等人参加的专门委员会反复讨论和修改形成的。《决议》原准备提交党的七大讨论通过，为了使党的七大能集中精力讨论抗战建国方针问题，在征得党内同意后，改在党的六届七中全会上讨论通过。

《决议》对中国共产党统一战线所取得的成绩充分肯定，认为党"在遵义会议后的长征和抗日民族统一战线工作中，得到了光辉的发展"，"抗日民族统一战线，推动了神圣的抗日战争的爆发"。

《决议》还对中国资产阶级进行了分析，将之区别为两个部分，一部分是大资产阶级（又称买办资产阶级、官僚资产阶级），另一部分为民族资产阶级。前一部分是直接为帝国主义国家所豢养并直接为其服务的，他们与农村的封建势力及反动统治阶级有着密切的联系，是帝国主义、封建主义统治中国的工具，带有鲜明的买办性和垄断性，是中国革命的对象。同时，由于半殖民地半封建社会的中国是一个受许多帝国主义操纵的大国，大资产阶级分属于不同的帝国主义国家，在帝国主义国家间的矛盾尖锐，而革命的主要目标是反对其中某一帝国主义国家的时候，依附于其他帝国主义国家的大资产阶级，有可能参加到反对当前帝国主义国家的统一战线。比如在抗战中，属于英美帝国主义的大资产阶级就参加了抗日民族统一战线。但要注意的是，这些大资产阶级参加统一战线后，其阶级本性并不会改变，一旦他们所依附的帝国主义国家反对中国的时候，他们就立刻会起来反对革命。共产党人曾经有过教训，对他们要制定相应的斗争策略。

民族资产阶级主要指中等资产阶级，这是一个同时具备革命性和妥协性的阶级。一方面他们深受帝国主义压迫和封建主义束缚，具有一定的反帝国主义和封建主义要求；另外一方面由于他们在政治上和经济上的软弱性，他们又缺乏彻底的反帝、反封建主义的勇气，即使在革命时期也不愿意同帝国主义、封建主义彻底决裂。对于这个阶级须采取慎重的政策。

在对资产阶级两个部分充分分析的基础上，《决议》指出，由于大资产阶级的反动性，他在参加统一战线后，必定会对无产阶级进行欺骗、诱惑和打击。因此，在同资产阶级建立统一战线时，要保持无产阶级的独立性，要坚持中国共产党的领导，对资产阶级实行又团结、又斗争，以斗争求团结。对大资产阶级，要团结并使其暂时反对某一帝国。抗战期间，大资产阶级具有反对日本帝国主义的一面，同时也具备反共反人民的一面，所以在统一战线中，对于大资产阶级反对帝国主义的一面加以联合，对其妥协、动摇的一面进行斗争，通过"有理、有利、有节"的斗争限制他们实施反动政策的范围，防止统一战线破裂。与大资产阶级不同，民族资产阶级反对帝国主义，赞成革命，是革命的动力之一，对于他们则要执行既团结又斗争的政策，对其存在的在革命过程中动摇的一面耐心批评和说服，不可将他们与大资产阶级一视同仁。在中国革命中，无产阶级与农民在土地革命和减租减息上建立起来的联盟一直是巩固的，统一战线的核心问题是要争取民族资产阶级和中间势力，争取民族资产阶级与中间势力，不让他们被大资产阶级拉走，是中国共产党孤立敌人壮大自己的关键，是中国革命胜利的重要因素。

1945 年党的六届七中全会通过的《关于若干历史问题的决议》是在延安整风基础上产生的，是新民主主义革命时期中国共产党的重要文献。《决议》突出了毛泽东和毛泽东思想的历史地位，为此后中共七大的胜利召开，以及毛泽东思想确立为党的指导思想做了最充分的思想准备。《决议》体现了中国共产党在统一战线问题上的基本观点和原则，对解放战争时期统一战线工作的开展具有指导作用。

六、周恩来的《论统一战线》

周恩来作为中国共产党的杰出领导人，也是中国共产党统一战线的卓越领导者和实践者。在长期的统一战线工作中，周恩来把马克思主义基本原理同中国革命的具体实践相结合，创造性地丰富和发展了马克思主义、毛泽东思想关于统一战线的理论。

1945 年 4 月 30 日，周恩来在中共七大上作《论统一战线》的报告，系统总结了中国共产党在大革命时期、土地革命战争和全民族抗日战争时期在统一战线问题上的经验和教训。对中国共产党在不同阶段的工作重点和统一战线工作方针进行了划分。对于抗日战争时期党面临的主要矛盾和统一战线工作重心，周恩来指出，从九一八事变到党的七大，党的统一战线工作可划分为五个阶段。第一个阶段是从九一八事变到西安事变（1931 年 9 月—1936 年 12 月），在这一历史阶段我党面临的中心工作是抵抗日本侵略，还是不抵抗日本侵略，斗争特征是反蒋抗日，我党为此率先提出了武装抗日的爱国主张，并且倡导建立抗日民族统一战线；第二阶段是从西安事变到七七抗战（1936 年 12 月—1937 年 7 月），这一时期争论的中心工作是真正地准备抗战，还是空谈准备抗战，因此这一阶段斗争的特点是把“抗日反蒋”改为“逼蒋抗日”；第三阶段是从七七卢沟桥事变到武汉保卫战结束（1937 年 7 月—1938 年 10 月），这一阶段我党斗争的中心工作是全面抗战还是片面抗战，在这一阶段我党坚持建立统一战线，主张制定共同纲领，改革政治机构，而国民党蒋介石方面则提出一个政党、一个主义、一个领袖的反动口号，实施“反共”、“溶共”政策，这一阶段统一战线工作的特点是联蒋抗日；第四个阶段是从国民党五中全会到国共两党谈判（1939 年 1 月—1944 年底），我党统一战线工作面临的主要矛盾是我们坚持抗战、团结和进步，国民党则要妥协、分裂和倒退，这一时期国民党发动了三次反共高潮，国共双方开展了三次谈判；第五个阶段是从我党正式提出建立联合政府的主张和口号到现在（1944 年 9 月—1945 年 5 月），统一战线的主要矛盾是我们提出成立民主联合政府，而国民党则要继续坚持一党专制的政府。

抗战期间，周恩来代表中国共产党长期在重庆工作，是中国共产党开展抗日民族统一战线工作的主要领导人之一。在与国民党政府进行斗争和与国统区广大爱国人士、各阶层的交往中，周恩来依据毛泽东思想，与工作中的“左”、右倾路线进行了斗争。周恩来《论统一战线》的报告，着重从“认清敌人”、“组织好队伍”、“司令官”（领导权）三个方面系统地阐述了中国共产党抗日民族统一战线的策略和思想，对抗战时期的中国共产党统一战线的历史和经验教训进行了回顾和总结。

对于“认清敌人”问题。周恩来指出，新民主主义革命的主要敌人是帝国主义和封建势力。帝国主义不是仅有一个，而是多个，他们之间也有矛盾。同时国内的大地主、大资产阶级，也有不同的派别和集团，这些敌人常常有不同的利益，有不一致的地方，各阶级的代表人物也不是固定不变的，所以敌人的营垒是变化的，在一定条件下有些敌人也具有两面性。我们要正确地认识这些矛盾，看到历史发展进程中的变化，随时随地认识敌人，分析敌人，并提出如何战胜敌人的正确方针。

对于“组织好队伍”方面的问题。周恩来指出，新民主主义的统一战线，队伍很大，成分也很复杂，其中既包括无产阶级，同时也包括农民和小资产阶级，另外还有自由资产阶级，甚至有些大地主、大资产阶级也参加进来。因此对于具体问题要具体分析，对不同的情况区别对待，争取绝大多数加入到统一战线中。无产阶级觉悟高，本事大，是统一战线队伍中的骨干，但无产阶级人数少，力量弱，因此统一战线要依靠农民。农民是我党在统一战线中最可靠的同盟军，也是统一战线中的主要力量。建立统一战线还要依靠小资产阶级，因为小资产阶级也是革命的基本力量。小资产阶级的典型代表是知识分子，要引导知识分子和工农大众结合。此外，还有一个自由资产阶级，他们是中间力量，需要争取、联合，至少使他们中立，但不能依靠他们。总的来说，统一战线队伍可分三类：第一类是进步力量，包括工农与小资产阶级；第二类是中间力量，就是包括自由资产阶级在内的中间阶层；第三类是顽固力量，主要指大地主大资产阶级。我党的统一战线方针是发展进步力量，争取中间力量，孤立、分化和打击顽固力量。

至于“司令官”（领导权）问题，核心是要坚持无产阶级的领导权。无产阶级是最先进的阶级，应当领导别的阶级，但无产阶级的领导地位也是通过艰苦斗争争取而来的，并不是天然的“司令官”。在与我党争夺领导权的斗争中，最主要的力量是代表大地主、大资产阶级的国民党统治集团，双方争夺的对象是农民、民族资产阶级和小资产阶级。在斗争方法上，国民党采用压迫的方法，而共产党则采取同一切可以争取的力量进行合作的方法。“司令官”（领导权）问题是统一战线中最重要，也是最集中的问题。在统一战线中，存在“左”倾和右倾两方面的问题，右倾的问题是放弃对统一战线的领导权，而“左”倾的问题则是把自己孤立起来，成了“无兵司令”、“空军司令”。右的观点是忘记了农民阶级，忘了广大工农群众，妄图去依靠自由资产阶级。“左”倾观点是否定与自由资产阶级联合的必要性，其结果是把整个队伍推出去，给革命造成损失。这两种倾向在本质上都是一样的，都是错误的。

周恩来是中国共产党统一战线工作的重要领导人，积累了相当丰富的斗争经验。抗日战争时期，是周恩来统一战线思想趋于成熟的时期。这一时期周恩来领导南方局在国统区开展统一战线工作，为建立最广泛的抗日民族统一战线，为抗日战争的胜利做出了贡献。周恩来《论统一战线》的报告，对民主革命时期中国共产党历年来开展的统一战线工作进行了系统分析和深刻总结，丰富了党的统一战线的理论，有利于全党更好地统一思想，更好地执行抗日民族统一战线政策，对当时和此后党的统一战线工作，都有深远的意义。

第七章　陕甘宁边区与敌后抗日民主根据地的统战工作

陕甘宁边区是中共中央所在地，是人民抗战的政治指导中心，是八路军、新四军和其他人民抗日武装的战略总后方。陕甘宁边区在党中央和边区政府领导下，成为贯彻和执行中国共产党的民族民主统一战线方针、政策的光辉典范。其统一战线的理论和实践活动，展现在政治、经济、军事、文化等极其广泛的领域，并推动了各敌后抗日根据地的统战工作。

习近平总书记指出："统一战线是中国共产党的一大法宝。在革命、建设、改革各个历史时期，我们党始终把统一战线和统战工作摆在全党工作的重要位置，努力团结一切可以团结的力量、调动一切可以调动的积极因素，为党和人民事业不断发展创造了十分有利的条件。"他强调："人心向背、力量对比是决定党和人民事业成败的关键，是最大的政治。统战工作的本质要求是大团结大联合，解决的就是人心和力量问题。"① 陕甘宁边区与敌后抗日民主根据地统一战线的理论和实践活动，正是这一真知灼见的光辉例证。

一、陕甘宁边区与敌后抗日根据地的统战机构

边区和敌后抗日根据地的统战机构，忠实执行党的统战方针

① 中共中央宣传部：《习近平总书记系列重要讲话读本》，学习出版社、人民出版社 2016 年版，第 172—173 页。

政策，认真进行调查研究，积极开展统战宣传和统战活动，为中国共产党适时制定各项统战政策提供了可靠依据，为抗日战争和解放战争的胜利做出了重要贡献。

（一）中央统战部的设置与沿革

1937 年 9 月，国共两党实现第二次合作，抗日民族统一战线最终形成。随着统一战线的范围日益扩大，统战工作也日趋繁重，成立一个中央级别的统战工作机构已提上中共中央的议事日程。

1938 年中国共产党六届六中全会通过《关于各级党委暂行组织机构的决定》，规定在区委以上各级党委之下设立统一战线工作部。1939 年 1 月 5 日，中央书记处会议决定“组织中央统一战线部”，“由王明负责”。

1939 年 3 月 20 日，中央书记处《关于统战工作的指示》要求：各局、各省委、各特委如“还无统一战线部的”，必须“迅速成立”，各局、各省委、各特委“必须经常讨论和领导统一战线部的工作”。指示规定中央统战部主要的日常工作为：（一）具体调查和研究各党派及军队、少数民族的情况。（二）具体研究国民党及其他党派与各地政权对我党我军的态度，提出对策，以打击顽固分子的反共活动，巩固、扩大抗日统一战线。（三）负责指导对各党派各友军的统一战线工作。（四）争取、帮助和爱护同情我党的人士及非党干部。指示还要求各地都要公开出版一份地方党报。

1943 年 3 月，党中央决定调整精减中央领导机构，由中央政治局和书记处下设的中共中央组织委员会统管中央统战部和其他几个部门的工作，刘少奇任书记。

1944 年 5 月至 1945 年 4 月，中国共产党在延安召开的六届七中全会，决定成立中央城市工作部，主要任务是领导敌占区的抗日民族统一战线工作。中央城工部部长由彭真兼任，副部长为刘晓、刘长胜。抗日战争胜利后，各级城工部停止工作。

（二）边区中央局、西北局统战机构的设置、职能和运作

1. 边区中央局、西北局统战机构的设置

1935 年春，陕北特委和陕甘边特委召开联席会议，正式成立中共西北工作委员会和中国工农红军西北军事委员会，统一领导陕北和陕甘边两块根据地和两区革命武装。1937 年 5 月 15 日，在延安召开中共陕甘宁边区第一次代表大会，选举成立陕甘宁边区委员会，统一领导陕甘宁边区党组织和工作。陕甘宁边区委员会下设统战委员会，主任王观澜。1938 年 11 月，中共中央设立西北工作委员会，主持陕甘宁边区以外的西北各省党的秘密工作。1941 年 5 月，西北工作委员会与陕甘宁边区中央局合并成立中共中央西北局，统一领导西北地区包括陕甘宁边区党的工作。

中共西北局成立后，先后设立专门的统战机构：西北局统战部、西北局民运部，以及具有统战性质的西北局友军工作委员会、友军工作核心组等机构。

西北局统战部：部长先后为贾拓夫、高岗、张德生，副部长张曙时。西北局统战部成立后，就边区统战工作发布了一系列文件，管理指导统战工作。1943 年西北局发布《西北局关于边区九年来的统战工作总结》，对边区党委和边区统战机构从 1935 年到 1943 年九年的统战工作进行了全面总结，指出："边区党九年来，随环境条件变化，接受党中央指示，进行抗日民族统一战线工作"[①]，"九年来，边区党在中央直接领导下，执行了有团结有斗争的革命政策，才克服投降主义，渡过困难年月和三次反共高

---

① 中央档案馆、陕西省档案馆：《中共中央西北局文件汇集》（一九四三年）二，1994 年，第 76 页。

潮，并建设和发展了边区新民主主义的政治、经济、文化，把边区建设成团结、抗战、民主的坚强堡垒，为推动全国进步，准备反攻，奠定了稳固的基石。”①

西北局民运部：部长贾拓夫，副部长欧阳钦。1941年6月，西北局发布《西北局民运部业务及组织条例》，规定：民运部设三组一室，其中“第二组——研究管理边区统战，并兼管邻区党的工作”，其具体业务为：“了解边区内部社会及周围情况”，“研究边区统战工作及邻区秘密党的活动情况”，“研究边区统战政策及党在邻区的活动，随时取得经验，得出指示，提交西北局采纳执行”，“与各分县委统战部建立密切联系，并经常予以帮助、推动及指导，以实现党的政策。”②

西北局友军工作委员会和友军工作核心组：1942年8月1日，西北局第三十九次常委会决定组建带有统战性质的友军工作委员会，主任贾拓夫，副主任刘澜波。1943年12月6日，西北局委员会决定成立边区级专管友军工作之核心组织，各分区均成立专管友军工作的核心组织。边区友军工作核心组主要负责人是高岗，成员有贺龙、贾拓夫、徐向前、周兴等五人；关中分区主要负责人是张德生；延属分区主要负责人是王震；三边分区主要负责人是王世泰；绥德分区主要负责人是习仲勋；陇东分区主要负责人是段德璋。

1941年《西北局组织部关于甲、乙、丙三等级县机关人员编制规定草案》规定：“为得加强工作，适当配备干部之合理，对边境县（鄜县、固临、安定、靖边、关中、陇东等）增设统战

① 中央档案馆、陕西省档案馆：《中共中央西北局文件汇集》（一九四三年）二，第83页。

② 中央档案馆、陕西省档案馆：《中共中央西北局文件汇集》（一九四一年），1994年，第299—230页。

部”，“中心区统战工作由县委书记兼任”。[①] 各分区、县统战部所应管辖的工作范围是：“边区内部：除了非党干部及参加政权组织的党外人士的工作由组织部管理外，其他的社会上绅士名流、国民党员、会帮人士等工作由统战部管理之”；“边区外部：一切友军友党政府、友区士绅名流、友区各界之统战工作均归统战部管理。”[②]

2. 边区中央局、西北局统战机构的职能

一是调查和研究各党派各友军的情况。这是边区中央局、西北局统战机构的主要工作之一。从 1937 年到 1945 年发布的相关重要文件，这方面的通知、指示、具报、调查等居多。1941 年 6 月 13 日中央统战部、军委总政治部发布《中央统战部、军委总政治部关于陕甘宁边区党、留守兵团与友军交朋友工作经验的通报》，充分肯定了陕甘宁边区党委、留守兵团与友军“交朋友”这一方式方法，并将其作为经验向全党全军介绍。

二是贯彻落实“三三制”中有关统一战线政策。陕甘宁边区统战机构在落实“三三制”中有关统一战线政策方面做了大量卓有成效的工作。1941 年《西北局关于两年来统战工作的总结及今后意见》指出，西北局在统一战线中的任务之一就是“实行新民主主义的政治，建立‘三三制’”，两年来在统一战线工作中取得的成绩之一就是“取得了边区二十三个县的实际领导，建立了抗日模范的统一战线政策——‘三三制’政权（绥德、陇东、鄜县等县）”[③]。

---

① 中央档案馆、陕西省档案馆：《中共中央西北局文件汇集》（一九四一年），第 342 页。

② 中央档案馆、陕西省档案馆：《中共中央西北局文件汇集》（一九四一年），第 237 页。

③ 中央档案馆、陕西省档案馆：《中共中央西北局文件汇集》（一九四一年），第 32 页。

三是管理非党干部。截至1942年底，陕甘宁边区非党人士担任边区政府副主席、厅长、县长、科长及乡以上各级行政机关干部3592人。这批非党干部除由陕甘宁边区政府相关部门管理外，西北局统战部门也承担部分管理职能。1941年5月19日，西北局统战部、组织部发出《关于设立管理非党干部工作干事的问题》的联合通知，指出："应设一管理非党干部工作的干事"，其任务是"注意及督促党员对非党员关系的改善"，"倾听与征求非党干部的意见"，"积累与总结非党干部的工作经验"，"反映非党干部的意见"，并每月向上级报告工作情况。[①]

四是调查、研究、管理少数民族工作。1942年9月22日《西北局统战部关于地委及县统战部业务（草稿）》规定，总的业务就是"管理少数民族工作"。具体业务是"调查与研究边区内外少数民族一般情况，并执行党对少数民族的政策"，"研究与布置党在少数民族的工作，并随时总结其经验"，"负责审查、培养少数民族工作干部"，"与所属区内少数民族团体取得密切联系，并指导其工作"。[②] 为了开展宁夏、伊盟地区少数民族工作，中共中央指示在定边成立中共三边少数民族工作委员会，李维汉任主任（后改称书记，由高岗担任），积极开展回民与蒙民的统战工作。

（三）其他统战部门

1. 军队系统统战部门

一是中央军委的统战机构。1936年5月18日成立的中国人

① 中央档案馆、陕西省档案馆：《中共中央西北局文件汇集》（一九四一年），第86页。

② 中央档案馆、陕西省档案馆：《中共中央西北局文件汇集》（一九四二年），1994年，第232—234页。

民红军西方野战军总指挥部政治部下设抗日统一战线部（部长李涛）。[①] 1936年12月7日，中华苏维埃共和国中央政府命令扩大中央革命军事委员会，下设统战工作部，原敌工部并入统战部，统战部部长先后由李涛、周桓兼任。[②] 1937年1月至7月，在中华苏维埃人民共和国中央革命军事委员会下设立统一战线部，周桓任部长。10月10日中共中央军委决定在延安重新成立军委总政治部，下设组织部、民运指导部、抗日统一战线部、敌军工作科等。其中，民运指导部部长傅钟，抗日统一战线部部长王若飞，敌军工作科科长刘型。[③] 1945年10月25日中共中央书记处决定，中央军委下设具有统战工作性质的国民党军队工作部，部长王世英，副部长边章五。[④] 1947年2月中央军委国民党军队工作部调归中共晋冀鲁豫中央局管辖。[⑤]

二是八路军的统战机构。1938年8月3日八路军政治部正式称"野战政治部"，下设民运指导部（部长先后由傅钟、黄镇担任，副部长唐天际）、敌军工作部（部长先后由周桓、蔡乾担任）、抗日统一战线部（部长袁晓轩）等。[⑥] 1938年11月，抗日统一战线部改为八路军野战政治部联络部，部长仍由袁晓轩担任。[⑦]

全民族抗战初期，八路军先后在南京、西安、太原、兰州、乌鲁木齐、武汉、广州、长沙、贵阳、桂林、重庆等国民党统战区设立了八路军办事处，这些办事处的工作大多属于统战性质。

---

① 王建英：《中共中央机关历史演变考实》（1921—1949），中共党史出版社2005年版，第336页。

② 王建英：《中共中央机关历史演变考实》（1921—1949），第359页。

③ 王建英：《中共中央机关历史演变考实》（1921—1949），第391页。

④ 王建英：《中共中央机关历史演变考实》（1921—1949），第505页。

⑤ 王建英：《中共中央机关历史演变考实》（1921—1949），第505页。

⑥ 王建英：《中共中央机关历史演变考实》（1921—1949），第393页。

⑦ 王建英：《中共中央机关历史演变考实》（1921—1949），第43页。

其主要任务是宣传中国共产党的抗日主张，开展统一战线工作，推动群众性的抗日救亡运动，联络友军，采购与转运军需物资，接待中国共产党过往人员，输送爱国人士参加八路军和新四军等。如八路军驻南京办事处，博古为中共中央代表，叶剑英为八路军代表，李克农为办事处主任。办事处在联络南方八省红军游击队下山组建新四军，营救被国民党关押在南京的共产党人出狱，恢复与建立长江流域和华南各地的中共组织等方面做了大量工作。又如八路军驻香港办事处，负责人廖承志。办事处在争取港澳同胞、海外华侨和国际友人对抗战的支援方面做了大量工作。1941 年 12 月，办事处与广东人民抗日游击队先后营救出何香凝、柳亚子、茅盾、邹韬奋等旅港文化界名人和爱国民主人士及其家属 700 余人，国际友人近 100 人。

三是新四军统战机构。新四军军部成立后，也专设立民运部（部长先由邓子恢兼任，[①] 后夏征农担任）、统战部（副部长夏征农）；[②] 1941 年皖南事变后重建的新四军军部下设联络部（部长潘汉年）、民运部（部长余再励）。[③] 在新四军民运部的支持下，农抗会、青抗会、学抗会、商抗会、妇抗会、儿童团等抗日团体纷纷建立。其中，农抗会人数最多，规模最大，在泾阳、繁昌、南陵、铜陵及青阳的部分地方，共成立了 94 个农抗会，总人数达 1. 34 万。

2. 地方统战部门

各级地方统战部：1935 年中共陕西省委设立了统战部，省委常委欧阳钦、汪锋先后担任统战部长。省委统战工作的对象从上层人士、国民党第十七路军的中下层军官、各界名流，扩大到国

---

① 王建英：《中共中央机关历史演变考实》（1921—1949），第 396 页。
② 王建英：《中共中央机关历史演变考实》（1921—1949），第 443 页。
③ 王建英：《中共中央机关历史演变考实》（1921—1949），第 444 页。

民党政权人士、中间人士和广大农村，推动国民党政府及各阶层人民参加抗日救亡活动。这是较早的一个省委统战部。中央及各抗日革命根据地的统战部成立后，各县也相应地成立了统战部，各县区配备统战干部，乡设不脱离生产的统战小组，调研敌、友、我的关系，选择有社会关系的人员开展统战工作。

二、“三三制”是陕甘宁边区与根据地政权建设的一个伟大创造

“三三制”政权是中国共产党在抗日战争这个特殊的历史时期对政权建设的一次伟大的尝试，取得了巨大的成功。它调动了各阶级、阶层抗战的积极性，有力地推动了抗日民族统一战线的巩固和发展，也为人民民主政权的建设提供了宝贵经验，为争取抗战胜利做出了重要贡献。

（一）中国共产党创造性地提出“三三制”政权

陕甘宁边区抗日民主政权建立初期，虽然政权性质发生了变化，实现了工农民主政权向抗日民主政权的转变，但是政权机关人员的构成并没有多大变化，“清一色”共产党员的现象相当普遍，这显然同抗日民族统一战线的原则不适应。中国共产党在总结陕甘宁边区和敌后根据地政权建设的实践经验基础上提出了“三三制”政权原则。

1. 关于“三三制”的内容。1940 年 3 月，毛泽东在《目前抗日统一战线中的策略问题》中指出：“在政权的人员分配上，应该是：共产党员占三分之一，他们代表无产阶级和贫农；左派进步分子占三分之一，他们代表小资产阶级；中间分子及其他分子占三分之一，他们代表中等资产阶级和开明绅士。只有汉奸和

反共分子才没有资格参加这种政权。”① 1941年4月，邓小平在《党与抗日民主政权》中，更加具体地指出：“无论行政机关或民意机关，共产党员只占三分之一或少于三分之一，进步势力占三分之一，中间势力占三分之一。在民意机关中，还可吸收少数右派分子参加。同时因为村是政权的基础，村长一级的共产党员，可以多于三分之一，但必须以村代表会、村工作人员中党员少于三分之一的比例，以为调剂。”② 实行“三三制”，要保障党外人士的合法存在权利。1940年3月，毛泽东在《目前抗日统一战线中的策略问题》中指出：“在抗日统一战线政权中，对于共产党员以外的人员，应该不问他们有无党派关系及属于何种党派。在抗日统一战线政权统治的区域，只要是不反对共产党并和共产党合作的党派，不问他们是国民党，还是别的党，应该允许他们有合法存在的权利。”③ 邓小平也指出：“既是几个革命阶级的联合专政，既是在政权中有各个抗日阶级抗日党派的代表参加，就必然在政权中反映出不同的利益、不同的政治立场、不同党派阶级的民主政治的斗争。我们不但不惧怕这种民主政治斗争，而且要发展这样的民主政治斗争，因为它对于我们是有利无害的。”④ 要尊重党外人士的合法参政权力。1940年3月，毛泽东在《抗日根据地的政权问题》中指出：“为着执行这个政策，必须教育担任政权工作的党员，克服他们不愿和不惯同党外人士合作的狭隘性，提倡民主作风，遇事先和党外人士商量，取得多数同意，然后去做。同时，尽量地鼓励党外人士对各种问题提出意见，并倾听他们的意见。绝不能以为我们有军队和政权在手，一切都要无条件地照我们的决定去做，因而不注意去努力说服非党人士同意

① 《毛泽东选集》第2卷，第750—751页。
② 《邓小平文选》第1卷，人民出版社1994年版，第8—9页。
③ 《毛泽东选集》第2卷，第751页。
④ 《邓小平文选》第1卷，第9页。

我们的意见，并心悦诚服地执行。”①

2. 关于“三三制”的性质。毛泽东指出：“在政权问题上，我们主张统一战线政权，即不赞成别的党派的一党专政，也不主张共产党的一党专政，而主张各党、各派、各界、各军的联合专政，这即是统一战线政权。”②

1940 年 3 月，毛泽东在《目前抗日统一战线中的策略问题》中指出：“这种政权，即是一切赞成抗日又赞成民主的人们的政权；即是几个革命阶级联合起来对于汉奸和反动派的民主专政。它是和地主资产阶级专政相区别的，也和严格的工农民主专政有一些区别。”③ 实行“三三制”团结一切可能团结的力量，与敌人进行坚决的斗争。1941 年 4 月，邓小平在《党与抗日民主政权》中指出：“这种政权表现为几个革命阶级对汉奸、亲日派、反动派的联合专政，既能合乎统一战线原则，团结大多数以与日寇、汉奸、亲日派、反动派进行斗争，又能保证由共产党员与进步势力结合起来的优势”。④

3. 如何获取领导地位和政治优势。实行“三三制”，就有如何获取领导地位和政治优势的问题。1940 年 3 月，毛泽东在《目前抗日统一战线中的策略问题》中指出：“这种人数的大体上的规定是必要的，否则就不能保证抗日民族统一战线政权的原则。……这是大体的规定，应依具体情况适当地施行，不能机械地求凑数目字。这种规定，在最下级政权中可能须作某种变动，以防豪绅地主把持政权，但基本精神是不能违背的。”⑤ 1940 年 3 月，毛泽东在《抗日根据地的政权问题》中指出：“必须保证共产党

① 《毛泽东选集》第 2 卷，第 742—743 页。

② 《毛泽东选集》第 2 卷，第 760 页。

③ 《毛泽东选集》第 2 卷，第 750 页。

④ 《邓小平文选》第 1 卷，第 8 页。

⑤ 《毛泽东选集》第 2 卷，第 751 页。

员在政权中占领导地位，因此，必须使占三分之一的共产党员在质量上具有优越的条件。只要有了这个条件，就可以保证党的领导权，不必有更多的人数。”① 邓小平也指出：“既是几个革命阶级的联合专政，就必然产生政权中的优势问题。我党必须要掌握这种优势，所以产生了我党对政权的领导问题。优势从何而得？一方面从组织成分上去取得，这在三三制原则本身是包含着的；但更基本的是从民主政治斗争中去取得，即是说，主要从依靠于我党主张的正确，能为广大群众所接受、所拥护、所信赖的政治声望中去取得。确切地说，党的优势不仅在于政权中的适当数量，主要在于群众的拥护。民主政治斗争可以使党的主张更加接近群众，可以使群众从自己的政治经验中更加信仰我党。所以，只有民主政治斗争，才能使我党取得真正的优势。”②

4. 关于实行“三三制”的具体政策。为了落实“三三制”原则，中国共产党制定了一系列具体政策。关于“三三制”的选举政策，1940 年 3 月，毛泽东在《目前抗日统一战线中的策略问题》中指出：“应该是凡满十八岁的赞成抗日和民主的中国人，不分阶级、民族、党派、男女、信仰和文化程度，均有选举权和被选举权。抗日统一战线政权的产生应该由人民选举，然后陈请国民政府加委。”③ 关于“三三制”的组织形式，1940 年 3 月，毛泽东在《目前抗日统一战线中的策略问题》中指出：“应该是民主集中制。”④ 关于“三三制”的施政方针，1940 年 3 月，毛泽东在《目前抗日统一战线中的策略问题》中指出：“应该以反对日本帝国主义，反对真正的汉奸和反动派，保护抗日人民，调节各抗日阶层的利益，改良工农生活，为基本出发点。这种抗日

① 《毛泽东选集》第 2 卷，第 742 页。
② 《邓小平文选》第 1 卷，第 9 页。
③ 《毛泽东选集》第 2 卷，第 751 页。
④ 《毛泽东选集》第 2 卷，第 751 页。

统一战线政权的建立，将给全国以很大的影响，给全国抗日统一战线政权树立一个模型，因此应为全党同志所深刻了解并坚决执行。”①

（二）“三三制”政权在边区的实施

陕甘宁边区“三三制”政权的实施，大体经过四个阶段：

第一阶段为“三三制”原则的准备和试行阶段。首先选择在边区的陇东、绥德两个分区和富县等正在建立抗日民主政权的新区进行。1940 年 4 月 12 日，边区政府发出《对陇东分区今后工作的指示》，强调在统一战线方面，不仅顾到广大工农群众的关系，而最重要的是如何建立与知识分子、中产阶级、开明绅士与地主资本家的正确关系。6 月 7 日，边区政府主席林伯渠、副主席高自立联名发出《关于新区建立统一战线模范政府致王维舟、朱开铨的复函》。这个复函稍作修改后，便以《陕甘宁边区政府关于建立抗日统一战线的模范政权问题便函》发给了新区各县，就选举临时参议会、建立统一战线模范政府的原则与标准做出补充规定。按照上述原则，陇东、绥德分区和富县都先后选举建立了乡、县两级的临时参议会和政府。这些地区的选举为“三三制”的创造，提供了有益的经验。

与此同时，延安县中区五乡在突击完成征粮工作中也创造了实行“三三制”的新鲜经验。1940 年初，这个乡在组织征粮委员会时，采取民主选举方式，共选出 27 个委员组成征粮委员会，其中共产党员有 9 人，其余 18 人均系非党人士，包括富有者、绅士等，正好符合“三三制”原则。征粮委员会发扬民主，和衷共济，使该乡征粮工作提前并超额完成了任务。各界人士普遍认为当年公粮出得公平，出得满意。对于这个乡征粮委员会取得的

① 《毛泽东选集》第 2 卷，第 751 页。

经验，边区政府给予充分肯定并加以推广。毛泽东对这个经验很重视，批示指出：共产党员只有与多数非党人员一道，真正实行民主的“三三制”，才能使革命工作做好，也才能使党的生活活跃起来。这个经验证明，“三三制”政权政策不仅能适用于政权的上层机关，而且能适用于政权的最下层组织——乡村政权，同时也完全证明“三三制”不仅能适用议会，也完全适用于行政机关。① 正因为有了这些新经验，陕甘宁边区“三三制”的政权原则步入了一个新的发展阶段。

第二阶段为边区“三三制”原则的普遍实行阶段。1940 年 11 月 25 日，边区政府第三十九次委员会上，决定 1941 年进行民主普选活动。1941 年 1 月 30 日，中共陕甘宁边区中央局发出了《关于彻底实行“三三制”的选举运动给各级党委的指示》，明确指出：根据已有经验，“边区自乡村起可以彻底的实行‘三三制’”。边区政府也向各分区和各县发出了《为改造和选举各级参议会的指示信》，对坚持“三三制”原则，以及选举中应注意的问题做出了明确的规定。1941 年 3 月，在宣传试点的基础上，乡参议员的选举在边区各县陆续开展。5 月 1 日，中共中央西北局公布了施政纲领，史称“五一施政纲领”。纲领明确宣布：“本党愿与各党派及一切群众团体进行选举联盟，并在选举名单中确定共产党员只占三分之一，以便各党派及无党派人士均能参加民主机关之活动与边区行政之管理”，“应保证该机关之职员有三分之二为党外人士充任，共产党员应与这些党外人士实行民主合作，不得一意孤行，把持包办。”② “五一施政纲领”受到各阶级各阶层人民的热烈支持和拥护，对“三三制”原则的贯彻起了十

① 《抗日战争时期陕甘宁边区统一战线和“三三制”》，陕西人民出版社 1989 年版，第 421 页。

② 《陕甘宁革命根据地史料选辑》第一辑，第 86 页。

分重要的作用。在各级选举基本完成后，1941 年 11 月 6 日至 21 日，陕甘宁边区第二届参议会在延安隆重召开。大会选举了边区政府主席和政府委员会委员，当选的委员包括政府主席共 18 名，其中有共产党员 7 人，超过了“三三制”的要求，共产党员徐特立当即请求退出，得到大会的同意，按得票多少由非党人士白文焕补为边区政府委员。此举充分体现中国共产党实行“三三制”原则的诚意和决心。以这次大会为标志，“三三制”在边区已经基本实施。

第三阶段为边区“三三制”政策的充实和巩固。虽然边区“三三制”政权建设取得了重大成就，但仍存在一些问题。对此，边区党和政府采取了一系列充实和巩固的措施。首先在组织上，把那些对敌斗争英勇和生产建设中涌现出来的优秀分子吸收进政权机关，而对混入各级政权机关的坏分子，则通过精简和改选取消他们的职务。其次在领导方法和工作方法上，强调要不断改进，并在制度上作出了一些必要的规定，以保证党外人士有职有权，坚决克服违反民主原则的以党代政的专断、独裁做法。再次是开展全面的总结检查工作，总结积累的经验。这些具有针对性的措施，标志着边区“三三制”政策的完善。

在这一阶段，边区的人民群众还从实际出发，创造出不少符合“三三制”原则的好形式，召开乡“一揽子”会就是其中之一。1943 年边区许多地方政权机关为了搞好生产、征粮、防奸和整顿民兵等工作，召开了多次乡参议会或乡政府委员会，共同讨论并决定乡里的大事，然后分工执行，取得了显著成效。这种“一揽子”会议的形式是群众的创造。实践表明，这种体现联合办公的一揽子形式，为边区的“三三制”政权在乡村的巩固和发展发挥了积极的作用。为了推广这种符合“三三制”的乡级政权形式，边区政府还专门作出了规定。

第四阶段为边区“三三制”政策的继续发展阶段。从 1944

年3月至1946年4月，“三三制”在经济与文化事业机关也得到贯彻。据1944年底的统计，在边区党外人士担任边区政府副主席、厅长、县长、科长、乡长、乡文书等各级行政职务的有3592人；参加经济文化部门工作的有2210人，其中有许多还担任领导职务。由于党同党外人士的合作不断加强，使得边区的各项事业都获得较大发展。

陕甘宁边区在这一时期“三三制”政权建设中，开拓创新，积极探索，取得了不少新经验。吸收劳动英雄和模范工作者参政议政，召开党外人士座谈会就是成功的尝试。

抗日战争胜利后，边区继续推行“三三制”原则。1945年9月至1946年3月进行了第三次民主普选活动。1946年4月，边区在延安召开了第三届参议会，选举了新的参议会常驻议员和政府委员，人员构成完全符合“三三制”的原则要求。

（三）边区参议会是民族统一战线的“三三制”政权机关

陕甘宁边区参议会是边区实行民主政治的主要组织形式，是人民当家作主的权力机关，也是抗日民族统一战线的政权机关。参议会的选举为民主人士参政议政创造了前提和基础。陕甘宁边区“三三制”政权的基础就是选举，“民主政治，选举第一”是政权建设的一项重要原则。陕甘宁边区共举行过三届参议会的选举。1937年后半年，边区开始了第一次民主选举。为了保证选举的普遍性，积极训练干部、宣传发动群众，强调从苏维埃民主向抗日民主的转变。在苏维埃民主制度下，地主、富农被剥夺了选举权和被选举权；在抗日民主制度下则要在恢复其选举权和被选举权。中共组织主动提出一些地主、富农及民主分子的候选人名单，并且努力向群众做工作，以便使其得以通过或正式当选。在选举参议员时，全边区平均有70%以上选民参加，有的地方还达到80%至90%。就选举结果看，也有地主、资本家（在边区主要是商人）的代表当选。1940 年 11 月，边区第二次民主选举。为使这次选举能正确执行“三三制”原则，中共陕甘宁边区中央局、边区政府先后颁布《陕甘宁边区各级选举委员会组织规程》、《关于彻底实行“三三制”的选举活动给各级党委的指示》等文件，阐述了实行“三三制”选举的意义、原则和方法，为选举的顺利开展提供了理论和政策保障。在宣传试点的基础上，边区乡级、县级和边区参议会议员的选举相继展开。经过选举、改选，边区各级参议会参议员和政府委员具有了更广泛的代表性。从党派关系上看，全边区共产党员平均占三分之一强，大致符合“三三制”原则的要求。但具体到各县、乡差别则比较大。一般地说，原来的苏维埃区域，共产党员的比例都偏高。而在原统一战线区域，共产党员的比例都不足三分之一。1945 年下半年，随着抗日战争的胜利，边区举行了第三次民主选举，在选举的普遍性和代表的广泛性方面有新的进展。全边区参选的选民人数平均占全部选民人数的 82.5%，超过了前两次选举的平均参选人数。这次选举，受到各方面人士的充分肯定和高度赞誉。陕北著名士绅、边区政府副主席李鼎铭在第三届边区参议会上作的关于选举工作报告中说：“这届选举结果，共产党在绝对多数的乡代表里头，不够三分之一，在县和边区议会里占三分之一。”“所有这些情况，都是我亲自见到的，也是大家亲自见到的，所以国内外还有个别分子说边区政权是共产党把持包办，我想是很可笑的。”赤水县著名教育家李仲仁（国民党员），在这次民主选举中被选为本县参议会副议长和边区候补参议员。他有深刻体会地讲：“我从实践中认识到共产党提出的‘三三制’是真心诚意的，边区的确是真正民主的。”

边区政权机关领导人的民主选举为党与非党人士合作共事奠定了基础。各党派、阶级、团体的民主人士在边区各级参议会和各级政府中济济一堂，亲密合作，共商国是，为陕甘宁边区和其他根据地的政权建设做出了杰出的贡献，产生了重大的、积极的影响。比如，在陕甘宁边区第二届参议会第一次会议上，边区政府报告了财政经济的严重困难情况，对此边区参议员、米脂县参议会参议长、开明绅士李鼎铭提出了“精兵简政”的意见，指出“军事政治之建立，必须以经济力量为基础，在今日人民困苦、资源薄弱之状况下，欲求不因经济枯竭而限制军政发展，亦不因军政发展而伤害经济命脉，唯有政府彻底计划经济，实行精兵简政主义，量入为出，制定预算，以求得相依相助、平衡发展之效果”①，并提出了精简军队冗员和政府机构人员的具体办法。在协商的过程中，有一些人，特别是民主人士参议员劝告李鼎铭放弃这一提案，认为参议会不一定能通过，即使通过共产党也不一定能接受。毛泽东在审阅参议会会议文件时，看到了李鼎铭的提案，并将它一字一句地抄在自己的笔记本上，认为“这个方法很好，恰恰是改造我们机关主义、官僚主义、形式主义的对症药。”② 在大会讨论这一提案时，毛泽东到会听取了意见，并做了发言，他指出：“在抗战初期，采取精兵主义自然是不对的。但现在的情况不同了，全面抗战已经四五年了，人民经济有很大困难。我们各大机关不精干，又不适合今天战争环境。教条主义就是不管环境变了，总是死啃不合时宜的条文……我们党是为人民服务的，不论谁提出的意见，只要对人民有好处，我们就照办。”③ 大会进行表决时，精兵简政的提案在219位正式参议员中获得165票的绝对多数，得以通过，并作出了“交政府速办”的决议。中共中央和边区政府接受并将其确立为党在抗日战争时期

① 《陕甘宁边区参议会（资料选辑）》，第2808页。

② 西北五省区编纂领导小组、中央档案馆：《陕甘宁边区抗日民主根据地（会议录卷）》，中共党史资料出版社1990年版，第4页。

③ 斯铭、曾鹿平：《人民代表大会制度的雏形——陕甘宁边区参议会制度研究》，陕西人民出版社1998年版，第213页。

的十大政策之一。从 1941 年 12 月到 1944 年 1 月，党在陕甘宁边区和其他抗日根据地连续进行了三次大规模的“精兵简政”，取得了显著成效。政简了，兵精了，边区和各抗日根据地的财政和供给状况有了好转，人民的负担大幅度降低，抗日民主政权在民众中的形象改善了，党的威信提高了，民众的负担减少了，还大大激发了民众从事生产劳动的积极性，进而促进了生产的发展。

（四）实施“三三制”的重大意义

“三三制”原则是陕甘宁边区与根据地政权建设的一个伟大创造，是中国共产党统一战线理论和策略的卓越实践，也是中国共产党与民主人士合作共事的成功范例。它对于团结陕甘宁边区与根据地各阶级、阶层以及各党派团体组成最广泛的抗日民族统一战线，推动全国抗日民主运动做出了巨大的历史贡献。

首先，巩固了抗日根据地各阶级的团结。“三三制”原则实行后，一大批党外人士进入政权机关，有了说话做事的机会。他们真诚地拥护抗日民主政权，同共产党精诚团结，通力合作，为了中华民族的独立和解放而并肩战斗，为抗日根据地各阶级的团结和各项建设事业做了很多有益的工作。

其次，提高了抗日根据地人民的参政议政意识，促进了全国民主运动的发展。抗日民主政权应体现抗日和民主两大精神。其中，民主是基础，只有实行了民主执政才能激发和团结广大人民群众共同抗日。当时，党的民主执政集中体现在边区政府通过民主选举产生。因此，政府非常重视民意，政府做出的重大决策也要争取群众的意见，这也提高了人民群众政治参与的积极性，经常向政府反映情况，发表观点，监督政府行为。此外，为保证民主选举的实行，制定了相关法律规定，如当时陕甘宁边区选举条例明确规定：除汉奸、罪犯、精神病患者外，凡居住本境的人民年满 18 岁，不分阶级、党派、职业、男女、宗教、民族、财产和文化程度的差别，均有选举权和被选举权。在选举过程中，还根据选民的特点，采用票选法、画圈法、画杠法、画点法、投豆法、投纸团法、烙票法以及背箱法，等等，保证选举的公平性、公正性和真实性。[①] 根据抗日民族统一战线政权的原则，在人员分配上，严格执行“三三制”原则。对于这种政权性质的明确了解和认真执行，将大有助于全国民主化的推动。

在当时中国存在着两条不同的治国路线，一条是以国民党为代表的实行独裁统治、一党专政的路线；一条以是共产党为代表的实行民主政治，主张各革命阶级联合专政的民主路线。中国共产党实行“三三制”原则，主张建立民主联合政府，就同国民党推行的反民主路线形成了鲜明的对比，使大批党外民主人士和全国人民看到了民主的希望和光明的前途，在全国形成了强大的民主潮流。民主党派对共产党的信任和拥护，全国人民的反独裁、争民主运动不断高涨，就是很好的证明。

第三，“三三制”政权孕育了有中国特色的多党合作和政治协商制度。“三三制”政权，从制度上保证了一定数量的党外人士的直接参政。极大地提高了左派和中间人士的积极性，既为中间人士与中国共产党同心协力、并肩作战打下了坚实的基础，并为参政的党外人士行使职权提供了制度保障。为了保证党外人士有职有权，职权相符，边区政府颁布的组织法明确规定，在“三三制”政权内，边区政府做出重大决定，发布命令和布告，除边区政府主席签署以外，还需要边区政府由非党人士担任副主席签署，这就为党外人士发挥作用提供了组织保证。同时，边区政府还定期召开民主人士座谈会，听取他们的意见。这种做法成为边区民主政治的一种新气象。抗日战争结束后，并没有立即取消

① 胡润泽、穆永民：《“三三制”政权的历史考察与党的执政能力建设分析》，《党史文苑》2012 年第 9 期。

“三三制”，而在共产党领导下的解放区继续得到巩固和发展。

“三三制”政权蕴含着共产党领导多党派合作，共产党执政多党派参政的基本特征，而且确立了多党合作制度参政议政民主协商、民主监督的基本功能，以及民主集中制的组织形式。因此，它孕育了有中国特色的多党合作和政治协商制度，是多党合作制度的雏形。①

三、减租减息政策是抗日民族统一战线的土地政策

陕甘宁边区与各敌后根据地是农业社会，而土地问题是边区与根据地巩固和发展的核心问题。

1. 减租减息政策，把发展统一战线和解决农民问题很好地结合起来

减租减息是中国共产党在抗日战争时期处理土地问题的基本政策。它把发展统一战线和改善农民生活很好地结合起来，兼顾农民和地主两方面的利益。实行这一政策，有利于团结大多数地主抗日，同时在政治上动摇封建统治，在经济上削弱封建剥削，改善农民的政治地位和生活状况。

土地革命战争时期，中国共产党曾在各农村革命根据地实行没收地主土地分给贫苦农民的土地革命政策。随着日本帝国主义侵略的加紧，中日民族矛盾逐渐上升为主要矛盾，我们党土地政策从土地革命战争末期开始，就逐步向减租减息政策转变。1936年，为了建立广泛的抗日民族统一战线，中国共产党决定停止没收开明绅士的土地。1937年5月，党在延安召开的白区工作会议

① 陈文胜：《试析“三三制”政权在统战工作方面的历史功绩及启示》，《广西社会主义学院学报》2009年第4期。

上，宣布将土地革命政策改为减租减息政策，即“实行‘二五’减租”。1937 年 8 月 22 日至 25 日，中共中央政治局于陕北洛川举行扩大会议，正式决定以减租减息作为抗日战争时期解决农民问题的基本政策，并写进了 8 月 25 日公布的《抗日救国十大纲领》。为了团结一切抗日阶层坚持敌后斗争，中共中央政治局于 1943 年 1 月 28 日通过了《中共中央关于抗日根据地土地政策的决定》，确定了减租减息的三条基本原则：一、扶助农民，减轻地主的封建剥削，实行减租减息，保证农民的人权、政权、地权、财权，借以改善农民的生活，提高农民抗日生产的积极性。二、承认地主大多数是有抗日要求的，一部分开明绅士是赞成民主革命的，故党的政策是减轻农民的封建剥削，而不是消灭封建剥削；减租减息之后，农民还须交租交息，以联合地主阶级一致抗日。三、富农是农村中的资产阶级，是抗日与生产不可缺少的力量，因而党的政策不是削弱富农阶级和富农生产，而是在适当地改善工人生活条件之下，同时奖励资本主义与联合资产阶级，奖励富农和联合富农，对富农封建性的剥削，也须减租减息。中共中央的这一个决定，进一步完善了党的减租减息政策。

与减租减息政策相配套的还有两个政策。一个是合理负担的政策，即所谓“有钱出钱，有力出力”。抗战前期，战争负担主要放在富裕阶层身上。晋察冀地区实行的农业累进税，1938 年—1940 年 8 月前，据彭真说：“边区过去是累进税，系由中农以上负担，中农以下全依政治动员自定、乐捐，并非中农、贫农均免征税。”① 陕甘宁边区初期的轻微税收也主要靠相对富裕的家庭。1939 年盐池县全部税收（主要是粮食）仅仅来自 16% 的家庭，

① 谢忠厚：《新民主主义社会雏形》，人民出版社 2002 年版，第 286 页。

甘泉仅12.8%的家庭缴税。[①] 1940年9月后，晋察冀开始实行农业统一累进税；陕甘宁边区则迟至1943年9月才开始实行农业统一累进税。

减租减息的另一个配套政策，鼓励地主的资财向工业、商业方面转移。陕甘宁边区米脂县城有6户地主，共有土地2000多垧。1942年至1943年两年典卖156垧，约占6家全部土地的8%。6户中2户投资工业，3户投资商业，1户投资合作事业。两年来，这6户地主的经济收入中，工商业和合作事业收入即占47.3%，其收入要比原来出租8%的土地的收入高得多。1943年以后，绥德分区地主把全部土地的50%—80%卖给了农民，将其资金转向其他经营。[②]

2. 减租减息政策在陕甘宁边区和各敌后抗日根据地深入贯彻

减租减息的贯彻执行，经历了一个较长期的过程，大体上可以分为四个阶段。

第一阶段是1937年3月至1940年初，由于陕甘宁边区有一些地区抗日民主政权和国民党政权并存，中国共产党首先宣布停止没收地主土地，保护土地私有制，恢复地主、富农公民权。1937年9月20日，边区政府公布颁发土地所有证条例，确认私有土地所有权，并宣布“土地所有权证，为土地所有权之唯一凭证，在土地所有权证颁发后原有土地所有权之各种契约，一概无效。”1939年4月4日公布《陕甘宁边区土地条例》，规定：“确定土地私有制，人民经分配所得之土地，即为其私人所有。”同时，开展减租减息的宣传活动，特别是在未经土地改革的地区。

① ［美］马克·赛尔登：《革命的中国：延安道路》，社会科学文献出版社2002年版，第158页。

② 雷云峰：《陕甘宁边区史·抗日战争时期》（中、下），西安地图出版社1993年版，第190页。

未经土地改革的地区约占边区土地总面积的40%，总人口的50%。这些地区，除个别特殊地方外，减租减息一般未实施。

第二阶段，从1940年到1942年下半年，为初步贯彻减租减息阶段。这个时期，原在边区的国民党政权被驱逐了。1939年4月制定的《陕甘宁边区土地租佃条例（草案）》也在整个边区内实行了。1941年5月1日，中国共产党发布了《陕甘宁边区施政纲领》，其中指出：由于不少地方的领导对地主只讲团结，不讲斗争，减租减息只能依靠政府发布命令，没有发动群众开展斗争，结果“各地能认真按照这些结合实行减租的还是少数，在减租中还有未减到法定额或明减暗不减的现象”。①

第三阶段，从1942年下半年至1944年，为全面贯彻减租减息阶段。1942年1月，中共中央在《关于抗日根据地土地政策的决定》中，明确了减租减息政策的三条原则，要求党和政府的工作人员，不是站在农民或地主的方面，而是根据上述基本原则，采取调节双方利益的方针。10月，中共中央西北局发出《关于彻底实行减租的指示》，指出：“在一切未经分配土地的区域减租，应当成为今年秋季的中心工作。党应抓住减租之彻底实行，去提高群众的积极性，加强党与群众的关系。”特别强调，“应由群众的组织力量来保证。”在地主按照法令减租之后，如果农民有不交租或交租不足法定额者，“党应以统一战线精神去教育农民”。1943年10月1日，毛泽东为中共中央起草党内的指示指出：减租是农民的群众斗争，党的指示和政府的法令是领导和帮助这个群众斗争的，而不是给群众的恩赐，凡不发动群众积极性的恩赐减租，是不正确的，其结果是不巩固的。在减租斗争中应当成立农民团体，或改选农民团体。政府应当站在执行减租法令

① 中国社会科学院经济研究所现代经济史组：《中国土地改革史料选编》，国防大学出版社1988年版，第112页。

和调节东佃利益的立场上。这样，陕甘宁等边区掀起了轰轰烈烈的减租减息运动。

第四阶段，1945 年及以后为查减阶段。从 1945 年春开始，检查过去有无违背法令多交或少交租子及无理收回土地等情况，务必做到减租减息和交租交息，务必使佃权获得切实保障。

下面，从陕甘宁边区和敌后抗日根据地的几个实例，考察减租减息政策的贯彻执行情况。

据《马文瑞传》记载，1940 年 4 月马文瑞担任陇东特委书记，工作范围由几个老区、半老区县，扩大到国统区以及兰州以东的一些地区。由于陇东是由老区、新区、统战区三个不同的政治区域组成，减租减息工作较之单纯的老区复杂困难得多。陇东土地高度集中，大量土地集中在地主手中。庆阳的土地大部分被冯翊清、李子良等“八大家”地主所占有。仅李子良一家有地七万多亩，牛羊一千头，封建地租高达 70%，放账加五加八的利息，每年收租四五千石。[①] 进入抗战时期，陇东新区土地仍很集中。镇原县地主人口占总数 12.4%，土地却占 37.98%，佃户人口占 21.49%，土地仅占 0.61%；地主平均占有 250.65 亩，佃户只有 0.28 亩，平均佃地 38.89 亩，平均每户地主要剥削 5 个佃户[②]。1937 年陇东即提出新区减租的口号，但因遭到统战区国民党政权的激烈反对未能实施。1940 年中共在庆阳、合水、镇原建立独立的新政权后，陇东分区临时参议会通过了三七减租的方案，政府贴出布告，却因受和平环境影响，思想麻痹，加上缺乏具体经验和办法，群众没有发动起来，地主则采取各种手段进行抵制，减租只是进行政策性的宣传和在一些地方进行试点。1942

① 中共甘肃省委党史研究室编：《甘肃史稿》，第 247 页。

② 《陇东分区 1937 年以来的减租工作总结》，载《陇东的土地革命运动》，1992 年，第 140 页。

年后，中共中央、西北局发出彻底实行减租减息的指示。10 月，西北局高干会后又确定新区的工作中心就是减租减息。陇东切实加强了这一工作，在庆阳等三县试点、取得经验的基础上，即在新区各县推广，培训干部，组织农会、减租会等群众组织，采取群众与地主算账、换约、退租等斗争方式，地租按边区统一的“二五”比率（即按原租额的 25%）减交，并规定 1939 年前所欠陈租一律豁免，债务利息以 1 分至 1.5 分计息，付息超过原本 1 倍以上者停利还本或本利停付，新的息额按当地借贷关系自行处理。到 1943 年，庆阳、合水、镇原三县 114 乡中有 73 个乡彻底减了租，换了租约。在减租减息后，陇东又贯彻佃户交租交息政策，防止与克服“左”的倾向。1943 年，是陇东分区自 1937 年开展减租以来，取得成绩最大的一年。影响所及，陇东靠近镇原的一些国统区的佃户也跑来找镇原县政府要求在他们那里减租。

邓子恢在《新四军的发展壮大与两条路线的斗争》一文中引用时任新四军政治委员刘少奇的讲话：“要真正实行减租减息，仍然是一个严重的阶级斗争。因为在历史上地租多少、利息高低是完全由地主决定的，农民无发言权，而现在我们要改由农民协会来决定租额和利率，实际上是地主在经济上的统治权转到农民手里，所以减租减息形式上是经济斗争，而实际上则是政治斗争。”“任何地方要实行减租减息，必须把农民群众充分发动起来，经过农民的坚决斗争，打落地主阶级的政治优势，而确立农民的政治优势才能办到。”邓子恢指出，在淮北路东根据地，“由于当时形势紧张，解决这些问题刻不容缓，因此我便采取当机立断、排除异议的措施，要各县限期进行。结果农民迅速发动，地方武装顺利改造过来，淮北根据地也从此逐步发展和巩固起来了。”

1943 年在山东滨海抗日根据地工作的谷牧回忆，为了充分发动基本群众支援抗战，按照中央的指示，在根据地切实开展了查租减租工作。一般做法是，先训练农会干部，讲解什么是“二五减租”，为什么要“二五减租”，怎样进行“二五减租”。然后回村发动群众。莒南县大店的经验很有名气。大店是个镇，庄氏地主家庭是滨海区最大的封建堡垒，共有 72 个堂号，土地遍布苏鲁两省 7 个县，拥有 2000 多家佃户，除了残酷进行封建盘剥外，还勾结官府，私设公堂。县委派出的工作组广泛认真调查阶级情况，深入进行“谁养活谁”的教育，整顿了党支部，也对地主交代了政策。在此基础上，召开了本村和周围村庄群众及邻县农民代表参加的万人减租大会。会上斗争了几个恶霸地主，200 多名群众进行了控诉。这次大会推动了 3 个县 10 个区的“查减”，有 612 户农民得到政策规定退回的租息。山东分局转发了题为《大店查减斗争总结》的经验。

3. 减租减息政策，促进了抗日民族统一战线的巩固和抗日根据地的发展

减租减息政策的贯彻，适当地调节了根据地内的生产关系和阶级关系，团结了各个阶级、阶层，得到了广大人民的拥护和欢迎，这对于抗日民族统一战线的巩固和抗日根据地的发展，有着极为重要的作用。

减租减息的实行，首先改善了农民的生活，提高了农民的抗日和生产的积极性。减租减息前，陕甘宁边区（未经土地革命的地区）地租率高达土地产量的 50%—80%，利率多在 3 分至 5 分左右。无地或少地的佃农生活艰苦。减租减息，大大减轻了农民的负担，农民生活逐渐好起来。如米脂县一村庄，挨饿与挖野菜充饥的事基本绝迹；绥德一带的农民，则由刚能糊口变为余粮户。他们响应政府号召，积极生产，参加自卫动员工作和锄奸工作。其次，照顾了地主的利益，坚持了抗日统一战线。

减租减息还影响着陕甘宁边区的阶级关系变化，也促使农村土地所有制产生了重大变化。由于减轻了地主对农民的封建剥削，农民的收入增加了，而地价却随地租下降而下跌，农民就有条件抽回或赎回部分典地、押地，有条件买地的农民增多了，出卖土地的地主也增加了。加之在后两个阶段中，对地主以前应减未减的清算，也迫使部分地主出卖土地。据中共延安市委统战部组编《延安时期统一战线研究》提供的资料：绥德杨家塔 13 户地主，在减租四年中卖出土地 629 垧，占其土地总数的 37%，有的地主达到 65%。米脂县印斗区三乡某村 41 户农民中，原来租地种的有 38 户，自己只有土地 40 垧，1943、1944 年两年就买入土地 180 垧，每人平均增地 4. 5 倍。另一村 32 户种地 370 垧，自己的地只有 37 垧，1944 年租种的地减少到 70 垧，从地主手中抽回 253 垧。边区的土地所有权由集中走向分散，农村阶级结构发生了两头小、中间大的变化。边区多数雇农、贫农上升为中农，农村出现了中农化的趋势，地主和旧式富农削弱了。如延安柳村区四乡 1942 年中农户占 75%，延安西区四分区，革命前中农 10 家，后来发展到 64 家。另据晋冀鲁豫边区太行山 12 个县 15 个村的调查，减租减息后，地主所占户数比例由此前的 2. 75%下降为 2. 02%，所占土地比例由 23. 04%下降为 8. 97%，每户平均土地由 98. 74 亩下降为 42. 28 亩。贫农所占户数比例由 48. 95%下降为 42. 12%，所占土地比例由 18. 98%上升为 20. 5%，每户平均占地由 4. 57 亩变为 4. 69 亩。同时，通过减租减息，地租率明显下降，基本上下降到占收获量的 37. 5%以下，很多地区在 10%—30%之间；地租中超经济的额外剥削和高利贷剥削消除了。佃户的收入增加，生产积极性提高。他们购量土地，添置农具，喂养耕畜，增施肥料，精耕细作，促进了农业的发展。

另一组数据也说明了这个问题。1943 年陕甘宁边区开始试行农业统一累进税，税按“富力”征收。对包括土地在内的各种资产收入的单位定名为“富力”。每人免征点为 1 富力，超过 1 富力的，就其超过部分按户累进征收。农业统一累进税以乡为单位，全乡的纳税户不得小于80%，不得大于90%。这也说明社会财富的平均化，相应地，阶级成分就是中农化。

四、大量吸收知识分子，发展文化教育工作的统一战线

1939年12月1日，中共中央专门作出大量吸收知识分子的决定，指出：在长期和残酷的民族解放战争中，在建立新中国的伟大斗争中，党必须善于吸收知识分子，才能组成伟大的抗战力量，组织千百万农民群众，发展革命的文化运动和发展革命的统一战线。

（一）统一战线与知识分子政策

1. 大力吸收知识分子是统一战线的一个重大问题

制定和执行正确的知识分子政策，大量吸收知识分子参加党和革命工作，充分发挥知识分子的作用，是关系统一战线巩固和革命事业发展的重大问题。

知识分子在中国革命和建设的不同阶段都起着十分重要的作用，毛泽东等党的领导人多次强调知识分子在中国民主革命特殊作用。1939年12月，毛泽东在为中共中央起草的《大量吸引知识分子》的决议中强调："没有知识分子的参加，革命的胜利是不可能的。"① 1939年6月25日，总政治部发出《关于大量吸收知识分子和培养新干部问题的训令》明确指出，吸引革命知识分子参加军队工作，成为目前干部政策上一个重要任务。1940年

---

① 《毛泽东选集》第2卷，第618页。

10月10日，中央宣传部、中央文化工作委员会联合发出《关于各抗日根据地文化人与文化人团体的指示》，陕甘宁边区和各根据地相继制定宽松、自由的文化工作政策，从思想上、组织上、物资上、政策上为文化人致力于文化教育工作提供了保障。陕甘宁边区能够成为民族抗战的中心，在很大程度上得益于中国共产党吸收知识分子的政策。这种政策召唤全国各地的知识分子冲破层层封锁，克服各种艰难险阻，潮水般地涌进延安和陕甘宁边区工作学习，成为抗日民族统一战线的生力军，成为教育和培养干部的中坚，成为新文化的开创者。毕业于武汉大学，延安时期曾担任自然科学院教务处长，延安中央大礼堂和杨家岭中共中央办公厅大楼的主要设计者杨作材曾回忆道："当时有大批的知识分子从全国各地涌到边区"，"象1938年夏秋之间奔赴延安的有志之士可以说是摩肩接踵，络绎不绝的。每天都有百八十人到达延安。""这一批学生当时就构成了边区的知识分子队伍。"① 据八路军西安办事处统计，1938年5月至8月，经该处介绍赴延安的知识青年有2288人；全年总计有1万多名青年从那里获准去延安。截至1942年，全边区中等学校学生1828人，高等教育共培养造就2万多名类人才。② 在1943年12月底中共中央书记处工作会议上，任弼时发言时说，抗战后到延安的知识分子总共4万余人。1944年春毛泽东说"延安有六、七千知识分子。"③ 综合以上说法，按不同层次计算，延安（含陕甘宁边区）共有各类知识文化人约4万人，其中高等教育程度近万人，人文社会科学知识分子百余人。④

---

① 《延安自然科学院史料》，中共党史资料出版社、北京工业学院出版社1986年版，第384页。

② 牛肪、康英平：《陕甘宁边区人口概述》，载《延安大学学报》1992年第3期。

③ 《胡乔木回忆毛泽东》，第251页。

④ 朱鸿名：《延安文人》，广东人民出版社2001年版，第4页。

这些奔赴延安的知识分子是陕甘宁边区文化教育事业发展繁荣的人才基础，也是新民主主义革命时期，特别是抗日战争时期统一战线知识分子工作方面的主要对象。

2. “团结、教育、改造”知识分子

团结和优待知识分子是中国共产党统一战线有关知识分子政策的出发点。1942 年 9 月 17 日，中央军委总政治部发布的《关于部队中知识分子干部问题的指示》把对待知识分子的政策概括为三个字——“容、化、用”，即：容，争取知识分子加入革命队伍；化，转变知识分子的小资产阶级思想意识；用，正确地分配他们的工作。在团结和优待知识分子方面，陕甘宁边区党和政府主要做了以下几方面工作：第一，政治上高度关心知识分子。这是团结和优待的前提。首先明确知识分子奔赴延安是为了抗日救国，是为了追求民主，是为了革命。政治上的信任和关心，不仅仅体现在态度上，更要体现在实际工作中。中共中央和陕甘宁边区政府根据来自各地的爱国知识分子特别是青年知识分子的特长和态度，及时安排他们进入不同类型的干部学校去接受培训；对有各种技术专长的知识分子，党政军各机关、各群众团体、工厂、学校等单位，积极吸收他们参加各项工作并作为技术骨干；在边区党委关怀下，各级党组织都注意吸收具备入党条件的知识分子到党内来。以抗大第四期为例：这一期于 1938 年 4 月开学，8—12 月分批毕业，共招收学员 5562 人，知识分子 4655 人中原有党员 530 人，至毕业时党员增加到 3340 人，占知识分子总数的 70%。第二，工作中大胆使用知识分子。1942 年 7 月 13 日，陕甘宁边区政府根据中央指示精神，提出对于军事家、工程师、技师、医生等各种人才，一律以他们的专门学识为准，给予充分的负责工作，如工厂厂长、医院院长等。边区建设厅在 1942 年整编后，就从各方面选拔了有专长的知识分子担任科长或局长。边区各制药厂、疗养院等医药卫生事业单位，也分别选拔具有专长和在国内外享有盛誉的工程师担任领导职务。大批知识分子在各自岗位上为开创边区建设的新局面，做出了出色的贡献。第三，生活上优待照顾知识分子。1942 年，陕甘宁边区按不同标准，把所有享受待遇的人员按性质分为 10 类 40 余种，区别对待。对于特殊人才，不惜重价延聘。从对文化艺术、医药卫生、教育科技等方面知识分子待遇上的规定看，当时一般技术人员的待遇均高于党政机关干部。总之，抗日战争时期，陕甘宁边区实行这些行之有效的措施，对充分调动广大知识分子的积极性，提高工作和生产热情，有序地进行各项建设事业，都产生了很好的效果。

教育改造知识分子是中国共产党统一战线中知识分子政策的关键一环。在抗大第二期开学典礼上，毛泽东在讲话中也明确要求知识青年："抗大象一块磨刀石，把那些小资产阶级意识——感情冲动、粗暴、浮躁、没有耐心等等磨它个精光，把自己变成一把雪亮的钢刀，去创新社会，去打日本。"在《在延安文艺座谈会上的讲话》中，毛泽东着重谈了知识分子出身的文艺工作者的立场、态度、工作对象和感情问题，明确要求要将其"由一个阶级转变到另一个阶级。"在《大量吸收知识分子》一文中，毛泽东也明确指出了"使工农干部的知识分子化和知识分子的工农化，同时实现起来"。要实现对知识分子的改造，前提条件是教育。因此，延安时期中国共产党在知识分子问题上，教育始终是一条突出的主线。

高等干部院校是中国共产党对延安和陕甘宁边区的知识分子，特别是青年知识分子培养教育的主渠道。自 1937 年开始，中共中央和中共中央西北局、陕甘宁边区政府先后创办了中国人民抗日军政大学、中共中央党校、陕北公学、自然科学院、中国女子大学、中国医科大学、军事学院等近 20 所干部高等院校，培训了近 10 万干部及各类专业技术人才，其中多数都是青年知识分子。各干部高等院校将青年知识分子的思想教育和立场转变放在首位。毛泽东1937年10月23日为陕北公学的题词确定了学校的培训目标："要造就一大批人，这些人是革命队伍的先锋队。这些人具有政治的远见。这些人充满着斗争精神与牺牲精神。这些人是胸怀坦白的、忠诚的、积极的与正直的。这些人不谋私利，唯一的为着民族与社会的解放。这些人不怕困难，在困难面前总是坚定的、勇敢向前的。这些人不是狂妄分子，也不是风头主义者，而是脚踏实地富于实际精神的人们。中国要有一大群这样的先锋分子，中国革命的任务就能够顺利地解决。"通过教育培训和实际工作锻炼，有大批的知识分子成为了享誉中外的政治家、经济学家、文学家、音乐家、戏剧家、画家、电影明星、新闻记者、律师、科学家、技术专家、医生、学者、教授。仅以延安大学为例，新中国成立后，不仅涌现了像李鹏、叶选平、布赫等党和国家领导人，而且在延安大学任职、任教和学习过的还有17人当选为中国科学院学部委员和两院院士，更有一大批成为政治、经济、军事、教育、新闻、艺术、科技、文化战线的领导和业务骨干，在中国现代教育史上书写了光辉的一页。

延安时期中国共产党对广大知识分子教育与改造的另一条重要途径和方法就是引导广大知识分子深入群众、深入基层，走与工农相结合的道路。经过延安各高等干部院校培训的青年知识分子，大多数被分配到陕甘宁边区的各个基层单位和广大乡村。他们与工农群众朝夕相处，使得原有的隔阂和距离在共同的生活、工作、战争中逐渐得以消除，立场、观念、感情都在向工农大众转化。这是大量小资产阶级知识分子转变为无产阶级知识分子的关键一环，也是延安时期中国共产党教育改造知识分子具有鲜明特色和成功的经验。

3. 大胆使用知识分子，发展了统一战线

毛泽东在《大量吸收知识分子》一文中指出："二、三年来，我党我军在吸收知识分子方面，已经尽了相当的努力，吸收了大批革命知识分子参加党、参加军队、参加政府工作，进行文化运动和民众运动，发展了统一战线，这是一个很大的成绩。”这是对陕甘宁边区和各敌后抗日根据地大胆使用知识分子的充分肯定。

1942年9月17日，《总政治部关于部队中知识分子干部问题的指示》中也指出：抗战以来，特别是中央关于吸收知识分子决定以后，部队在吸收、培养和提拔知识分子干部上获得了很大成绩。成万的知识分子加入了我们的军队，他们表现了英勇牺牲、艰苦奋斗的精神，他们坚定了自己的革命人生观，积蓄了许多实际斗争经验，他们帮助了我们军队文化水平与科学技术的提高，他们已与老干部携手并进，他们已成为八路军新四军干部的重要组成部分之一。这个指示强调：根据容、化、用三个方面来检查部队中的知识分子工作，“如果我们不能很好地‘用’知识分子，则‘容’‘化’政策也难于圆满达到。因为分配知识分子以适当的工作，使他们在实践中得到锻炼，是培养知识分子成为优秀干部的重要关键。”以军队系统干部队伍结构变化为例，从1939年12月到1940年10月，八路军一二九师的工作人员中，新吸收的干部占82.74%；在政治人员中，新吸收的干部占55.1%；在指导员中，新吸收的干部占56.4%。一二〇师新干部占56%。陈云在一次讲话中说，到1940年下半年，在中下级党政干部中，新干部占85%。由于新干部大多是知识分子，使党政机关和部队干部的文化水平、政治理论水平大大提高。

1938年任冀中军区司令员的吕正操在其回忆录中充分肯定知识分子的作用：“1938年的春夏间，有大批平、津、保青年学生和有专长的知识分子来到冀中，参加军工、卫生、教育、文化等各项工作，人才济济，生动活泼。他们的到来，给根据地的建设增添了新生力量，抗日气氛更加活跃。这些人与冀中当地的知识分子，还有陆续从延安来的干部汇合在一起，在冀中抗战中发挥了重要的作用。”

1938 年任东进纵队政委的宋任穷在其回忆录中，谈到收编一些热血青年知识分子组织的抗日武装——“青年抗敌义勇团”的情况：“这支武装发展很快，到 1938 年初就有 4000 余人。”“后来将以老红军团——七七一团为骨干的独立旅编入青纵……这支部队战斗力大大加强，成为一支正规的野战部队。在长期战斗中，造就锻炼了一大批优秀指挥员。有的建国后成了国家的高级干部，有的当了将军。也有一些同志在胜利前就血洒疆场，以身殉国。”

1937 年底任八路军太谷游击支队司令员的秦基伟在其回忆录中也写道：“我们的队伍成份新，大部分是学生，也有少数工人、农民和小商。别看干革命是头一遭，革命的理儿他们都知道得不少，不光是中国革命的事，连苏联是怎么闹革命的他们都知道。”“那时候，带那样一批知识分子，真是艰难得很。不知道吃了多少苦头。尽管如此，我仍然很喜欢他们。他们有文化、有思想、有朝气、有热情，优点是很多的。他们的缺点是暂时的，一旦走上了革命的正轨，他们会比我们这些工农出身的同志更有优势。”“我这样一个工农干部领着一群知识分子，可以说是陷入了文化人的包围之中。这可不能不说是一件幸运的事情。”“所以，从那时候开始，我对学文化就有了紧迫感，坚持学文化，写日记。我学会了查四角号码字典，凡是遇到不认识的字，我都要查个明白。经我翻破的字典就有两三本。”以上这些事例都反映了人民军队大胆使用知识分子的生动气象。

（二）统一战线与文化教育事业的发展

1. 坚持党领导文教工作的统一战线

文教工作的统一战线，是党的统一战线工作的重要组成部分，也是延安和陕甘宁边区文化工作发展的前提和基础之一。在《新民主主义论》中，毛泽东明确指出，所谓民族的科学的大众的文化“在今日，就是抗日统一战线的文化。”在1944年召开的边区文教工作者大会上，毛泽东所作的演讲的题目就是《文化工作上的统一战线》。他指出，“解放区已有人民的新文化，但是还有广大的封建遗迹……我们必须告诉群众，自己起来同自己的文盲、迷信和不卫生的习惯作斗争。为了进行这个斗争，不能不有广泛的统一战线。而在陕甘宁边区这样人口稀少、交通不便、原有文化水平很低的地方，加上在战争期间，这种统一战线就尤其要广泛。”[①] 毛泽东还指出了文教统一战线的基本原则。他说：统一战线的原则有两个：“第一个是团结，第二个是批评、教育和改造。在统一战线中，投降主义是错误的，对别人采取排斥和鄙弃态度的宗派主义也是错误的。我们的任务是联合一切可用的旧知识分子、旧艺人、旧医生，而帮助、感化和改造他们。为了改造，先要团结。”[②] 因此，毛泽东阐述的建立文化工作的统一战线，就是要联合一切赞成抗日的知识分子，利用一切可以表现新内容、新思想的旧文化、旧教育的形式，在联合利用中加以改造。其目的是为了扩大文教统一战线，反对共同敌人——封建迷信思想和文化教育的落后状态，发展和繁荣新民主主义的新文化。正是因为实行了文教战线最广泛的统一战线，才吸引了全国各地一大批知识分子加入陕甘宁边区和各个根据地的文化建设上来，同时也调动起边区内的旧知识分子、旧艺人的积极性，促进了陕甘宁边区和各个根据地新民主主义文化的发展与繁荣，使之成为了当时中国先进文化前进方向和代表。《逼上梁山》、《血泪仇》、《十三把镰刀》等经典作品成为京剧、秦腔、眉户改造的典

① 《毛泽东选集》第3卷，第1011页。
② 《毛泽东选集》第3卷，第1012页。

范。《兄妹开荒》、《夫妻识字》成为新秧歌剧的经典作品。还有韩起祥对陕北说书的改造，李季对陕北信天游的改造，古元等人的新版画、新年画，特别是“鲁艺”在秧歌剧的基础上创作演出的大型歌剧《白毛女》等，在革命文艺史上都具有里程碑的意义，创造了中国文化史上的一段辉煌历史。

2. 统一战线与边区教育事业的发展

陕甘宁边区是一个贫困闭塞的山区，生产力水平极端落后，经济发展十分缓慢，因而文化教育的基础也非常薄弱。边区政府成立前，文盲几乎占全区人口的99%。中共中央到达延安，特别是边区政府成立之后，发展教育成为边区除生产之外的第二大任务，也成了整个文化工作的第一要务。而发展国民教育，除了正确的方针、政策之外，就是要实行文教工作的统一战线，调动一切积极因素，利用一切可利用的资源。这一点尤其突出地体现在各级国民教育特别是小学教员的选择和培养上。面临师资不足的困难，边区政府一方面着手培养大批自己的知识分子，另一方面对现有的小学教员视若珍宝。1941年边区政府教育厅公布了陕甘宁边区小学教员待遇保障办法，对小学教员的社会政治地位、工作生活待遇都作了明确规定。在实际执行中多数县对小学教员的待遇高于教育厅的规定。边区教育厅对现有教师的培训提高非常重视，其办法主要有：开办短期训练班、自学辅导和保送学习。文教战线的统一战线政策还集中表现在边区国民教育中的群众路线，即民办公助的办学方针。发动群众办教育是特殊历史条件下的产物，是边区在文化教育建设上的创举。在政府支持下，民众办学热情高涨，边区小学教育发展迅速。文教大会前，边区有小学1000所，其中民办小学574所，学生23686人；文教大会后增至1281所（缺盐池、吴堡两县的数字），学生3.42万人。1945年上半年又增至1377所，其中民办小学1057所。结合教育改革，教学内容和教学方法逐步做到了与群众需要相结合，与边区实际相结合，真正为边区人民大众服务，使陕甘宁边区的小学教育走上了良性发展的轨道。

在中学教育方面，统一战线政策较为突出地体现在对绥德师范和米脂中学的接收和改造方面。在陕北革命和教育的历史上，绥德师范是一所重要的学校。它是由陕西早期著名民主人士杜斌丞、杨明轩和共产党人李子洲等人于1923年春创办的。在共产党人和进步知识分子的艰苦努力下，绥德师范成为了陕北共产党组织的诞生地，陕北革命斗争的策源地和活动中心。到1926年，300多名学生中有200多名加入中共党团组织，大革命时期一度也成为国共两党统一战线在陕北的一个重要阵地。1941年2月，陕甘宁边区政府教育厅决定接收绥德师范，并决定以下几条：第一，学校经费由边区教育厅拨发。第二，确定绥德师范为统一战线的学校，执行新民主主义方针。第三，确定学校的行政方针是团结、民主、充实制度与改进制度；工作作风是埋头骨干、艰苦耐劳、言行一致、实事求是。第四，规定对学生的训导方针，培养学生正确的人生观。1941年以后，教师、学生中党员发展比较快。到1942年，每班都成立了党支部，教员中也成立了党支部。1943年四五月，学校开始整风。经过整风学习，师生思想发生了很大变化，学校成为边区一所重要的师范与干部学校，为边区的教育事业做出了重要贡献。同时，边区教育厅接收、改造后的米脂中学，也进入了一个新的发展阶段。

3. 统一战线与边区文艺活动及成就

陕甘宁边区文艺活动的历史过程和巨大成就与统一战线有着密不可分的关系。统一战线是边区文艺事业发展与繁荣的基础条件。为了更好地开展抗日文化运动，中共中央制定了文化统一战线策略，即建立抗日文化统一战线，团结了更多的文化阶层，壮大了文艺队伍的力量，有力地推动了陕甘宁边区文艺事业的发展与繁荣。

抗日民族统一战线建立之前，陕甘宁边区只有1936年从国统区秘密转辗而来的丁玲等极少数文艺界知名人士，文艺团体也只有丁玲到根据地后创办的中国文艺协会。抗日民族统一战线建立之后，周扬、艾青、萧三、萧军、何其芳、周文、周立波、陈荒煤、袁文殊、吴伯萧、陈学昭、刘白羽、塞克、柯仲平、徐懋庸、高长虹、白浪、罗峰、马建翎、冼星海、吕骥、贺绿汀、马可、严文井、崔嵬、田方、曹葆华、沃渣、张水华、张仃、王朝闻、力群、王式廓、吴奚如、沙汀、沙可夫、高士其等文艺界知名人士，艾思奇、范文澜、何思敬、何干之等文化名人会集延安，形成了强大的文艺发展与繁荣的人才团队。1940年1月，边区文协召开第一次代表大会，出席这次会议的文学家、诗人、戏剧家、音乐家、木刻漫画家、自然科学家、社会科学家、中西医生、新闻记者等文化人达到123名。文化团体、新闻报刊、文艺杂志、学校、机关俱乐部、文艺分会、文艺小组等107个单位的代表就有274名。1942年，中共中央在延安杨家岭召开文艺工作座谈会时，出席会议的延安文艺界知名人士多达90余人。这一大批从全国各地及海外会集延安的文艺界知名人士，是边区文艺事业的骨干力量，是中国共产党新的文艺政策和新的文艺事业的宣传教育、组织领导和实施者。

延安时期的文艺工作者创作了大量高质量的文艺作品。戏剧方面，秧歌剧《兄妹开荒》将小秧歌剧运动推向了一个新高潮；贺敬之、丁毅等的新歌剧《白毛女》把我国的歌剧艺术带入一个崭新的阶段；四川方言喜剧《抓壮丁》的演出，在延安和整个边区获得了很大的反响。这一时期的音乐活动蓬勃发展，成为当时全国进步音乐活动的中心，出现了很多脍炙人口的作品，如冼星海、光未然的《黄河大合唱》，马可、贺敬之的《南泥湾》，郑律成、莫耶的《延安颂》，郑律成、公木的《八路军进行曲》，冼星海、塞克的《生产大合唱》等，推动了中华民族的音乐发展。边区的文学创作也涌现出了相当多的佳作，如长篇叙事诗《边区自卫军》，李季的《王贵与李香香》，艾青的《吴满有》，丁玲的《一颗未出膛的枪弹》，欧阳山的《黑女儿和他的牛》，孔厥的《一个女人翻身的故事》，秦兆阳的《俺们的毛主席有办法》，孙犁的《荷花淀》等；报告文学《记鲁迅艺术文学院》；说唱文学《刘巧儿团圆》等。美术作品代表性的如古元的《减租会》、《区政府办公室》，彦涵的《等敌人搜山的时候》，罗工柳的《学文化》，夏风的《从敌人运来的战利品》，力群的《丰衣足食》等。电影在推进文艺工作发展方面发挥着独特的作用，延安的电影工作者相继拍摄了纪录片《延安与八路军》、《陕甘宁边区第二届参议会》、《南泥湾》、《中国共产党第七次全国代表大会》等，用电影这种方式保存了大量弥足珍贵的历史文献资料。文艺界的统一战线组织和推动了边区文艺团体的迅速发展，文艺队伍的逐渐扩大，直接推动了陕甘宁边区文艺事业的繁荣。同时也为新中国文艺事业做了组织上和人才上的准备。

延安时期，中国共产党文化工作的统一战线，还有一个重大的成就和特点，就是对边区传统艺术形式和旧艺人的改造和利用。毛泽东在《文化工作中的统一战线》的演讲中明确指出，我们“不但要有新秦腔、新秧歌，而且要利用旧戏班，利用在秧歌队总数中占百分之九十的旧秧歌队，逐步地加以改造。”① 这种利用和改造在当时的陕甘宁边区是比较成功的，同时也丰富和发展了党的统一战线工作内容。

① 《毛泽东选集》第3卷，第1012页。

第八章　党在国民党统治区的统战工作

抗日民族统一战线对于夺取抗战胜利具有极端重要性，毛泽东曾深刻指出："中国是否能由如此深重的民族危机和社会危机中解放出来，将决定于这个统一战线的发展状况。"[①] 而国民党统治区的统战工作又是中国共产党统战工作的极其重要的一环。

一、国民党统治区统一战线工作的领导机构、统战对象及政策方针

全民族抗战初期，中共中央非常重视国统区的统战工作，在国民党统治区设立办事机构，并制定了一系列方针政策。

（一）南方局的设置及其演变

中共六届六中全会之后，国统区统战工作的领导机构主要是南方局。

1938 年 9 月 29 日至 11 月 6 日在延安召开中共六届六中全会，会议系统地批判了王明右倾投降主义错误，肯定了以毛泽东为代表的在统一战线中坚持独立自主原则的正确路线。会议撤销了武汉失守后实际上已不存在的长江局，并根据形势的变化，决

---

① 《毛泽东选集》第 2 卷，第 364 页。

定设立中原局与南方局，中原局由刘少奇为书记，南方局由周恩来为书记，分管南部中国大后方和部分沦陷区党的工作。虽然六届六中全会没有对王明没作组织处理，也没有撤销其长江局书记的职务，但长江局不复存在，而且把他留在延安，从而避免了王明的右倾错误再对南方局的工作产生消极影响。

1939 年 1 月 16 日，中共中央南方局在重庆正式成立，周恩来等六人为常委，具体分工为：周恩来任书记，博古负责组织，凯丰负责宣传和党报，叶剑英负责联络，吴克坚负责报馆，董必武负责统战；另以邓颖超和蒋南翔分别负责妇女工作委员会和青年工作委员会。

南方局是抗战时期中共中央派驻重庆，领导南方国统区和部分沦陷区党的工作的机构，直接领导四川、云南、贵州、湖北、湖南、广东、广西、江苏、江西、福建以及上海、香港、澳门地区的党组织。由于国民党不允许中共在其统治区内公开活动，因而南方局处于秘密状态，其领导人对外以中共代表或国民参政员的身份出面活动。

南方局还在重庆、桂林、衡阳、韶关、香港等地设立八路军办事处。

皖南事变后，为了应对随时可能发生的突然事变，南方局增设了两个地域性的工作委员会，使秘密工作与南方局领导的公开合法活动分开。两个工作委员会，一个是西南工作委员会，负责管理西南地区的统战工作；一个是南方工作委员会，负责管理南方各省的统战工作。两个工作委员会都由周恩来直接领导。

抗战时期的延安是中共中央所在地，是中国共产党领导抗战的大本营。而建立在国民党统治中心重庆的南方局则是中国共产党在国统区的战斗司令部和指挥中心，也是国统区和延安联系的桥梁。南方局以“宣传出去，争取过来”为方针，积极开展国际统战工作，开拓了这一时期中国共产党半独立外交的新局面。

（二）国统区统战工作的对象

国统区统战工作对象非常广泛，包括各党派、各友军、各团体、各阶级、各阶层以及无党派民主人士、社会贤达等。

1940年11月2日，中央统战部下达《中央统战部关于统一战线的组织工作和工作问题的指示》，专门谈到统战工作的对象和范围问题。《指示》写道：根据过去经验，有些地方将统战工作限制在狭小的范围以内。有些地方则认不清什么是统战工作对象。《指示》规定统战工作的对象是：各党派（从国民党、第三党、青年党、国社党至救国会、职业教育社、生活教育社、乡村建设派及各地方实力派）、各友军、各团体、各阶级、各阶层以及无党派民主人士、社会贤达等。[①]《指示》强调要加强对各地方各阶层的相互关系政策之研究，对各地方各阶层的政治上经济上的代表人物的联系和争取，对各地方各界（文化教育、新闻、妇女、青年、外交、实业、科学、宗教、技术、社会、秘密团体等）团体及领导人物的联系和争取，对各地方的士绅及各级政府机关（包括联保保甲）人员的联系和争取。

不同的历史阶段，统战工作有着不同的对象。抗日战争时期，民族矛盾是国内的主要矛盾，抗日救国是中国共产党的中心任务，因此，抗日民族统一战线应该包含中华民族一切主张抗日的爱国力量。从阶级的角度界定，统战对象不仅包括工人阶级、农民阶级、城市小资产阶级、民族资产阶级、海外华侨，而且包括除汉奸、投降派以外的大地主阶级和亲英美的官僚资产阶级。

---

① 中共延安市委统战部组编：《延安时期统一战线研究》，华文出版社2010年版，第111页。

（三）国统区统战工作的策略方针

1940年7月底到8月上旬，在讨论南方局工作和统一战线工作的中央政治局会上，毛泽东着重指出："过去中央工作方向偏重军事和战区，过去对南方和日本占领区注意很少，今后政治局须大力加强这方面。中央今后的注意力，第一是国民党统治区域；第二是敌后城市；第三是我们的战区。"① 这表明中国共产党把国统区的工作放在了重要的战略地位。毛泽东还指示，"国民党区域的党，均由恩来全责管理，以统一党的领导"。② 毛泽东一再讲，党在国统区的工作带有全国性，要进一步发展。

中央政治局的这次会议，肯定了国统区的统一战线工作在党的全局工作中的重要地位，强调了争取中间势力的问题，对国民党统治区的统一战线工作起了重要的指导作用。

中共中央关于国统区统战工作的策略方针可分为三个层次：

第一个层次，是战略性、全局性的策略，或者说统一战线总策略，即"发展进步势力，争取中间势力，孤立顽固势力"的策略。这个总策略无论是在陕甘宁边区及其他抗日根据地，还是在国民党统治区及其敌占区的统战工作都必须贯彻执行。

第二个层次，是在国统区、敌占区处于秘密状态的中共组织开展统战活动必须坚持的策略，即"隐蔽精干，长期埋伏，积蓄力量，以待时机"的十六字方针。这既是地下党组织生存的法则，也是进行统战活动必须遵循的方针。

1940年11月2日，中央统战部下达《中央统战部关于统一战线的组织工作和工作问题的指示》，对统战干部的选用、培养、

① 转引自金冲及主编：《毛泽东传（1883—1949）》下册，中央文献出版社1986年版，第583页。

② 中央文献研究室：《周恩来传》（二），中央文献出版社1998年版，第582页。

管理做了详细的规定：

关于统战干部的选择和培养，规定选择有较好的上中层社会关系的党员作统战工作。指示提出对统战干部实行越级管理，即县一级的重要统战干部归省委或区党委统战部管理，省一级的归中央局或中央分局统战部管理，特别重要的友党友军中统战关系，应直接归中央局负责人或中央统战部负责人管理。

关于秘密工作的原则，指示规定：1. 公开的与秘密的干部分开；2. 党与非党干部分开；3. 上层干部与下层干部分开。4. 除相互间熟悉的人外，均采取个别的联系方式。5. 不参加多人的集会，相互之间不发生横向联系；6. 专门进行统战工作的党员干部，一般地不参加普通支部生活。

《中央统战部关于统一战线的组织工作和工作问题的指示》充分体现了十六字方针的精神。

皖南事变后，国民党统治区的特务大肆搜捕、杀害共产党人，破坏共产党的组织，残酷镇压人民的抗日民主运动。面对险恶环境，1941 年 5 月，中共中央发出指示：国民党统治区的党组织要坚决执行“长期埋伏，积蓄力量，以待时机”的方针；把所有已暴露的干部撤退到偏僻的、特务不注意的地方找职业，或是到抗日根据地，代之以新的未暴露的干部；各级领导机关切实把握短小精干的原则；在特务严密监视的部门中，不建立支部，党员独立活动；把党和群众工作的中心，尽可能地放在利用社会习惯、政府法令与合法组织方面，以密切同群众的联系。根据中央的指示，南方局和所属地方组织及时展开撤退和疏散工作，各地党组织迅速从半公开状态转到秘密状态。10 月 24 日，周恩来在南方局会议上强调：大后方党的任务是建立秘密党，保存力量，不能搞武装斗争。10 月 27 日，他又致电中共中央：“在大后方的党，只能全力去执行中央长期埋伏，积蓄力量，等待时机的路线，而不能同时取得武装斗争路线。对此问题应有所取舍，即采取隐蔽组织而暂时舍弃武装斗争。”

南方局坚决贯彻隐蔽精干的方针，提出国民党统治区的党员要实行“三勤”（勤业、勤学、勤交朋友）和“三化”（职业化、社会化、合法化），要求党员努力学习文化和科学知识，做好本职工作，广泛地联系群众，取得广大群众的信任和尊重，使党的工作在群众中扎下根。

为了进一步巩固党的组织，避免国民党的突然袭击，代表中共中央负责管理大后方党组织工作的陈云，于 1941 年 12 月写了《大后方党组织的彻底改组和扩大党外的活动》一文。其要点为：1. 大后方的党组织应尽量缩小，短小精干。2. 加强中上层分子的工作，适当吸收具备条件的少数人入党。3. 依据“党内小党外大”的原则，大多数进步的中上层人士应该暂时只作党外共产主义者而不必入党。

这些方针同样适用于敌占区城市的秘密党组织。

以上这些方针政策，对国统区统战工作有着重要的指导作用。贯彻执行这些方针政策，国统区的党员不仅绝大多数隐蔽下来，而且党组织深深扎根于人民群众之中，更加坚强。

第三个层次，就是统战工作的具体工作策略和工作方法，《中央统战部关于统一战线的组织工作和工作问题的指示》对此做了细致、具体的规定：

1. 必须认真研究和深入了解统战对象，不仅对各党派、各阶级、各友军等作一般的研究和了解，而且要对各党派、各阶层、各友军、各政权、各界团体的每一个具体代表人物作多方面的深刻仔细的研究，对这些人的姓名、年龄、籍贯、财产、生活、历史、思想变迁、政治倾向、生活嗜好、个性特点、社会关系、亲族关系等详加研究，分别写成传记。没有这种研究和写传工作，则统战工作将流于空泛而不切实际。

2. 积极主动地进行统战工作，改变消极等待，人不找我、我不找人的作风。

3. 平时多交友，不仅与对象成为政治朋友，而且要成为私人朋友，彼此交心，知无不言，言无不尽。

4. 对于顽固分子，不仅要孤立打击，而且要采取联络、拉拢、分化、争取的各种办法。

5. 爱护中间分子的地位和事业，与之共患难，同甘苦，争取长期合作。

6. 诚恳忠实地帮助各种进步力量，以他们的事业为共同事业，以他们的成败为共同成败。

7. 不要苛求非党干部与党员干部处处看齐，而要努力营造互信、互助、互尊、互爱的友谊环境。

中共中央制定的一系列方针政策，对国统区的统战工作有着重要的指导意义。

二、与国民党统治当局进行谈判与协商，维护国共合作抗战大局

全民族抗日战争初期，国民党的政策重点是反对日本帝国主义，军事上积极抵抗日军的进攻，许多战役打得异常惨烈。但在武汉、广州陷落之后，战争进入相持阶段，国民党的政策也发生了转变，其政策的重点从对外转向对内，逐渐实行消极抗日、积极反共的政策。在这种情况下，国共合作能否坚持，抗日民族统一战线能否巩固和扩大，又成了至关重要的问题。

（一）抵制国民党“溶共”政策，坚持中共组织的独立性

南方局承担起与国民党交涉、联络、谈判，维护国共合作的

重任。关于成立什么样的统一战线组织，中共在武汉就提出建立各党派联盟的主张，甚至提出采取大革命时期的党内合作的形式。蒋介石却另有打算。1938 年 12 月 6 日，他提出“共产党最好与国民党并成一个组织”的溶共政策。周恩来就此作了原则性的回答：“要求全体共产党员加入国民党而退出共产党，这不可能也做不到，少数人退出共产党而加入国民党，不仅是失节、失信仰，于国民党有害无益”。[①] 12 月 12 日，蒋介石在重庆会见中共参政员，不同意中共提出的处理国共两党合作关系的跨党解决办法，仍坚持其将国共两党合并为一个大党，以他为主席，享有最后决定权。中共参政员当即予以拒绝。事隔月余，蒋介石约见周恩来，重提统一国共两党之事，并要求将其意思电告中共中央。1939 年 1 月 25 日，中共中央根据南方局的建议，致电蒋介石，明确表示“共产党诚意地愿与国民党共同为实现民族独立、民权自由、民生幸福之三民主义新中华民国而奋斗，但共产党绝不能放弃马克思主义之信仰，绝不能将共产党的组织合并于其他任何政党”。[②] 彻底击破国民党顽固派的“溶共”图谋。

国民党五届五中全会后，国民党当局掀起一个“国民精神总动员运动”，鼓吹“一个党（国民党）、一个主义（三民主义）、一个领袖（蒋介石）”。对此，中共中央采取了既揭露反共实质又维护团结的态度，两次指示党内：《国民精神总动员纲领》具有抗日和防共的两面性，我们的立场是拥护其中积极的东西，同时指出其消极的东西，防止时局发生逆转。随后，毛泽东在延安发表了《国民精神总动员的政治方向》的演讲，周恩来在重庆《新华日报》连续发表《论国家至上》等文章，广泛宣传，公开阐述共产党的主张，对国民精神总动员运动三大口号作出新的解

① 中央文献研究室：《周恩来传》（二），第 534 页。
② 中央文献研究室：《周恩来传》（二），第 536 页。

释，对国民党借国民精神动员之机，行制造反共磨擦之实的错误行径进行批评，号召人民坚持团结，抗战到底。

（二）围绕解决军事磨擦问题的斗争

从五届五中全会后，国民党顽固派就连续不断地制造反共血案，直至掀起反共高潮。对于反共顽固派挑起的军事磨擦，我军在有理、有利、有节的原则下，予以坚决反击，从而巩固了抗日阵地，有效地阻止了时局的逆转。

与此同时，南方局坚决站在政治斗争的最前沿，通过复杂的谈判斗争，既表明共产党对国共合作抗战的诚意，又对国民党顽固派的政治进攻予以回击，从而扩大了共产党的政治影响，维系了国共合作的局面。

此后，南方局贯彻中央“拉其抗日，打其反共反民主”的指示精神，在处理国共关系时，鼓励国民党抗日、联共的积极性一面，批评其缺点错误，反击其反共、分裂、倒退的一面；坚持中共在抗日民族统一战线中独立自主的立场，以斗争求团结，使国民党顽固派不得不收敛其军事反共行为，呈以政治方式解决国共关系的趋势，国共合作得以维系，直到抗战胜利。

三、争取、团结中间势力，壮大抗日民族统一战线

中国社会的特点是两头小，中间大。因此，争取中间势力是进步势力同顽固派斗争时决定胜负的因素。毛泽东明确指出：“争取中间势力是我们在抗日统一战线时期的极严重的任务”。[①]

---

① 《毛泽东著作选读》上，人民出版社 1986 年版，第 405 页。

南方局为完成这一重要战略任务做出了重大的贡献。

（一）密切与国民党民主派的关系

中国共产党重视同国民党内民主人士的联系，团结和推动他们积极参加抗日斗争。南方局领导人把宋庆龄、何香凝、柳亚子、谭平山等国民党左派视为知己，经常征询他们的意见，和他们一起反对国民党顽固派。周恩来等还同冯玉祥、于右任、孙科、邵力子等人保持接触，共商抗日民主大计。1941 年夏，周恩来提议由一部分国民党民主派以及国民党政府中担任幕僚的进步人士，组织一个秘密政治团体。经过王昆仑、王炳南等人的筹划，在重庆秘密成立中国民族大众同盟（后改名中国民主革命同盟，又称小民革），参加者后来发展到 200 余人。小民革的成立及其活动，对争取国民党上层进步人士，分化国民党顽固派，巩固抗日民族统一战线，起了重要的作用。

（二）支持民主党派的建立与发展

中国共产党重视同国民党内民主人士的联系，团结和推动他们积极参加抗日斗争。南方局领导人把宋庆龄、何香凝、柳亚子、谭平山等国民党左派视为知心朋友，经常与他们交换意见。周恩来等还同冯玉祥、于右任、孙科、邵力子等人保持密切联系，经常一起商讨抗日民主大计。1941 年夏，周恩来提议由一部分国民党民主派及进步人士组织秘密政治团体。经王昆仑、王炳南等人的筹划，在重庆秘密成立中国民族大众同盟（后改名中国民主革命同盟，又称小民革），后来参加者发展到 200 余人。小民革的成立及其活动，对于争取国民党上层进步人士，分化国民党顽固派，扩大抗日民族统一战线，起了积极的作用。

抗战胜利后，国民党和共产党在政治主张上的分歧越来越大。国民党代表大地主大资产阶级的利益，坚持走半殖民地半封建道路，共产党代表了全国广大民众追求民主与和平的愿望，坚持走新民主主义道路。中国最大的两股政治势力在政治和军事上形成对峙。在国共两党之外，代表民族资产阶级和城市小资产阶级利益的各民主党派力量比较弱小，但由于它们处在两大政党之间，其政治态度的向背成为影响时局的重要因素，是一股不可忽视的政治力量。为了争取更多民主力量，巩固和发展人民民主统一战线，中国共产党极力加强对民主党派的争取，帮助并引导他们走上革命道路。

民主党派中影响力较大的首推民盟。1939 年 10 月，国民参政会中一部分无党派和中间党派人士张澜、黄炎培、沈钧儒、罗隆基和章伯钧等，与部分青年党和民社党参政员如曾琦、左舜生等一起，在重庆发起组织了统一建国同志会，以推进民主宪政运动，这就是民盟组织的雏形。1940 年 12 月，国民党政府改组参政会，并取消了章伯钧、张申府、杜重远、章乃器等民主人士的参政员资格，其他已经参与参政会活动的民主人士也在会中受到压制。黄炎培、梁漱溟等民主人士深感统一建国同志会力量不足，开始酝酿筹建中国民主政团同盟。

中国民主政团同盟的筹建工作得到中国共产党的大力帮助。1941 年 3 月 15 日，周恩来给中央发电报，报告了国统区民主运动的情况。周恩来表示国统区各小党派为求自保和发展，想在国共外成立一民主联盟，我们应当努力促成此事。中共中央回电明确支持周恩来的判断和意见，表示“积极支持民盟的方针是很对的”。在得到中央领导的同意后，中共中央南方局通过各种方式对新的民主联盟组织的成立予以大力支持。3 月 19 日，中国民主政团同盟（简称民盟）在中国共产党的帮助下在重庆诞生。民主政团同盟在成立初期处于秘密状态，为争取合法和公开地位，同盟决定派梁漱溟到香港创办民盟的机关报——《光明报》。民盟机关报的创办也得到了中国共产党大力帮助。离开重庆前，梁漱溟曾专程到曾家岩八路军办事处与周恩来会晤，商谈到达香港与共产党和左翼爱国人士取得联系并获取帮助等事宜。根据周恩来的指示，廖承志、廖梦醒等中共在香港的负责人，联络何香凝、柳亚子、陈翰笙、矛盾、夏衍、金仲华等左翼民主人士为梁漱溟在香港办报提供了很多帮助。1941 年 9 月 18 日《光明报》在香港创刊，其宗旨为：团结抗战，民主建国。10 月 10 日，报纸刊登了民盟在重庆成立的消息和《中国民主政团同盟成立宣言》、《中国民主政团同盟对时局主张纲领》，民盟也从秘密走向公开，并公开开展活动。

民盟成立后，中国共产党从舆论和组织建设方面不断予以帮助和支持。1941 年 10 月 28 日，延安《解放日报》发表社论《民主运动的生力军》，高度评价同盟的成立，认为“抗日时期，民主运动得此推动，将有重大发展，开辟更好的前途”。

起初民盟的参加者多为各小党派成员，包括国家社会党、中国青年党等。1942 年，全国各界救国联合会领袖沈钧儒等应邀加入民盟，至此，民盟成为“三党三会”的联盟组织，即以章伯钧为首的中国农工民主党，以罗隆基、张君劢为首的国家社会党（后改为“民主社会党”），以左舜生、李璜为首的中国青年党，以沈钧儒为首的救国会，以黄炎培为首的职业教育会，以梁漱溟为首的乡村建设会。1944 年 9 月 19 日，中国民主政团同盟全国代表大会在位于重庆市嘉陵江畔的“特园”召开，大会决定将中国民主政团同盟更名为“中国民主同盟”，广泛吸收无党派人士参加，增强第三方面力量。抗战胜利后，民盟与中国共产党一道为争取民主、反对国民党一党独裁进行了坚决的斗争。

1941 年中国民主政团同盟的成立是民主党派发展的一个标志性事件，从此民主党派的发展呈加速态势。1943 年 2 月，在中共中央南方局的支持和周恩来、董必武的帮助下，谭平山、郭春涛、王昆仑、陈铭枢等人在重庆发起组织民主同志座谈会，以座谈时事的方式联系和团结部分国民党上层人士。在中共中央南方局的徐冰、王炳南、许涤新、熊瑾玎等人的帮助下，8 月，民主同志座谈会发展为中国国民党民主同志联合会，后又更名为“三民主义同志联合会”。1945 年 10 月 28 日，三民主义同志联合会在“特园”举行了联合会第一次全体大会，出席会议的代表有 20 余名，大会文件由中共中央南方局领导的《新华日报》印刷。会议通过了《三民主义同志联合会政治主张》、《三民主义同志联合会第一次全体大会决议案》、《三民主义同志联合会临时组织总章》三个文件，选举了中央机构，谭平山、陈铭枢等 17 人当选为干事。民联的成立，标志着国民党民主派从国民党右派中分离出来，他们继承孙中山三民主义精神和革命遗志，反对国民党反动派的内战、独裁和卖国政策。

除了上述几个民主党派外，中国共产党还帮助和推动其他民主党派的组织创立工作。比如，抗战时期，周恩来、博古、叶剑英积极联络国民党知名民主爱国人士李济深，支持他出任国民政府军委会战地党政委员会第一副主任，为帮助和协助李济深开展工作，中国共产党还派张友渔、梅龚彬、于炳然等中共党员进入这个委员会工作。抗战胜利后，中共中央南方局又支持李济深与何香凝、蔡廷锴等人成立中国民主促进会。1946 年 3 月，该组织更名为“中国国民党民主促进会”（简称“民促”），由李济深任主席。中国民主促进会成立后，发表《中国民主促进会成立宣言》，宣布忠诚于孙中山的革命三民主义。

统一战线是中国共产党在新民主主义革命中战胜敌人的三大法宝之一，民主党派也一直是中国共产党所争取的重要力量。抗战胜利后各民主党派能在如此短的时间内迅速集结和发展，与中国共产党的帮助密不可分。同时民主党派的发展和壮大，也扩大了反对国民党一党独裁，争取民主、和平的力量，有利于中国共产党新民主主义革命道路的开展。

（三）争取地方实力派，推动其抗战

对地方实力派的统战工作，是南方局争取中间势力的又一重要内容。“地方实力派，包括有地盘的实力派和无地盘的杂牌军两种力量在内。他们虽然同进步势力有矛盾，但他们现在同国民党中央政府的损人利己的政策亦有矛盾，并想利用我们同顽固派的矛盾以达到其政治上的目的。地方实力派的领导成分也多属大地主大资产阶级，因此他们在抗日战争中虽然有时表现进步，不久仍然反动起来；但又因为他们国民党中央势力有矛盾，所以只要我们有正确的政策，他们是可能在我们同顽固派斗争时采取中立态度的。”① 早在全民族抗战之初，周恩来、董必武、林伯渠等即与川康地区的地方实力派刘文辉、潘文华、邓锡侯等多次会晤，向他们宣传中共抗日民族统一战线的主张，并应他们的要求派遣中共党员到其部队进行联络工作。1942 年 2 月，周恩来在重庆会见刘文辉，向他介绍国内政治形势和共产党的主张，表示中共有同国民党内一切愿意抗战的人士进行合作的愿望，尤其希望同西南地区的民主力量建立更为密切的联系。四个月后，中共中央派人到雅安，同刘文辉建立联系，并设立同延安直接联系的秘密电台。还在全民族抗战爆发之前，周恩来、朱德、叶剑英等就与云南地方实力派龙云进行接触。1942 年 9 月，中共派人赴云南同龙云联系，商谈合作抗日的问题，并建立秘密电台。在全民族抗战初期，中共与桂系的关系就比较好。周恩来同李宗仁直接商谈，决定在李宗仁负责的第五战区设立了战区抗战委员会，以推动人民群众的抗日救亡活

① 《毛泽东选集》第 2 卷，第 746—747 页。

动。中共还在桂林建立了八路军办事处。皖南事变前夕，桂系的白崇禧等对中共的态度发生了转变，破坏了桂林地区的民主气氛。但桂系重要军政人物中仍有李济深、李宗仁坚持抗日民主的立场。周恩来、董必武、叶剑英等继续通过各种渠道，加强同李济深等人的联系，还派中共党员到广西进行统战工作。

多年的统战工作取得了成效，西南地区地方实力派的代表人物在新民主主义革命中逐步走入了人民阵营。

中国共产党在西北国民党统治区也积极开展统一战线工作，努力争取地方实力派和团结社会各阶层抗日爱国力量。中共中央代表谢觉哉和八路军驻甘办事处，积极联系甘肃省主席贺耀祖和各界人士，提出开展民众运动、整顿军队等建议，逐步打开了甘肃统一战线工作的局面。中共中央派张子华以八路军总参谋部及周恩来秘书的身份，到宁夏做马鸿逵的工作，并会见一些进步人士。中共宁夏工作委员会成立后，与国民党地方当局和各界进步人士建立关系，开展统一战线工作。在新疆，与盛世才在一个时期内建立起特殊的统战关系。中共中央先后派代表陈云、邓发、陈潭秋以及毛泽民、林基路等 100 多名共产党员到新疆工作。他们中的不少人被安排到省政府以及军队、新闻、文教、群众团体等部门任职。党通过新疆反帝同盟联合会这一合法的统一战线组织，团结和促进爱国民主人士及各族人民开展抗日斗争，发展新疆的经济和文化教育事业，保证国际交通运输线的畅通，支援全国抗战。

（四）开展工商界的统战工作，团结民族资产阶级

争取民族资产阶级是国统区统战工作的重要一环。全民族抗战爆发后，沿海、沿江的民族工业相继迁入大后方。四川，特别是重庆成为民族资产阶级最为集中的地方。按照中央的要求，南

方局积极开展对民族资产阶级的统战工作。

1. 做上层民族资产阶级的统战工作

南方局的领导人周恩来、董必武、邓颖超、王若飞等同民族资产阶级各方面的代表人物交往频繁，经常交流，引导他们放眼未来，鼓励努力为抗战的胜利多做贡献，对遭受四大家族的摧残深表关切。著名民族资本家古耕虞被誉为中国“猪鬃大王”，在周恩来的帮助下，改变了后半生的人生道路。他回忆说：“像我这样的资本家，共产党要说服我并不那么简单，可是，周恩来有独到之处，他就说服了我，使我越来越认识党，信任党，感到振兴中华，非共产党不可。”① 银行家宁芷村也深受周恩来的影响，他曾经谈到，周恩来邀请部分工商界人士在他的寓所座谈，针对工商界人士的思想状况，周恩来指出，目前国家需要解决的“主要是政治问题，而不单纯是经济问题”，爱国工商业者不能再对蒋家王朝抱有幻想，而应该积极投身到人民民主运动中去。从此，宁芷村认清了正确的方向和前进的道路。宁芷村的谈话传播开来，影响巨大，“后来促使一些工商界的头面人物在重庆临近解放时，没有跟着蒋帮跑，而是留在大陆，参加了祖国的社会主义建设行列”。②

2. 通过工商界团体联系广大民族工商业者

迁川工厂联合会成立于1938年4月，最初有40多厂家会员，但发展很快，到1945年发展到230多厂家会员，几乎包括了所有迁川的重要工厂。南方局非常重视这个组织，将之视为在广大工商业者中开展统战工作的纽带。在该会领导的陪同下，周恩来、董必武、邓颖超等不辞劳苦，参观考察了十多家迁渝工厂。在参观合作五金厂时，周恩来题词“供给前方的生产，是国防工业第

---

① 转引自《人物》1956年第4期，第107页。

② 《重庆工商人物传》，重庆出版社1984年版，第211—212页。

一要义”，董必武题词“在极艰难的条件下奠定新中国工业的基础”，邓颖超题词“合作奋斗，发展生产”，[①] 给员工很大鼓励。《新华日报》也对迁渝的工厂作过详细报导。

周恩来等还与迁川工厂的许多业主建立了密切的联系。抗战胜利后，由于美货的泛滥，国民党反动派处心积虑地准备发动内战，加之官僚资本的统制和压榨，国统区中小工业的处境十分困难，希望组织起来寻求出路。南方局因势利导，积极推动并帮助建立中小工厂联合会，使之成为国内最大的中小民族工业资本家和手工业主的社会团体。

3. 加强对民族资产阶级的宣传教育工作

《新华日报》和《群众》周刊是中共在国统区公开发行的党报与党刊。南方局十分重视这两份报刊，不仅宣传中共的财经政策和解放区的经济成就，还发表文章表彰工商业者的爱国主义精神，鼓励他们不断地为争取抗战胜利做出更大贡献。这些报刊还发文揭露官僚资本巧取豪夺，破坏国民经济的种种罪恶行径，抨击官僚资本压榨民族资本的倒行逆施，为民族工商业者伸张正义，从而深得拥护。1945 年 10 月 19 日，周恩来应西南实业协会之邀作《当前经济大势》的讲演。当时，民族资产阶级对国民党当局极为不满，对共产党也尚存疑虑，在这种情况下，该讲演促使民族资产阶级丢掉对蒋介石集团的幻想，积极参加新民主主义革命，产生了重要的影响。正如周恩来后来所说：“在 1941 年只有文化教育界靠拢我们，1945 年民族资产阶级也靠拢我们了。”[②]

① 南方局党史资料征集小组：《南方局党史资料 · 大事记》，重庆出版社 1986 年版，第 42—43 页。

② 中国历史博物馆：《纪念周恩来总理文物选编》，文物出版社 1977 年版，第 58 页。

四、开展文化领域的统一战线工作，促进抗战文化繁荣

文化领域的统一战线是抗日民族统一战线的重要环节。在抗日战争时期，中共中央十分重视文化战线的统战工作，把它看作同军事战线相辅相成的、不可或缺的部分。

（一）贯彻党的文化政策，发挥文化抗战的功能

中共中央非常重视国统区文化统一战线工作，制定了一系列方针政策。

1940 年 1 月，毛泽东在《新民主主义论》中明确指出："所谓新民主主义的文化，就是人民大众反帝反封建的文化；在今日，就是抗日统一战线的文化。"① 他强调：新民主主义文化必须是"民族的、科学的大众的文化"。②《新民主主义论》对全国进步文艺界产生了巨大的指导作用，也给国统区抗日文化运动带来深刻的影响。

1940 年 9 月 10 日，《中共中央关于发展文化运动的指示》指出，要把广泛发展国统区的抗日文化运动作为"一项极端重要的工作"、"有头等重要性"的大事来抓，并且要求国统区的党组织将其"经常放在自己的日程上"。③ 1941 年 6 月 20 日，《中共中央关于党在文化运动上的任务》指出："团结一切抗日不反共的文化力量，建立文化运动上最广泛的统一战线，向着一个共同目

① 《毛泽东选集》第 2 卷，第 698 页。

② 《毛泽东选集》第 2 卷，第 708 页。

③ 《南方局党史资料 · 文化工作》，重庆出版社 1990 年版，第 4、9 页。

标：反对民族敌人——日本帝国主义，反对民族投降主义，反对黑暗复古主义；发展进步的文化力量，发展民主思想，主张思想自由，研究各种学术，宣传科学的社会主义，推进中国文化向前发展。”①

1944 年 10 月 30 日，毛泽东在陕甘宁边区文教工作者会议上作了《文化工作中的统一战线》的讲演，强调了文化工作的重要性和统一战线中应坚持的原则，对党领导下的文化工作的发展具有重要的指导意义。

中共非常重视国统区的思想舆论阵地，重视宣传工作。在各个形势变化的重要时刻，《新华日报》总是及时发表言论，宣传党的方针政策和抗日主张，宣传八路军和新四军抗日战绩和抗日民主根据地成就，反映国统区广大人民群众的呼声，为群众斗争指明方向。因此，董必武说《新华日报》是共产党的“喉舌”，它向全国人民宣传中共团结抗战的主张，抗日民族统一战线的意义、作用以及爱国主义和马列主义，揭露旧社会一切不合理的现象，使国统区广大人民呼吸到新鲜空气，成为群众的精神食粮。毛泽东赞誉《新华日报》是“八路军、新四军以外的另一个重要方面军”。苏联《真理报》、英国《工人日报》则称《新华日报》为“抗战旗帜，团结灯塔”。

（二）关心广大爱国知识分子，聚合进步文化力量

南方局贯彻执行中共中央的知识分子政策和统一战线政策，特别重视知识分子，广泛开展文化统战工作。

南方局十分重视郭沫若、茅盾、老舍等文化界著名人士，注重发挥他们的领袖作用。早在 1938 年夏天，中共中央就根据周恩来的建议，作出党内决定：以郭沫若为鲁迅的继承者，作为中

① 《南方局党史资料·文化工作》，第 19 页。

国文化界的领袖，并由各地中共组织向党内外传达，以奠定郭沫若在文化界的领袖地位。1941 年 11 月郭沫若 50 寿辰时，周恩来又一次代表党指出："鲁迅是新文化运动的导师，郭沫若便是新文化运动的主将。鲁迅如果是将没有路的路开辟出来的先锋，郭沫若便是带着大家一道前进的向导。"① 再次肯定了郭沫若在进步文化界的领袖地位。郭沫若具有强烈的爱国思想和勇敢奋斗的精神，在文学艺术、历史研究等许多方面都有巨大成就，在文化界具有崇高的威望。充分肯定他的贡献，以他为进步文化界的领袖和旗帜，既可加强对文化界的号召力和增强文化界的凝聚力，又有助于从政治思想上教育和引导文化人、有益于巩固和扩大文化统一战线。

在办好《新华日报》、《群众》周刊的同时，南方局还在其他城市通过进步报刊和中间性报刊，鼓励不同阶层的群众为坚持抗战、民主、进步做出努力。茅盾、张友渔、胡绳等一批进步文化人士转移到香港后，南方局决定成立以廖承志为首的香港文化工作委员会，加强对进步文化工作的领导。在中共中央和南方局的领导下，香港的党组织和党外进步人士合作，大力宣传共产党的主张。1941 年 4 月 8 日，香港《华商报》出版。5 月 17 日，邹韬奋主编的《大众生活》也在香港复刊。这些报刊在海外华侨和国民党统治区的群众中，发挥了很大的鼓舞和教育作用。

在国民党当局严格的禁锢和封锁下，进步报刊的时事政治宣传遇到重重困难。周恩来号召文化界人士坐下来研究社会科学，并用研究的成果宣传、教育群众，占领文化阵地。那时出版的邓初民的《中国社会史教程》、郭沫若的《青铜时代》和《十批判书》等论著，用唯物史观阐明中国社会和中国历史的发展规律，

① 周恩来：《我要说的话》，载《郭沫若在重庆》，青海人民出版社 1982 年版，第 5 页。

对于提高人们的思想认识有很大的启迪作用。南方局还支持文化界开展多种多样的活动，举办各种讲座、讲演会和报告会等，推动抗日民主运动和进步文化的发展。1941 年 3 月，重庆大学商学院师生隆重庆祝因公开抨击蒋介石的战时经济政策遭逮捕监禁的该院院长、著名经济学家马寅初 60 寿辰。周恩来、董必武、邓颖超联名赠寿联以作声援，表示对国民党当局迫害进步人士的愤慨。5 月 29 日，茅盾等九人联名发表《我们对于国是的态度和主张》，揭露国民党的对日妥协倾向和对文化事业的残酷迫害。

南方局十分重视团结文艺界人士开展进步文艺活动，大力支持老舍主持的、有一大批进步文化人参加的中华全国文艺界抗敌协会的活动。重庆举行大规模的戏剧演出，上演剧目 200 余个。南方局团结了一大批著名的作家、导演和演员，培育了许多文艺新秀。演出活动还推广到桂林、昆明、贵阳等地，在国民党统治区产生了很大的影响。

皖南事变后，国民党反动派在国统区加紧迫害共产党人和进步文化人士。南方局根据中央对国统区党的工作的指示精神，对文化工作方式作了适当调整，对文化界知名人士采取疏散保护措施。1941 年 1 月 18 日，中共中央指示南方局在撤退干部的同时，“党外同情分子也应立即通知他们分批转移到南洋、香港，并助其旅费”，周恩来根据指示，制定了大规模转移进步文化人的计划，并亲自领导和主持了这一大规模的转移工作。仅 1 月至 5 月，由南方局文委安排离渝的有 100 余人。1941 年 12 月 8 日，太平洋战争爆发，25 日，日本侵略者占领香港，并且严密封锁了交通线，滞留在香港的爱国民主人士和文化人士及其家属多达千人。在中共中央的指示下，南方局实施了秘密大营救，成功地营救出抗日爱国民主人士、文化界人士及其家属共 800 余人。所有这一切，既体现了党对广大进步文化人的关心和爱护，密切了中共及社会各界人士与文艺工作者的联系，同时也抨击了国民党专制独裁的黑暗统治，并为抗日战争的最后胜利和新文化的传承发展尽可能地保存了实力。

（三）推进抗战文化运动发展，鼓舞全民族抗战士气

抗日民族文化统一战线的建立，大大增强了中共在国统区爱国文化人士中的向心力和凝聚力，壮大了抗战文化队伍，为国统区抗战文化运动的发展提供了强大的原动力。

1. 大大壮大了抗日文化队伍

在抗日民族统一战线的旗帜下，广大文化工作者自觉地把个人命运同民族命运紧紧联系在一起，同舟共济，共同奋斗，实现了空前的团结。在国统区，文化界的统一战线组织有两种形式。

一是于 1938 年 4 月 1 日和 1940 年 10 月 1 日相继成立的国民政府军事委员政治部第三厅和文化工作委员会（简称“文工会”），这两个机构名义上是国民政府军委会政治部下属的团体，实际上是中国共产党领导的、实行抗日文化统一战线政策的战斗堡垒。

由于在周恩来、郭沫若具体领导下的“三厅”抵制国民党的方针政策，而主要是按共产党的方针政策开展工作，国民党就改组了“三厅”，成立文化工作委员会，要求“只能做研究工作，不能从事对外政治活动”，郭沫若担任“文工会”主任。“文工会”的成员包括了比“三厅”更广泛的各界代表人物，聚集了文学家、历史学家、戏剧家、社会学家、法学家、经济学家、音乐家、美术家、电影艺术学家、自然科学家等大批文化人士，其成员不仅有共产党和各民主党派及无党派的文化人士，还有国民党方面的文化人。这表明，“文工会”团结了更多的文化知识界人士，扩大了文化界的抗日民族统一战线。

二是在中国共产党的推动下，文化战线上先后成立的中国戏

剧界抗敌协会、中华全国歌咏协会、中华全国电影界抗敌协会、中华全国文艺界抗敌协会、中华全国美术界抗敌协会、中华全国漫画界抗敌协会等全国性的群众性的统一战线组织，其中尤以中华全国文艺界抗敌协会最具号召力和凝聚力。这些统一战线组织的建立，标志着全国文化队伍不分思想、不分信仰、不分风格流派的空前大团结，标志着文化界抗日民族统一战线的正式形成。这条文化界统一战线的坚持与发展，大大增强了国统区抗战文化队伍的力量。

全民族抗战八年当中，在国统区从事抗战文化活动的文化团体和文化人士，遍及文学、艺术、新闻、教育以及社会科学和自然科学等各个领域，其数量之多，人数之众，实为中国历史所罕见。据不完全统计，全民族抗战初期，在武汉的文化团体有100—200个，各类文化人士有1000人以上。1938年至1944年仅桂林的文化救亡团体就有99个，从事抗战文化的文化人士1000多人，其中还包括夏衍、范长江、廖沫沙、茅盾、巴金、艾青、欧阳予倩、田汉、李四光、千家驹等200多名著名人士。

聚集在抗日民族文化统一战线旗帜下的文化团体和文化人士，是为民族解放呐喊战斗的文化大军，是战胜敌人不可或缺的强大力量。

2. 有力地推动了抗战文化运动的发展

在文化界统一战线组织内，文化界各界人士放弃成见，相互学习，相互交流，精诚合作，从而推动抗战文化的全面发展，全面丰收。

抗战文化运动广泛地反映全国人民抗日斗争的坚强意志，包括小说、诗歌、散文、音乐、美术、戏剧、新闻、出版、教育以及社会科学和自然科学等各个领域，都投入到了抗日文化运动的洪流之中。其中，戏剧的进步最为明显，尤以话剧影响最大。1941年，为了冲破国民党对进步文艺的高压政策，南方局在重庆发动一个戏剧演出运动。不少话剧团体相继在重庆演出进步话剧，使沉寂的文化生活顿时活跃起来。郭沫若创作的大型历史剧《屈原》的上演，盛况空前，把第一个雾季戏剧演出推上了高潮，被新闻界誉为“剧坛上的一个奇迹”。重庆各报刊都纷纷发表评论，就连国民党中央和《中央日报》也不得不承认《屈原》剧“是一篇‘新正气歌’”，演出时“上座之佳，空前未有。”

抗日民族文化统一战线的建立，有力地促进了国统区进步文化事业的发展。桂林曾是国统区抗战文化运动的重要阵地，其成就可窥豹一斑：

第一，新闻出版空前繁荣。当时，桂林发行的报纸有《新华日报》、《救亡日报》和《广西日报》等大小报纸13家，新闻机构有国际新闻社、中央社桂林分社等10多个。出版发行方面，据不完全统计，桂林共有书店、出版社160多家，出版的杂志和专著内容包括社会科学、文学艺术、教育和妇女儿童等方面。其中杂志近200种，文艺专著1000多种、文艺丛书50套。

第二，文学艺术硕果累累。几年内仅长篇小说就出版40部、中短篇小说集近120部、短篇小说近1200篇，诗歌集约50集，报告文学、散文、杂文等文集44集。戏剧方面，仅1944年在桂林举办的“西南剧展”就上演了话剧23个，平剧29个，桂剧8个，规模空前，称得上是中国现代戏剧史上的大事。

第三，教育事业所取得的成就达到了新中国成立前桂林教育史上的最高峰。有关资料显示，当时桂林有各类学校100多所，教育书刊26种，召开的省级以上的教育会议、学术活动就有140多次。

第四，社会科学成绩斐然。当时在桂林有近十个社会科学团体，数十种社会科学刊物，出版发行的社会科学书籍不计其数，涉及哲学、经济学、政治学、史学、文艺理论及教育学等各个领域，取得了不少研究成果。总之，桂林的进步文化事业在短短的六年当中，获得了全面、飞速的发展，桂林也因此由一个文化相对落后的城市，而成为抗战时期蜚声海内外的“文化城”。

武汉、重庆、昆明等国统区的文化中心与桂林的情况相类似，取得的成就也是广泛的。

3. 有力地动员国统区人民广大群众参加战争

毛泽东指出：革命战争是群众的战争，只有动员群众才能进行战争，只有依靠群众才能进行战争。抗战文化活动的开展，开辟了一条教育和团结人民，启发群众觉悟，积蓄革命力量最基本的和最重要的途径。

全民族抗日战争爆发后，国统区的文艺工作者一马当先投入到轰轰烈烈抗日宣传活动中。他们用通俗易懂的语言，群众喜闻乐见的形式，创作出大量贴近群众生活，易于为群众所理解和接受的大众化的文化作品，比如话剧《保卫卢沟桥》，活报剧《放下你的鞭子》，歌曲《八百壮士》、《大刀进行曲》等。广大文艺工作者还开展了各种通俗的文化活动，如街头画展、街头诗朗诵、活报剧、独幕剧、茶馆剧、歌咏比赛等；与此同时还响应“文章下乡，文章入伍”的号召，纷纷下乡入伍。如抗敌演剧四队成立的七年中，足迹遍及国统区 10 省、235 个县市，深入部队、农村共演出剧目 103 个、749 场，观众 64 万多人。

抗战进入相持阶段后，文艺工作者思想上的成熟及政治、军事形势的复杂化，令其创作的作品题材更广泛，内容更丰厚，如小说《霜叶红于二月花》、《京华烟云》、《科尔沁草原》、《呼兰河传》，剧本《棠棣之花》、《屈原》、《李秀成之死》、《桃花扇》、《忠王李秀成》等作品，都不约而同地借古喻今、反思历史，使爱国主义、民族解放意识这一主题因此得到拓展和深化。

抗战文化运动对于动员群众，鼓舞人民抗日斗志，提高胜利信心，起到积极作用。马识途曾经回忆道，中国共产党“把群众团结在一起，逐步形成波澜壮阔的政治运动。”“在这个过程中，我们组织青年阅读抗战文艺书籍，特别是延安和根据地的抗战文艺书籍，苏联的进步文艺书刊，同时还办文艺壁报，组织文艺报告会、讨论会、诗歌朗诵会等等。用这些方法来团结大量的群众是比较有效的。青年们从这些进步文艺书刊中得到启发，必然逐步走向进步。可以说在国统区民主活动的兴起和文艺活动的展开几乎是分不开的。”①

4. 推动和改变了抗日文化发展不平衡的态势

长期以来，中国政治、经济、文化发展极端不平衡，中国文化主要集中在上海、北平、南京、武汉、广州等沿海沿江各大城市，其他省份则相对落后。中国共产党通过抗日民族文化统一战线，推动了抗日文化的发展，改善了这种文化发展的不平衡，使大后方的许多地区有了大学、电影制片厂、各种学会和科学研究机构；作家战地访问团和慰问团将“文协”分会、文艺小组、通讯处散遍全国各地，促成了西部抗日文化的繁荣和发展。

全民族抗战爆发后，上海首先成为抗战文化运动的重要阵地。上海、南京沦陷后，大批文化机构、团体和文化人士纷纷涌向武汉，武汉因此一跃而成为国统区抗战文化运动的中心。武汉沦陷后，陪都重庆取而代之。由于重庆处于国民党中央政权的直接控制之下，政治环境较为恶劣，南方局适时对文化阵地和力量进行了合理的调整，一些文化人士和莘莘学子也涌向政治环境较为宽松的地区。这就造成抗战中后期，除重庆外，又出现了桂林、昆明两个重要的文化据点。其他如贵阳、成都、永安等地，在不同时间内，文化事业也有不同程度的发展。文化运动的中

① 马识途：《我也谈谈抗战文艺》，载《抗战文艺研究》1983年第1期。

心和重要文化据点的变化更替，又使国统区各地的抗战文化运动呈现出各自不同的地方风貌，文化发展的多样性也越来越明显。

中国共产党领导下的抗日民族文化统一战线，造就了一支高举抗战民主大旗、为民族解放呐喊战斗的文化大军，推动了抗日文化运动向纵深发展，对团结抗战、凝聚民族精神具有重大意义。①

① 刘明钢：《抗战时期中共在国统区的文化统战工作及其成就》，载《党史文汇》2015 年第 5 期。

第九章　党在民族宗教领域的统一战线工作

在我国这样一个多民族国家中，民族问题往往与宗教问题密切联系在一起。中国共产党从其成立之日起，就始终坚持以马克思主义民族观和宗教观为指导思想，高度重视民族问题和宗教问题，尤其是在延安时期的统一战线工作中基于实际国情和战时需要，一再强调抗战建国不是汉族一族之事，而是国内各民族共同的神圣事业，如果没有国内各少数民族积极的参加，就不可能取得抗日战争的最后胜利，并制定了切实可行的民族政策和宗教政策，为争取团结全国各族人民和建立抗日民族统一战线做出了巨大的贡献。同时，也为新中国成立后党和国家在完善民族理论、政策和宗教信仰自由政策方面提供了成功经验和理论基础。

一、延安时期党的民族宗教政策形成的历史背景

1937 年 7 月，党中央成立了少数民族工作委员会。8 月，中央发布《抗日救国十大纲领》，明确提出了动员蒙、回及一切少数民族在民族自治原则下共同抗日的主张。1938 年 10 月，毛泽东在党的六届六中全会报告中，进一步阐明了团结各少数民族共同抗日的政策。1941 年公布的《陕甘宁边区施政纲领》规定：“依据民族平等原则，实行蒙、回民族与汉族在政治经济文化上

的平等权利，建立蒙、回民族的自治区，尊重蒙、回民族的宗教信仰与风俗习惯。”① 中国共产党的民族宗教政策包括实行民族平等与民族自治政策，尊重少数民族的宗教信仰和风俗习惯，提高少数民族的经济、文化水平等。中共中央在延安时期民族宗教政策的实行绝不是偶然的，有其政治、经济、文化、社会、军事等诸多方面的因素。

（一）打破日军对我国少数民族分化利诱阴谋的需要

抗战期间，日本帝国主义在回族间进行挑拨分离活动，妄图建立“回回国”，在蒙古族提出了“日蒙联合”、“共同防共”等口号，策动“以蒙治蒙”。为了打破日本帝国主义对我国少数民族的分化、利诱，中国共产党高度重视对陕甘宁边区各民族的争取工作。1938 年，陕甘宁边区党委在关于绥蒙工作中指出：“我们党与八路军在绥蒙工作的任务，是要唤起和团结蒙汉族一切力量一致联合抗日，是要以我们正确的扶助境内少数民族解放政策去帮助各方消除蒙汉间的对立，是要以我们坚持抗战的模范作用去提高蒙族军民王公官吏抗战必胜的信心，是要广大的展开绥蒙抗日游击战争，把绥蒙全境造成敌人不可征服、不能巩固统治的游击区，逐渐在将来敌我力量的变动中，形成坚强的抗日根据地，形成我反攻阶段的前进阵地。”② 1940 年 3 月 10 日，延安回民救国协会发表《告全边区回民同胞书》，强调“加强回汉两族的抗日团结，粉碎敌人的欺骗诱惑阴谋，成为目前极端重要的任务。”③ 1941 年 6 月 22 日，中共中央机关报《解放日报》发表的

① 《毛泽东文集》第 2 卷，第 337 页。

② 中央档案馆、陕西省档案馆编：《中共陕甘宁边区党委文件汇集（1937—1939）》，1994 年，第 178 页。

③ 西北五省区编纂领导小组：《陕甘宁抗日民主根据地回忆录卷》，中共党史资料出版社 1990 年版，第 415 页。

社论《实行正确的民族政策》中指出："中国共产党始终认为抗战建国，不是汉族一族之事，而是国内各民族共同的神圣事业，此种重大的事业，如果没有国内各少数民族积极的参加，就不能有最后胜利的保证。因此实行正确的民族政策，以团结国内各少数民族共同抗日图存，就是当前抗战中的严重任务之一。"① 因此，联合各族人民共同抵抗日本帝国主义，粉碎日军对我国少数民族的分化、利诱，是延安时期中共中央民族宗教政策提出的国际背景与重要政治因素。

（二）纠正批评国民党反动民族宗教政策的要求

在日本帝国主义大举侵略中国，中华民族面临生死存亡之际，需要全国各族人民团结一致，共同抵御外敌。但国民党大汉族主义的民族政策，造成了蒙、回民族对汉族上层统治者的仇恨，滋长了某些民族主义的离心倾向，比如在绥蒙等地，少数民族的王公贵族有被日军利用的威胁，而广大的少数民族同胞也生活在水深火热之中。以蒋介石为首的国民党反动统治集团，否认中国境内有少数民族的存在，把汉族以外的各少数民族称之为"宗族"，对于中国的民族问题则称之为"边政问题"，并制定了相关的民族压迫政策，设立各种机关和征收各种苛捐杂税。他们大力推行大汉族主义的强迫同化政策，如在广西以"改良风俗"为名，成立了"改良风俗委员会"，迫使居住在那里的侗族、壮族等少数民族"一律改用汉服"，改变他们原来的民族风俗和生活习惯；国民政府在一些民族地区还沿用封建王朝"以夷制夷"和"分而治之"的政策，如在东南、西南等地区利用各族土司或政教首领实行统治，"在北方，以设行省为名，以政治和地域上分割少数民族，造成民族隔离和一地两主局面；还多方拉拢蒙古

① 解放日报社：《实行正确的民族政策》，载《解放日报》1941年6月22日。

王公贵族，对他们采取收买政策，对宗教上层也同样委以党政职衔”，[①] 在设立机关方面有“正俗总社”和“化瑶局”，等等，企图“彻底汉化，泯灭汉夷界限”和“化一风同”，以达到消灭少数民族的目的。在抗日战争期间，国民政府在云、贵、川等民族地区摊派的田赋和苛捐杂税就多达百种，有公路捐、电话捐、亩捐、窝捐、瘾民捐、红灯捐、代捐，等等。蒋介石集团除了制定高压政策和设立机关之外，还实行赤裸裸的武力镇压，如 1943 年震惊全国的对伊克昭盟蒙古族人民的屠杀事件；1944 年对新疆少数民族的武力镇压事件。对此，毛泽东这样评论：“对于国内各少数民族，蒋介石的方针就是实施大汉族主义，摧残镇压，无所不至。”[②]

国民党统治集团的反动民族政策，加剧了民族地区各少数民族生活的贫困，引起了各少数民族对国民政府的强烈不满，严重影响了各少数民族共同抗日的热情，制约了国内建立抗日民族统一战线的巩固和发展。同时，中国共产党早期的宗教政策还不太成熟，再加上当时的革命形势和宗教问题也比较复杂，常常分不清宗教迷信和宗教信仰的区别，阶级划分也不太科学合理。一方面，中国共产党提倡宗教信仰自由，要争取团结宗教界各人士积极参与革命活动。1925 年 5 月，中国共产党在第二次全国劳动大会上强调指出，团结是我们无产阶级在此战争中重要的武器，是不分国界省界及手艺、宗教、性别的阶级团结。1926 年 4 月，中共中央在印发的《我们今后怎样工作》中又指出，工人阶级在革命斗争中的统一战线，是不分职业、党派和宗教工人群众的统一战线。1931 年，中央在给苏区中央局的电文中指出：凡 16 岁以

① 潘华、勾霄丹：《抗战时期国共两党民族政策之比较》，载《社科纵横》2010 年第 4 期。

② 毛泽东：《中国人民解放军宣言》，载《人民日报》1947 年 10 月 10 日。

上工农兵劳苦民众，不分男女、种族、宗教，都有选举权与被选举权，参与国家政治生活。但另一方面，中国共产党又要反宗教，限制宗教界各人士的各项权利。1923 年，共产国际就给中共发来指示："没收寺庙土地并将其无偿交给农民"，这表示农民分配到土地的同时也损害了宗教界的权益。大革命失败后，由于受"左"倾错误的主导，党把宗教问题等同于阶级问题，以阶级意识来主导宗教意识，以划分阶级的标准来划分宗教，故错误地把宗教界人士划为敌对势力。1933 年 10 月通过的《关于土地斗争中一些问题的决定》中规定：宗教职业者，无选举权，并不得分配土地。因为当时混淆了迷信职业者与宗教职业者的区别，导致了党的政策直接剥夺宗教界各人士的政治权利和经济权利。毛泽东亲自在湖南调查中也认识到了强迫农民放弃自己的宗教信仰可能性很低，并提出"到了一定时期农民会用他们自己的双手丢开这些菩萨，无须旁人过早地代庖丢菩萨"。[①]这一时期党的宗教政策对我国宗教问题缺乏系统的理论和实际的论证，具有不稳定性和不确定性，这也是直接导致当时宗教界各人士对党的政治态度摇摆不定和革命热情比较低沉的重要原因。

所以，解救于水火之中的少数民族群众，批评、揭露国民党反动的民族宗教政策，是延安时期中共中央民族宗教政策提出的国内阶级背景与重要政治因素。

（三）建立稳固的西北革命大本营的需要

延安时期，中国共产党民族宗教政策的实行与开辟革命根据地、建立稳固的西北革命大本营有着重要的联系。1935 年，中共中央落脚陕北，为建立稳固的革命根据地，先后进行了东征、西

① 《毛泽东选集》第 1 卷，第 33 页。

征。1936年2月20日，红军东渡黄河进行东征，同年5月，进行西征。因为西征要经历宁夏、甘肃等回民聚居区，为了争取回族同胞，苏维埃中央政府于1936年5月25日发表了《对回族人民宣言》，强调："根据民族自治的原则，主张回民自己的事情，完全由回民自己解决，凡属回民的区域，由回民建立独立自主的政权，解决一切政治、经济、宗教、习惯、道德、教育以及其他的一切事情，凡属回民占少数的区域，亦以区乡村为单位，在民族平等的原则上，回民自己管理自己的事情，建立回民自治的政府。"西征红军进入宁夏回民聚居区以后，制定了"三条禁令"和"四大注意"，取得回族同胞的信任。1936年6月解放豫旺县，10月，豫海县回民自治政府成立，这是中国共产党历史上所创建的第一个县级回族自治政权，尽管存在的时间很短，但它对党今后推行民族自治树立了光辉典范，提供了历史借鉴。抗战时期，由于日本帝国主义在回族、蒙古族等少数民族间进行挑拨分离活动，中国共产党更加重视对于西北边境少数民族工作的开展。1937年7月，党中央成立了少数民族工作委员会。1939年，成立了中共西北工作委员会，设立了民族问题研究室，开展对于西北少数民族特别是回族、蒙古族历史的研究。因此，开辟根据地，巩固西北革命大本营，团结少数民族革命武装，是延安时期中共中央民族宗教政策提出的重要军事因素。

（四）协调根据地各民族社会关系的需要

1937年，中共中央进驻延安城，由于陕甘宁边区政府实行移民招募政策，对到边区的移民解决居住、用具、籽种等各种问题，三年免征公粮及土地税。同时，由于延安浓厚的民主氛围，使得移民的人数逐渐增多，1942年，陕甘宁边区移民8527户，

27744人，1943年移民1836户，4961人①。这些移民包括：到延安参加革命的爱国青年，从山西来的商人，从河南来的灾民，还有大量的少数民族群众。边区的少数民族主要是回族和蒙古族，约占边区总人口的千分之一，居住区域主要分散在关中、陇东、三边分区的一些县及延安市。边区外来人口的增多，使得边区所面临的社会问题、民族关系问题愈发复杂，如果处理不好，将会激化民族矛盾、社会矛盾。而且由于历史的原因，边境少数民族、宗教势力与汉族、民众历来存在着许多纠纷，如1935年，死羊湾村民刘真、刘六不顺教会，教会以“私通红军罪”将刘六活活打死，罚刘真糜子12石，抢占土地700余亩。1936年春，中共党员潭钟余等五人从苏联经新疆回延安途经靖边镇南山时，遭教会及地方反动武装围击，四人牺牲，一人被俘，所带电台、武装损失殆尽。② 其他根据地亦面临着同样的问题，在山东解放区，有150万回民，③ 在内蒙古多伦，共有汉族351户，回族419户，其余绝大多数均系蒙人，④ 由于他们各自的风俗习惯、文化背景不同，加上长期存在的民族隔阂，这些矛盾经常会表现出来，有时还很突出。因此，如何处理汉族与少数民族的关系，化解各族人民之间的矛盾、纠纷，维护解放区的稳定与发展，是延安时期中共中央民族宗教政策提出的重要社会因素。

---

① 延安市地方志编纂委员会：《延安地区志》，西安出版社2000年版，第175—177页。

② 榆林地区地方志指导小组：《榆林地区志》，西北大学出版社1994年版，第680—682页。

③ 解放日报社：《保障回族自由民主生活渤海颁布回民自治法》，载《解放日报》1946年8月14日。

④ 解放日报社：《多伦各民族融洽互助，回汉族平等参选，清真寺香烟繁盛，蒙族客商殷切相待》，载《解放日报》1946年6月10日。

（五）推动抗日民主根据地经济发展的需要

首先，全民族抗战以来，根据地的经济政策经历了“争取外援”为主到“自力更生”为主的政策转变。比如，1937—1939年，外援在陕甘宁边区财政收入中的比重分别为77.2%、51.96%、85.67%。1939年初国民党五届五中全会后，国内形势开始逆转，边区遭到包围和封锁，外援受阻。这时，中共中央便提出“自己动手”发展生产的号召，动员广大军民开展生产自给运动，“用发展农业、工业各种生产和商业贸易，保证我们在财政经济和物质上的供给”。① 由于边区及周边的蒙、回民族多以经商、打盐、运输为生，边区政府对他们采取了鼓励发展和活跃经济，促进工商业发展的政策，不仅对他们的经营活动提供方便，还减免了一些课税，如1942年免去了蒙古族群众来往于边区经商、搞运输的税款19万元以及部分盐税等。由于边区积极的经济政策，使得每年来往于边区经商的蒙、回商贩千余人，既活跃了边区的经济，又解决了人民的生活问题②。其次，团结少数民族群众，实行平等的民族政策，也是根据地政治文化发展的需要。西安事变后，中国共产党为了团结抗日，各根据地政权先后由工农苏维埃制度改为抗日民主制度，提出一切赞成抗日的人们不分阶级、党派、性别、民族和信仰，不受财产和文化程度的限制，都有选举权和被选举权。比如，1941年陕甘宁边区参议会的选举体现了民族平等的原则。在这一次选举中，边区回民七名代表当选为边区参议员，当选为县、乡参议员的就更多了。可见，延安时期中共中央民族宗教政策的提出，是中国共产党领导的各

① 齐心、张馨：《陕甘宁边区政府成立五十周年论文选编》，三秦出版社1988年版，第102—103页。

② 王晋林、秦生：《新民主主义模型——陕甘宁革命根据地史》，中共党史出版社2007年版，第71页。

大解放区政治、经济、文化建设的内在要求，同时，这些政策的贯彻执行也进一步推动了根据地经济、政治、文化、社会的发展。

二、为实现全民族抗战党的民族宗教政策的调整和完善

1937 年 7 月 7 日，日本侵略者制造了震惊中外的七七事变，又称“卢沟桥事变”，标志着日本全面侵华战争的开始，中华民族与日本帝国主义的矛盾上升为国内的主要矛盾，民族危亡到了最危险的时刻，号召全民族抗战成为当前中国共产党的主要革命任务。于是，中共中央根据战时的需要进一步提出和贯彻了新的民族宗教政策，以更好地团结国内各少数民族共同抗日图存。

（一）在民族政策方面进一步调整和充实

为了动员和组织全国各族人民积极参与抗日战争，建立民族统一战线，中国共产党采取的新的民族政策主要有：

1. 在政权上提出民族区域自治，保障少数民族享有自主的权利

中国共产党自成立之日起就已经高度重视民族问题，坚持把民族平等和民族团结作为处理民族问题的根本原则。全民族抗战以前，中国共产党的民族政策倾向于“民族自决，或建立联邦，如当时中国共产党关于内蒙古民族的文件，几乎每次都是民族自决权、独立、分离、建立内蒙古人民共和国的问题，那时中国共产党主张的联邦是苏维埃式的联邦。”① 直到 1938 年六届六中全

① 苏建灵、周昆云：《抗日战争时期中国共产党民族政策的发展》，载《广西民族研究》1995 年第 4 期。

会召开，毛泽东提出："允许蒙、回、藏、苗、瑶、夷、番各民族与汉族有平等权利，在共同对日原则之下，有自己管理自己事务之权，同时与汉族联合建立统一的国家"①，尽管这里毛泽东没有使用民族自治的概念，但很明显已经孕育出民族区域自治的思想，这是中国共产党关于民族政策理论新的突破和设想。在统一的多民族国家中要实现民族平等和民族团结，就必须实行民族区域自治，这是保障民族地区的少数民族享有自主权利、实现自我管理的一项重要举措。1940 年，中国共产党进一步提出"国内各民族在平等原则之下共同抗日，并实现建立统一联合的三民主义的新共和国"② 的主张。1945 年毛泽东在党的七大中明确提出：各少数民族有民族自治的权利，中国各族人民将建立"一个独立、自由、民主、统一和富强的新国家"③。1947 年 5 月 1 日内蒙古自治区的成立，标志着中国共产党关于建立民族区域自治制度的伟大设想付诸了实践，鼓舞了广大少数民族群众的革命热情。

此外，为了保障少数民族享有自由、平等、民主的政治权利，鼓励少数民族参政议政，最大争取全国各民族积极抗战，中国共产党所制定的各种纲领、条例都提到民族政治权利的问题，如 1937 年的《陕甘宁边区选举条例》，1939 年的《选举条例》，1940 年的《晋察冀边区目前施政纲领》，1944 年的《各级参议会组织条例》，等等，同时还专门设立了少数民族工作委员会，表明了中国共产党致力追求实现民族平等和民族团结的决心。

1937 年 5 月 12 日，中华苏维埃西北办事处讨论通过的《陕

① 中共中央统战部：《民族问题文献汇编》，中共中央党校出版社 1991 年版，第 595 页。

② 中共中央统战部：《民族问题文献汇编》，第 665—667 页。

③ 《毛泽东选集》第 3 卷，第 1053 页。

甘宁边区选举条例》中规定："凡居住陕甘宁边区区域的人民，在选举之日，年满十六岁的，无男女、宗教、民族、财产、文化的区别，都有选举权和被选举权。"1939年1月第一届参议会通过的《陕甘宁边区政府选举条例》第二章第三条又规定：凡居住边区境内之人民，年满18岁者，无阶级、职业、男、女、宗教、民族、财产与文化程度之区别，经选举委员会登记，均有选举权与被选举权。[①] 1940年4月和7月，中共西北工作委员会分别拟定了《关于回回民族问题的提纲》和《关于抗战中蒙古民族问题提纲》，其中规定："中央政府及绥、宁、青等省政府应有适当数目之蒙人（回人）参加为委员和行政工作人员，国民参议会应增加蒙人（回人）参议员"，[②] 这就使得少数民族代表享有了与汉族代表同样的权利。1941年边区第二届参议会选举中，有七名回族代表、一名蒙古族代表当选为边区参议员，蒙古族同胞那素滴勒盖和回族同胞马生福当选为边区政府委员（边区政府共有18名委员）。1945年9月10日，《中共中央西北局对伊盟出席解放区会议的代表问题的指示》中指出："此代表提出与选举，须充分发扬民主，不得代替包办。须经他们自愿提候选人与自由选举。"[③] 1946年4月4日陕甘宁边区政府主席林伯渠在第三届边区参议会第一次大会上的政府工作报告中强调：少数民族公民，与一般男女公民一样享有"自由出版黑板报、群众报，发表意见以至批评政府工作与人员等"、"自由选举并依法律手续罢免其代表，检查政府工作，控告以至越级控告失职的政府人员等"等充分的自由权利。这样，少数民族不仅可以参加各级政府和参议

① 陕西省社会科学院合编：《陕甘宁边区政府文件选编》第1辑，档案出版社1986年版，第160页。

② 中央统战部、中央档案馆：《中共中央抗日民族统一战线文件选编》，档案出版社1986年版，第447页。

③ 中共中央统战部：《民族问题文献汇编》，第1069页。

会，而且在选举上也有与汉族平等甚至于更优越的权利。在边区第一届参议会选举中，又有回族三人、蒙古族三人当选为边区参议员，蒙古族代表阿拉并巴音和回族代表蔡登霄当选为边区政府委员（边区政府有 19 名委员）。《陕甘宁边区选举条例》还规定："少数民族如回民、蒙民因为人数少，如果照一般选举，很难选出其代表来，所以规定：比如关中、三边、陇东有回民，照条例要有 50 个回族居民才能选出一个乡参议员，但现在只要 10 个以上的回民即可，且回民民族选举得以各级参议会的地区为单位。其他少数民族，照此一样。"这样，便解决了少数民族因人口少、居住分散而无法选出自己的代表的问题，使各民族能够有机会参加各级政府与参议会，同汉族干部一起工作，人民当家作主的权利在边区得到了真正的实现。

2. 积极帮助少数民族大力发展经济

发展民族经济是保障少数民族群众生活的基本需求。

对于西北民族来说，畜牧业是他们生存的支柱产业，中国共产党通过制定许多政策给予保障。1940 年中央在制定《关于回回民族问题的提纲》和《关于抗战中蒙古民族问题提纲》的政策时就规定"改良畜牧和农业，政府拨款救济农村，抚恤流亡，废除苛捐杂税，减租减息。"① 同时对少数民族贫困群体给予救济，如 1940 年提出的："在民主选举中，应予回蒙满藏同胞以优待，对其贫苦无以为生者，特予救济。"② 政府还鼓励少数民族发展商业等，主要通过资金贷款援助、禁止高利贷、取缔奸商垄断、实行公平交易等方式发展商业。1946 年中共中央西北局提出："目前伊盟工作应贯彻为蒙古人民服务的精神，从帮助蒙人发展经济入手，经过通商，便利蒙人交换必需品，鼓励其生产发展（畜牧与

① 中共中央统战部：《民族问题文献汇编》，第 666 页。
② 中共中央统战部：《民族问题文献汇编》，第 668 页。

熬碱等），并举办医药，办学等（合作与组织起来方法可适用），应该认识，这乃是党的一个极其重要的政策。”[①]

首先，帮助少数民族发展农业和畜牧业。西北少数民族，特别是蒙古族，是一个典型的游牧民族，畜牧业是他们生存的支柱产业。他们居住的地区，经济远远落后于汉民族农耕地区。鉴于这种情况，中国共产党在颁布制定政策时，给予他们更多的照顾，如中央在制定《关于回回民族问题的提纲》及《关于抗战中蒙古民族问题提纲》的政策时就规定：“改良畜牧和农业，政府拨款救济农村，抚恤流亡，废除苛捐杂税，减租减息。”[②] 1946年2月2日，中共中央西北局提出：“目前伊盟工作，应贯彻为蒙古人民服务的精神，从帮助蒙人发展经济入手，经过通商，便利蒙人交换必需品，鼓励其生产发展（畜牧与熬碱等），并举办医药、办学等（合作与组织起来方法可适用）。应该认识，这乃是党的一个极其重要的政策。”[③] 对于少数民族居民，又通过分配土地、发放贷款、调剂种子、划分宅基等为其解决生产和生活上的困难；同时，对于迁入的少数民族移民、难民也同样给予他们田地耕种，并承诺三年内免收公粮；等等。在中国共产党民族政策的感召下，外地蒙民移居边区者逐年增加，仅三年内就从原来的三户发展到200余户。

其次，帮助少数民族发展商业。延安时期，中国共产党也十分重视鼓励少数民族发展商业。凡从事商业者，贷给他们资金，或减免他们的税捐，尽力帮助他们经营，保证生活。1939年林伯渠在《陕甘宁边区政府对边区第一届参议会的工作报告》中指出，边区政府在两年来的工作中取得了以下成绩：“帮助少数民

① 中共中央统战部：《民族问题文献汇编》，第1148页。

② 中共中央统战部：《民族问题文献汇编》，第666页。

③ 中共中央统战部：《民族问题文献汇编》，第1148页。

族营业上的自由，并帮助其解决困难问题。边区政府不但减轻了他们一切税务的负担，并且给他们营业以保证，使他们不受任何损失。同时给他们在粮食及日用品方面以极大的经常帮助。”① 同时，边区政府还规定对从事商业者提供资金贷款援助，实行公平交易，禁止高利贷和取缔奸商垄断。此外，边区每年都定期在定边、靖边、盐池等地召开骡马大会，许多回、蒙民到此参加交易，这在一定程度上有利于边区经济的发展和各族人民生活的改善。所以，一些回民最后发展成为拥有数十万元财富的大商户以及拥有达 200 万元家产的富翁，他们盖起了房子，过上了好生活。

最后，保障巩固农民土地所有权。土地是传统社会中人民的命根子，中国共产党人在早期的实践中就致力于解决农民的土地以争取广大人民的拥护。如第一次土地革命时期，中国共产党领导下的分田分地，积累了土地革命的丰富经验。1939 年 4 月 4 日公布的《陕甘宁边区抗战时期施政纲领》第十八条就规定，保护边区人民的私人财产权及由土地改革所得之利益。1947 年 10 月颁布的《中国土地法大纲》公布：承认内蒙境内的土地与牧场，为内蒙民族所有；废除内蒙封建的土地所有制和牧场所有制。农业区实行耕者有其田，原来一切封建地主与庙宇所占有的土地，一律收归公有……对于其所分得与保留之土地。有自由经营、买卖与在特定条件下出租之权。② 这些政策有效地调动了各族人民群众的积极性，改善了人民的生活，极大地促进了少数民族地区的生产发展和民族团结。③

---

① 中共中央统战部：《民族问题文献汇编》，第 618 页。

② 中央统战部、中央档案馆：《中共中央抗日民族统一战线文件选编》，第 1056 页。

③ 伊建民：《毛泽东解放战争时期的民族理论与实践》，载《党政干部学刊》2009 年第 3 期。

在中共中央正确的民族经济政策影响下，各民族经济呈现出繁荣景象，少数民族群众基本生活开始有了保障。

3. 积极帮助少数民族大力发展文化教育事业

在文化教育上，中国共产党根据少数民族文化的实际情况制定新的政策，在尊重各民族风俗习惯和宗教信仰的前提下促进民族文化发展。1938 年毛泽东在《论新阶段》中指出："尊重各少数民族的文化、宗教、习惯，不但不应该强迫他们学汉文汉语，而且应赞助他们发展用各种自己语言文字的文化教育。"[①]

在六届六中全会的精神指导下，中国共产党大力加强对少数民族的文化教育的普及，并在 1939 年公布的《陕甘宁边区抗战时期施政纲领》中规定：尊重蒙、回民族之信仰、宗教、文化、风俗、习惯，并扶持其文化发展。抗战时期开展的民族文化教育主要有：实施国民教育，设立各级免费学校，全国重要学校招收民族学生，设立回民班次，设立喇嘛和阿訇训练班，创办少数民族刊物，成立蒙古文化促进会，筹建成吉思汗纪念堂和蒙古文化陈列室，帮助回民修建清真寺，等等。

由于国民政府对少数民族实行残酷的民族压迫政策，对他们的教育采取敷衍的态度，因此，少数民族人民文化水平普遍很低。为了让少数民族从愚昧的状态中解脱出来，提高他们的知识水平、文化层次与民族意识，延安时期，中国共产党大力加强对少数民族的文化教育的普及。1939 年 4 月 4 日通过的《陕甘宁边区抗战时期施政纲领》规定，要求尊重蒙、回两个民族的宗教信仰、风俗文化等，并协助其发展文化事业。1941 年 5 月 1 日，《陕甘宁边区施政纲领》（十六）规定："依据男女平等原则，从政治经济文化上提高妇女在社会上的地位"。[②] 1946 年 4 月 23 日

① 中共中央统战部：《民族问题文献汇编》，第 595 页。

② 《毛泽东文集》第 2 卷，第 336 页。

边区代表大会通过的《陕甘宁边区宪法原则》对人民有权免费接受国民教育、高等教育以及医疗服务等都作出了相应的规定。从这几部法律，我们可以看出边区政府非常重视边区的教育，特别是少数民族的教育。边区政府对蒙、回专门颁布的两个文件《关于抗战中蒙古民族问题提纲》和《关于回回民族问题的提纲》也规定，要大力培养蒙回民族抗战建国人才，实施抗战教育和普遍发展国有教育，设立各种培训班、允许蒙回青年有选择自己学校的权利，等等。1939 年 1 月陕甘宁边区政府对边区第一届参议会的工作进行报告，总结了两年来取得的成绩。为了发展少数民族文化教育，培养蒙、回民族干部，政府在定边县开办过一所抗日回蒙学校。课程均采用他们自己的文字，并曾不断地用蒙、回文字译成各种抗日书籍和小册子。凡边区接近蒙、回人的地方，都有定期与不定期的蒙、回文刊物和墙报。边区政府大力兴办民族学校，在抗战期间，各少数民族聚居区陆续办起了八所伊斯兰小学，一所伊斯兰公学，三所蒙古族小学。此外，在一般的地方都设有识字班、冬学和夜学。为帮助成人和回族家庭妇女扫盲，边区还办了夜校和家庭识字组。有的盐场，利用打盐的间隙，组织回、汉盐民学习、识字，做到学习工作两不误。党中央还充分利用团体进行教育宣传。1940 年边区筹备成立了蒙、回民族文化促进会，对蒙、回民族进行文化教育，组织人员把马列主义和毛泽东的部分著作译成蒙古文、阿拉伯文，并出版发行；还在延安兰家坪对面建立了成吉思汗纪念堂和蒙古文化陈列室，宣扬他们优良的文化统统。这些政策的实施，使各少数民族人民享有了平等的受教育的机会，提高了不同层次人民的知文化水平，既发扬了少数民族本身的优良文化传统，又使他们掌握了各种新的先进的知识，从而有效地协调了民族关系，在团结少数民族革命力量共同战斗中发挥了重要作用。

这些政策措施极大地促进了少数民族文化事业的发展，提高了广大少数民族群众的政治和革命觉悟。

4. 大量培养和使用少数民族干部

培养少数民族干部是党开展民族工作的首要任务，民族干部是党联系各少数民族群众的桥梁，而对于少数民族干部培养的对象多数是在少数民族群众中比较有影响力的人物，如开明的知识分子、家族领袖、民族宗教领袖，等等，这些都基本上是少数民族的上层人物，也是党重点培养的对象和努力争取为盟友的人物。《关于回回民族问题的提纲》中提出我们一定争取，要努力地争取，多方地争取，不但要争取下层，并且注意争取上层。1938 年，张闻天在《关于抗日统一战线与党的组织问题》中明确要求："多找少数民族中的开明的知识分子，给以教育，使之成为少数民族工作的干部。"① 同年关峰等人在《我们对于第三期抗战保卫陕西与保卫西北的意见》中提出："选择适宜地方开办专门训练回、蒙青年的军事、政治学校，培养回、蒙军事政治的青年干部，担任战时各个战线的领导工作。"②

1937 年，中共中央党校举办的民族班是培养少数民族干部的开端。1939 年 7 月，中共中央党校又成立了一个回民班；1940 年 8 月，陕北公学又成立了少数民族工作队；1941 年 6 月，在少数民族工作队的基础上成立了民族部。民族部成立以后，第一次招生 185 人，学员主要是蒙、回、藏、彝、苗、满等民族，同时，还有少数汉族同志。后来，随着民族工作发展的需要，1941 年 9 月，在陕北公学民族部的基础上创办了延安民族学院。延安民族学院成立后，经历了文化沟、桥儿沟、三边三个时期的变迁，最后于 1945 年 2 月迁至内蒙城川，于 1948 年春结束，期间

① 中共中央党史研究室科研管理部、国家民族事务委员会民族问题研究中心：《中国共产党民族工作历史经验研究》，中共党史出版社 2009 年版，第 26 页。

② 中共中央统战部：《民族问题文献汇编》，第 606 页。

培养了大量的少数民族干部。党和边区政府在创办民族干部教育的同时，还大力发展小学教育。1938—1945 年，边区各少数民族聚居区陆续开办了八所伊斯兰小学、一所伊斯兰公学、三所蒙古族小学。定边伊斯兰公学创办于 1941 年 10 月，是定边回、汉民族共同创办的民办学校。该校附设夜校和识字班，很受群众欢迎。该校的特点，不在于它的规模有多大，班级有多少，程度有多高，而在于它有广泛的群众性，承担了国民教育和社会教育的双重任务。在巴勒葛素和哈拉西里蒙古族聚居区，开办学校两所，吸收当地蒙、汉儿童入学，学制三年，每个学校 50 名学生。此外，边区少数民族的社会教育事业发展很快，有的学校办夜校和识字班，有的组织读报会和扫盲会，帮助回、汉妇女识字学习，社会效果很好。这些学员成为联系党和各族人民的桥梁，成为执行民族政策的骨干。很显然，中共中央对文化教育事业的大力支持和对少数民族干部的培养，促进了汉族与各少数民族间的文化交流，提高了各族人民的文化素养，增强了各民族之间的团结，提高了各族人民的民族意识和抗战的激情，为抗日战争和解放战争的胜利提供了精神食粮。①

中国共产党的民族政策调动了全国各族人民积极参加抗日救亡，保卫家园，争取民族独立伟大事业的热情，为新中国的成立奠定了广大的民族群众基础。

（二）在宗教政策方面更加务实和成熟

中国是一个有着多种宗教的国家，尤其是世界三大宗教，佛教、伊斯兰教、基督教在中国都有大量的信教群众，也有许多专门的宗教职业者。宗教信仰和宗教活动在我国少数民族中所占的

① 宋超、肖周录：《延安时期党的民族宗教政策探析》，载《新疆社会科学》2011 年第 3 期。

比重，远远超过汉族，少数民族中有不少是全民信仰某种宗教，在其他的少数民族中宗教的影响也随处可见。延安时期，针对抗日根据地多处于宗教复杂的边远山区（信仰伊斯兰教的回族地区和信仰藏传佛教的蒙古族地区）的实际，为了争取广大的宗教人士抗日，中共中央高度重视宗教问题，不仅制定了与宗教界上层人士建立统一战线的政策，而且在政治、经济、文化、民生问题上制定了一些争取信教民众和宗教职业者的政策，高度重视与宗教界上层人士建立统一战线，在一定程度上保障了宗教人士的政治、文化权利。

1. 对宗教土地政策作了较大调整

抗战时期，中共中央取消了苏维埃时期没收宗教土地和宗教职业者不得分配土地的规定，对宗教土地的政策作了较大调整——从没收宗教土地到暂不“变动”宗教土地，这一调整从一个侧面反映了抗战时期中共宗教政策更加成熟。1930 年 9 月，全国苏维埃区域代表大会通过的《土地暂行法》规定：祠堂、庙宇、教会……等的土地，一律无代价没收。[①] 而 1941 年 4 月公布的《山西省第二游击区公地户地社地庙地寺地学田使用条例》则规定：“喇嘛庙、清真寺之土地，有关民族问题者，应由政府加以保护。”[②] 1942 年 1 月，中共中央政治局通过的《中共中央关于抗日根据地土地政策决定的附件》也规定：“宗教土地（基督教、佛教、回教、道教及其他教派的土地），均不变动。”[③] 1944 年 1 月通过的《陕甘宁边区地权条例（草案）》又规定：宗教地、寺地“已经没收分配者，其地权即为分得土地人所有；未经

① 中国社科院经济研究所中国现代经济史组编：《第一、二次国内革命战争时期土地斗争史料选编》，人民出版社 1981 年版，第 430 页。

② 韩延龙等编：《中国新民主主义革命时期根据地法制文献选编》第 4 卷，中国社会科学出版社 1986 年版，第 342 页。

③ 中央档案馆编：《中共中央文件选集》第 13 册，第 289 页。

没收分配者，其地权仍属于原业主所有”。[①] 对教会财产、房屋、土地，按照边区有关条例，被私人侵占的“准由该会据实呈报，由政府令所属查核归还”。

2. 在生活上给宗教人士以实际的帮助

抗战时期，中共还制定了从生活上关心宗教人士、解决各种困难、扶持宗教贫困者的宗教政策。中共中央在《关于回回民族问题的提纲》和《关于抗战中蒙古民族问题的提纲》中都指出：帮助改善和提高回、蒙民族人民的生活；帮助发展其民族经济。对于境况贫苦无以维持生活的少数民族的同胞，予以特殊之救济。对于陕甘宁边区的基督教，边区政府对负担重的教堂采取减免粮草任务、出资修缮被破坏的城川大主教堂的政策。对桥儿沟年老无依无靠的修女，边区政府发动群众帮助她们找石窟安家，并解决了教堂地租问题。当庆阳三十里铺教堂神职人员出现生活困难时，陇东分区专员马锡五亲自上门慰问，并拨给一些粮食和资金帮助教堂渡过难关。对迁入边区信仰伊斯兰教的回族群众，中国共产党采取发放救济粮、安排居住、拨给耕地或荒地、发放农业贷款的政策。而对于原居住在陕甘宁边区的回族居民，从事农业的，边区政府分给他们土地、发放农贷、调拨种子，帮助他们解决生产上和生活上的困难。中国共产党还组织蒙古族、回族同胞成立了打盐运盐合作社，减免了一些课税。仅 1942 年就免去蒙古族群众来往于边区经商、搞运输的税款 19 万元，盐税 5. 8 万元。

3. 在政治上给予宗教人士以广泛的权利

抗战时期，中共特别注意保护宗教人士的政治权利，这与抗战前有很大区别。苏维埃时期，中国共产党规定了宗教职业者在

---

① 韩延龙等编：《中国新民主主义革命时期根据地法制文献选编》第 4 卷，第 221 页。

政治上无选举权和被选举权的宗教政策。而抗战时期，中共中央在各宣言、文件中，在根据地的纲领、法令中，都规定了宗教人士所享有的政治权利。为了保证宗教信徒真正享有平等的政治权利，陕甘宁边区于1939年4月4日颁布的《陕甘宁边区抗战时期施政纲领》中，把民族平等作为一项重要内容，如"实现蒙回民族在政治上、经济上与汉族的平等权利，依据民族平等的原则，联合蒙回民族共同抗日"。① 1942年4月公布的《陕甘宁边区各级参议会选举条例》就提出：居住边区境内的人民，年满18岁，不分阶级、党派、职业、男女、宗教、民族、财产和文化程度的差别，都有选举权和被选举权。边区政府在对这一条例进行解释时还说：这里的宗教是指"回教、喇嘛教、大主教等"。"弱小民族、信宗教的，都一样有权利，谁也不能限制谁"。② 中共中央在《关于回回民族问题的提纲》和《关于抗战中蒙古民族问题的提纲》中也指出要实现开放民主，保障回、蒙两个民族享有言论、出版、集会、结社等自由。

4. 实行宗教信仰自由和大力发展教育的政策

在抗战这一特殊条件下，中国共产党依据马克思主义的宗教信仰自由原则，制定了宗教信仰自由的政策。马克思主义强调宗教信仰自由是公民个人的私事，应给予保障。马克思在《哥达纲领批判》一书中指出："每一个人都应当有可能满足自己的宗教需要，就像满足自己的肉体需要一样，不受警察干涉。"③ 以马克思主义的宗教信仰理论为指导，1940年中共中央西北工作委员会拟定的《关于回回民族问题的提纲》和《关于抗战中蒙古民族问题提纲》，中共晋察冀边委发布的《施政纲领》，1945年毛泽东

① 中共中央统战部：《民族问题文献汇编》，第622页。

② 河北省历史研究所、河北省档案馆：《晋察冀抗日根据地史料选编》上，河北人民出版社1983年版，第296页。

③ 《马克思恩格斯选集》第3卷，人民出版社1995年版，第317页。

在中共七大上所作的政治报告，都多次强调宗教信仰自由政策，强调要尊重回族、蒙古族等少数民族的宗教自由和风俗习惯。[①] 1942年2月15日，重庆的《新华日报》也发表社论《共产党对宗教的态度》，较为完整、系统地阐述了党的宗教信仰自由政策。文章认为："……各人有各人的宗教信仰自由，每个人有举行自己所信奉的这一种或那一种宗教仪式的自由。同时，每个人也有不属于任何宗教团体而保持自己不信宗教的自由"。[②] 在发展文化教育方面，中共中央针对回族区域的特点，帮助回民自治乡开办伊斯兰小学，实行免费教育。伊斯兰小学开设的课程除一般文化课外，还增设阿拉伯文、回族历史等课程。对于宗教观念较深的成年人，通过调动阿訇的积极性，把清真寺办成社会教育的场所，开办成人夜校、冬学，因地制宜、因时制宜地开展成人扫盲教育工作。[③]

5. 争取外国传教士援助边区抗战

为了争取欧美国家同情和支持中国的抗战，此时中共中央对待外国传教士的政策比在土地革命战争时期的政策更为合理。在土地革命战争时期，针对许多基督教、大主教徒配合英美帝国主义和国民党反动派对革命根据地的"围剿"，1931年6月，《中央关于加强苏区反帝工作的决议》指出："对于反基督教大主教问题，应该不限于驱逐牧师教士出境，或加以逮捕……"而在抗战时期，中共与英美是抗日的盟友，基督教徒是我们争取的对象，与此同时，广大的佛教徒和回民（信仰伊斯兰教）也支持中国共产党的抗日。因此，1938年2月6日《新华日报》发表专论

① 中共中央统战部等编：《延安与中国统一战线》，华文出版社2004年版，第212页。

② 《共产党对宗教的态度》，载《新华日报》1942年2月15日。

③ 金炳镐、王铁志：《中国共产党民族纲领政策通论》，黑龙江教育出版社2002年版，第182页。

《宗教与民族解放》强调：中国宗教家“不但要负担起对国内同胞作抗日保卫民族的宣传……而且要通过……国际性的宗教组织，唤起和联合各国民众，一致起来扩大反侵略运动……同时通过各国教会以争取各种财力物力的援助”。[①]《陕甘宁边区施政纲领》也规定：在尊重中国主权与遵守政府法令的原则下，允许任何外国人到边区进行“宗教的活动”。1944 年 7 月 22 日，中共中央发出《关于重视大主教、耶稣教民工作的指示》。指示指出：“争取教民是我党不可疏忽的任务。”1944 年 8 月，中共中央又在《外交工作指示》中规定：“在宗教方面，我们实行政教分离，容许外国牧师神父来边区及敌后根据地进行宗教活动，并发还其应得之教堂房产；同时这些神父牧师亦须给我们以不反对政府不反对共产党领导之保证。”[②]

三、延安时期党的民族宗教政策的伟大实践

延安时期，中国共产党在民族宗教问题上，忠实于对人民的承诺，在物质资源等极端困难的条件下，不但制定了各项民族宗教政策，而且在其领导下的革命根据地，认真实施了这些政策，保障了少数民族人民群众各项权益的实现，为取得抗日战争和解放战争的彻底胜利奠定了坚实的基础。

（一）保证少数民族享有平等的政治权利

延安时期，中共中央不仅保证各民族实行民族区域自治，充

① 《宗教与民族解放》，载《新华日报》1938 年 2 月 6 日。

② 中央档案馆编：《中共中央文件选集》第 14 册，中共中央党校出版社 1992 年版，第 316 页。

分享有管理自己民族内部事务的权利，而且鼓励他们参加各级政府与参议会，保证他们与汉族享有平等的参政议政的权利，吸取宗教界人士加入抗日民族统一战线。为激励中国宗教界积极参加抗日救亡运动，中国共产党从思想上作了深入动员和宣传。毛泽东在讲到新民主主义的文化时指出："共产党员可以和某些唯心论者甚至宗教徒建立在政治行动上的反帝反封建的统一战线，但是决不能赞同他们的唯心论或宗教教义。"正是毛泽东的这一远见卓识，当时中国共产党组织的各种抗日团体，都有宗教界人士踊跃参加。延安时期，中共中央还注意做好宗教界上层人士的工作。1940 年 11 月，延安召开了中国回教救国协会陕甘宁边区第一次代表大会及回教文化促进会成立大会。为争取广大伊斯兰教徒抗日，中国共产党的许多领导人赴会并发表了讲话，讲话的内容主要围绕"宗教与民族团结抗战的关系"这一主题展开。同时，中国共产党对外国传教士也采取了正确的政策，使中国共产党和陕甘宁边区赢得了外国传教士的信任。1945 年 10 月，在庆阳传教的美籍天主教传教士薛乐达到延安参观后，由衷地感叹中国共产党"治国有方"，并对延安的地位给予了高度评价，表示要将所见事实告知全体国外的朋友。中国共产党宗教政策的成熟及对宗教界上层人士的争取工作，不仅有利于调动宗教界的积极性，也消除了宗教界对共产党的不少顾虑。从而促使他们积极投身于抗日救亡运动中，从而扩大了抗日民族统一战线，为抗战的胜利做出了重要的贡献。

（二）帮助少数民族建立抗日武装和革命军队

1935 年 12 月 10 日，中华苏维埃共和国中央政府主席毛泽东发表《对内蒙古人民的宣言》，号召内蒙古人民起来抗日反蒋，指出："我们认为只有我们同内蒙古民族共同奋斗，才能很快地打倒我们共同的敌人日本帝国主义及蒋介石。同时相信，内蒙古民族只有与我们共同战斗，才能保存成吉思汗时代的光荣，避免民族的灭亡，走上民族复兴的道路”。我们愿意彼此缔结攻守同盟，去打倒我们共同的敌人。① 这样，使蒙古人民从思想上认识到共同抗日的必要性，增强了民族解放的信心。1936 年 3 月 21 日毛泽东“致信内蒙古鄂托克旗张司令，表示苏维埃红军深愿与内蒙人民领袖共商救蒙大计，希望即派代表来苏区协商，缔结双方亲密的友谊与协定，苏维埃政府和红军负责保障来人之行动自由与安全。”② 1937 年 2 月 7 日中共中央关于内蒙工作问题向少数民族委员会发出指示信，指出：“内蒙古的工作重心，应该是抗日援绥，发动全蒙的人民拥护绥远的抗战，拥护阎锡山、傅作义抗战。应改变过去把抗日与反汉族军阀并提的政策，因为绥远的统治者傅作义正在抗战，应着重解释蒙汉联合一致抗日，这比任何时候都重要。在目前宣传蒙人的独立或分裂，甚至于汉族的统治者对立，这是非常不妥当的。”③ 1945 年 10 月 23 日，中共中央就内蒙古工作方针指示晋察冀中央局：“对德王、李守信一派，应采打击、分化与孤立政策，对过去反德王及不与德王合作的上层分子，应积极争取他们参加自治政府。使我们打击的对象缩小到最少限度”。由于这些政策的执行，红军在蒙古民族中影响大大地扩大了。“蒙民热烈地来帮助和拥护红军，不仅是边境接近我们的地方，甚至于离开我们十多天路程的内地。由于我们对蒙人的态度很好，特别招待他们，请他们吃饭喝茶，他们也自告奋勇愿帮助红军去向全体蒙民做宣传，而且还把我们印刷告蒙民书及对蒙民的各种宣传品带送到各个蒙民中与喇嘛王子中去。他们

① 中共中央文献研究室编：《毛泽东年谱》上卷，人民出版社、中央文献出版社 1993 年版，第 496 页。

② 中共中央文献研究室编：《毛泽东年谱》上卷，第 524 页。

③ 中央统战部、中央档案馆：《中共中央抗日民族统一战线文件选编》（中），档案出版社 1985 年版，第 382 页。

曾送了二十多个蒙人到我们这里受训练，我们积极组织了一个蒙古骑兵连。”这样，为中国共产党领导蒙古人民共同抗日，争取蒙古族上层加入到抗日行列中来，建立最广泛的抗日民族统一战线创造了条件。①

日本侵华后企图分化和策动回族的反动上层，在甘、宁、青等地策划筹建伪回回国政权。如果这个阴谋得逞，不仅使我国的西北成为日本的附属地，而且严重威胁我国抗日大本营——中共中央所在地陕甘宁边区的安全。为此，“中国共产党在回族中大力宣传我党对回族的政策，争取回族的上层动摇分子到抗战队伍中来，对回族中的内奸，真正做到仁至义尽，要求‘抓紧阿訇，争取阿訇去进行回民的工作’，并针对回族上层害怕打土豪分田地的心理提出‘坚决实行不打回民土豪的政策’。”②

为进一步争取回族人民的联合抗日，1937 年 8 月 12 日，中共中央发出了《关于抗战工作地方工作的原则指示》，特别强调在共同抗日的口号之下，组织全体汉民、蒙民、回民参加抗战。应该争取这些民族的上层动摇分子（如德王之类）到抗战中来，汉人的政府与军队，应该同少数民族的上下层建立良好的关系，反对大汉族主义，使他们自愿同我们亲密结合。并指出：在民族自决、民族独立、共同抗日的口号之下，组织与武装全体汉民、蒙民、回民参加抗战。③ 在日军积极灭亡中国的军事进攻下，在中国共产党的宣传下，全蒙民回民也渐渐地觉悟起来了，9 月 8 日，回民百余人自动起来成立回民救国会，来进行救亡工作，组织回民群众。“他们会员中有 60 多岁的老头子与 13 岁的小孩子

① 周翰：《抗日战争时期中国共产党统一战线在内蒙古的实践》，载《内蒙古社会科学》1997 年第 5 期。

② 米娟婷等：《抗日战争时期中国共产党对回族的民族政策》，载《社科纵横》2005 年第 4 期。

③ 中共中央统战部：《民族问题文献汇编》，第 551 页。

在成立救国会当中自动报名。要求加入抗战前线去与日寇拼命。大会还揭破了日本挑拨组织回回国的阴谋并通过了一封致南京政府的电文。”[①] 1940 年 1 月，由西工委组织、八路军政治部、中央党校等共同发起了陕甘宁边区回民救国协会（简称回协），其主要工作就是尽力争取和团结陕甘宁边区的回民和爱国的上层人士。西工委拟订的《关于回回民族问题的提纲》强调要帮助回民建立强大的抗日武装部队，以充实国防力量。在中国共产党的领导和推动下，抗日战场上涌现出许多回族抗日武装军队。“陕甘宁边区有回民抗日骑兵团，三边和关中的回民自卫队，山西壶关的回民游击队和长治的青年抗敌回民义勇军；新疆的第五回民骑兵大队。”[②] 回汉各族精诚团结、并肩战斗，为抗日战争的胜利打下了坚实的基础，加速了抗日战争胜利的进程。

（三）尊重少数民族的宗教信仰与风俗习惯

在中国共产党的宗教信仰自由政策的指导下，陕甘宁边区政府制定并落实了一系列具体的规定：教民非教民有同等政治地位，同等民主权利；不分性别、阶级、党派、宗教、民族、财产都有选举权与被选举权；外国教民在遵守政府法令、不损害边区主权的原则下，可以在边区参加生产、经营、文化事业与宗教活动。回民之清真寺，不仅为礼拜讲经之所，亦为其集会团结的场合。因此，清真寺是回民同胞定居与生活的象征。边区政府尊重回民的这种宗教信仰和风俗习惯，在回民聚居区修建了清真寺。1940 年 2 月，延安回民救国协会倡议在延安建立一个清真寺和创办一个清真食堂。边区政府接受了他们的要求，为延安的回民群众划地拨款，帮助回民修建清真寺。同年 10 月 7 日，边区修建

① 《定边回民百余人，自动成立救国会》，载《新中华报》1937 年 9 月 19 日。
② 周瑞海：《论回族抗日斗争的特点》，载《民族研究》1995 年第 5 期。

的第一个清真寺，在延安文化沟落成，毛泽东亲笔为该寺题写了“清真寺”三个字，并举行了隆重的落成仪式。自这座清真寺建成至1945年，在边区政府的帮助下，全区先后修建清真寺八座。这就使边区的回族同胞在平时的教日和每年回历的传统节日有了活动场所，他们按照自己的教义，自由地参加节日活动。对于蒙古族同胞，边区政府同样予以平等待遇，尊重他们的宗教信仰和风俗习惯。1940年3月，蒙古文化促进会建立大会决议，在延安建立成吉思汗纪念堂及蒙古文化陈列馆。同年7月24日，延安市各界举行了成吉思汗纪念大会及成吉思汗纪念堂、蒙古文化陈列馆落成典礼，朱德、董必武等领导参加并作了重要讲话。自此以后，每年春季和夏季都分别举行成吉思汗大祭典，以纪念这位民族伟人。1943年7月31日，边区政府蒙古族委员那素滴勒盖不幸逝世。8月8日，延安市各界1000余人举行了隆重的追悼仪式，并按照蒙古族的习俗予以祭奠。边区政府执行宗教信仰自由政策，不仅体现在信仰佛教和伊斯兰教方面，对待信仰其他宗教的群众也一视同仁。原先已基本停止的基督教、天主教即逐渐恢复宗教活动。据抗战胜利前夕统计，边区内有天主教堂20多处、基督教福音堂7处、佛教会8处、清真寺10余座，还有道观等，信教群众4万多人。1944年10月边区文教大会上，天主教、基督教的代表参加了大会，他们之中有的是模范教师，有的是模范卫生工作者，有的热衷于群众公益事业，坚持给群众治病或读报，有的牧师自食其力，靠劳动收入开展教会活动和维持个人生活。①

在正确处理蒙、回、汉等民族矛盾方面，首先，克服了大汉族主义，洗刷了过去大汉族主义的恶劣传统，改善了回、蒙民族

① 宋超、肖周录：《延安时期党的民族宗教政策探析》，载《新疆社会科学》2011年第3期。

与汉人的关系，提高了他们对共产党领导的政府的信仰。如中国共产党到了定边以后，将在国内战争时期被强占了数十年的蒙古盐池、苟池、北大池和过去军阀所占去的蒙古族人土地完全交还他们自己管理，得到了蒙古族人民对共产党的热烈拥护。其次，解决了蒙、汉、回民间的纠纷问题，提高了边区政府在少数民族中的信仰。“定盐两县接近蒙古、宁夏，在大汉族主义的传统下，这些民族在历史上对汉人积累了许多民族仇恨，汉人中有些坏的分子，欺压蒙、回民，偷盗他们的牲畜，强夺和欺骗他们的财物。过去的政府对这种事情，多偏袒汉人，不作理会。边区政府成立后，对这些问题总是秉公处理，对那些破坏分子给以制裁，获得蒙、回民众们的热烈拥护。”

四、延安时期党的民族宗教政策的重要意义

延安时期，中国共产党灵活运用马克思主义民族理论，在复杂的国内外形势下结合中国民族问题的实际情况，并在革命斗争的实践中不断丰富和发展，形成了一条有中国特色的解决国内民族问题的准确道路。①

（一）扩大了抗日民族统一战线阵营

首先，中国共产党的民族政策团结了广大少数民族群众，扩大了抗日民族统一战线的阵营。在中国共产党抗日民族政策的感召下，少数民族群众积极投入到抗日救国运动的洪流中，其人数之众，地域之广，斗争形式之多样和深入，在中华民族历史上是

① 王纪鹏、邢瑞娟：《浅议延安时期中国共产党的民族政策》，载《理论月刊》2011 年第 12 期。

空前的。如东北地区的满、朝鲜、蒙古等少数民族人民自动组织起救国军、义勇军、自卫军、抗日会、红枪会等抗日组织，采取了各种形式打击敌人。在内蒙古、华北、海南岛等地区的少数民族人民也开展了如火如荼的对日斗争。高凤英等领导的蒙汉抗日游击队，马本斋等领导的冀中回民支队都创造了辉煌的战绩。[①]其次，中国共产党的民族平等政策团结了少数民族群众，使得各族人民为解放战争的胜利做出了重要的贡献。比如在西北地区，解放战争开始后，为了配合王震部队的北进计划，回民骑兵团和陇东军分区独立营组成西征大队，开赴甘南、山南一带，牵制追击国民党军队，接应王震部队。此后，回民骑兵团在陇东高原上，先后同西北马家军阀进行了数十次战斗，成为陇东地区人民解放军的一支劲旅。[②]

（二）提高了中国共产党的政治影响和声誉

首先，中国共产党的民族宗教政策赢得了广大教民的认同，他们在政府的大力支持与鼓励下，为根据地建设尽心尽力。如在陕甘宁边区文教运动中，庆阳三十里铺天主教堂成立读报组，组长赵怀忠每次礼拜完毕就领导教徒读报，宣传政府的各项政策，介绍各种知识。子洲县李家砭天主教堂会长马如麟懂中医医术，每年经他医治的病人在百人左右。[③] 同时，中国共产党的宗教政策也赢得了各地民主进步、宗教人士以及海外华侨和外国友人的赞成。全民族抗战以来，有大批少数民族革命青年和进步人士来到陕甘宁边区求学和工作，还有来自美洲、马来西亚、英、法等地区和国家的传教者、留学生，有世界学联代表，有美国大使馆

① 何龙群：《中国共产党民族政策史论》，人民出版社 2005 年版，第 96 页。

② 罗开云：《中国少数民族革命史》，中国社会科学出版社 2003 年版，第 411—412 页。

③ 齐心、张馨：《陕甘宁边区政府成立五十周年论文选编》，第 249—250 页。

的军事参赞，有英美及其他各国的记者或作家。仅从 1938 年的统计看：当时来边区的少数民族 18 人，华侨 19 人，中外记者 50 人，政府官员 63 人，军官 11 人，文化界 90 人，科学家 107 人，学生 2000 人以上，[①] 前来参观者对边区的民主作风深表赞赏。1945 年 10 月 30 日，陇东美籍天主教神父薛乐达来延安参观，他说："我这是第二次来延，但今天的延安远非民国二十二年的情景可比，今日延安已成为影响世界政治的重要地方，虽然交通不便，横遭封锁，却建设的很好。我走了很多地方，亦未见过人民过着这样民主自由的幸福生活，可见毛主席治国有方。"[②] 1946 年 1 月，自北平到绥东解放区的比利时天主教司铎维德西姆说："当我进到解放区时，见到这里人民生活安定愉快，市面繁荣，物资不感缺乏，解放区人民和政府、八路军官兵和人民之间亲密团结，到处充满民主自由气氛，只有解放区教民才有真正的信教自由。"[③]

（三）推动了少数民族革命武装力量的发展

首先，中国共产党的民族宗教政策的实行确保了西北边陲的稳固。伊盟、河套等地是陕甘宁边区的北方门户，由于日军不断派遣特务、蒙奸到这些地方活动，诱使蒙古王公贵族降敌，这直接影响了陕甘宁边区西北边陲的稳固。1937 年 7 月后，中国共产党陕北边区党委在陕西与伊盟交界的定边、安边、靖边地区成立了三边特别委员会。1938 年 1 月，中共陕甘宁边区委员会召开会

---

① 中共延安地委统战部、中共中央统战部研究所：《抗日战争时期陕甘宁边区统一战线和三三制》，陕西人民出版社 1989 年版，第 30—31 页。

② 解放日报社：《陇东美籍天主教神父薛乐达等来延参观》，载《解放日报》1945 年 10 月 30 日。

③ 解放日报社：《曾被敌拘押之比国三司铎重返绥东传教，赞扬解放区充满民主自由气氛》，载《解放日报》，1946 年 1 月 19 日。

议，讨论了三边特区的工作，提出了“蒙古平民王公团结一致抗日”和“蒙汉联合抗战”的口号，派吉雅泰（蒙古族）赴承德，动员和组织群众抗日，并与战斗在东北的抗日联军联系共同对日作战。同年4月，中共中央在伊克昭盟设立了绥蒙工作委员会，进一步加强对伊盟的工作，帮助伊盟建立了抗战的蒙古族部队。在河套地区，1938年成立了中共河套特别委员会。[①] 由于中国共产党实行正确的民族政策，陕甘宁边区与周边的少数民族能够和平相处，确保了西北边陲的稳固。其次，也保证了其他根据地革命武装的发展。1937年七七事变后，冀中回民在中国共产党的领导和帮助下，纷纷组织起来，并建立起不少抗日武装。1946年，山东解放区“回民们在共产党、八路军的帮助下，组织数支抗日武装，在山东军区指挥下，由马次堂、张长期等率领与八路军并肩向大城市开进。”[②]

（四）促进了边区民主政权建设与民族团结

延安时期，中国共产党民族宗教政策的实行，极大地提高了少数民族人民的政治、经济地位，推动了根据地各族人民之间的融合。比如陕甘宁边区政府帮助少数民族安居乐业的优待政策，吸引着国统区少数民族纷纷投奔边区，使边区少数民族人口得到迅速增加。1941年居住在陕甘宁边区的蒙古族群众仅有三户，1944年，发展至200余户。[③] 由于边区政府在民族工作中认真贯彻执行党的民族政策，采取多种措施，扶助少数民族，边区少数民族不仅在政治上翻了身，生活水平也得到较大的提高。如曲子县三岔乡回民多以经商为主，一般原仅有几十元的资本，到1942

① 杨策、彭武麟：《中国近代民族关系史》，中央民族大学出版社1999年版，第359—360页。

② 解放日报社：《山东筹备成立回协》，载《解放日报》1945年9月8日。

③ 齐心、张馨：《陕甘宁边区政府成立五十周年论文选编》，第191—193页。

年多在万元以上。1942年边区回协分会统计，以关中、三边、陇东回胞的财产、生活发展指数与1936年相比，上升指数多在50%以上[①]。在山东解放区，由于“实行中国共产党少数民族政策，八年来山东各地区回民，即已获得政治上、经济上、文化上解放与发展，并成立了维护民众利益的少数民族自己的军队，他们的语言文字、风俗习惯与宗教信仰均被尊重”。[②] 在内蒙古多伦，“各民族人民在中共正确的民族政策领导下，改变了历来由于大汉族主义统治所造成的隔阂排斥等现象，相互关系臻于空前融洽与团结”。[③]

（五）推动了党的民族宗教理论的发展

早在第二次国内革命战争时期，中华苏维埃共和国中央政府就规定了“保障工农劳苦民众有真正的信教自由”，亦“有反宗教宣传的自由”，但规定宗教职业者不在苏维埃公民之列，显然有“左”的影响。在长征途中，中国共产党对少数民族与宗教问题比较重视，制定了合理的民族政策，如规定“不准对少数民族群众有任何骚扰，严禁将少数民族的富裕分子当土豪打。绝对遵从少数民族群众的宗教、风俗、习惯”，“主张信仰宗教自由，不伤害他们的风俗习惯与宗教感情”。[④] 在中国共产党民族政策的感召下，苗、彝、瑶、回等各族人民认清了共产党是各族人民的大救星，红军是革命的队伍，他们帮助和支持红军，为红军提供情况、带路、划船，提供吃、穿、住、用等生活必需品，特别是他

① 王晋林、秦生：《新民主主义模型——陕甘宁革命根据地史》，第71—80页。

② 解放日报社：《山东筹备成立回协》，载《解放日报》1945年9月8日。

③ 解放日报社：《多伦各民族融洽互助，回汉族平等参选，清真寺香烟繁盛，蒙族客商殷切相待》，载《解放日报》1946年6月10日。

④ 雷云峰：《抗日战争时期陕甘宁边区政府的民族宗教工作》，载《抗日战争研究》1994年第2期。

们纷纷参加红军闹革命，为红军的发展壮大提供了新生力量。延安时期，中国共产党进一步发展了民族宗教政策，包括依据民族平等原则，在陕甘宁边区及各根据地试行民族自治制度，在回民和蒙民集中的基层乡、区建立民族自治地方。比如，1942 年 4 月，边区政府正式划定定边的四、五两个区和城关镇的两个自然村为“回民自治区”。9 月，曲子县的三岔镇划为“回民自治区”。在少数民族自治区域内，由少数民族群众自己选举区长、乡长，管理自治区内的政治、经济、文化事宜[①]，为新中国成立后中国共产党的民族区域自治制度的正式确立，进行了初步的探讨与实践。

① 宋金寿、李忠全：《陕甘宁边区政权建设史》，陕西人民出版社 1990 年版，第 61—65 页。

第十章　党在国际领域的统一战线工作

中国共产党的抗日民族统一战线不仅在国内很成功，在国际的工作也可圈可点，显示了第二次世界大战中国东方主战场的地位，显示了中国共产党及其领导的军队与人民是取得抗日战争胜利的先锋队和中流砥柱。

一、在国际领域开展抗日统一战线工作的方针政策与特点

中国共产党认识到该工作的重要性，制定了工作方针政策，并建立统战工作机构，积极工作，贡献突出。

（一）在国际领域开展抗日统一战线工作的原因

中国的抗日战争还需要国际社会的支持与援助。这是因为中日力量悬殊。日本“是一个强的帝国主义国家，它的军力、经济力和政治组织力在东方是一等的”。[①] 后来德意日又组织成为了“轴心国”；而当时的中国则“是一个弱国，我们在军力、经济力和政治组织力各方面都显得不如敌人”。[②] 而国民党政府一直没

① 《毛泽东选集》第2卷，第447页。

② 《毛泽东选集》第2卷，第449页。

有放弃反共。在此情况下，要想单单依靠中国共产党的力量取得胜利是不可能的，即使单单依靠中国自身力量取胜也是很困难的。

敌人强大，反侵略力量的弱小，客观上要求中国共产党必须进行国际抗日统一战线工作，以便集合全世界反法西斯力量共同对敌。中国不仅需要舆论、精神的支持，更需要大量的经济、政治、军事的支援。开展国际抗日统一战线工作，是抗日战争形势的要求，是完善中国抗日民族统一战线的必然，更是实现打败日本侵略者，使中华民族重新屹立于世界民族之林的需要。

（二）在国际领域开展抗日统一战线工作的方针、政策

中国共产党人制定在国际领域开展抗日统一战线工作的方针与政策，主要是争取三种国际力量。这三种国际力量是：一是社会主义的苏联，这是首先和主要争取的国际力量。二是与日本有矛盾的美英等西方国家，这是必须而且可以联合的重要力量。为争取美英对华援助，中国共产党人利用一切时机向世界宣传中国抗战的功绩与意义，呼吁美国等西方国家“多给我们帮助”。[①]三是日本国内人民，这是从内部瓦解日本帝国主义的重要力量。为联合日本人民共同打击日本法西斯，中国共产党主要采取三项有效措施：优待日本战俘、加强对侵华日军的反战教育、发展日本反战同盟力量。这些措施，团结教育日本广大人民，有效地瓦解日军战斗意志，有利于中国的抗战。

关于党在国际领域开展统一战线工作的原则要求，毛泽东在1940年12月25日《论政策》一文中作过经典的表述。他说：“虽然共产党是反对任何帝国主义的，但是既须将侵略中国的日

① 中央文献研究室编：《毛泽东书信选集》，中央文献出版社2003年版，第129页。

本帝国主义和现实没有举行侵略的其他帝国主义，加以区别；又须将同日本结成同盟承认‘满洲国’的德意帝国主义，和同日本处于对立地位的英美帝国主义，加以区别；又须将过去采取远东慕尼黑政策危害中国抗日时的英美，和目前放弃这个政策改为赞助中国抗日时的英美，加以区别。我们的策略原则，仍然是利用矛盾，争取多数，反对少数，各个击破。我们在外交政策上，是和国民党有区别的。在国民党是所谓‘敌人只有一个，其他皆是朋友’，表面上把日本以外的国家一律平等看待，实际上是亲英亲美。我们则应加以区别，第一是苏联和资本主义各国的区别，第二是英美和德意的区别，第三是英美的人民和英美的帝国主义政府的区别，第四是英美政策在远东慕尼黑时期和在目前时期的区别。在这些区别上建立我们的政策。我们的根本方针和国民党相反，是在坚持独立战争和自力更生的原则下尽可能地利用外援，而不是如同国民党那样放弃独立战争和自力更生去依赖外援，或投靠任何帝国主义的集团。”①

（三）在国际领域开展抗日统一战线工作的特点

中国共产党在国际领域开展抗日统一战线是一种全新的工作，在探索中，逐渐摸索出了一套工作的流程、方式、方法。

1. 党中央直接领导

中国共产党在国际领域的抗日统一战线工作，也是一种“涉外”工作，与政党外交、公共外交是叠加的，与国际关系是叠加的，涉及与国际组织的关系、大国之间的关系、大国领导人的关系。外交工作、国际关系与国际抗日统一战线工作，是一种你中有我、我中有你的关系。这是中国共产党面临的新课题，是影响全局的大事，又是全新的“涉外”工作，因此必需

① 《毛泽东选集》第2卷，第764—765页。

由党中央直接领导。

由于国际抗日统一战线空前复杂、多变，政策性强，必须以毛泽东为首的中共中央直接领导。有学者说得好："中国共产党是延安时期政治统一战线中的主导力量，她的政治实力和政治策略的成熟性对于维持统一战线的稳定性，实现抗日救国的大目标起了关键性的作用。"①

2. 把国际统战作为半独立外交工作去抓

党中央明确指示："国际统战政策，在目前最主要的应是外交政策"，"我们外交工作中心，应放在扩大我们影响，争取国际合作上面。"②

1944年8月18日，《中央关于外交工作的指示》指出："外交工作正是我们工作中所最不熟悉的一方面，我党同志首先是高级领导同志，应该对于这项工作开始予以注意予以学习，如果大家承认八年来国内统战政策，曾经给我们以极大的发展，那么，今后国际统战政策，将可能给我们以更大的发展。而且如果国际统战政策能够做到成功，则中国革命的胜利，将必增加许多便利。"《中央关于外交工作的指示》还有具体的规定："军事上，是在取得我们同意和遵守政府法令的条件下，同盟国的军事人员及其武装力量，可进入我们地区，执行共同抗敌的一切工作，并取得我们协助，同时我们也欢迎盟国给我军以军火物资药品和技术上的援助。政治上，我们欢迎同盟国在我边区及主要抗日根据地派遣外交使节，或外交机关。文化宣传上，我们欢迎与盟国文化合作，欢迎盟国通讯社或其政府新闻处在延安设立分社，或派遣特约通讯员及记者来延，并给以至各地访问之便利。通讯的电

① 中共延安市委统战部组编：《延安时期统一战线研究》，华文出版社2010年版，第83页。

② 转引自中共延安市委统战部组编：《延安时期统一战线研究》，第487页。

讯，政府在原则上不放弃检查权，但在实际执行时，凡非泄露军机造谣生事破坏政府者，我们概予放行，不予检扣，以示与国民党区别。对敌军民宣传，我们欢迎盟国合作并交换经验。在宗教方面，我们实行政教分离，我们允许外国牧师神父来边区及敌后根据地进行宗教活动，并发还其应得之教堂房产；同时这些神父牧师亦须给我们以不反对政府不反对共产党领导之保证。在救济方面，我们欢迎美英加拿大等给我们医药器材和金钱的救济，同时我们更要求国际善后总署必须算入和承认这拥有8000多万人口，而且遭敌蹂躏最甚的地区的救济。在经济方面，在双方有利原则下，我们欢迎国际投资与技术合作，我们首先要求国际工业合作委员会的继续合作。这一切，就是我们目前外交政策的具体步骤。”①

《中央关于外交工作的指示》说明：1. 中共中央将国际统战与外交视为一件事，没有明确的区分，“把这看作是我们在国际间统一战线的开展，是我们外交工作的开始。”② 2. 延安的国际统战工作仅是“半独立性外交”。“因为一方面重庆国民政府还是中国人（我们在内）及同盟国所承认的中央政府，许多外交来往还须经过它的承认。”③ 3. 坚持独立自主的原则。延安的国际统战工作虽然仅是“半独立性外交”，但毫不动摇地坚持独立自主的原则，与重庆国民政府有明显的区别。

把外交与国际统战两种工作同时抓、一起抓、协调抓，是中国共产党国际统战工作的突出特点和优点，体现了政党优势、组织优势与制度优势。

---

① 转引自中共延安市委统战部组编：《延安时期统一战线研究》，第488页。

② 中共陕西省委党史研究室：《中外记者参观团和美军观察组在延安》，陕西人民出版社1995年7月第1版，第137页。

③ 中共陕西省委党史研究室：《中外记者参观团和美军观察组在延安》，第137页。

二、延安交际处的历史沿革及其工作

延安交际处全称为陕甘宁边区政府交际处，是中国共产党和边区政府创建的第一个接待机构，是中共中央接待工作的起源。

它的前身是中华苏维埃共和国中央政府西北办事处外交部的招待科。党中央长征到达陕北后，于1935年11月成立了中华苏维埃共和国中央政府西北办事处，下设七部一局。为加强对外宣传和联络事宜，1936年1月26日西北办事处发布第四号命令，宣布增设外交部，博古兼任部长。外交部下设交际处，处长由西北办事处秘书长伍修权兼任。不久，交际处改为招待科，科长为胡金魁。1937年9月，陕甘宁边区政府成立，原西北办事处下属的部、局，相继改为陕甘宁边区政府的厅、处。调整后外交部被撤销，只保留了一个招待科，负责外来宾客的生活接待。1937年11月底，陈云回到延安。鉴于外交部被撤销后对外宣传联络工作受到影响，他建议中央加强这方面工作。1938年1月，中央组织部派曾在白区做过上层统战工作的金城任陕甘宁边区政府主席的对外联络秘书。这年5月，边区政府决定将原招待科改为交际科，金城任科长。1940年交际科又改为交际处，处长仍为金城。从1941年至1943年3月，边区政府先后三次精简整编机构，交际处最后划归政府办公厅直接领导，直至1945年3月先后由王文亮、周子健出任副处长。1947年3月，胡宗南军队进犯延安，边区政府取消交际处。1948年4月光复延安，5月恢复交际处，7月由姚警尘任处长，姬伯雄任副处长。1949年1月马继堂任代理处长，李馥清任副处长。1949年6月以后，改为陕北署外宾招待所，后改为延安地区干部招待所，现为交际宾馆。

延安交际处的主要任务是接待，但根据形势的变化，交际处的工作重心也有变化，抗日战争时期肩负外交、统战、联络、后勤保障、宣传等工作。解放战争时期还承担情报、舆论报道的任务。

据金城回忆，延安交际处的地位相当高，实际上是中共中央直接管理的一个对外窗口。政治上、业务上最初由中央组织部领导，后由中央办公厅领导。毛泽东等中央领导人，中共中央组织部李富春，统战部王明、柯庆施，八路军总部叶剑英，军委办公厅杨尚昆等，都直接指导或领导过交际处的工作。1944 年 10 月 7 日，中共六届七中全会主席团会议决定：杨尚昆任中央交际处（即延安交际处）处长兼外事组组长，王世英、金城为副处长。① 在行政编制、经费开支、组织生活等方面，归陕甘宁边区政府秘书处管理。最初有五六名干部，十多名勤杂人员，下设有秘书科、联络科、招待科和总务科。

交际处成立之初，中共中央就制定了"来则欢迎，去则欢送，再来再欢迎"的接待原则。交际处一直遵循这一原则。

1937 年冬季的一天，毛泽东针对新形势和新问题，专门在延安召开了一次接待工作会议，这是中国共产党历史上第一次召开这样的专门会议。会议规格很高，由中央代理秘书长兼中央组织部长李富春主持，到会的人有：毛泽东、边区政府代主席张国焘、边区政府秘书长伍修权、毛泽东办公室主任李六如、联络秘书周小舟。金城和胡金魁也参加了会议。

在会上，毛泽东首先讲了接待工作的重要性以及如何接待。他说，这一工作表面是接待工作，其实是"上层统战工作"，既繁重，又复杂，要调查研究，要有清醒的精神准备，要具备必要的交际能力。因为接待工作，是做人的工作，是外交，也是统

① 中央文献研究室：《任弼时年谱》，中央文献出版社 2004 年版，第 469 页。

战。统战工作是争取人、团结人的工作。每个人的阶级地位、政治立场、学术观点、社会影响，以及他们的生活习惯都各不相同，因此，你们要做好统战工作，首先要做好对外来宾客的调查研究。日本有个外相，曾说过一句名言："不认清对象的外交，是盲目的外交。"所以，认清来宾，是你们做好工作的首要步骤，否则，就会出乱子，闹笑话。你们接待的人很复杂，有谁影响谁、谁吸引谁的问题，甚至有坏人，有政治骗子，也有统战对象，头脑要清醒。只有具体了解来宾，才能针对其特点，顺利进行各项工作。

毛泽东接着谈了对待来宾的态度，宣传工作怎么做，组织来宾参观考察时应注意的事项。他强调，对待外来宾客，接待交往，要讲民主、讲礼貌。对待来宾的宣传工作，一定要实事求是。宣传我党、我军、抗日根据地人民战斗胜利的成绩，解答他们提出的问题，都要采取老实的态度，知之为知之，不知为不知，切不要不懂装懂，自以为是。组织参观时，要尽力让客人对我们有全面的了解，既要让他们看我们工作中的优点和成绩，也可让他们看看存在的某些弱点甚至错误。只要我们诚恳坦白地说清楚实际情况，是会取得人们的信任和理解的。

毛泽东还宣布，今后，外边来延安找我们党政军民学的中外来宾都由延安交际处"统一接待"。交际处的领导尽可能亲自接待来宾，不要把接待工作看作额外负担；重要单位要配专门人员，协助首长做好接待工作。

毛泽东代表中共中央在这次会议上的指示，对陕甘宁边区政府交际处的工作具有重大的指导意义，成为延安交际处的指导方针。①

---

① 上述关于毛泽东对延安交际处的讲话材料参见金城：《延安交际处回忆录》，中国青年出版社 1986 年版。

毛泽东不但在大政方针上指导延安交际处的工作，有时对某些具体工作也很关心。据原延安交际处招待科科长杨黄霖回忆，毛泽东曾亲自指示交际处不能只订一份《解放日报》，“要多订几份报纸，还要订咱们出的杂志，也要订外面的报纸（指国统区的报纸）”，并要求交际处把门口的山路修成“之”字形，以方便老人上山下山。[①]

周恩来也对交际处作过具体指示。1944 年 6 月，中外记者西北参观团到延安，中共中央对这次接待工作非常重视，决定由周恩来亲自负责这项工作，并决定交际处的政治、业务归军委秘书长杨尚昆领导。周恩来对这次接待工作作了具体指示：一是宣传要实事求是，不浮夸，不弄虚作假。要以诚恳、坦白的精神同他们交朋友。二是对中外记者要一视同仁，又要区别对待，重点要做外国记者的工作。三是生活方面的接待，要热情周到，尽量予以优待，但切不要搞铺张浪费。

根据党中央的指示和要求，交际处为外交和国际统一战线工作做出了重要的贡献。从 1938 年至 1941 年，交际处共接待来客 7000 余人。根据交际处总结报告统计，1940 年为 1412 人，1941 年为 2866 人。1942 年 6 月后，交际处（含外交部招待所）先后接待了美国友人埃德加·斯诺、艾格尼丝·史沫特莱、加拿大友人诺尔曼·白求恩、新西兰友人路易·艾黎等国际友人以及世界学联代表团，加拿大与美国援华医疗队，印度援华医疗队，中外记者西北参观团等团体客人。延安之行，给来宾留下了良好的印象。他们返回大后方或本国后，对延安和解放区作了比较客观的宣传报道，为大后方人民和世界人民重新认识和了解延安起了积极作用。

---

① 杨黄霖：《延安交际处忆往》，载《百年潮》2007 年第 2 期。

三、召开东方各民族反法西斯大会

中国共产党在国际领域开展抗日统一战线工作，大胆探索，勇于创新，成绩斐然。

1941 年 10 月，东方各民族反法西斯大会在延安召开。这是在延安举行的第一次国际会议。参加大会的有 10 个国家和地区、以及中国 18 个民族的 130 余名代表。这是具有伟大历史意义的事件，不仅表示东方各民族在反对日本法西斯的共同斗争中的团结一致，同时将东方各民族的反侵略斗争和解放运动推上一个新阶段。

10 月 27 日，大会在八路军大礼堂隆重开幕，朱德、林伯渠、叶剑英等领导与 2000 多名来宾出席。印尼代表阿里阿罕在开幕词中说：这次大会就是讨论反法西斯，特别是反对日本法西斯的方法和策略。大会主要讨论怎样将东方各民族、各国家、各党派、各阶级、各宗教团体，统一为一支无坚不摧的反日力量。28 日，大会在宣读了日本士兵觉醒联盟、华北朝鲜青年联合会、冀中区回民抗战建国联合会和八路军三纵队回民支队的贺电，朱德作了国际形势的报告。29 日到 30 日，各民族代表分别介绍自己民族反抗日本侵略的情况。

10 月 30 日，毛泽东冒雨参加大会，并向大会致词，号召各民族加强团结，共同打倒法西斯。他说：“我想大会的主要目的就是团结，促进各民族团结，共同打倒法西斯；日本和希特勒之所以能小丑跳梁，猖獗一时，就是因为他们抓住我们的弱点”。“现在我们有三条统一战线，一条是中国的抗日民族统一战线，一条是东方的 ABCD 阵线，一条是英美苏的联合行动，有了这三条统一战线，法西斯一定会被打倒的。”①

31 日是大会的最后一天。会议决定成立东方各民族反法西斯大同盟，总盟设在延安，各地设分盟，以加强东方各民族的团结，扩大反法西斯运动。大会选举朱德、林伯渠、吴玉章、阿里阿罕、巴苏华、原清志、森健、武亭、蔡前、桑柏格尔德、默罕、马纳、桑吉悦喜、乌兰夫等 37 人为联盟执行委员，朱德任主席。

这次大会不仅体现了东方各民族在反对日本法西斯斗争中的团结，而且为中国的抗日民族统一战线增添了新内容、提供了新经验，是国际统一战线的一个“亮点”，并将东方民族反侵略斗争推向了一个新阶段。

四、巧用国际力量，维护中国抗日民族统一战线大局

1941 年初，国民党制造了震惊中外的皖南事变，掀起了第二次反共高潮。为维护抗日民族统一战线的大局，中国共产党进行了“有理、有利、有节”的斗争，同时积极联络苏联、美、英等国向国民党政府施压。苏联表示国民党如不妥善解决皖南事变问题，苏方将终止对中国的“支持和帮助”；美英也认为这次事件“可能引起中国大规模的内战，而不能达到他们利用中国牵制日本的目的”。为促使国民政府继续抗战，美英政府停止了“对华的借款和中印的航空谈判”。② 第三次反共危机出现以后，1943

① 雷云峰主编：《陕甘宁边区史》（抗日战争时期中下篇），地图出版社 1993 年版，第 366—367 页。

② 《任弼时选集》，人民出版社 1987 年版，第 220 页。

年 7 月，毛泽东指示相关部门向美英苏各方散发揭露国民党当局反共的准备和进攻陕甘宁边区的各种文电材料[①]，使得美英苏等国“都反对中国的内战。”[②] 美国甚至对国民政府“以停止经济援助施压”。[③] 在各方的压力下，国民党顽固派企图发动的第三次反共高潮迅即流产。

在这个过程中，苏联高级将领崔可夫功不可没。

崔可夫全名瓦西里·伊万诺夫·崔可夫，1900 年 2 月 12 日出生于沙俄。他是第二次世界大战时期苏联杰出的军事将领之一，曾指挥过著名的斯大林格勒保卫战，攻打德国柏林等战役。这样一位战功显赫的苏联将领，在正式参加对德战争之前，在中国重庆战斗、生活了一年之久。

崔可夫是肩负一项特殊的历史使命来到重庆的。1940 年秋，正在欧洲战场指挥作战的崔可夫，奉苏联国防人民委员会委员铁木辛哥元帅之命，急返莫斯科见斯大林。原来，为了避免苏联面临对德、对日两线作战，苏联政府十分关心中国的对日作战情况，因此派崔可夫来华。

崔可夫率领 15 名军事顾问及其他军事专家，于 1941 年元旦前夕抵达重庆，下榻苏联驻华大使馆。抵达重庆的当晚，崔可夫就率军事顾问，与中国政府有关部门负责人接触，了解中国各方面的情况，为研究中国抗战形势，制定对华政策做准备。

值得一提的是，崔可夫还带来了一份“厚礼”——150 架战斗机、100 架轰炸机、300 门大炮、500 辆吉斯 5 型卡车及其相应的装备。

崔可夫的首要任务，是尽量促使并帮助蒋介石拖住日本，以

---

① 《毛泽东年谱（1893—1949）》中卷，中央文献出版社 2002 年版，第 453 页。

② 中央文献研究室、中国延安干部学院编：《延安时期党的重要领导人著作选编》下，中央文献出版社 2014 年版，第 594 页。

③ 《伍修权回忆录》，中国青年出版社 2009 年版，第 136 页。

使苏联避免两线作战。为此，他花了相当多精力、时间来了解、研究中国的实际情况，诸如国民党军队的编制、装备、兵员来源，甚至士兵习惯、精神状态等。他在发给莫斯科的电报中说："日本侵略者千方百计想摧毁中国的抗战意志，中国仍在继续抵抗。"

作为蒋介石的苏联军事总顾问，崔可夫提出了许多对日作战的建议、方案。1941 年 4 月，崔可夫建议中国军队转入反攻——"第五战区和第六战区的部队应该给在宜昌地区的日军以重点打击，在所有其他战区，也要同时积极开展攻势"。为此，他率领苏联军事顾问制定了反攻宜昌的作战计划，并得到了国民政府的同意。

崔可夫还建议北方的第一、第二、第八战区协同作战，以阻止日军在山西战场的进攻；崔可夫还制定第三次长沙会战的作战方案。用崔可夫自己的话说，就是"我们拟制的计划获得了百分之百的成功"。

崔可夫在重庆还有另一个重要任务，那就是阻止蒋介石打内战。

同年 1 月 16 日，崔可夫直接拜晤蒋介石，并明确地告诉蒋介石：中国现正处于国危之时，全国军队理应"精诚团结，不可有丝毫内部冲突，此乃贵国胜利之必要条件"。除此之外，崔可夫还与在重庆的国民党要员、军事将领、各院部会负责人谈话，反复告诫他们：内战只能有害于反侵略战争，并暗示此种行为有可能导致苏联停止对中国的援助。与此同时，崔可夫也将情况及时电告莫斯科，通过莫斯科向蒋介石施压。

1941 年 12 月珍珠港事件发生后，正在成都疗伤的崔可夫立即回到重庆，与中国政府及美英驻华军事代表频频会晤，商讨太平洋战争爆发后同盟各国的应对之策。嗣后不久，世界反法西斯统一战线正式形成，崔可夫完成了其在华的主要使命。1942 年 2

月下旬，崔可夫偕其主要随从人员离开重庆，回到苏联，并立即率领苏联第一后备军投入到伟大的斯大林格勒保卫战。

五、引领外交统战，共促国际反法西斯统一战线的建立

国际反法西斯统一战线能够在1942年1月1日最终成立，中国共产党发挥了重要的外交引领作用。

中国共产党具有世界眼光，九一八事变后即倡导建立国际反法西斯统一战线，并在理论和实践上不断丰富和完善。

1935年11月，长征到达陕北的中共中央以中华苏维埃共和国中央政府主席毛泽东、中国工农红军革命军事委员会主席朱德的名义发表《抗日救国宣言》，表示要与“对中国抗日的民族运动表示同情、赞助或守善意中立的民族或国家，建立亲密的友谊关系”。[①] 1935年11月，张闻天强调：日本侵华加剧了它与英美帝国主义矛盾，我们应与英美“建立亲密的友谊关系”。[②]

1935年12月，中共中央在瓦窑堡召开政治局会议，确立了抗日民族统一战线的策略方针。会后，毛泽东在党的活动分子会议上，提出了建立广泛的民族革命统一战线的主张，并且初步提出了在国际领域建立统一战线的思想。对于中国共产党关于建立广泛统一战线的主张，共产国际总书记季米特洛夫给予高度评价。共产国际七大作出决议，号召各国共产党像中国共产党一样，为建立反法西斯统一战线而奋斗。

---

① 中共中央文献研究室：《毛泽东思想形成与发展大事记》，中央文献出版社2011年版，第108页。

② 《张闻天文集》第2卷，中共党史出版社1993年版，第25页。

1936年7月至9月，毛泽东同美国记者斯诺的多次谈话中明确指出，日本的大陆政策和海洋政策不仅指向中国，而且指向美英法苏等国家，日本帝国主义不仅是中国的敌人，也是美英法苏等国人民的敌人。因此，这些国家应该结成反对日本的统一战线。1937年3月1日，毛泽东在同美国记者史沫特莱谈话中又指出：我们主张美英法苏等国建立太平洋联合阵线，否则有被敌人各个击破的危险。

1937年5月，毛泽东对争取资产阶级民主国家在国际领域建立抗日统一战线问题作了新的阐述。他指出，中国的抗日民族统一战线必须同“世界的和平阵线”结合起来。“中国不但应当和中国人民的始终一贯的良友苏联相联合，而且应当按照可能，和那些在现时愿意保持和平而反对新的侵略战争的帝国主义国家建立共同反对日本帝国主义的关系。我们的统一战线应当以抗日为目的，不是同时反对一切帝国主义。”①

日本发动全面侵华战争后，中共中央公开呼吁：“立刻实现抗日的积极外交，拥护国际和平阵线，反对法西斯侵略阵线。同英、美、法、苏等国订立各种有利于抗日救国的协定”。② 明确表示愿意与包括英美法苏在内的一切反侵略国家合作。为动员一切力量进行抗战，《抗日救国十大纲领》提出“在不丧失领土主权的范围内，与一切反对日本帝国主义的国家订立反侵略的同盟，及抗日的军事互助协定。拥护和平阵线，反对德、日、意侵略阵线。”③

随着日军不断南进，中国共产党敏锐地意识到日本帝国主义

① 《毛泽东选集》第1卷，第253页。

② 中国人民解放军政治学院党史教研室编：《中共党史参考资料》第8册，第3页。

③ 中国人民解放军政治学院党史教研室编：《中共党史参考资料》第8册，第52页。

与英美国家矛盾进一步加深，所以极力呼吁建立国际抗日统一战线。1938 年 2 月，毛泽东呼吁世界反侵略者团结起来保卫世界和平，明确提出建立“三个反侵略的统一战线”，即“中国的统一战线、世界的统一战线、日本人民的统一战线”；[①] 同年 3 月，毛泽东再次指出：现在“世界上有三个统一战线——国际的、中国的以及日本国内的”[②]。他还形象地说：“中国的团结+世界的援助+日本国内的困难=中国的胜利。”[③] 毛泽东通过这种简单明了的方式阐明了建立国际抗日统一战线的必要性。

1941 年 6 月 23 日，苏德战争爆发第二天，毛泽东在为中共中央起草的《关于反法西斯的国际统一战线》党内指示中指出：“目前共产党人在全世界的任务是动员各国人民组织国际统一战线，为着反对法西斯而斗争”。[④] 为了更好地团结各种类型的力量共同反对法西斯势力，同年 7 月他又提出：“不管是否帝国主义国家，凡反法西斯者都是好的，凡助法西斯者都是坏的。”[⑤] 这样就能够最大限度地团结世界上所有反法西斯力量。不久，毛泽东又提出了建立“东方的 ABCD 阵线”，即“美、英、中、荷等国在远东建立的对日警戒、防卫、协同作战的包围网”，[⑥] 以团结所有反日国家共同抗日。1941 年底太平洋战争爆发，中共中央明确指出要与美英国家“坚决站在反法西斯方面”，共同抗击日本。[⑦]

为了协调对德意日法西斯作战，1942 年 1 月 1 日，美国、英国、苏联和中国等 26 个国家的代表，在华盛顿签署了《联合国

---

① 中共中央文献研究室：《毛泽东思想年编》（1921—1975），中央文献出版社 2011 年版，第 186 页。

② 《毛泽东文集》第 2 卷，第 105 页。

③ 《毛泽东文集》第 2 卷，第 109 页。

④ 《毛泽东选集》第 3 卷，第 806 页。

⑤ 《毛泽东年谱（1893—1949）》中卷，第 308 页。

⑥ 《毛泽东年谱（1893—1949）》中卷，第 336 页。

⑦ 中共中央文献研究室：《毛泽东思想年编》（1921—1975），第 303 页。

家宣言》。“宣言”的签订标志着国际反法西斯统一战线的正式形成，实现了世界现代史上空前的国际大联合。

国际反法西斯统一战线正式形成后，尽管盟国之间尚存在某些分歧，但都能坚持打败法西斯轴心国的原则立场，在经济上相互支援，在政治上互相协商，在军事上互相配合，对迅速取得世界反法西斯战争的胜利起到了决定性作用。

六、争取苏联支持和帮助中国抗战

中国的抗日战争，历时 14 年。正义战胜邪恶，光明战胜黑暗，进步战胜反动，苏联的援助功不可没。苏联对华的援助，有些是出于国家利益和全球战略的考虑主动提供的；有些则是中国共产党人努力争取的。中国共产党人争取苏联帮助中国抗战的工作是成功有效的。

（一）号召全党大张旗鼓地宣传苏联

九一八事变以后，社会主义的苏联出于国家利益和全球战略的考虑，与国民党政府签订了中苏互不侵犯条约，给予国民政府抗战可观人力物力支援。

根据互不侵犯条约的规定，苏联很快就断绝了同日本的贸易关系，禁止向日本出口军事战略物资。而与此同时，美国、英国和法国都继续与日本保留着密切的贸易关系。故在中国抗战之初，真正站在中国一方公开从道义上和物质上援助中国的，只有苏联。对于日本的侵略，苏联在其国内报纸上采取了毫无保留的谴责态度。当日本通知有关国家撤退其驻南京使馆，以免遭日机轰炸，苏联政府通过其驻日大使向日本政府提出强烈抗议，并声称苏联使馆决不撤出南京，日方必须对其轰炸可能造成的损失承担一切责任。苏联远东军司令加仑元帅甚至发表宣言称：对于日本公然侵华，苏联“非挺身而出公然援助中国不可”。[①] 与此同时，苏联政府也在一切国际场合，积极展开外交活动，尝试通过集体制裁和共同援助的方式，阻止日本进一步扩大对华侵略。

为了取得苏联的援助，七七事变刚爆发，中国政府就指派军事委员会沈德燮去莫斯科商谈用苏联贷款购买苏联军火的问题。之后，蒋介石又进一步指派军委会参谋次长杨杰去莫斯科参加谈判。双方迅速签订了第一、二笔贷款协定和购买军火的订单。[②]

除了军事物资的援助之外，苏联还大量向中国派遣军事顾问和志愿人员，帮助中国对日作战。到 1941 年初，苏联在华军事顾问的人数达到 140 人之多。针对国民党军队的特点，苏联军事顾问提出了许多具有建设性的建议，并直接参与了许多重大战役，如台儿庄战役、武汉战役、长沙战役、宜昌战役的组织与指挥。而在 1937 年 12 月开始来华的苏联志愿航空队，包括两个轰炸中队和四个驱逐机中队，总共 700 多名飞行员和技术人员，直接参加了武汉、岳阳、杭州、南昌、南宁、广州和台北等地空战，或配合陆军作战。轰炸机大队长库里申科、驱逐机大队长拉赫曼诺夫等 200 多人，牺牲在中国对日作战的过程中。而在此期间，苏联专家帮助培训的飞行员、领航员和其他各种航空技术人员，则达到 8354 人之多。[③]

美国学者也承认，苏联成了国民党的第一个异常慷慨的朋友。早在 1937 年 9 月，他们就开始发送物资给国民党人。1937—1939 年期间，苏联供应总数大约为 1000 架飞机，2000 名“志愿”飞行员，500 名军事顾问以及大量大炮、军需品和石油。这

① 转引自天津《大公报》1937 年 11 月 20 日。

② ［苏］A. M. 杜宾斯基：《1937—1945 年的苏中关系》，莫斯科：思想出版社 1980 年版，第 85 页。

③ ［苏］A. M. 杜宾斯基：《1937—1945 年的苏中关系》，第 100—102 页。

是根据总额为2.5亿美元的三项中期低息（3%）贷款提供的。这些源源不断的援助，到1939年9月欧洲战争开始以后才减少。但是，苏联的援助一直延续到1941年希特勒军队开进苏联。在战争进行四年半以后，西方民主国家援助的总额才与苏联所提供的援助大体相等。①

对于苏联对华援助，中国共产党在公开场合均给予了高度的评价，大张旗鼓地加以宣传，除了宣传苏联的支持与援助外，还宣传苏联的主张与功绩，宣传苏联英雄感天动地的事迹，宣传苏联抗击法西斯的胜利。

宣传正义必将战胜邪恶的思想。斯大林在关于二战的论述中明确指出，德意日法西斯是逆历史潮流而动的，所以，二战是一场正义战胜邪恶的战争。德意日法西斯一出世，就具有“三反动”的特点：一是对本国、本民族优秀文化传统的反动。军国主义、封建主义沉渣泛起，大搞独裁统治，大搞种族主义，残忍趋赶、蹂躏、屠杀大批犹太人与别国民众；二是垄断资本是最反动的一翼。对内实行恐怖的独裁统治，对外进行疯狂的侵略扩张，是对资产阶级民主制度的反动；三是强烈的反对共产主义，反对社会主义制度，是对先进生产力与生产关系的反动。法西斯不仅掠夺和统治弱小国家，而且企图把法西斯制度推行到全世界，统治和奴役全人类。所以从反法西斯国家的角度看，它是一场正义的解放战争。中国共产党通过各种渠道宣传苏联的上述思想，对于动员中国民众团结抗日起了很好的作用；同时对于悲观派、投降派、分裂派起到了牵制、制约、打击的作用。

宣传苏联英雄感天动地的事迹。苏联人民不畏强暴，不怕牺牲，前赴后继，勇敢杀敌，涌现出潘菲洛夫师二十八壮士、马特

① ［美］费正清：《剑桥中华民国史》下册，中国社会科学出版社1998年版，第十一章第四节。

洛索夫、卓娅等一大批英雄儿女。他们为捍卫祖国独立和尊严，为捍卫世界和平和正义，谱写了感天动地的战斗诗篇。[①] 中国共产党在相关媒体中大力宣传苏联的英雄事迹，鼓舞中国人民在抗日战争中奋勇前进。

宣传苏联抗击法西斯的胜利。苏联是第二次世界大战欧洲主战场。苏联的每一次胜利，都是对整个反法西斯战争、特别是对中国抗日战争事业的巨大鼓舞和精神支持。中国共产党广泛地进行宣传，极大地鼓舞了中国人民的斗志，增强了中国抗日民族统一战线的团结。

（二）积极争取苏联对中国共产党抗战的帮助

苏联对中国抗日战争的援助，绝大部分给了国民政府。因此有人说"武器给了资产阶级，书籍给了无产阶级。"[②] 关于这个问题，斯大林曾向崔可夫清楚地说起过。崔可夫赴华之前曾问道，为什么派他去蒋介石那里，而不是去中国红军那里？斯大林极其坦率地说："看来，中国共产党人应比蒋介石更靠近我们。看来，人们应给他们最多的援助……但是这种援助将被看做是向与我们保持外交关系的国家实行一种革命输出。中国共产党和工人阶级现在还太弱，不能成为反侵略斗争的领导者……与蒋介石政府已缔结了相应的条约。您要熟悉所有这些文件，您的一切行动都要与这些文件相一致。"[③]

苏联派驻延安的联络员彼得·弗拉索夫在回忆录中也沿用了相同的论点："苏联不能向特区（由中共控制的独立区）提供装

① 参见习近平：《铭记历史，开创未来》，载《人民日报》2015 年 5 月 8 日第 1 版。

② 转见奥托·布劳恩：《中国纪事（1932—1939）》，中国现代史料编刊社 1981 年版，第 286 页。

③ 崔可夫：《在中国的使命——军事顾问札记》，莫斯科 1981 年版，第 56 页。

备和武器的援助，正是这一点，人们指责我们，这也正是不满的主要原因。苏联向特区进行的武器提供，都将意味着违反与重庆中央政府签订的条约，瓦解抗日统一战线。这种军事提供将导致重庆与莫斯科之间的裂缝……这在将来也会引起国民党和共产党之间的武装冲突。”①

苏联在军事上主要援助国民政府，有如下的政治考虑：

首先，苏联在外交上已经承认了国民政府，并通过中苏互不侵犯条约，承担了义务，因此，不能再支持国民政府的敌对势力。

其次，国共力量对比也是必须考虑的因素。在全民族抗战初期，国民党的军队有 200 万人左右，而红军只有 4 万人左右。②

最后，中国共产党所领导的政府和军队，已经隶属于国民政府，倘若苏联单独给八路军、新四军提供武器装备，会引起外交上的麻烦。

不过，客观地讲，莫斯科当时固然不能直接输送武器给中共中央，但还是在许多关键时刻，向中共提供了相当数额的经费援助。

全民族抗日战争爆发之初，莫斯科提供的最醒目的一笔援助 50 万美元是斯大林批准的，用于帮助中共购买武器弹药。③ 在此之后，1938 年夏，中共中央政治局委员王稼祥回国时，又得到了莫斯科提供的 30 万美元。④ 1940 年 2 月，斯大林根据周恩来和共

① 弗拉基米洛夫：《中国特区 1942—1945 年》，莫斯科 1973 年版，第 33 页。

② 关于部队人数有几种说法。在新公布的俄罗斯材料中，共产党的部队人数被引证为 6 万人。列多夫斯基：《外交札记》，载《远东问题》1991 年第 1 期。

③ 季米特洛夫：《季米特洛夫日记》，马细谱等译，广西师范大学出版社 2002 年版，第 107 页。

④ 徐则浩：《王稼祥年谱》（1906—1974），中央文献出版社 2001 年，第 190、296—297 页。

产国际总书记季米特洛夫的要求，再次提供30万美元的援助。[①]而当1941年苏德战争发生后，应中共中央的要求，斯大林再度批准了100万美元的援助。[②]实际上，来自莫斯科的经费援助和其他的各种物资帮助，从1937年断断续续地持续到抗战结束。这种援助固然已大不同于20世纪20年代至30年代中期莫斯科对中共按月提供的经费，但它在财政上继续支持中共，则是显而易见的。

当然，在此期间莫斯科对中共另一种帮助是在政治领域。莫斯科从两个方面向中共建言。一是建议面对国共两党重新合作的新形势，务必设法保持红军的战斗力，"最大限度地提高革命警惕性"，使蒋介石不能通过瓦解、挑拨和特务活动等手段来破坏党和红军的组织。[③]二是建议，共产党人不要害怕会被淹没在民族解放斗争的汪洋大海里。可以参照西班牙和法国的经验，……争取国共两党共同负责、共同领导、共同发展。[④]显然，这种帮助对共产党人如何既保持自身组织的独立性，又保持与国民党的统一战线，起到了促进作用；同时也使中共党内过分重视和依赖国民党，或过分强调自身独立性而不惜与国民党磨擦冲突的倾向，相应得到了抑制。[⑤]

中共是共产国际的一个影响很大的成员。苏联帮助中共是其义不容辞的责任。

---

① Russian Center for the Preservation and Study of Documents on Modern History (RPSDMH), 495/74/291.

② 季米特洛夫：《季米特洛夫日记》，第107页。

③ 《共产国际有关中国革命的文献资料》第3辑，中国社会科学出版社1990年版。第26—27页。

④ 参见周文琪等编：《特殊而复杂的课题——共产国际、苏联和中国共产党关系编年史》，湖北人民出版社1993年版，第333页。

⑤ 沈志华主编：《中苏关系史纲》（1917—1991），新华出版社2007年版，第67页。

苏联秘密援助共产党的原因是：1. 蒋介石长期与中共搞磨擦，不符合苏联希望中国一致抗击日帝、扯住日本北上的战略。2. 中共军队虽然力量相对较弱，但坚持持久战、游击战，并且发动了百团大战，战果辉煌，也使斯大林刮目相看。3. 国民政府与美国的关系过于亲密。

（三）配合苏联出兵消灭日本关东军

苏联军队消灭了日本关东军，帮助中国解放了东北，并将东北交给了中共，这是苏联在抗日战争后期对中共最大的成功支持和援助。

美英苏的雅尔塔协定就是有关大国战后如何在中国划分势力范围的协定。双方约定以长城为界，长城以外的东北地区属于苏联的势力范围，长城以内的中国其他地区属于美国的势力范围。苏联要确保它势力范围以内的权益，不在长城以内制造麻烦；美国也不要把手伸到长城以外来。①

斯大林信守了承诺；而美国则把手伸向苏联势力范围：中国东北。美军以帮助遣返日军俘虏的名义，在靠近东北地区的华北沿海地区大批登陆，进而更直接帮助国民党军队向东北挺进，公开挑战雅尔塔协定。

斯大林作为清醒的军事战略家和著名的外交家，出兵中国东北的时候，就已经想到了战后中国的前途复杂，所以就派人到延安，要求中共中央派代表赴东北，以便就近联络。中共马上指示在关内的军队帮助苏军维持秩序，派不少人进入东北工作。当美军和国民党军队向东北行动时，苏军急忙联络中共代表，要求中共在最短的时间内，不惜放弃关内各根据地，集中主力到关外去，以便在苏军帮助下阻止美蒋军队进入东北。中共中央因此很

① 沈志华主编：《中苏关系史纲》（1917—1991），第 85 页。

快组织了十几万军队赶赴东北，在东北建立起来一支数量庞大的军事力量。这就是后来中国共产党的军队解放中国东北的中坚力量。苏联对中共的关键性战略援助，值得肯定。

当然，斯大林能这么做，与中共的努力争取也有直接关系。苏联的对日宣战，是1945年8月8日，第二天，毛泽东代表中国共产党及其军民就发表了一个声明，“表示热烈的欢迎”，其中对苏联出兵的意义评价极高。声明的名字就体现了这一点：《对日寇的最后一战》。声明写道：“由于苏联这一行动，对日战争的时间将大大缩短。……最后地战胜日本侵略者及其一切走狗的时间已经到来了。”中共应该如何应对呢？“在这种情况下，中国人民的一切抗日力量应举行全国规模的反攻，密切而有效力地配合苏联及其他同盟国作战”。①

正如毛泽东在《论联合政府》一文中所说：在1937年抗日战争开始以后，苏联是第一个援助中国反对日本侵略者的国家。中国人民对于苏联政府和苏联人民的这些援助，表示感谢。太平洋问题的最后的解决，没有苏联的参加，也是不可能的。②

七、争取、支持国际友人访问延安和参加中国抗战

延安时期，随着对外联系的加强，在中国共产党国际国内反法西斯统一战线的影响、感召下，国际上许多有识之士，纷纷来到延安和陕甘宁边区，他们是各国伟大人民的优秀儿女和卓越代表。虽然国籍、肤色、语言、职业、经历各不相同，也与我们的

① 《毛泽东选集》第3卷，第1119页。
② 《毛泽东选集》第3卷，第1085页。

看法不尽一致，但是他们都同情和爱戴中国人民，把中国人民的事业当作自己的事业，他们的大多数人都不同程度地为中国人民的解放事业做出了自己的贡献，有的甚至献出了宝贵的生命。同时，他们又都不同程度地被延安那种朝气蓬勃、欣欣向荣的新生活所吸引、所感染、所熏陶。我们永远不应忘记，这些国际友人的深情厚谊和无私奉献的国际主义精神。

而这一切，与当时中共中央域外政策的正确、国际抗日统一战线的不懈努力有直接的关系。

（一）盛情接待埃德加·斯诺等西方记者和作家

根据国际形势的变化和新的对外方针，中共中央迫切希望冲破国民党的新闻封锁，把党的政治主张从西北一隅传向外部世界。为此，中共中央致电在上海为国共谈判牵线搭桥的宋庆龄，希望能“邀请一位公道的记者”，“到陕北去实地考察边区的情况，了解中共的抗日主张。”[①] 恰巧，曾经为采访共产党人做了多年准备的美国记者埃德加·斯诺，为寻找进入陕北红色区域的途径找到了宋庆龄，希望能得到她的帮助。中国共产党人的积极“邀请”和斯诺的长期热望，创造出了一个重要而影响深远的历史机遇。

1936 年 7 月，一位蓝眼睛、高鼻子的洋人，骑着一匹被称为“瘦狗”的老马，来到中共中央所在地——陕西的保安。这位洋人就是著名的美国记者埃德加·斯诺。他因为是第一位访问中国共产党根据地的西方记者而闻名于世。

中国共产党给予埃德加·斯诺以空前高规格的接待。除毛泽东等中央领导亲自接见外，中共中央还专门召开了“欢迎国际友人大会”，表示对国际友人埃德加·斯诺、马海德的热情欢迎。

---

① 尚明轩、唐宝林：《宋庆龄传》，北京出版社 1990 年版，第 322 页。

斯诺在大会上激动地说："自己享受国宾般的待遇，一生中还是第一次，荣幸之至！"此后，埃德加·斯诺开始了他"如哥伦布发现新大陆"的采访工作，随后写出了令世界震惊的名著：陕北红都采访录——《红星照耀下的中国》。在出版中译文本时，为了防国统区查禁，以利发行传播，改名为《西行漫记》。此后，斯诺的名字深深地印在了中国人民的心中。

斯诺的第一位夫人海伦·斯诺曾指出，斯诺对共产党人的采访，"甚至影响了剧中人物，即共产党人自己，使他们在自己的眼中形象更加高大，而最重要的是，使他们第一次认识到，'帝国主义者'并非全体一致，他们或许有可能争取一派去反对另一派，尤其是可以争取美国人特别是美国的人民。"① 海伦的这一看法并不夸张，斯诺的陕北之行，显然对中国共产党调整对外政策产生了积极的影响。6月，中共中央即在一份党内指示中明确指出，由于国际关系的分化和重新结合，英美等帝国主义国家有可能"积极参加反日"。因此，"从共产党一直到帝国主义，可以发展到最广泛的抗日讨逆的统一战线的创立。"②

斯诺的报道产生了广泛的影响。继斯诺之后，一批又一批的西方新闻记者和学者，冲破国民党重重阻碍前往陕北，采访被长期封锁、与世隔绝的中国共产党人。他（她）们有：美国作家艾格尼丝·史沫特莱、德国作家王安娜、斯诺夫人海伦·斯诺、美国作家托马斯·比森以及美国记者哈里森·福尔曼等。在抗日战争时期，访问延安的外国记者、作家还有：英国记者詹姆斯·贝特兰、德国记者汉斯·希伯、美国作家艾金森、美国记者白修德等以及有美、英、苏等国记者参加的中外记者西北参观团。解放

① 海伦·斯诺：《我在中国的岁月》，美国纽约威廉·莫罗公司1984年英文版，第201页。

② 中央档案馆编：《中共中央文件选集》第11册，第28页。

战争开始后，美国记者安娜·路易斯·斯特朗、斯蒂尔等访问了延安。这些外国记者、作家绝大多数能真实、客观、公正地向外界宣传报道中国共产党的各项方针政策以及根据地军民的英雄业绩。他们的报道，成为中国共产党国际统一战线主张最为有效的宣传媒介。

自1927年以来，中国共产党在农村根据地中“一直遭到铜墙铁壁一样严密的新闻封锁而与世隔绝”。① 这不能不影响到党的影响力、号召力和凝聚力。通过国际抗日统一战线工作的开展，在斯诺等西方记者“新闻报道的真理号角震撼下，所有积累起来的关于中国共产党人的谣言和猜疑，如同耶利哥（死海以北的一座古城——引者注）的城墙一样土崩瓦解了”。② 中国共产党人的主张在国内外得到了更加广泛的传播。

（二）热情欢迎、重用援华的国际友人

由于中国共产党的努力，在共产国际和国际援华组织的帮助下，在盟国政府的委派下，先后有美、英、苏、德、加、波、印、朝、日、新西兰等10多个国家100余位国际友人到延安、陕甘宁边区以及其他苏区采访、参观、考察、学习、工作和战斗。他们中有记者、学者、作家、医生、技术人员、军事顾问和社会活动家等。中国共产党及其机构均给予了合适的安排和重用。有的毕生在中国工作，成为领导或技术骨干；有的为中国的民族大业献出了宝贵的生命，成为至今被中国人学习、传颂的英雄；有的成为与中国人民友好，传播和宣传中国优秀文化的友好使者。

---

① 埃德加·斯诺：《西行漫记》，生活·读书·新知三联书店1979年中文版，第1页。

② 海伦·斯诺：《我在中国的岁月》，美国纽约威廉·莫罗公司1984年英文版，第200页。

美国医学博士乔治·海德姆是最早进入陕甘宁根据地的外国医生。1936年夏，他和埃德加·斯诺在苏区进行了四个月的访问后决心参加红军、参加了中国共产党。他因医术高超、对工作兢兢业业、颇有管理能力，被委任为中央军委卫生部顾问，并改用中国名字马海德。马海德用听诊器和手术刀为中华民族的解放事业服务，并兼外事工作。后任全国第五届政协委员，第六届和第七届全国政协常务委员。1988年9月，卫生部授予马海德“新中国卫生事业的先驱”荣誉称号。1988年10月3日与世长辞，终年78岁。2009年被授予新中国成立以来感动中国人物。

七七事变后，由加拿大著名胸外科医生、共产党员诺尔曼·白求恩率领的加美援华医疗队，爱德华率领的印度援华医疗队先后到达延安，其中白求恩和印度医生柯棣华为中国人民的解放事业献出了宝贵的生命。1939年11月12日，白求恩牺牲在前线。生命垂危之际，他写下遗嘱：八路军每年要买250磅奎宁和300磅针剂，用来治疗疟疾患者和贫血病患者。千万不要再到保定、天津一带去购买药品，那边的价钱要比沪、港贵两倍。毛泽东得知白求恩去世的消息极为悲痛，写下了感人至深的文章《纪念白求恩》。毛泽东说，白求恩“是一个高尚的人，一个纯粹的人，一个有道德的人，一个脱离了低级趣味的人，一个有益于人民的人”。[①] 印度援华医疗队柯棣华、爱德华、巴苏华大夫，一直战斗在救死扶伤的第一线。其中，柯棣华大夫病逝于抗日根据地，毛泽东以“全军失一臂助，民族失一友人”的挽联，表达了中国人民对他的怀念之情。1942年到延安的苏联医生安德烈·阿洛夫，热情为边区军民治病，被评为陕甘宁边区的模范医生，《解放日报》曾多次报道他的先进事迹。此外，朝鲜医生方禹庸，德国医

① 《毛泽东选集》第2卷，第660页。

生汉斯·米勒，奥地利医生傅莱、罗生特、护士玛格丽特·斯坦莉、琼·尤恩等也曾在延安和陕甘宁边区工作过，米勒和傅莱还参加了八路军，加入了中国共产党。

威廉·班德是英国物理学家，燕京大学教授。他和夫人克兰尔于1943年9月，由晋察冀边区抵达延安，受到热情接待，他们为八路军培养了大批无线电专业人才。1944年元旦，毛泽东亲自登门给他们拜年。英国学者林迈可也是燕京大学教授、无线电爱好者，夫妇二人于1944年春至1945年11月在延安，担任八路军通讯部技术部顾问和新华社英文顾问，曾为延安新华广播电台建造了一台可以发射到美国旧金山和南印度洋的发射机，为改进八路军通讯技术，打通延安与外界的联系做出了重要贡献。

新西兰“工合”技术专家路易·艾黎，1939年至1941年三次奔赴延安，在毛泽东的支持下，创办了延安工合事务所，为发展陕甘宁边区的军用和民用工业费尽了心血。毛泽东和叶挺曾分别写信给“工合”国际委员会，高度赞扬工业合作社运动对我国抗战做出的贡献。英国青年乔治·何克于1938年6月访问延安后深受教育，此后参加了艾黎等人发起的“工合”运动，创办并担任“工合”培黎工艺学校校长，为“工合”运动培养专业技术人才，最终为此献出了年轻的生命。

1938年6月，以柯乐满（英）为首的世界学生联合会代表团访问延安，其成员雷克难（加）、傅路德（英）、雅德（美）都是世界学联的著名领袖。世界学联代表团受到毛泽东和延安各界的热情接待。他们表示回国后要做好三件事：热情地做好宣传，如实地讲解见闻，为八路军募捐，以实际行动支持中国的抗日战争。此外，荷兰驻香港总领事范伍登、荷印（荷属南洋群岛）政府外交部东亚事务司中国事务科科长欧福廷博士、国联防疫大队代表南道尔也在抗战初期访问过延安，南道尔还向陕甘宁边区捐献了1万美元药款。

德国人奥托·布劳恩、越南人洪水、苏联人白列斯托夫与马里果夫等，曾于1939年9月到延安参观。日本共产党总书记野坂参三（即林哲）于1940年秘密到达延安，并担任日本工农学校校长，培养了900多名反法西斯战士。越南共产党主席胡志明（华名胡光）也在抗日战争时期由苏联到达延安。1942年5月，苏共党员彼得·弗拉基米洛夫（即宋平）以共产国际代表和塔斯社随军记者身份到达延安，直到1945年9月，期间出席了中共七大。此外，朝鲜革命者武亭、印尼共产党员黄庆光（即王大才）等人也在延安工作、生活过。

这些国际友人在延安和敌后抗日根据地的活动，打破了国民党顽固派和日本侵略者的包围封锁，向国内外传播了中国共产党的方针、政策和抗战业绩，使国内外了解了红色中国的真相，扩大了中国共产党和抗日根据地的国际影响，加速了中国人民解放事业的进程。

（三）支持日本反战组织的活动

抗日战争时期，中国共产党十分重视对日俘的工作。中共中央在《中央关于瓦解敌军工作的指示》中，把能否做好敌军工作（包括对日俘和日本士兵）视为“决定抗战胜利的重要条件之一”①。同时，“瓦解敌军和宽待俘虏”也是军队政治工作的三个基本原则之一。1937年10月，毛泽东在与英国记者贝特兰的谈话中指出：“日军现已公开声言要对八路军施放毒气，即使他们这样做，我们宽待俘虏的政策仍然不变。我们仍然把被俘的日本士兵和某些被迫作战的下级干部给以宽大待遇，不加侮辱，不施责骂，向他们说明两国人民利益的一致，释放他们回去。有些不愿回去的，可在八路军服务。将来抗日战场如果出现‘国际纵

① 《中国共产党党史参考资料》第4册，人民出版社1982年版，第154页。

队’，他们即可加入这个军队，手执武器反对日本帝国主义。”“我们的胜利不但是依靠我军的作战，而且依靠敌军的瓦解。”①

中国共产党推行反法西斯统一战线与人道主义的战俘政策，教育和改造了大批日俘，反战组织也在不断兴起和壮大。在“宽待俘虏”政策的感召下，一批日俘、日士兵逐渐觉醒。八路军晋东南地区的日俘杉本一夫、小林武夫等主动要求加入八路军参加对日作战。1939年11月，在中国共产党的建议下，由已参加八路军的杉本一夫等发起成立在华日人唤醒联盟，之后改为“在华日人觉醒联盟”，后被人们简称为“觉联”。这是在华成立的第一个日本反战组织，是中国共产党统一战线政策正确实施的结果。1940年6月，为了适应日人反战形势的需要，“觉醒联盟”本部决定成立支部，并派日人前往太行山地区建立第一分部。此后，敌后各支部陆续建立（如山东支部、冀南支部、太岳支部冀鲁豫支部等），觉联盟员人数进一步扩大。②

1940年7月，在华日人反战同盟总部在重庆成立，日本进步作家鹿地亘任会长，随后在延安建立了在华日人反战同盟支部。为了统一分散的日本反战组织，以形成更大规模和影响的反战运动，日本反战组织于1942年8月在延安召开华北日本人反战团体代表大会。会议决定将“觉醒同盟”和1940年3月成立的“反战同盟”合并，成立新的反战组织——反战同盟华北联合会。会议通过的《日本反战同盟华北联合会工作方针书》，指出反战同盟华北联合会的中心任务是反对日本侵华战争，为迫使日本军国主义者撤出中国而斗争。

在华日本反战组织的主要任务是教育、改造和训练日俘和日本士兵，反对日本军国主义者发动的侵华战争，为打倒日本法西

① 《毛泽东选集》第2卷，第381、379页。

② 《中国共产党党史参考资料》（四），人民出版社1955年版，第155页。

斯的政府，建立战后和平、民主的新日本而奋斗。抗战胜利前夕的 1944 年初，反战同盟华北联合会代表大会决定，改组在华日人反战同盟为其在中国解放区的基层组织，并成立日本人民解放联盟。此后，“解放联盟”有了快速发展，至 1945 年 8 月间，“解放联盟”已有 4 个地区协议会、2 个地方协议会和 18 个支部，盟员达到上千名。①

日本反战组织在瓦解和削弱敌军的工作中，发挥了重要作用。他们协助中国军队开展心理战、思想战和宣传战，积极发动宣传和教育攻势，揭露了日本法西斯的侵略罪行，极大地瓦解了日军士气，唤起了日兵觉醒。他们还编辑、出版了各种反战报刊、杂志等宣传品，如以反战为主要内容的日文月刊《士兵之友》、《真理的斗争》、《敌情研究》等。反战组织在宣传中能结合日本的民族习惯，牢牢抓住日本士兵和下层军官的思乡厌战心理，成效显著，动摇了军心，使得厌战反战情绪蔓延，起到了中国军队以军事手段难以达到的目的。

在华日本反战组织是一支特殊的政治工作队伍，被称为“日本八路”。他们的抗日义举及其活动，堪称“世界战争史上的奇迹”。

八、推动美英等国政府支持与援助中国抗战

中共争取苏联支持与援助中国抗战工作重点是从上至下（官方到民间），与此不同，推动美英等国支持与援助中国，从一开始就是官方与民间两条线共同发力。

① 《中国共产党党史资料》第 18 辑，中国共产党党史资料出版社 1986 年版，第 162 页。

（一）持续不断地批评英美的绥靖主义

1938年10月，日本侵略军占领广州、武汉以后，中国抗日战争逐渐转入战略相持阶段。日本侵略者在坚持灭亡中国的总方针下，对其侵华的战略和策略进行了一些调整，把以军事进攻为主、政治诱降为辅的方针，转变为政治诱降为主、军事打击为辅的方针，企图诱使国民政府妥协投降，诱使美国和英国妥协退让。日本的努力产生了三大恶果；汪精卫为首的亲日派1938年底公开投降，建立了南京汪伪政府；蒋介石为首的重庆政府的反共妥协倾向加强；美国、英国对日本的侵略采取了新的绥靖主义政策。

美英等出卖中国的阴谋，和1938年英法通过慕尼黑会议出卖捷克斯洛伐克与德国妥协的勾当一样，故称“东方慕尼黑”。

对此，中国共产党人进行了“有理、有利、有节”的不懈斗争，使得绥靖主义的阴谋一次次破产。英美法等国“搬起石头打自己的脚”，招致法西斯国家的进攻，不得不调整政策，最终走上了积极支持中国抗战的正路。

西方第一次搞绥靖主义是在九一八事变不久。

南京政府采取“不抵抗”主义，袭用过去统治者以夷制夷的故技，把制止日本侵略的希望完全寄托在英美等国干涉上，幻想依赖国际联盟压迫日本撤兵。9月21日，南京政府向国联提出申诉，并向全国宣告，“要求国人镇静忍耐”，“依赖国联公理处断”①。但是，为英法等国操纵的国联并没有像国民党政府所希求的那样，对日本实行制裁，没有谴责日本的侵略，只是劝告中日双方协商日方撤兵事宜。日本拒绝国联的限期撤兵的决议，国联也无可奈何。1932年1月，国联成立由英美法德意五国代表组成

---

①《中华民国重要史料初编——对日抗战时期绪编》（一），1981年，第281页。

的调查团，到中国东北进行调查。10月，公布国联调查报告书，报告书总的倾向是牺牲中国，姑息日本的侵略行为。它提出一个国际共管中国东北的方案，反映了英美法等国不甘心日本独占而要共同控制中国东北的企图。随即日本宣布退出国联。日本的放肆侵略的行为和公然对抗国联的干预，加深了它同英美法等国之间的矛盾。后者不愿看到日本在华扩张势力，但又想利用日本对付苏联和遏制中国革命运动的发展，坐收渔人之利。

对于西方这一次集体的绥靖行为，毛泽东不止一次地在公开媒体上批评与揭露。他说："近年来，世界反动资产阶级首先是英法的反动资产阶级，对于德意日法西斯的侵略，一贯地执行了一种反动政策，即所谓'不干涉'政策。这个政策的目的，在于纵容侵略战争，自己从中取利。因此，英法根本拒绝苏联历来提出的组织真正的反侵略阵线的建议，而采取'不干涉'的立场，纵容德意日侵略，自己站在一边看。其目的在于使战争的双方互相消耗，然后自己出台干涉。在执行这个反动政策的过程中，曾经牺牲了半个中国给日本，牺牲了整个阿比西尼亚、整个西班牙、整个奥国、整个捷克给德意"，其结果是"搬起石头打自己的脚"。[①] 毛泽东呼吁主持正义的力量抛弃绥靖政策，积极行动起来，阻滞德意日的倒行逆施。

第二次西方搞绥靖主义，发生在1939年4月15日起的英法与苏联谈判的过程中。

英国的张伯伦政府与法国的达拉第政府搞祸水东引，阴谋以牺牲中国来求得相互妥协。中国政府曾一直争取英国援华抗战。1939年2月日军占领海南岛，中国再次呼吁英国对日采取行动。英国向中国提供500万英镑的借款和300多万英镑的信用贷款。但是，英国慑于日本的威胁，继续拿中国的权益与日本作交易。

① 《毛泽东选集》第2卷，第580—581页。

1939年7月，英国驻日大使克莱琪同日本外相有田八郎缔结协定，对“凡有妨害日军达到上述目的之行动，英政府均无意加以赞助”。这样，英国实际上默认了日本对中国的侵略。

1939年7月29日，即英国和日本签订《克莱琪—有田协定》的第五天，中共中央向全党紧急下达了《关于反对东方慕尼黑阴谋的指示》。指出东方慕尼黑阴谋客观存在，要求“我党必须用最大的力量推动各方共同起来”应对。

指示说，在英日谈判中，“英国对日已有了重大的原则的让步。这种让步造成东方慕尼黑的可能严重局势”。蒋介石“对英国仍抱有极大的幻想；特别由于金融上对英国的依赖，使英国对蒋仍有很大的支配力量。”

指示从四个方面要求全党立即行动：第一，舆论、行动上表示“全国人民对于英国张伯伦妥协派向日投降、牺牲中国利益的严重抗议，反对任何形式的东方慕尼黑，揭破张伯伦政策是拥护日本侵略中国、反对中国抗战的政策，这政策只有助长世界法西<斯>侵略国的侵略，促进全世界普遍的战争的到来”。第二，“坚决反对中国抗战内部任何人因张伯伦的对日投降而对抗战表示动摇，反对任何投降妥协破坏抗战的活动，强调自力更生的口号，强调坚持抗战到底的决心及民族自信心；打破对英国的幻想，反对依赖英国的外交政策”。第三，“对英方面，应集中力量于打击张伯伦的投降政策，主张英国人民与政府应改变这种害人害己的错误政策，以争取英国改变政策继续支持中国抗战”。第四，“即使英国停止援助中国与日妥协，只要克服内部投降危险，中国仍有一切办法坚持抗战取得最后胜利；并宣传苏联对中国抗战的援助”。①

① 中央档案馆编：《中共中央文件选集》第12册，中共中央党校出版社1991年版，第150—151页。

经过不断斗争，使得国民党政府联合英国政府向日本进一步妥协的企图破产。

西方国家第三次搞绥靖主义是在 1941 年 5 月前后。

1939 年 9 月 1 日，第二次世界大战爆发，英法对德国开战。1940 年 6 月法国战败投降，投降的法国政府准许日本使用越南机场，并禁止中国使用滇越铁路。英国为了应付德国在西欧的进攻，在远东继续对日本作出妥协和让步。1940 年 7 月，英国应日本的要求，封锁中国当时最重要的国际交通线——滇缅公路三个月，同时还中断了通过香港的对华物资运输渠道。再次对中国抗战事业造成严重损害。①

美国在东亚和太平洋地区有着重要利益。为了维护这些利益，美国一方面对日本扩大对中国的侵略，采取了一定的遏制政策，对中国抗战采取了进一步支持的态度；另一方面采取了新的绥靖主义政策。美国在帮助中国抗战的同时，仍然不愿中断对日贸易，一直卖给日本大量钢铁、石油、机器设备等战略物资。直到 1939 年 11 月，美国驻日大使格鲁又同日本外相签订临时通商协定，继续保持贸易关系。

针对美英等国的绥靖政策，1941 年 5 月 25 日，中共中央专门发了一个党内指示《揭穿远东慕尼黑阴谋》。指示明确要求："日美妥协，牺牲中国，造成反共、反苏局面的东方慕尼黑的新阴谋，正在日美蒋之间酝酿着。我们必须揭穿它，反对它。""日本帝国主义以迫蒋投降为目的的军事进攻，现已告一段落，继之而来的必然是诱降活动。这是敌人一打一拉、又打又拉的老政策的重演。我们必须揭穿它，反对它。""日本和军事进攻同时发动了谣言攻势，……我们也应揭穿它，反对它。"

---

① 中共中央党史研究室：《中国共产党历史第一卷（1921—1949）》下册，中共党史出版社 2011 年版，第 528—529 页。

中共中央决定在国内执行抗战、团结、进步三大方针，对外揭穿、反对东方慕尼黑的新阴谋，不仅恰逢其时，而且恰到好处。在国内制止住了投降逆流，在国际上揭穿了英美的妥协行为，为最终形成世界反法西斯统一战线做出了重要贡献。

（二）适时进行国际抗日统一战线工作的重点转移

1941 年 12 月 8 日，日本对珍珠港、菲律宾、中国香港、马来亚等地的英美军队发动进攻，美国、英国、加拿大、澳大利亚、新西兰等 20 多个国家相继对日宣战。1937 年 7 月 7 日，日本发动全面侵华战争，中日之间已完全处于战争状态，但国民政府仅发表了《自卫抗战声明书》，并未正式对日宣战。1941 年 12 月 9 日，中国才正式对日宣战。太平洋战争的爆发，结束了多年来中国人民孤军奋战的局面，中国的抗日战场和太平洋战场形成了紧密联系、互相配合的战略态势。根据这一新的形势，中共中央适时、大幅度地调整了对外方针，把国际统一战线工作的重点进一步转向在太平洋直接对日作战的美英等国。

太平洋战争爆发当天，中共中央书记处即致电在重庆、香港等地负责对外联络工作的周恩来、廖承志、潘汉年、刘晓等人，要求他们积极开展对英美的联络工作，“与英美合作组织游击战争，由英美供给武器”，并建立情报联系。电报指出：“我对英美方之政策，应当是建立与展开中共与英美政府的广泛的真诚的反日反德的统一战线，不应作不真诚与狭隘的表示”。[①] 12 月 9 日，中共中央公开发表《中国共产党为太平洋战争宣言》，同时向党内发出《中共中央关于太平洋反日统一战线的指示》，明确指出，美英等国抵抗日本侵略的战争是“保卫独立自由与民主的正义的

① 中央统战部、中央档案馆编：《中共中央抗日民族统一战线文件选编》下册，第 582 页。

解放的战争”，中国人民当前的中心任务“就是建立与开展太平洋各民族反日反法西斯的广泛统一战线”，“中国人民与中国共产党对英美的统一战线特别有重大的意义。”为此，中共中央要求全党“在各种场合与英美人士作诚恳坦白的通力合作”。①

为了加强对英美的合作，中共中央发出指示，要求积极组织和安排好敌占区英美人士的撤退工作。指示指出：“对敌占区英美及其系统下的人士，不问其是否顽固，应多方设法欢迎并保护其到我区，或经我区退走。”② 根据中共中央的指示，华北、华中、华南的党组织和人民抗日武装均安排了一批英美人士从北平、上海和香港等地秘密撤离，产生了良好的国际影响。从北平撤出的燕京大学英籍教师林迈可（曾任英国驻华使馆新闻参赞）夫妇和班威廉夫妇，曾长期留在晋察冀和陕甘宁边区参加抗日工作，为发展敌后根据地的通讯事业做出了贡献。

同时，中共中央提出要积极“争取英美政府人士对中共八路军、新四军之同情”，大力加强“对海外的宣传”。③ 按照中共中央的部署，周恩来及南方局与在重庆的英美官方和军方人士进行了广泛接触，宣传中共的国际统一战线主张和八路军、新四军的战绩，以扩大中共的影响，产生了积极效果。

1941 年 12 月 10 日，周恩来致函美英两国驻华大使，表示中共及其领导的抗日武装愿与他们的国家并肩对日作战。建议美国向共产党领导的抗日根据地派遣军事代表。④ 1942 年 11 月，周恩来等人在重庆会见美国驻华使馆参赞约翰·文森特（即范宣德）

---

① 中央档案馆编：《中共中央文件选集》第 13 册，第 248、251、252 页。

② 中央统战部、中央档案馆编：《中共中央抗日民族统一战线文件选编》下册，第 590 页。

③ 中央统战部、中央档案馆编：《中共中央抗日民族统一战线文件选编》下册，第 588 页；中央档案馆编：《中共中央文件选集》第 13 册，第 264 页。

④ 《美国对外关系文件集，1942 年，中国》，1956 年，第 227 页。

和三等秘书约翰·谢伟思，建议在美国的对华援助中应当明确规定共产党军队应得的恰当份额，并再次邀请美国的官方代表访问共产党的抗日根据地。[①]

周恩来等人对美国官方和军方人员的联络活动获得了积极的响应。1943 年 1 月，谢伟思在回国述职期间向国务院远东司递交备忘录，认为“共产党军队在我们的共同作战努力中可能有积极的军事价值”，这种价值“是不容忽视的”，因此他建议派遣外交部门的文职官员“访问共产党地区”，以获取日军的情报和共产党及其抗日武装的确切情况。[②] 6 月 24 日，戴维斯致函史迪威将军和美国国务院，建议在延安设立总领事馆，并向共产党区域派遣军事使团。[③] 驻重庆的董必武根据中共中央的指示，向美方人员提交了《国共两党抗战成绩比较》和《共产党抗击全部伪军概况》，对争取美国军方的同情和支持产生了一定效果。9 月 6 日，史迪威向蒋介石建议，应使用西北的共产党和国民党军队向华北日军的翼侧发动一次联合攻势，并要求对包括共产党军队在内的西北部队“应给予充分的供应”。[④]

太平洋战争爆发后，中国共产党适应国际形势的变化，加强对英美特别是对美国的联络工作，为争取同盟国在华人员以比较客观公正的态度认识中共及其武装起到了积极作用。中共的国际抗日统一战线工作从过去以新闻记者为主的非官方接触，发展到了与外国政府或军方人员初步的正式接触。台湾学者梁敬錞曾从反共立场愤愤不平地写道：“戴（维斯）等闻见既广，断认又富

① 约瑟夫·W·埃谢里克编著：《在中国失掉的机会》，国际文化出版公司 1989 年中文版，第 176 页。

② 约瑟夫·W·埃谢里克编著：《在中国失掉的机会》，第 173、177 页。

③ 《美国对外关系文件集，1943 年，中国》，1957 年，第 258—266 页。

④ 查尔斯·罗曼纳斯、莱利·桑德兰：《史迪威在华使命》，1953 年，第 368、369 页。

煽动性，故其报告，在当年华府国务院、陆军部、财政部、战时情报总部、战略服务总部中，传读甚遍，霍泊金斯亦每选呈罗斯福核阅。”①

（三）高规格接待中外记者团与美国军事观察组

1944 年，中国抗日战争形势发生重大变化。正面战场在日军发起的“一号作战”面前出现严重溃败，反对国民党独裁统治的人民民主运动开始高涨，国民党统治区的军事、政治、经济形势明显恶化；而共产党领导的敌后战场则利用日军的战略调整，展开了局部反攻，抗日武装和根据地迅速发展扩大，战略地位愈益显著。由于战场形势的变化，同时也由于长期的对外联络工作，中共的外交局面出现了一个新的开端。

1939 年以后，国民党当局对抗日根据地再度实行了新闻封锁。在重庆的许多外国记者曾一次又一次地提出申请，要求到共产党区域参观采访，但得到的总是“不大方便”、“局势动乱”等推托，或是“以后”安排的空头许诺。② 1944 年 2 月 16 日，美国《纽约时报》著名记者布鲁克斯·阿特金森（即爱金生）等一批外国记者联名致函蒋介石，要求到延安去采访，并得到了美英等国驻华使节的支持。迫于舆论的压力，国民党当局有条件地批准了记者们的申请。被允许赴西北访问的外国记者有：冈瑟·斯坦因（代表美联社、《基督教科学箴言报》等）、哈里森·福尔曼（代表合众社、《纽约先驱论坛报》、伦敦《泰晤士报》）、伊斯雷尔·爱波斯坦（代表《同盟劳工新闻》、《纽约时报》、《时代》杂志等）、莫里斯·武道（代表《多伦多明星日

① 《史迪威事件》，商务印书馆 1973 年版，第 217 页。

② 哈里森·福尔曼：《来自红色中国的报告》，解放军出版社 1985 年中文版，第 1 页。

报》、《巴尔的摩太阳报》等)、沙纳汉神甫(代表《中国通讯》和一些天主教报刊)、普罗森科(代表塔斯社)。这六名外国记者和九名中国记者共同组成中外记者西北参观团。

6月9日，中外记者西北参观团一行来到延安，受到中国共产党人的热情欢迎，并在陕甘宁、晋绥、晋察冀等抗日根据地进行了广泛参观考察。作为此次采访的真实记录和观感，福尔曼出版了《来自红色中国的报告》，斯坦因撰写了《红色中国的挑战》，爱泼斯坦在美国《纽约时报》、《劳动月刊》等报刊发表了连续报道，并在稍晚一些时候推出了《中国未完成的革命》。他们的这些著作和报道产生了重要影响。美国《民族》杂志发表文章，认为《来自红色中国的报告》一书，打破了对中国共产党"持续多年的铜墙铁壁般的封锁"。[①]《纽约时代书评》称《红色中国的挑战》一书，"对世界上最令人感兴趣的一个地方提供了最为详尽描述"。[②] 同年九十月间，布鲁克斯·阿特金森和美国《时代》杂志著名记者西奥多·怀特(即白修德)也先后访问了延安，向其国内发回了大量报道。

中外记者西北参观团在延安和边区为期数月的访问，向大后方和全世界客观地、真实地介绍了中国共产党的抗日主张以及边区和敌后军民的抗日伟绩，从而打破了国民党顽固派对延安和解放区的新闻封锁，使国内外了解了红色中国的真相，引起了各界的强烈反响。毛泽东对中外记者西北参观团的访问给予了高度评价，他在中共七大的政治报告中指出："在国民党统治区，在国外，由于国民党政府的封锁政策，很多人被蒙住了眼睛。在一九四四年中外新闻记者参观团来到中国解放区以前，那里的许多人

---

① 马科斯威尔·斯蒂华特:《中国的共产党人》，美国《民族》杂志1945年3月24日。

② 纳塞尼尔·皮佛:《延安与重庆的比较》，《纽约时代书评》1945年10月28日。

对于解放区几乎是什么也不知道的。国民党政府非常害怕解放区的真实情况泄漏出去，所以在一九四四年的一次新闻记者团回去之后，立即将大门堵上，不许一个新闻记者再来解放区。”①

与此同时，一些驻华的美国外交和军事人员从美国的战略利益和共同打击日本的目标出发，开始积极寻求与中共建立直接的接触。

1943年1月23日，美国驻华使馆二等秘书约翰·谢伟思乘回国述职之机，向美国国务院提出了派代表团访问中共根据地的建议。同年6月24日，使馆二秘戴维斯在报告中，进一步建议美国政府“在中国共产党控制地区，设立总领事馆并派一个军事观察团进驻那里”。1944年1月15日，戴维斯在得到史迪威同意之后，通过霍普金斯致函罗斯福，再次建议“立即向共产党中国派遣军事和政治观察组，以收集敌人的情报，援助和准备从这些地区发起的某些有限的作战行动，取得对共产党军队实力的准确估计，报告当俄国进攻日本时，其在华北和满洲的作战情况”。他认为：“蒋介石对共产党人的封锁和由此造成的隔绝，正迫使他们趋向于依赖俄国。一个美国观察组将会打破这种隔绝，削弱他们依赖俄国的倾向，同时也可以遏止蒋介石企图通过内战消灭共产党的欲望。”他建议由罗斯福总统直接向蒋介石提出这项要求，并施加一定的压力，使蒋介石无法拒绝。② 2月9日，罗斯福致电蒋介石，要求向华北派遣一个美国观察组，但蒋介石拒绝这个观察组到共产党控制的地区去。6月，美国副总统华莱士来华访问，再次提出向延安派遣美军观察组的问题，蒋介石迫于无奈，只得同意。但为了降低规格，坚持把名称改为“美军观察

---

① 《毛泽东选集》第3卷，第1054页。

② 查尔斯·罗曼纳斯、莱利·桑德兰：《史迪威的指挥权问题》，1956年，第303页。

组”。7 月 22 日和 8 月 7 日，以戴维 · D · 包瑞德为组长的美军观察组先后分两批共 18 人来到延安。

中共中央高度重视美军观察组的到来。8 月 18 日，中共发出《中央关于外交工作的指示》，认为：“这次外国记者美军人员来我边区及敌后根据地，便是对我新民主中国有初步认识后的实际接触的开始，因此，我们不应把他们的访问和观察当作普通行动，而应把这看作是我们在国际间统一战线的开展，是我们外交工作的开始。”指示突出强调了进一步开展国际统一战线工作的重要意义，并以“扩大我们影响”、“争取国际合作”为中心，对外交工作的主要任务和政策作出了具体部署。① 1944 年 8 月 15 日，延安《解放日报》专门发表了社论，毛泽东亲自修改了这篇社论，在原稿“欢迎美军观察组”之后特意加上“战友们”三个字，并强调指出；美军观察组到达延安，“这是中国抗战以来最令人兴奋的一件大事”，“这是关系四万万五千万中国人反抗日寇解放中国的问题，这是关系中国两种主张两条路线谁是谁非的问题，这是关系同盟各国战胜共同敌人建立永久和平的问题”。社论预祝美军观察组的工作成功，并“希望这一成功，会使美军统帅部对于中国共产党始终坚持团结抗战、实行民主的政策，和共产党领导下的敌后抗战力量，获得真实的了解，并据以决定正确的政策”。按照上述精神，中共对美军观察组给予了高规格、热情接待和积极配合②。

观察组先下榻交际处，后移驻延安北门外陕甘宁晋绥联防军

① 中央档案馆编：《中共中央文件选集》第 14 册，第 314、316 页。

② 美国驻中缅印军总司令部给观察组的主要任务是：收集华北日军和中共方面的情况，分析共产党对战争所做出的贡献及其在战争全局中可能发挥的作用，提供援助共产党军队以增强其战斗力的价值和最有效办法，和为海空军作战提供气象资料。军事方面由包瑞德等负责，政治方面由谢伟思和卢登负责。1944 年 10 月，谢伟思奉召回国期间，由戴维斯到延安顶替。所以有“积极配合”之说。

司令部的九孔石窑洞正式办公。中央军委派黄华、陈家康管理他们的驻地，照顾他们的生活。对观察组的活动，《解放日报》、《新华日报》等都作了公开报道。

中共中央、边区政府和八路军、新四军等党政军负责人先后多次会见和宴请了观察组成员，介绍中国共产党的各项方针政策和抗日根据地的政治、经济、文化建设及敌后战场的作战情况，解答他们提出的各种问题。

毛泽东、朱德、周恩来等领导人多次与观察组成员谈话，向他们说明中共的各项政策，以争取美军人员对中共及其抗日武装的理解和同情。特别是毛泽东，在1944年7月至1945年4月间，向观察组详细介绍了中共对形势、任务及中美、国共关系的看法。其中，与美军观察组政治方面负责人谢伟思作了多次长谈，详细地阐述了中共战时战后的方针政策。毛泽东谈话的内容，概括起来是：首先，中国共产党的目标是明确的、坚定的，现在为中国的抗日民主事业而奋斗，将来为社会主义、共产主义而奋斗。不管外国人赞成与否，中共都将为实现自己的目标而奋斗。其次，中国共产党坚持团结抗日，反对挑动内战，也希望美国制止蒋介石发动内战。中共要求成立联合政府，如果暂时不能，也应就此问题进行谈判，召开党派会议来制定建立联合政府的具体步骤。最后，中国共产党对美国的政策是寻求美国对中国民主事业的友好支持和在抗日方面的合作。不论美国在战时采取什么样的行动，不论我们是否能从美国那里得到一枪一弹，中共都将予以合作，如提供情报和气象报告，配合美国空军作战等。在战后，中共仍将继续需求美国的友谊与理解，因为中国必须实行工业化，人民生活水平必须提高。但中共是完全独立自主的政党，不受任何外国势力支配。

按照中共中央的指示，八路军参谋长叶剑英向美军观察组全面介绍了共产党军队在华北、华中、华南等地区15块敌后根据地的情况；八路军副总司令彭德怀多次向美军观察组介绍华北战场敌、友、我三方的情况；新四军军长陈毅向观察组作了新四军的情况介绍；晋察冀军区司令员聂荣臻向观察组作了该地区的军事斗争的介绍；八路军一二〇师师长、联防军司令员贺龙介绍了晋绥边区的情况。此外，陕甘宁边区政府主席林伯渠、晋察冀边区政府主席杨秀峰，分别向观察组介绍了根据地各方面建设的情况。

为了能让美军观察组直接了解八路军的军事素质和作战能力，中共中央还安排美军观察组到延安附近的八路军驻地进行实地考察，交流经验。包瑞德上校和观察组其他成员曾在叶剑英的陪同下，乘车到南泥湾去考察三五九旅的战术训练方法，检阅部队，观看步枪、轻重机枪、迫击炮的实弹射击，掷手榴弹表演和编队操练，参加部队召开的翻身会，倾听战士们对日军、国民党顽固派种种罪行的控诉，参观部队生产自给的情况展览和该旅七一八团的战术演习。观察组成员还到距延安 130 公里的绥德，参观已迁到此地的中国抗日军政大学总校，并与学员们深入交谈。

美军观察组的一些成员被派到晋绥和晋察冀等根据地考察，分发气象设备和药品。他们在敌后亲眼看到日本侵略者滥肆烧杀等罪行，更看到根据地军民英勇顽强打击敌人所取得的辉煌胜利。1945 年春，观察组成员惠特尔奉命和一名中国记者一起访问一个靠近敌占区的村镇，不幸与敌人遭遇，壮烈牺牲。延安军民闻讯深表哀悼，朱德总司令特将美军观察组在延安使用的食堂命名为“惠特尔纪念堂”，并亲自题写匾额。①

真诚的努力换来了可喜的效果。美军观察组在陕甘宁边区和敌后根据地的所见所闻，使其成员耳目一新。大多数美军观察组人员从共同的目标和利益出发，经过分析思考，从延安向美军司

① 中共延安市委统战部组编：《延安时期统一战线研究》，第 496 页。

令部和美国国务院发回了大批军事、政治报告。仅谢伟思一人，从 1944 年 7 月至 10 月，就写了 51 份政治报告，1945 年 2 月至 4 月又写了 26 份[①]。他们对中共积极的抗日斗争和抗日民主政策作出了比较客观的评价，确信中共是真心抗日的，中共领导的人民军队是坚强有力的。谢伟思并向美国政府和军事机关提出过许多关于发展与中共的关系、向共产党部队直接提供军事援助、实行配合作战的建议。

美军观察组的诸多报告，加深了美国政府和人民对中共及敌后根据地真实情况的了解，使中国共产党获得了国内外人民普遍的同情与支持，同时也促使美国政府向国民党施加压力，迫使国民党继续留在抗日阵营内。这是中国共产党国际抗日统一战线工作的伟大胜利。罗斯福的特别助理霍普金斯曾谈到，美军观察组发回的报告给他和罗斯福留下了深刻的印象，中国共产党愿意同美军合作的表示也使他们受到鼓舞。[②]

延安时期，中国共产党积极开展国际反法西斯统一战线的工作，为争取国际友人的支持与援助，为争取苏联、美国、英国等盟国的支持与援助做了大量的卓有成效的工作，充分显示出以毛泽东为核心的党的中央领导集体理论的先进、成熟，以及执行能力的高超、有效。得道多助失道寡助。伟大的抗日战争的胜利是正义事业的胜利，也是中国共产党的国际抗日统一战线工作的重大胜利。

---

① 中共延安市委统战部组编：《延安时期统一战线研究》，第 496—497 页。

② 迈克尔·沙勒：《美国十字军在中国：1938—1945 年》，商务印书馆 1982 年中文版，第 180 页。

第十一章　争取建立民主联合政府

从1943年下半年至1944年，在世界反法西斯战争取得节节胜利的大好形势下，中国共产党领导的敌后抗日根据地也度过了严重的困难时期，开始对日本侵略军开展局部反攻。与此同时，在国统区国民党的统治却更加腐败，社会生产力破坏严重，民不聊生。1944年国民党军队在豫湘桂战役大溃退，进一步动摇了国民党的统治，也让美国认识到“国民党与国民政府日趋崩溃”，有必要对国共之间的力量对比和形势重新加以认识，以加强中国的抗战力量，减少美国在太平洋战争中对日反攻的困难。在国统区，各抗日民主党派也强烈要求国民党结束一党专制，实行民主政治。在这种新形势下，中国共产党顺应历史潮流，提出了建立民主联合政府的主张。

一、民主联合政府主张的提出

联合政府通常出现在西方现代多党制的国家，它的出现与选举制度、政党政治和政治文化有密切关系。1944年中国共产党提出建立民主联合政府，不仅是基于当时客观形势的需要，也是中国共产党统一战线思想和政权建设理论发展的必然结果。

（一）中国共产党建立民主联合政府的早期探索

早在建党初期，中国共产党就提出过要实现无产阶级、小资产阶级和中产阶级左翼联合统治的思想。国民革命期间，1923年

6 月，中国共产党第三次全国代表大会决定以党内合作方式实现与国民党的合作，共同进行国民革命，“建立真正平民的政权”。[①] 1924 年 1 月，中国国民党第一次全国代表大会在广州召开，这次大会标志着第一次国共合作正式形成。随着共产党员以个人身份参加国民党的政权建设，促使中共对未来政权建设也进行了深入思考，相继提出了诸如“平民民主政权”、“人民革命专政”、“完全民主制国家”、“平民共和国”、“革命的民主的民众政权”、“平民的革命统一政府”、“人民的政府”等一系列新的概念。[②] 这些概念虽然与后来的民主联合政府有较大差距，但已包含了建立联合政权的思想萌芽。毛泽东在中共七大谈到民主联合政府建设这个问题时，也曾指出第一次国共合作“那个时候也就是联合政府，军队是政府的主要部分，所以联合政府以前就有过”。[③]

九一八事变后，日军侵华，民族矛盾上升为中国最主要的矛盾。随着华北事变后民族危机进一步上升，中共驻共产国际代表团于 1935 年 8 月 1 日在莫斯科草拟《为抗日救国告全体同胞书》（即《八一宣言》），10 月 1 日正式以中华苏维埃共和国和中国共产党中央委员会的名义在法国巴黎出版的《救国报》上发表。《八一宣言》根据共产国际第七次代表大会关于在各国建立反法西斯统一战线的要求，明确提出成立抗日救国的各党各派统一的国防政府和抗日联军主张。11 月 28 日，已经长征到陕北的中共中央发表《抗日救国宣言》，再一次明确表示中华苏维埃共和国中央政府和中国工农红军愿与一切抗日反蒋的政治派别、武装队

① 中央档案馆编：《中共中央文件选集》第 1 册，第 139 页。

② 秦立海：《民主联合政府与政治协商会议——1944—1949 年的中国政治》，人民出版社 2008 年版，第 12 页。

③ 中共中央文献研究室编：《毛泽东在七大的报告和讲话集》，中央文献出版社 1995 年版，第 8 页。

伍、社会团体和个人订立抗日作战协定，组织抗日联军和国防政府。12 月，中共中央在瓦窑堡召开政治局会议，会议决定并确立了建立新的抗日民族统一战线的政治路线，重申组织国防政府的主张，指出国防政府是反日反卖国贼的民族统一战线，是联合战线的政权组织。

随着日本侵华步骤的加剧，日蒋之间的矛盾也日益加深，国民党内部的抗战呼声也日益高涨。在这种形势下，蒋介石在 1936 年 7 月召开的国民党五届二中全会上作了准备抗战的表示，决定成立国防会议。鉴于蒋介石态度的变化，中共中央于 8 月 25 日发布《中国共产党致中国国民党书》，对蒋介石在国民党二中全会上的讲话予以肯定，表示："我们赞助建立全中国统一的民主共和国，赞助召集由普选权选举出来的国会，拥护全国人民和抗日军队的抗日救国代表大会，拥护全国统一的国防政府。"同时，中国共产党还宣布："在全中国统一的民主共和国建立之时，苏维埃区域即可成为全中国统一的民主共和国的一个组成部分，苏区人民的代表将参加全中国的国会，并在苏区实行与全中国一样的民主制度。"① 在这份新的宣言书中，中国共产党提出了民主共和国、民主国会与民主政府等新的表述，而且在政权建设上不再排斥国民党和蒋介石，主张在国共合作抗日的基础上建立统一的国防政府。

1936 年 12 月 12 日张学良、杨虎城发动西安事变，提出八项主张，其第一项就是要求改组南京政府，容纳各党各派共同救国。12 月 15 日中国共产党致电国民党和国民政府，要求国民党接受张杨主张，建立统一战线政府。西安事变和平解决后，国内和平初步实现。为表明合作的诚意，促进国防政府的建立，中共中央于 1937 年 2 月 10 日致电国民党五届三中全会，提出"四五

① 中央档案馆编：《中共中央文件选集》第 11 册，第 83 页。

方案”，包括停止内战，一致对外等五项要求，同也做出四项保证：“（一）在全国范围内停止推翻国民政府之武装暴动方针；（二）苏维埃政府改名为中华民国特区政府，红军改名为国民革命军，直接受南京中央政府与军事委员会之指导；（三）在特区政府区域内实施普选的彻底的民主制度；（四）停止没收地主土地之政策，坚决执行抗日民族统一战线之共同纲领。”① 中国共产党的表态为消除国共两党和两个政权的对立，建立统一民主共和国所做出了重大让步，为第二次国共合作创造了条件。

1937 年 7 月卢沟桥事变爆发后，中国共产党再次向国民党呼吁：“立刻改革政治机构，使中央与地方政府民主化，吸收各党各派及人民团体的代表参加国民会议与政府，使国民会议真正成为代表民意的权力机关，使国民政府真正成为抗日救国的国防政府”。② 同年 8 月中共中央在洛川召开政治局扩大会议，会议通过了毛泽东起草的抗日救国十大纲领，明确提出“召集真正人民代表的国民大会，通过真正的民主宪法，决定抗日救国方针，选举国防政府。”③

尽管国民党政权坚持一党独裁，拒绝民主改革，中国共产党要求成立国防政府的政治主张终未能实现，但中国共产党一直没有放弃建立联合政权的努力，并在理论上为进一步消除建立联合政权的政治障碍进行探索。1938 年 10 月，毛泽东在中共六届六中全会上提出建立一个三民主义共和国的主张。指出新的国家“按照孙中山先生的说法，就是一个‘求国际地位平等，求政治地位平等，求经济地位平等’的国家”，是民族主义、民权主义和民生主义的国家，是真正的三民主义的中华民国。“不是苏维

① 中央档案馆编：《中共中央文件选集》第 11 册，第 157—158 页。
② 中央档案馆编：《中共中央文件选集》第 11 册，第 296—297 页。
③ 《毛泽东选集》第 2 卷，第 355 页。

埃，也不是社会主义”。[①] 这一表述虽然与以前“民主共和国”没有根本不同，但突出了“三民主义”这一国民党的正统指导思想，有意回避了共产党的领导权问题，再一次表明了中国共产党在建立联合政权上的诚意和让步。

在提出建立联合政权的思想和主张同时，中国共产党也在实践层面对联合政权建设进行了有益探索和尝试，成功创立了“三三制”的地方联合政权模式。1940 年 7 月，毛泽东在为纪念抗战三周年所发表的《团结到底》一文中，对建立“三三制”政权进行了说明。毛泽东在文中指出：“在政权问题上，我们主张统一战线政权，既不赞成别的党派的一党专政，也不主张共产党的一党专政，而主张各党、各派、各界、各军的联合专政，这即是统一战线政权。”[②] 此后，根据上述“三三制”原则，具有统一战线性质的“三三制”政权在各抗日根据地相继建立起来。“三三制”政权建设不仅是中国共产党新民主主义政权理论的成功实践，也是中国共产党推行地方性联合政府的成功实践。它对中国共产党提出和推动全国性的民主联合政府起了推动和实践示范作用。

（二）抗战形势的变化与中共民主联合政府主张的提出

从 1943 年下半年到 1944 年初，世界反法西斯战争取得了重大转机。1943 年 7 月，美英联军在意大利西西里岛登陆，9 月意大利政府向英美投降。1944 年 1 月苏联红军在斯大林格勒保卫战中歼灭德军 33 万人，转入战略反攻，从根本上扭转了欧洲战局，并很快收复全部国土，把战线推到东欧。1944 年 6 月，英美联军在法国诺曼底登陆，开辟欧洲第二战场。太平洋战场上，美英作

① 中央档案馆编：《中共中央文件选集》第 11 册，第 633、634 页。
② 《毛泽东选集》第 2 卷，第 760 页。

战进展顺利，日本已露败相。

在中国共产党领导的敌后战场上，人民武装力量也获得了空前发展。1944 年 10 月 10 日，周恩来在《如何解决?》一文中总结全民族抗战七年敌后根据地的发展，周恩来说："我们敌后人民在这七年多所发展起来的抗日部队五十七万正规军及二百二十万民兵总计起来，几已达到国民党现有部队的相等数目。我们敌后人民，在这七年多所建立起来的五百九十一县地方政权，几已达国民党政府失去的七百二十一县的百分之八十二。"①

与中国共产党领导的敌后抗日根据地蓬勃发展的态势相比，国民党的统治却显得日益腐败和倒退。1944 年豫湘桂战役河南战场上几十万国民党军队不战而溃，导致具有重要战略地位的郑州陷入敌手，紧接着国民党军队又在长沙、衡阳战役中相继失败。正面战场上的连续失败暴露出国民党的军事力量在日军疯狂进攻时不堪一击。除了军事上的溃败以外，国统区物价飞涨，民不聊生，政治与经济上的危机也到了无法掩饰的地步，民怨沸腾。国内外舆论强烈谴责国民党统治腐败，纷纷要求废除国民党一党专政，实行民主政治。

抗战时期抗日民族统一战线的建立给处于国共两党之间的中间势力和中间党派的发展提供了较好的土壤和条件，无论是组织力量还是民主意识都有很大发展。以 1941 年中国民主同盟的成立为标志，中国资产阶级民主派成为中国政治的一支独立的力量。1944 年 12 月，中国全国工业协会、迁川工厂联合会等六个资产阶级团体联名发表《对时局的主张》，要求国民党和国民政府迅速实施宪政，厉行民治，扫除政治上的贪污和腐化。这是中国民族资产阶级第一次公开发表政治主张，表明中间势力已经成

① 中共中央党校党史教研室编：《中共党史参考资料》（五），人民出版社 1979 年版，第 281 页。

为影响中国政局发展的另一支重要力量。

随着国共实力的变化和形势的发展，以及第三种力量的出现，提出建立民主联合政府，改变抗战初期的政治秩序和权力格局也成为中国共产党现实考量。为此中共中央向各抗日根据地发出指示："国共力量对比，已由过去多年的国强共弱，达到现在的国共几乎平衡，并正在走向共强国弱的地位。""如果在数年之后，我们能达到一百万至一百五十万有纪律有训练的军队，而又有充足的粮食及日用品供养这个军队，而不感到勉强与竭蹶，中国的命运就可由我们掌握了。"①

1944 年欧洲战场反法西斯战争的胜利，使得那些被纳粹德国奴役的国家相继解放。那些在战争期间长期坚持游击战争和抵抗运动的共产党在新政权建设中取得了较大的话语权和合法性，与其他各党派一道参与了新政权的建设，在欧洲形成一些新的联合政府。比如，法国共产党领袖多列士按照"只能有一个政府，一支共和国军队和警察"的理念②，将法共领导的几十万游击队并入戴高乐领导的临时政府正规军，归临时政府国防部统一指挥。所以在戴高乐组建的法国临时政府中，政府成员半数以上是共产党、社会党、激进民主党、基督教民主党的成员，其中外交部长由全国抵抗运动委员会主席、共产党人乔治・皮杜尔出任。1944 年 7 月意大利人民推翻墨索里尼的法西斯统治，组成了有共产党人参加的巴多里奥新政府。随后，捷克斯洛伐克、南斯拉夫、希腊、罗马尼亚、保加利亚和丹麦、荷兰等国先后成立了包括共产党或工人党，以及其他各种政治力量带有联合政府性质的临时政府。欧洲一些国家建立联合政府的消息接连传到中国后，自然会对国民党的一党专政造成冲击。1944 年 11 月 14 日，重庆《宪

① 中央档案馆编：《中共中央文件选集》第 14 册，第 432、434 页。

② 沈炼之：《法国通史简编》，人民出版社 1990 年版，第 658 页。

政》月刊社举行宪政座谈会，沈钧儒即向《宪政》月刊建议："希望以后多登载些最近欧洲各复兴国家成立联合政府的经过和资料。"[①] 与此同时，欧洲建立联合政府的成功实践也给努力实现政治民主，希望建立民主联合政府的中国共产党提供了有益的借鉴。

二战后期的世界形势和中国国内的政治格局使美国认识到，国民党政权已经失去民心，失去人民的支持。要使中国成为一个稳定的"统一的自由的民主国家"，维护美国在亚洲太平洋地区的战略地位和利益，并成为战后遏制苏联势力向亚洲扩张的屏障，必须解决中国共产党领导的军队和根据地政权的存在等问题。这就需要敦促国民党实行民主改革，改组国民政府，开放政权，吸收各党派分子参加政府，比照西方国家建立现代代议制的联合政府，并在此基础上对中国共产党领导的军队实行收编。为此美国政府调整对华政策，公开要求国民党必须实行民主改革，寻求"和平的解决"共产党问题的方案，支持民主联合政府的建立。早在 1943 年 11 月，中、英、美三国领袖举行的开罗会议期间，美国总统罗斯福就曾向国民政府主席兼军事委员会委员蒋介石提议：国民党应该在战争还在继续的时候，与延安的共产党共同成立一个联合政府。1944 年 7 月美国驻华使馆代办艾切森在与立法院院长孙科的谈话中正式向中国提出建立一个"具有广泛代表性和宽容精神的政府"的建议。美国驻华大使高思同外交部长宋子文以及考试院院长戴季陶也进行了类似的谈话，同时向蒋介石正面提出了这个问题。[②] 7 月 22 日，以包瑞德上校为组长的美国军事观察小组，受驻华美军总司令部的派遣进驻中共中央所在

① 《中国应如何运用美国罗斯福连任总统后的世界新局势》，载《宪政》1944 年 12—13 合刊。

② 杨奎松：《抗战结束前后中共争取"联合政府"的斗争》，载《抗日战争胜利五十周年纪念集》，1995 年。

地延安，受到毛泽东、朱德、周恩来、叶剑英、彭德怀和陈毅等中共军政领导人的热情接见。美军观察组成员中，包括一向对国民政府持批评态度的外交官谢伟思等人。军事观察组在延安访问考察期间，写了不少调查报告，比较客观地反映了抗日根据地政治、经济、军事方面的情况以及中国共产党的方针政策。观察组向美国政府建议，应该重视中国共产党及其领导的武装力量。美军观察组在延安活动期间，组织联合政府的问题也是谢伟思等美军观察组成员与中共领导人热心讨论的话题之一。

在国际国内各方面力量均反对国民党一党专政、要求国民政府改组的形势下，中国共产党审时度势，明确提出了建立民主联合政府的主张。

建立民主联合政府主张的提出与国共两党力量的消长密切相关。抗战前期，尽管中国共产党人一直在努力探索新民主主义政权模式，并计划在未来建一个立由"无产阶级领导"，"各个革命阶级联合专政"的、排除以蒋介石为代表的大地主大资产阶级的新民主主义"革命民主政权"，但在总体上是中国共产党承认国民党在国民政府中具有领导地位。建立在第二次国共合作基础上的抗日民族统一战线也是以中国共产党公开承认国民党一党专政，承认国民政府为中央政府为前提的。直至 1944 年春，毛泽东还在公开表示："我党拥蒋抗战与拥蒋建国两项方针，始终不变"。

抗战期间中国共产党的力量迅速发展，对于国共之间的关系认识也逐渐变化。1940 年前后，中共的武装力量发展到 50 万人左右，中共中央在给南方局与张冲、何应钦谈判的指示中，就明确提出了要国民政府委任朱德为鲁察冀热四省战区司令官兼河北省主席，彭德怀为第二战区副司令长官的要求。后来又向国民党提出委任贺龙为察哈尔省主席等项政治要求。在思想理论上，毛泽东先后发表《中国革命和中国共产党》、《新民主主义论》、

《新民主主义的宪政》等文章，对民主联合政权问题作了理论探讨和阐述，指出新民主主义革命胜利后，新中国的国体既不是资产阶级专政的共和国，也不是立即施行无产阶级专政，而是要建立由各个革命阶级联合专政的新民主主义的共和国。

中国共产党最早公开提出废止国民党一党专政的政治主张，是在 8 月 13 日。这一天，周恩来就国共谈判发表讲话。在讲话中，周恩来一方面表示将继续拥护蒋介石与国民政府；一方面又明确要求国民党放弃一党专制、削弱和消灭异己的方针，并指出国共关系存在的问题，根本原因就在于此。[①] 8 月 17 日，身在重庆的董必武向中央电询如何对待民主党派领导人张澜、左舜生增补国民参政员的意见，毛泽东在中央发给董必武的电报上批示："应与张、左商各党派联合政府"，第一次明确地提出了建立联合政府的问题。根据毛泽东的意见，周恩来在 9 月 4 日代表中共中央复电，指示董必武、林伯渠和王若飞等人："目前我党向国民党及国内外提出召开国事会议、改组政府、废除一党统治的时机已经成熟。估计国民党外的各党派、地方实力派、国内外进步人士甚至盟邦政府都会赞同这项主张，因此它应成为今后中国人民的政治斗争的目标。"为了慎重起见，并调查了解这一主张的可行性，中央还叮嘱在重庆的中共代表就此一设想先暗中在民主党派领导人当中征询意见，在取得中间党派和进步人士认同和同意的前提下，将改组政府的主张和步骤拟成提案，正式提交即将召开的第三届第三次国民参政会。[②] 9 月 5 日，国民参政会第三届第三次会议在重庆召开。根据中共中央的指示，林伯渠在会上正式提出：希望国民党当局立即结束一党统治，由国民政府召集各

① 中央统战部、中央档案馆编：《中共中央抗日民族统一战线文件选编》下册，第 724 页。

② 中共中央文献研究室编：《周恩来年谱》，人民出版社 1989 年版，第 580 页。

党各派、各抗日部队、各地方政府和各人民团体的代表召开国是会议，共同组织各抗日党派联合政府。[①] 林伯渠在国民参政会上的提议正式向全国公布了中共中央关于成立民主联合政府的主张。

中国共产党建立民主联合政府的主张提出后，迅速在社会各界引起强烈反响，得到国内各阶层人民的热烈拥护，也引起国际社会的高度重视。国民参政会结束后，9月19日中国民主政团同盟改组为“民主同盟”并发表声明，提出“立即结束一党专政”，召集各党派会议，成立联合政府的政治要求。9月24日，重庆各党派、各社会阶层代表冯玉祥、邵力子、黄炎培、沈钧儒、章伯钧、覃振等500余人召开宪政座谈会，呼吁改组中央政府，成立联合政府。沈钧儒等人还发起成立民主宪政促进会，要求迅速召开国事会议，成立联合政府。

二、国共关于建立联合政府的谈判

中共中央提出成立民主联合政府的提议后，国际社会对此积极回应。9月28日，美国新闻处广播：“中国形势甚为严重，亟需成立联合政府”。[②] 为调停国共纷争，美国派出赫尔利特使来华调停国共矛盾，并与中共达成五项协定草案。

（一）五项协定草案

1944年8月，为调停国共纷争，美国总统派私人代表赫尔利来华。11月7日赫尔利亲赴延安，与中共领导毛泽东、周恩来等

---

① 中央档案馆编：《中共中央文件选集》第14册，第323页。

② 中共中央文献研究室编：《周恩来年谱》，第584页。

谈判。8日中美双方正式开始会谈。会谈中，赫尔利向中共表示美国无意干涉中国内政，这次会谈的主要目的是做一些有助于最后打败日本人的事情。为此他提出了一个事先准备好的名为《为着谈判的基础》的文件，该文件共有五条。赫尔利表示，这五条意见是美国代表团拟定的，但经过蒋介石同意，而且蒋介石已经准备承认共产党和其他少数党派的合法地位，并且允许共产党以特定的方式参加军事委员会。赫尔利所提五条意见，主要内容包括："一、中国政府与中国共产党，将共同工作，来统一在中国的一切军事力量，以便迅速击败日本与重建中国。二、中国共产党军队，将遵守与执行中央政府及其军事委员会的命令。三、中国政府与中国共产党将拥护为了在中国建立民有、民治、民享的孙中山原则。双方将遵行为了提倡进步与政府民主程序的发展的政策。四、在中国，将只有一个国民政府和一个军队。共产党军队的一切军官与一切士兵，当被中央政府改组时，将依照他们在全国军队中的职位，得到一样的薪俸与津贴，共产党军队的一切组成部分，将在军器与装备的分配中得到平等待遇。五、中国政府承认中国共产党的政党地位，并将承认中国共产党作为一个政党的合法地位"。[①] 这五条意见丝毫没有提及组建联合政府的问题，相反还要求将中国共产党将自己的军队置于国民政府的控制之下，显然这些意见都是中国共产党无法接受的。

针对赫尔利的五条意见，毛泽东对因为国民党的错误政策以及腐朽统治所带来的国统区种种严重危机进行了详细的列举和说明，指出中国要进步就必须改组国民政府，建立一个包括国民党、共产党和其他党派在内的联合政府。毛泽东还指出，国民党军队一方面在日本侵略者的进攻面前毫无战斗力，另外一方面却

① 中央档案馆编：《中共中央文件选集》第14册，第395—396页。

用不少兵力包围和进攻坚持抗日的边区和八路军、新四军。因此，真正需要改组的是丧失了战斗力、不听命令和腐败不堪的国民党军队，而不是八路军和新四军。周恩来还进一步提议，双方谈判的协议草案上还应增加言论、出版、集会、结社、居住和人身自由等内容。对于共产党对国民党的尖锐批评，赫尔利准备不足，感到意外，于是主动提出请毛泽东对五条意见进行修改。

11 月 9 日，双方继续商淡，中共方面提出了经过修改的协议草案并得到赫尔利的同意。新的协议草案内容包括："一、中国政府、中国国民党与中国共产党应共同工作，统一中国一切军事力量，以便迅速击败日本与重建中国。二、现在的国民政府应改组为包含所有抗日党派和无党无派政治人物的代表的联合国民政府，并颁布及实行用以改革军事政治经济文化的新民主政策。同时，军事委员会应改组为由所有抗日军队代表所组成的联合军事委员会。三、联合国民政府应拥护孙中山先生在中国建立民有民享民治之政府的原则。联合国民政府应实行用以促进进步与民主的政策……四、所有抗日军队应遵守与执行联合国民政府及其联合军事委员会的命令，并应为这个政府及其军事委员会所承认。由联合国得来的物资应被公平分配。五、中国联合国民政府承认中国国民党、中国共产党及所有抗日党派的合法地位"。[①] 10 日上午，毛泽东与赫尔利在协定上签字，并在协议上给蒋介石留出了签名的地方。

中国共产党对于新起草的五项协定是比较满意的。毛泽东认为：这五点协定"没有破坏我们的解放区，把蒋介石要破坏解放区的企图扫光了；破坏了国民党的一党专政，使共产党得到合法地位，使各小党派和人民得到了利益。如果蒋介石签字承认这个

① 中央档案馆编：《中共中央文件选集》第 14 册，第 393—394 页。

协定，就是他最大的让步”。[①] 毛泽东为此还致电罗斯福说：“这一协定的精神和方向，是我们中国共产党和中国人民八年来在抗日统一战线中所追求的目的所在”。[②] 为了实现新的五项协定，11月10日下午，周恩来陪同赫尔利飞往重庆，同蒋介石谈判。

（二）成立联合政府谈判的失败

赫尔利回到重庆后，带着五条协定草案与蒋介石和国民政府代表商谈，然而蒋介石对这份协定草案并不积极，消极拖延。对于国民党的态度，中国共产党也早有准备，周恩来指出：“蒋介石认为我们参加政府和成立联合政府是有区别的，赫尔利则将二者混而为一，所以以为蒋不至于为难。估计蒋介石必定会对这次会谈做出的协定提出修改”。[③] 11月20日，周恩来致电毛泽东分析当前形势。周恩来认为：“蒋在目前至多只能按受联合统帅部，请客式政府，决不会答复协定。我们须以联合政府及解放区委员会去逼求，最后关键恐在华盛顿。”[④] 中国共产党对于国民党的判断很快得到证实。11月13日，国民党代表王世杰与赫尔利进行磋商，协定草案内容。王世杰明确表示：“‘联合国民政府’及‘联合军事委员会’等名称必须删改”。随后王世杰和张治中重新拟定了一份新的协议修正案给赫尔利，该修正案虽然表示同意中共“参加政府及军事委员会”，但同时表示该条文“拟不明白列入协定”，仅用口头方式向赫利及中共进行承诺。[⑤] 此外，这份修

① 中共中央文献研究室编：《毛泽东年谱（1893—1949）》中卷，人民出版社、中央文献出版社1993年版，第557页。

② 《美国外交文件，1944年》第6卷，第699页；《毛泽东致罗斯福函》，1944年11月10日。

③ 中共中央文献研究室编：《周恩来年谱（1898—1949）》（修订本），中央文献出版社1998年版，第600页。

④ 《周恩来致毛泽东电》，1944年11月20日。

⑤ 王世杰：《王世杰日记》，1990年。

正案还将组建联合政府和联合军事委员会改为“参加”政府和军事委员会。从共同“组建”到“参加”，表明国民党并不愿意放弃现政权，要保持对政府的绝对控制地位。起初，赫尔利对国民党的修正案持反对意见，甚至一度表示“相信委员长是渴望同共产党人达成协议的，但他手下的某些僚属都加以反对”。[①] 不过赫尔利的立场并没有坚持多久，随后赫尔利被美国政府正式任命为驻华大使，他在国共谈判中的立场和态度开始发生变化，逐渐倾向于蒋介石和国民党。

11 月 19 日国民党将第三次修订后的协议草案交给赫尔利。这份协议草案的主要内容包括：“一、国民政府为达成中国境内军事力量之集中与统一，以期实现迅速击溃日本，及战后建国之目的，允将中国共产党军队加以整编，列为正规国军，其经费、饷项、军械及其他补给与其他部队享受同等待遇。国民政府并承认中国共产党为合法政党。二、中国共产党对于国民政府之抗战及战后建国，应尽全力拥护之，并将其一切军队移交国民政府军事委员会统辖。国民政府并指派中共将领以委员资格参加军事委员会。三、国民政府之目标，本为中国共产党所赞同，即为实现孙总理之三民主义，建立民有、民享、民治之国家，并促进民主化政治之进步及其发展之政策”。[②] 以此为基础，11 月 22 日，国民党谈判代表王世杰提出“新提示案三条”作为对五项协定的答复。第三次修订案与最终答复依然坚持国民党的统治地位，不肯接受联合指挥部，只允许中共以委员资格参加军委会。显然，国民党依然顽固坚持其“军令政令的统一”，坚持一党专政，根本没有建立联合政府的诚意。但这次赫尔利没有提出反对意见，相

① ［美］包瑞德：《难对付的谈判者》，载《人物》1983 年第 2 期。

② 秦孝仪：《中华民国重要史料初编——对日抗战时期（第五编）》（四），1985 年，第 294 页。

反表示愿意将草案交给周恩来，并说服周恩来接受。

面对国民党坚持一党专政和对中国共产党领导武装力量进行限制的态度，以及赫尔利自食其言的行为，中国共产党明确提出反对意见。毛泽东指出：“牺牲联合政府，牺牲民主原则，去几个人到重庆做官，这种廉价出卖人民的勾当，我们决不能干，这种原则立场我党历来如此。希望美国朋友不要硬拉我们如此做，我们所拒绝者仅仅这一点，其他一切都是好商量的。”① 为调和国共矛盾，赫尔利曾表示：共产党只要同意参加政府，“先插进一只脚来”，便能得到美国援助。对于赫尔利的利诱，周恩来明确表示：“我们之间对于联合政府的提议有不同的理解。参加并无实权，并非联合政府，这就是关键所在”。② 周恩来对赫尔利提议的回应，一语道破问题的实质。面对缺乏诚意的国民党政权，周恩来、董必武等于 12 月 7 日离开重庆返回延安，国共谈判搁浅。

鉴于中国共产党态度坚决，国民党作出愿意继续谈判的姿态，并请赫尔利居中“调解”。12 月 21 日，赫尔利致电中共中央，邀请周恩来代表中共到重庆继续进行谈判。为维护抗战大局，中国共产党表示愿意回到谈判桌上来。12 月 28 日，周恩来致函赫尔利，对重开谈判提出了四点要求：“一、释放全国政治犯，如张学良、杨虎城、叶挺、廖承志及其他大批被监禁的爱国志士；二、撤退包围陕甘宁边区及进攻华中新四军、华南抗日纵队的国民党大军；三、取消限制人民自由的各种禁令；四、停止一切特务活动”。周恩来请赫尔利把这四条意见转达给国民党当局。对于中国共产党提出的这四点要求，蒋介石显然是不能接受的，赫尔利也表示这四条要求不是一般原则性问题，而是具体的

---

① 中央档案馆编：《中共中央文件选集》第 14 册，第 412 页。

② 《周恩来传（1898—1949）》（修订本），中央文献出版社 1998 年版，第 711 页。

“特殊细目”，要求中共就大的“原则问题”与国民党进行谈判。1945 年 1 月，中国共产党同意重开谈判，并提出谈判应该邀请民盟参加，将国共双方的谈判，变为国民党、共产党和民盟三方面的谈判。1 月 24 日，周恩来抵达重庆，与国民党代表宋子文、王世杰、张治中等以及赫尔利再次就联合政府问题进行谈判。

在新一轮谈判中，周恩来提出，为实现联合政府，可以先召开国民党、共产党、民主同盟三方面和无党派分子的代表人物会议，讨论如何改组国民政府，如何起草共同纲领，如何废止一党专政等问题。国民党代表王世杰则提出三项“新建议”：第一，设置具有战时内阁性质的机构，将其作为行政院决定政策的机关，中共和其他党派人士参加其中；第二，由军事委员会指定国民党、中共和美国三方面组成三人委员会，拟定办法对中共军队进行整编；第三，由军事委员会指派国民党、中共和美国三方将领组成三人指挥机关，共同指挥原来属中共的军队，并由美国人担任总指挥。国民党的这三项提议得到赫尔利的支持。对于国民党这种一心吃掉中共领导下的武装力量的荒谬建议，周恩来当即表示了拒绝，并指出国民党的这份建议说明国民党在根本上依然希望“保持其对政府的控制”，反对成立联合政府。周恩来表示：中国共产党的军队只交给废止了一党专政后的联合政府，军队的指挥权决不能交给国民党，全国的一切军队都应改编，而不是仅仅对中国共产党领导下的军队进行改编。毛泽东也表示“将中国军队尤其将我党军队隶属于外国军队，变为殖民地军队的恶毒政策，我们绝对不能同意”。①

为掩盖自己独裁专制的真相，欺骗国际舆论，国民党不得不做出向共产党和其他民主党派“让步”的姿态。1945 年 1 月 30

① 中共中央文献研究室编：《毛泽东年谱（1893—1949）》中卷，第 574 页。

日，国民党代表王世杰、张治中与周恩来再次举行会谈，承认应结束党治，同意召集党派会议。面对国民党方面态度的松动，中国共产党也积极推动谈判进程，周恩来提出：党派会议应包括国民党、共产党及民主同盟在内的三方代表参加，各方会议代表由各方自行推出；党派会议有权讨论并决定如何结束党治、改组政府，使之成为新的民主联合政府，并起草施政纲领；本次党派会议通过的各项决定和施政纲领草案，应通过将来由国民政府召集的国事会议讨论通过，方能成为国家的法案；党派会议公开进行，并保证各参会代表有平等的地位及来往自由。中共的主张得到民主党派的热烈欢迎。2 月 2 日，王世杰向周恩来提出两个会议方案，第一个方案是按照国民党所提出的组织有各党派参加的国防最高委员会，以联合政府的名义召开；第二个方案是同意召开党派会议，但会议名称加以改变，并加入无党派人士参会。对于国民党的表态，周恩来指出，不论以何种形式，何种名义，关键是要有各党派的代表参加，且会议不受国民党干涉，有最后的决定权，并且能够改组五院和军事委员会等决策机构。就党派会议本身而言，最重要的是要有权讨论和决定如何结束党治，如何改组政府，使之成为民主的联合政府，并起草共同施政纲领。对此，毛泽东也致电周恩来，除了要求坚持废除党治外，还要求提出取缔特务、给人民自由、释放政治犯、撤销对边区的包围等四项要求。毛泽东在电文中明确表示，如果这四条办不到，就不能证明国民党废党治、行民主不是骗局。①

为了欺骗国际舆论，骗取国际支持，国民政府驻美大使魏道明于 2 月 2 日在美国华盛顿举行记者招待会，声明国民政府已对共产党作了好多让步，美国运交中国政府的抗日物资中也有相当

① 中央统战部、中央档案馆编：《中共中央抗日民族统一战线文件选编》（下），第 790 页。

大的一部分分配给了共产党。针对国民党的欺骗宣传，中国共产党于2月4日发布《新华社奉命驳斥魏道明谎言》和《延安权威人士斥魏道明谎言》两文，对国民党的欺骗宣传进行了揭露，澄清了国共关系的真相，并指出国民党这样做的目的就是想欺弄国际视听，达到继续保持一党独裁法西斯统治的目的。2月10日，美国新闻处电台广播了美洲十家华侨报纸要求国民党废止一党专政，成立联合政府的通电。收听到这消息后，毛泽东断定“我党主张已得海外拥护。外国多数舆论亦是拥护此项主张的。美政府扶蒋主张可能被迫放弃，我党必须攻掉此项主张”。①

为进一步揭露国民党坚持独裁的真实面貌，迫使国民党方面表态，周恩来接连会见赫尔利与蒋介石，继续提出党派会议必须讨论结束党治、改组政府和起草共同纲领，同时再次强调了四项要求。对此，蒋介石表示不能接受组织联合政府的主张，并且声称政权只能交还给人民，不能交给由各党派组成的联合政府。蒋介石甚至认为，所谓“改组政府”实际上就是推翻政府，党派会议等于分赃会议。蒋介石宣称只有在国民大会召开之后，人民才有权组党，等等。鉴于国民党的一意孤行，谈判无法继续进行下去。2月15日，周恩来飞返延安，仅留下王若飞以中共代表的资格在重庆继续同国民党方面接触，建立联合政府的谈判宣告失败。

综观抗日战争后期中国共产党提出建立联合政府以及国共两党关于建立民主联合政府谈判过程，我们一方面看到中国共产党在同美国和蒋介石国民党谈判斗争中，始终坚持独立自主原则，始终从中国的实际和中华民族的根本利益出发，不向任何大国屈服。另一方面，我们还可以看到中国共产党是如何利用统一战线这个武器把长期奋斗目标同现实斗争有机地结合起来，实现自己

① 中共中央文献研究室编：《毛泽东年谱（1893—1949）》中卷，第579页。

的战略目的。

抗战时期，中国共产党的斗争目标是实现民族独立和国家的统一。通过中国军民 14 年艰苦抗战，中华民族抵抗外侮，维护民族的胜利曙光已现，取得了预期的斗争目标。同时，中国共产党通过在敌后坚持抗战，壮大了力量，赢得了民心。面对中国共产党及其领导的武装力量不断壮大，国民党企图以所谓“军令政令统一”的理由强迫中国共产党交出政权和军队，继续维持其一党专政的统治秩序。为打破国民政府的图谋，避免中国继续走半殖民地和半封建社会的老路，中国共产党顺应民众期盼民主、和平的愿望，在同国民党的谈判中适时提出了建立民主联合政府这一具体方案和政治口号，有力回应了蒋介石国民党的图谋。建立民主联合政府这一方案和口号提出后，迅速得到社会各界的热烈响应，成为动员全国人民战胜日本帝国主义，结束国民党一党专政，动员全国人民争取独立、自由、民主、统一和富强的光明前途的斗争纲领，对争取抗日战争的最后胜利，推动中国走上民族独立和国家统一的光明道路具有重大的意义。

1944 年—1945 年国共关于建立联合政府的谈判最终失败了，其根本原因在于：中国共产党要求国民党废除一党专政，把国民政府改组为多党联合政府，实现政治民主化的要求，与国民党坚持一党专政，要求“军队国家化”，要求中国共产党交出政权和武装的根本立场完全不一致，双方无法妥协。国共关于成立联合政府的谈判虽然失败了，但中国共产党通过谈判斗争坚持了国共合作的抗日民族统一战线，向国际社会和全国人民揭露了蒋介石集团推行反共反人民的真实面目，以及美帝国主义奉行的扶蒋反共的方针。通过建立联合政府的谈判，广大人民的觉悟极大地提高了，中国共产党的政治主张也得到社会各界的广泛认同，中国共产党由此取得了政治上的优势。

三、党的七大关于建立联合政府的构想及其基本政策

抗战胜利前后，国际国内形势发生了很大的变化。在国际上，旧的资本主义世界中意、德、日三个法西斯政权相继垮台。曾经的大国，如英国和法国等也受到严重削弱。只有美国在这场战争中获得了发展，在经济和军事上远远地超越了其他资本主义国家。尽管美国通过第二次世界大战实力提升很快，但就整个资本主义世界而言，其力量被大大削弱了。二战中，社会主义国家苏联从严酷的战争中走了出来，国力渐强。二战的另外一个结果是旧的帝国主义的殖民体系解体，战后从欧洲到亚洲出现了一系列人民民主国家，并逐渐形成了一个社会主义阵营。随着无产阶级和人民群众的觉醒，和平、民主、民族解放和社会主义的力量成为一股新的政治力量，对帝国主义和反民主阵营形成了反对和制约。在中国国内，抗战中民主力量不断增长，同时国民党当局加紧了对美帝国主义的依赖。抗日战争期间，中国共产党及其领导的人民武装不断壮大，国民党则在战争中节节败退，日益失去人们的支持，国共两党力量的消长和情况的变化，使两党成为决定中国前途和命运的两大政党。

（一）国共两党关于中国前途与命运的论战

艰苦的抗战，中国国民经济遭到严重破坏，中国人民希望迅速医治战争创伤，重建家园，过上和平、安定的美好生活。抗战也让中国人民认识到了战争的残酷和危害，也意识到建立一个强大的、主权完整的国家对于中华民族的重要性，争取和平、民主，反对内战、独裁，成了战后全中国人民的强烈愿望。怎样走

出战争的阴霾，建设独立、民主、自由、富强的新中国成为中国人民最关心的一个议题。

对于未来的建国方略，中国国民党和中国共产党提出了不同的方案，并围绕“中国之命运”问题展开激烈论战。

早在全民族抗战伊始，中国共产党就开始思考新民主主义建国问题。从1939年12月到1940年1月，毛泽东先后发表了《中国革命与中国共产党》、《新民主主义论》等著作，系统阐述了新民主主义建国的理论和基本原则，勾画了未来中国的基本蓝图。在这些著作中，毛泽东分析了世界各国国家体制的三种形式，并从历史时代和中国国情出发，提出未来的国家政权只能采取第三种形式，即建立“几个革命阶级联合专政的共和国”。毛泽东指出：“中国无产阶级、农民、知识分子和其他小资产阶级，乃是决定国家命运的基本势力。这些阶级，或者已经觉悟，或者正在觉悟起来，他们必然要成为中华民主共和国的国家构成和政权构成的基本部分，而无产阶级则是领导的力量。现在所要建立的中华民主共和国，只能是在无产阶级领导下的一切反帝反封建的人们联合专政的民主共和国，这就是新民主主义的共和国。”“这种新民主主义共和国，一方面和旧形式的、欧美式的、资产阶级专政的、资本主义的共和国相区别，那是旧民主主义的共和国，那种共和国已经过时了；另一方面，也和苏联式的、无产阶级专政的、社会主义的共和国相区别，那种社会主义的共和国已经在苏联兴盛起来，并且还要在各资本主义国家建立起来，无疑将成为一切工业先进国家的国家构成和政权构成的统治形式；但是那种共和国，在一定的历史时期中，还不适用于殖民地半殖民地国家的革命。因此，一切殖民地半殖民地国家的革命，在一定历史时期中所采取的国家形式，只能是第三种形式，这就是所谓新民主主义共和国。这是一定历史时期的形式，因而是过渡的形式，但是不可移易的必要的形式。”①

毛泽东通过对中国社会现状的分析，指出中国既不能选择以资产阶级为主导的资产阶级民主共和，也不能选择苏联式的以无产阶级专政为主要内容的民主共和，只能建立以无产阶级领导的多阶级联合的民主共和国。毛泽东这一革命阶级联合的共和思想，实际上也是中国共产党一以贯之的统一战线思想，统一战线的政治路线和行动原则。

在中国共产党对中国道路进行不懈探索时，国民党也提出了自己的建国方略。1938 年，在抗日战争全面爆发后不久，国民党就召开了临时性的全国代表大会，通过《抗战建国纲领》。《纲领》以三民主义为理论基础和指导原则，从政治、经济、军事、外交、民众运动、教育等方面全面规定了国民党在抗战时期的施政方针和内外政策，提出“抗战”与“建国”同时并行的基本方针。在国民党临时全国代表大会通过的《政治报告之决议案》中，国民党明确表示：“抗战与建国同时并进，国家政治宜于艰苦抗战之中，即奠定国家复兴之基础，以完成三民主义的国家之建设。”②

1943 年 3 月，趁共产国际解散和共产主义国际运动形势发生变化之际，国民党以蒋介石的名义出版发行了《中国之命运》一书。在这本书中，蒋介石对中华民族的历史，特别是近代以来中国的历史，进行篡改和歪曲。把抗战期间国民政府同英美等帝国主义国家签订的废除不平等条约和续订的“新约”都吹嘘为“国民革命的初步成功”和“建国工作的真正开始”的具体表现，认为这些都是国民党的功劳。《中国之命运》对当时国内不断高涨

① 《毛泽东选集》第 2 卷，第 674—675 页。

② 荣孟源、孙彩霞编：《中国国民党历次代表大会及中央全会资料》，光明日报出版社 1986 年版，第 511 页。

的自由主义思想和共产主义思想进行了批判，叫嚣“中共应当解散”。该书认为“马克思主义已经破产”、“共产主义不适合中国”，只有国民党才是中国的动脉、三民主义才是中国的灵魂，蒋介石则是中国革命的唯一领导者，中国的未来和中国的命运取决于中国人民是否服从中国国民党以及蒋介石的领导。在《中国之命运》一书中蒋介石妄言：“如果今日的中国，没有中国国民党，那就没有了中国……简单地说：中国的命运完全寄托于中国国民党。”在该书中蒋介石还不断指责中共破坏国民革命，说中共“擅自扩充军队，割据地方”，是中国国家命运的“潜在威胁”。蒋介石还极力鼓吹愚民哲学和封建的伦理道德，反对民主政治和思想自由，鼓吹专制制度，极力宣扬“一个党、一个主义、一个领袖”。蒋介石说：“建国的基本工作在于教育、军事与政治的合一，而求基本工作的完成，又必须就心理建设、伦理建设、社会建设、政治建设与经济建设五个要目，制定周详的方案，而使之实现力行。”① 为宣传和鼓吹这一思想，国民党在全国各地大量印行《中国之命运》一书，并免费发放，规定全国所有的青年学生必须阅读，极力营造只有国民党才能救中国的舆论氛围。

面对国民党的反动理论和宣传，中国共产党奋起反击，迅速组织人员对《中国之命运》一书进行批判。从 1943 年 1 月开始至 1945 年中共七大召开，延安的《解放日报》、重庆的《新华日报》和《群众》周刊都发表了一大批批判《中国之命运》的文章，成为批判国民党反动思想的主阵地。此外，莫斯科出版的《红星报》、《战争与工人杂志》以及美国共产党的机关报《每日工人报》等也与中国共产党掌握的报刊遥相呼应，发表了一系列批判文章。在这场对《中国之命运》的批判运动中，中国共产党

① 蒋中正：《中国之命运》，正中书局（重庆）1943 年版，第 205—209 页。

与国民党进行了一场思想和理论的大论战、大交锋，并通过这场论战向全国人民表达了中国共产党对中国前途和命运的认识和构想。

国民党《中国之命运》出版后不久，延安《解放日报》于1943年5月5日发表《中国思想界现在的中心任务》，指出“中国现在思想界的中心任务，就是从思想上彻底打垮和消灭法西斯主义。”[①] 自这篇文章发表后，从7月9日到10月5日，《解放日报》又连续发表12篇社论，对《中国之命运》进行批判，呼吁国民党停止内战，把主要精力和力量用于挽救国家危亡。

在对《中国之命运》一书的批判中，针对国民党提出和鼓吹的“一个党、一个主义、一个领袖”这种一党专政的理论，中共指出这是一种法西斯主义思想。1943年7月21日，陈伯达在《解放日报》上发表《驳中国之命运》一文，指出：《中国之命运》一书“一言蔽之，反对自由主义与共产主义，实际上主张买办的封建的法西斯主义，或新专制主义（虽然形式上仍戴着‘三民主义’的帽子），因此使人们大失所望。”所谓“革命建国的根本问题”，其基本内容除了反对民主政治外，就是反对思想自由。“这正是中国政治危机的所在，中国国民精神（思想）的危机所在”[②] 8月11日，毛泽东致电在重庆的董必武，指示：“此间除继续广播评《中国之命运》各文外，拟于八、九两月发动反中国法西斯主义的运动，通电全国，主张取消各种特务组织，严禁传播法西斯主义思想，以揭穿蒋记国民党实质，并教育自己”，要求“新华、群众多登反法西斯主义文章，以开展思想斗争。”[③]

① 《中国思想界现在的任务》，载《解放日报》1943年5月5日。
② 陈伯达：《驳中国之命运》，载《解放日报》1943年7月21日。
③ 《毛泽东文集》第3卷，第65—65页。

8 月 16 日周恩来发表近万字的批判文章《论中国的法西斯主义——新专制主义》，该文深刻揭露了《中国之命运》所包含的法西斯主义的危险及其实质。新华社在得知意大利法西斯倒台之后，接连发表《法西斯丧钟响了》、《彻底扑灭法西斯毒害》、《人类的愤怒》、《犯罪者无可逃》等社论，指出“法西斯制度固然存在于德、意、日等国家，但法西斯的毒菌却是无国界的，随处会找到腐臭物来培养，我们不仅要彻底粉碎德意法西斯制度，同时要扑灭一切法西斯思想”。社论强调“尤其是中国的汉奸，中国的民族叛徒，因他们一向依附着敌人，无恶不作，却以为可以逍遥法外，以致呼朋引类，蜂聚蚁附，造成敌伪横行一时的状态”。

针对国民党用所谓的传统文化为其专制、独裁辩护的理论，中共指出在边区和敌后抗日民主根据地，已创造出“民族的、科学的、大众的新文化，就是新民主主义的文化，也就是新三民主义的文化”。这种民族的新文化，才是中国民族文化优良传统的正统继承者。而国民党叫嚣的所谓民族文化传统，只是那些积污的、过时的、死去的、或行将死去的东西。“是污蔑民族文化优良传统的。他们的作为，也正在破坏民族文化的优良传统。”① 7 月 10 日，范文澜发表《斥所谓中国文化统一性》。该文从历史唯物主义观点出发，对国民党宣扬的传统文化的统一性进行了批驳，指出国民党只是片面地看到了文化的统一性而没有看到斗争性，更没有看到传统文化的落后性和反动性。文章指出：“在今天的中国，我们的全部力量都应该团结起来反对日本法西斯主义和汪逆精卫的所谓反共和平主义的文化，我们的抗战是政治的战争，也是文化的战争……论者一定要抹杀这些战争的文化性质，说这些战争都不是为文化而战，究竟是什么人才欢迎这种理论，

① 吕振宇：《国共两党和中国之命运》，载《解放日报》1943 年 8 月 7 日。

不是很明显的么?”①

在论战中,中国共产党也向全国人民表达了自己的立场,指出决定中国命运的基本力量就是中国革命建国的基本力量。未来中国的前途不能依靠大地主大资产阶级及其豢养的鹰犬,需要依靠工人农民以及小资产阶级。只有中国共产党才是真正的革命党,才是中国命运的决定者。“中国共产党正是领导工人农民小资产阶级来完成革命建国、决定中国命运的伟大政党。”认为“现在所要建立的中华民主共和国,只能是一切反帝反封建的人们联合专政的民主共和国,这就是新民主主义的共和国,也就是真正革命的三大政策的新三民主义的共和国。”②

关于中国前途与命运的论战,最初是由国民党挑起的,共产党对国民党反动理论进行了反击。从根本上讲,这场论战实际上是一场“政治宣传战”。在论战中,双方争论的核心问题是未来中国建国的指导思想和中国应该走什么样道路的问题。对于未来中国,国民党极力坚持“一个党、一个主义、一个领袖”的独裁政治方针,力图继续保持专制独裁统治,推行权威主义,宣传文化一元论。中国共产党则针锋相对,提出只有中国共产党才是中国命运之寄托和希望,以及新民主主义新中国建设的指导思想、政治方向。论战的结果是中国共产党驳斥了国民党的谬论,宣传了自己的思想,扩大了新民主主义的传播范围和社会影响,取得了论战的胜利。

在这场论战中,中国共产党不仅在思想政治上有力地回应了国民党的进攻,同时配合了反内战的斗争。双方在思想理论上论战之际,也是蒋介石图谋对共产党领导的革命根据地发起进攻之时。在中国共产党发动全党力量批判《中国之命运》的过程中,

---

① 范文澜:《所谓中国文化的统一性》,载《解放日报》1943 年 7 月 10 日。
② 范文澜:《谁革命?革谁的命?》,载《解放日报》1943 年 8 月 1 日。

各民主党派和民主人士也纷纷响应，批判国民党反共行为，反对国民党把力量消耗在内战上，在舆论上起到了阻止国民党发动反共活动的作用，有助于中国共产党及时打退国民党意图掀起的反共高潮。

论战的胜利还打破了国民党在文化上对共产党的“围剿”。抗战时期国民党根据《宣传品审查条例》、《出版条例原则》、《出版法》等，对涉及共产主义、“鼓吹阶级斗争”方面的书籍严格查禁。中国共产党借助批评《中国之命运》的活动，全面阐释了新民主主义建国思想，成为中国共产党突破国民党“文化围剿”的一个重要方式。

这场论战也是统一战线工作的一次胜利。通过论战，中国共产党卓有成效地开展了意识形态宣传与民主主义理论教育，揭露了国民党独裁、专制的真实面目，扩大了自身的影响，提升了共产党的形象。论战使广大人民群众、中间党派、民主人士及国民党中的开明份子更深入和全面地理解中国共产党的理论、政策和路线方针，并促使他们与中国共产党建立了更加紧密的联系。论战也促使中国共产党对未来中国的前途进行更加深入的思考，进而提出了新民主主义的理论模式及联合政府的政权模式，在理论和实践上发展了统一战线，赢得了民心。经过此次论战，国民党法西斯主义的实质和“一党独裁”的政治体制越来越被人民所认识和厌烦，逐步失去民心，政治地位也日渐下降。

（二）毛泽东在七大上对中共联合政府构想及其基本政策的阐释

1945 年 4 月 23 日—6 月 11 日，中国共产党第七次全国代表大会，在延安杨家岭中央大礼堂召开。出席大会的正式代表 547 人，候补代表 208 人，代表全国 121 万名党员。这次会议是在世界反法西斯战争和中国人民抗日战争即将取得胜利，中国面临着两种前途、两种命运斗争的关键时刻召开的。会议的主要任务是团结全党全国人民，争取光明的前途，彻底打败日本侵略者，建立独立、自由、民主、统一与富强的新民主主义国家。

毛泽东主持了大会并致开幕词，作了《论联合政府》的政治报告，朱德上作了《论解放区战场》的军事报告，刘少奇作了《关于修改党的章程》的报告。另外，在大会讨论过程中，周恩来作了《论统一战线问题》的重要发言，华中、华北和西北等几个有代表性地区的代表也作了工作汇报。在这次大会上，毛泽东《论联合政府》的政治报告成为会议的中心议题。

在《论联合政府》中，毛泽东指出成立联合政府的主要目的是为了彻底消灭日本侵略者，废止国民党的一党专政。民主联合政府成立以后，其主要任务就是在争取民族独立、人民民主的基础上，建设大规模的工业，实现国家的独立、自由、民主、统一和富强。“在新民主主义的政治条件获得之后，中国人民及其政府必须采取切实的步骤，在若干年内逐步地建立重工业和轻工业，使中国由农业国变为工业国。新民主主义的国家，如无巩固的经济做它的基础，如无进步的比较现实的发达得多的农业，如无大规模的在全国经济比重上占极大优势的工业以及与此相适应的交通、贸易、金融等事业做它的基础，是不能巩固的。”① 为了巩固新民主主义的独立、自由、民主与统一，让民主联合政府获得人民的拥护，必须把国家工业化作为中心任务，调动一切能调动的积极因素来完成这一历史任务。民主联合政府要完成国家工业化的历史重任，离开资本主义经济的发展是不可能的。因此要允许自由发展那些有益于国计民生的资本主义经济。毛泽东指

① 《毛泽东选集》第3卷，第1081页。

出："我们这样肯定要广泛地发展资本主义，是只有好处，没有坏处的。"[①]"拿资本主义的某种发展去代替外国帝国主义和本国封建主义的压迫，不但是一个进步，而且是一个不可避免的过程。它不但有利于资产阶级，同时也有利于无产阶级，或者说更有利于无产阶级。"[②] 民主联合政府所要发展的资本主义是新民主主义的，它是帮助社会主义的，是革命的，并且有利于向社会主义发展的。为了帮助资本主义的发展，毛泽东还提出要反对民粹派的思想。毛泽东还指出："所谓民粹主义，就是直接由封建经济发展到社会主义经济，中间不经过发展资本主义的阶段。"急于消灭资本主义不符合中国实际情况，"资本主义的广大发展在新民主主义政权下是无害有益的"。[③]

成立民主联合政府的两个步骤，即："第一个步骤，目前时期，经过各党各派和无党无派代表人物的协议，成立临时的联合政府；第二个步骤，将来时期，经过自由的无拘束的选举，召开国民大会，成立正式的联合政府。"[④] 针对未来有了民主选举制度之后，为什么不是由国民大会中的多数党组织一党政府，而要组织联合政府的问题，毛泽东这样回答：中国的历史条件规定了这一点。在中国，因为早就出现了不但代表无产阶级，而且按其纲领和实际斗争，同时也代表了最广大的农民阶级、小资产阶级、知识分子及其他民主分子的中国共产党这样一个新条件，一切情况就改变了。任何政府，如果把共产党排斥到门外，那是一件好事也做不成的，这就是中国进到了新民主主义的历史阶段的基本特点。未来的联合政府是国民大会中的多数党和少数党共组的政府，不是一党制政府。要成立这样的多数党联合组成的政府，必

① 《中共党史资料》第 48 辑，中共党史出版社 1993 年版，第 22 页。
② 《毛泽东选集》第 3 卷，第 1060 页。
③ 《胡乔木回忆毛泽东》，第 370 页。
④ 《毛泽东选集》第 3 卷，第 1068—1069 页。

须通过国民大会选举进行，实行“真正的民主制”，“真正普遍平等的选举制”。这个国民大会是与国民党所说的“国民大会”有着本质性的区别，是体现人民真正自由和民主的人民代表大会制。

毛泽东认为在联合政府中，共产党必须参加并占有重要地位，因为“在中国的条件下，一个政府里不要共产党，这是什么意思呢？这就是说，不要最广大的人民。没有人会怀疑到共产党人是为着争夺官位而要求到政府里去的，共产党人如果加入政府，这就意味着实行新民主主义的改革。中国将来有了民主选举制度以后，不论共产党是国民大会中的多数党或是少数党，政府都应该是在一个共同承认的新民主主义的纲领之下从事工作的联合政府，才有利于更好地完成新民主主义的建设事业。”在民主联合政府之下，无产阶级、城市小资产阶级和农民的觉悟程度和组织程度也将逐步提高，通过争夺领导权的反复斗争，逐步废除大地主和大资产阶级的统治，建立起由无产阶级领导的几个革命阶级联合专政的新民主主义国家，并逐步走上社会主义道路。

对于国民党在联合政府中的地位，毛泽东指出：尽管成立民主联合政府是针对国民党一党专政提出来的，但民主联合政府，将团结一切愿意参加的政党和阶级的代表，为现在的抗战和将来的建国而奋斗，联合政府并不把国民党蒋介石排除在外。在 3 月 31 日中共中央六届七中全会全体会议上，毛泽东就《论联合政府》政治报告草案进行说明，毛泽东指出：“现在是有更大希望的时期，我们应在此时机提出适当的纲领，动员全国人民来实现。这个纲领就是动员全党全国人民打败日本侵略者，建设新中国。”对于国民党“还是批评九分，批评很尖锐，但留了余地，指出希望，虽然只是一分，这一分是需要的。不留这个余地就犯错误。对一切要联合的对象，我们都采取联合态度”。在七大的口头报告中，毛泽东还提到，在抗日战争中，中国共产党也从未想过要推翻国民党政权的事情，并不打算另立中央政府。共产党所要求的是国民党修改自己的错误政策，改变国民党政府中不适合团结全中国人民一致抗日政策和方针，代之以团结全中国人民打日本的政策。共产党既不赞成别的党派一党专政，也不主张共产党一党专政。而是主张几个革命阶级的联合政权。"只要成立联合政府，一切要由国民党、共产党、民主同盟商决。"①

对于联合政府的形式问题，毛泽东在中共七大会议上表示："联合政府有三种可能性：一种是坏的我们不希望的可能性，即要我们交出军队去做官。军队我们当然是不交的，但政府还是独裁的，我们做官不做呢？我们不要宣传去做，也不要拒绝，要准备这种可能性。其坏处是在独裁政府做官，不过这是可以向群众解释的（为了委曲求全，而这个政府我们是不赞成的），但也有好处，可以做宣传工作。第二种可能性，也是以蒋介石为首，形式是民主，承认解放区，实质仍是蒋介石的独裁政府。第三种可能性，是以我们为中心，在我们有一百五十万军队、一亿五千万人民时，在蒋介石的力量更加缩小、削弱，无联合可能时，就要如此做，这是中国政治发展的基本趋势和规律，我们要建设的国家就是这样一个国家"。② 第一种形式是国民党希望的，也是英美所支持的，共产党要尽量避免这种形式，但也要做好准备，利用一切条件进行宣传。第二种形式是以蒋介石为中心，形式是民主的，但实质上独裁。考虑到人民对民主、和平的要求和休养生息的需要，共产党也可以接受这种形式，但要合法斗争。第三种形式是以共产党为中心，是我们希望看到并努力实现的，符合中国

---

① 毛泽东：《中国需要和平建国》，载《解放日报》1945 年 10 月 8 日。

② 中共中央文献研究室编：《毛泽东在七大的报告和讲话集》，第 102—103 页。

革命发展的基本趋势和规律，这就是共产党要建立的国家，是“理想的联合政府”。

抗战胜利前后，中国共产党在总结政权建设历史经验的基础上提出建立民主联合政府，并不是一时的权宜之计，而是一项重大的政治战略，是新民主主义的长远奋斗目标与抗战胜利后民主建国的短期目标的有机结合。联合政府的提出不仅符合国际国内局势，适应抗战后期国内外政治形势的发展和全国人民追求民主、和平的愿望，同时联合政府作为党的统一战线具体的组织形式，为未来民主政府的构建奠定了理论基础。

民主联合政府的提出时体现了中国共产党善于把革命领导权的原则性与统一战线策略的灵活性相结合的优良传统。抗日战争时期，中国社会各阶层力量均有所发展，在各种政治力量分化组合加剧，各类政党和社会团体纷纷涌现的情况下，无论是哪一个阶级，哪一个政党，想独步中国政坛，一统天下都是不可能的。中国共产党提出的建立联合政府的主张，充分体现了中国共产党一直秉持的求同存异的原则和方针，即存不同阶级、不同政党和不同集团利益之“异”，求和平、民主、统一之“同”。

毛泽东关于民主联合政府的建国方略是中国共产党统一战线理论的新发展。建立民主联合政府，容纳各方面利益和力量，在哲学层面摆脱了非此即彼的形而上思维模式，正确处理了矛盾的同一性和斗争性关系。中国共产党建立民主联合政府这一主张虽然在抗战胜利后因为蒋介石坚持专制独裁统治，发动内战，最终没有得到实现，但它的提出为新中国国家政权建设进行了探讨，准备了理论基础。历史证明，蒋介石国民党集团是反对建立新民主主义国家的，甚至连欧美资本主义国家所实行的民主制度也不能容忍。中国共产党七大所提出的建立民主联合政府的主张虽然没有实现，但建立民主联合政府的观念，促使民族资产阶级团结在中国共产党周围。从这个意义上讲，中共七大关于组建民主联合政府的主张虽然因为国民党蒋介石的独裁内战政策未能实现，但它开启了新中国和平民主建设发展的思考和探索，具有重要的意义。

四、国民参政员访问延安，毛泽东同黄炎培“窑洞对”

由于蒋介石坚持独裁政策，1945 年 3 月国共谈判停止。为抗议国民党一党专制，一手包办国民大会等独裁行为，中国共产党在同年 5 月召开的中共七大上，明确声明不参加第四届国民参政会。国共之间的争执以及由此引发的紧张局面，引起中间势力的严重不安，遂决定组团赴延安调解国共双方的分歧。6 月 2 日，中间派代表人物褚辅成、黄炎培、王云五、冷遹、章伯钧、左舜生、傅斯年等七位国民参政员致电毛泽东和周恩来，希望中共以团结为上，就国共谈判事宜继续协商。为让中间派人士了解延安的实际情况和中国共产党民主建国的诚意，6 月 18 日，毛泽东、周恩来复电褚辅成等人，表示愿意商谈并欢迎他们来延安访问。1945 年 7 月 1 日，褚辅成、黄炎培、章伯钧、傅斯年、冷遹等六名国民参政会参政员（原计划七名，后王云五因身体欠佳未能成行），应中共中央和毛泽东的邀请，在王若飞的陪同下，乘飞机前往延安，调解国共分歧，推动国共谈判。

（一）六名国民参政员到延安调解国共分歧

在赴延安开展斡旋之前，褚辅成等七位参政员经几度商谈，拟定了三条意见：一、国共从速恢复商谈，由政府迅速召开政治会议；二、国民大会暂缓，交政治会议解决；三、会议前，政府先自动实行若干改善政治之措施。这三条意见由左舜生起草成一函，拟向蒋介石陈述，听取蒋介石的意见。他们认为，只有蒋介石同意这三条意见，方可启程。6 月 27 日他们面见蒋介石，表达了自己的意见。由于国民参政会开幕临近，蒋介石也急于与中共继续商谈，于是表示："只须于国家有益，都可以商谈"，[①] 没有提出反对意见。

7 月 1 日下午 1 时半，六名参政员抵达延安，在延安的中共领导人毛泽东、周恩来、刘少奇、任弼时、林伯渠、吴玉章、秦邦宪、张闻天、林彪、叶剑英、徐特立、谢觉哉、李富春、邓颖超等悉数到机场欢迎，场面十分热烈。

7 月 2 日下午，毛泽东、刘少奇、朱德、周恩来、林伯渠、张闻天等中共高层领导在杨家岭中央办公厅与六位参政员进行座谈。座谈会上，黄炎培发言表示此次到延安有两个目的。"正目的"是为了促成全国团结，"副目的"则是想来看看延安，以实现多年的夙愿。左舜生的讲话，则强调了民主与团结的关系。[②] 其他几位参政员也各自发表了对大局的看法，并表示国共谈判的大门没有关，双方应该继续会商。对此毛泽东回复说：双方的门没有关，但门外有一块绊脚的"大石头"挡住了道，这块"大石头"就是国民党要坚持召开的国民大会。当天晚上中共中央专门设宴招待六位参政员。餐后，在中央大礼堂举行了盛大的"欢迎参政员访延晚会"，表演秧歌剧《兄妹开荒》等文艺节目。欢迎晚会上周恩来代表中共中央致词，对六位在大后方为抗日、民主、团结奋斗多年的老朋友来到延安表示热烈的欢迎。黄炎培、左舜生等也发表了热情洋溢的答谢辞。黄炎培动情地说道：在延安看不到荒芜的土地和游手好闲的人，由此得出一个结论，共产

① 中国社会科学院近代史研究所中华民国史研究室编：《黄炎培日记摘录》，1945 年 6 月 27 日，中华书局 1979 年版。

② 《中共中央举行盛大晚会，欢迎褚辅成等六先生》，载《解放日报》1945 年 7 月 3 日。

党是进步的，是踏实的。

7 月 3 日上午，参政员们分头在延安参观考察。参观和考察的地点包括延安大学、医科大学，以及延安的合作社、银行、农场等。参政员们还参观了延安市容，游览了宝塔山等名胜古迹，访问了边区政府副主席、民主人士李鼎铭和边区劳动模范，并与边区各界干部和群众进行广泛的接触和交流，对延安文化教育、卫生状况和社会风气等进行了调研。在参观考察过程中，参政员们深刻感受到军民上下团结一致，同心同德。延安的这种积极向上的精神风貌和井然有序的社会风貌，给参政员们留下了难忘的印象。

7 月 3 日下午，毛泽东、周恩来继续与参政员会谈，交换意见。当天双方“谈话时间特别长，谈到的事项特别多。各抒己见，但不涉及辩论，尽大家自由发表”，“会谈气氛融洽，彼此都十分坦诚，十分恳切”，“几乎每一个问题都谈到了”。最后大家商定，由中共方面先把双方会谈的意见整理出来，然后双方再作研究。

7 月 4 日，中共方面将整理好的《中共代表与褚辅成、黄炎培等六参政员延安会谈记录》交褚辅成等人。《会谈记录》的主要内容包括两部分：一、褚辅成等与中共方面同意下列两点：停止国民大会进行，从速召开政治会议；二、中共方面之建议，“在国民政府停止进行不能代表全国民意的国民大会之条件下，中国共产党同意由国民政府召开民主的政治会议”，并提议在政治会议召开前，对这一会议的组织、性质、议程以及释放政治犯等作出明确规定。

（二）毛泽东与黄炎培“窑洞对”

在六位访问延安的参政员中，时年 70 岁的黄炎培具有较高的政治地位。黄炎培是民盟的创始人和时任主席，多年来一直为抗日和国内民主、和平事业奔走呼号，有较大的政治与社会影响力。参观考察期间，黄炎培表现出极高的政治热情，对延安社会也予以了高度赞扬。黄炎培坦诚、积极的政治态度得到毛泽东的积极回应。在六位参政员考察延安期间，毛泽东在延安的窑洞中与黄炎培进行了一次深入的对话。

谈话中，毛泽东问黄炎培在延安参观考察后有何感受。黄炎培说："我生六十余年，耳闻的不说，所亲眼见到的，真所谓'其兴也勃焉，其亡也忽焉'，一人，一家，一团体，一地方，乃至一国，不少单位都没有能跳出这周期率的支配。大凡初期是聚精会神，没有一事不用心，没有一人不卖力，也许那时艰难困苦，只有从万死中觅取一生。既而环境渐渐好转了，精神也就渐渐放下了！有的因为历时长久，自然地惰性发作，由少数演为多数，到风气养成，虽有大力，无法扭转，并且无法补救。也有为了区域一步步扩大了，它的扩大，有的出于自然发展，有的为功业欲所驱使，强求发展，到干部人才渐见竭蹶，艰于应付的时候，环境倒越加复杂起来了，控制力不免趋于薄弱了！一部历史，'政怠宦成'的也有，'人亡政息'的也有，'求荣取辱'的也有！总之没有能跳出这周期率。"毛泽东专注地听完黄炎培的讲话，笑道："我们已经找到新路，我们能跳出这周期率。这条新路，就是民主！只有让人民来监督政府，政府才不敢松懈！只有人人起来负责，才不会人亡政息。"①

黄炎培与毛泽东这段关于历史"周期率"的对话，给黄炎培留下美好而深刻的印象，也给后人留下了深远的影响，后人把这次谈话称作两位政治家的"窑洞对"，对话内容也常被人引用，作为政权建设的经典之谈。毛泽东在"窑洞对"所提出的观点实

---

① 朱洸：《毛泽东与黄炎培话"周期率"》，载《光明日报》1993 年 1 月 20 日。

际上是中国共产党对未来政权建设的深入思考，和民主治天下美好前景的展望。这些思想在毛泽东《新民主主义论》和《论联合政府》等论著也有明确而系统的表述。新中国成立后，黄炎培说："我一辈子都在寻求真理，一直未曾如愿以偿，而使我认识到可能是真理所在的，就是延安之行。"①

① 金建明：《黄炎培：抗战末期延安行》，载《党史纵横》2002 年第 6 期。

第十二章　争取和平民主，为人民民主统一战线奠基

随着抗日战争的胜利结束，抗日民族统一战线已经完成了历史使命；中国人民同美帝国主义支持的以蒋介石为代表的大地主大资产阶级的矛盾则迅速上升为主要矛盾，建立新的反蒋反美的人民民主统一战线，成为中共迫在眉睫的重要任务。

一、“和平、民主、团结”方针的提出

1945 年 8 月 15 日，日本天皇宣布无条件投降。中国人民经过艰苦卓绝的 14 年浴血奋战，付出巨大的民族牺牲，终于迎来了抗日战争的最后胜利！

（一）抗日战争胜利后的政治形势

在残酷的战争岁月中，人民学到了平时多少年都难以学到的许多新东西，觉悟程度和团结程度大为提高。国内各派政治力量的状况发生了深刻变化。

中国共产党始终高举争取民族解放的大旗，在极端困难的条件下坚持敌后抗战，坚持抗日民族统一战线的政策，从而博得了人民的信任，发展了自己的力量。1937 年，在抗日民族统一战线成立之际，中国共产党只有数万装备落后的武装力量，而抗日战争胜利时，人民军队发展到 120 余万，民兵发展到 220 万，抗日

根据地的面积达到近 100 万平方公里，人口近 1 亿人。

由于力量有限，在成立统一战线的国共谈判中，中共做出很大的让步。毛泽东指出："在一九三七年，为了实现全国抗战，我们自动取消了工农革命政府的名称，红军也改名为国民革命军，还把没收地主土地改为减租减息。"① 而抗日战争胜利时，中国共产党已有 120 多万党员，国民党统治区内由民主党派和民主人士组成的民主力量也有很大增强，并同共产党建立了密切的联系，中国共产党在中国社会生活中所占的地位和比重大大增加，成为国内唯一能与国民党抗衡的政治力量。

国民党统治集团在抗日战争期间坚持独裁统治，在战争的中后期尽力观战避战，实行消极抗日、积极反共的政策，结果，使他们同广大人民之间发生了深刻的裂痕。随着抗战的胜利行将到来，他们越来越把注意力放到消灭中国共产党和其他民主势力这方面来。1945 年 5 月，蒋介石在国民党第六次全国代表大会上说："今天的中心工作，在于消灭共产党！日本是我们国外的敌人，中共是我们国内的敌人，只有消灭中共，才能达成我们的任务。"②

国民党的反共方针得到了美国政府的支持。第二次世界大战结束后，美国依仗强大的经济和军事实力，积极向外扩张，企图建立自己在世界上的统治地位。控制中国是美国全球战略的重要组成部分。正如后来美国国家安全委员会的一份报告中所说，他们当时在中国所追求的长远目标是推动建立一个稳定、统一的亲美政府，而短期目标首先是阻止"共产党完全控制中国"。③

为了独吞胜利果实，1945 年 8 月 11 日，日本刚作投降的表

① 《毛泽东选集》第 4 卷，第 1160 页。

② 程思远：《政坛回忆》，广西人民出版社 1983 年版，第 158 页。

③ 美国国务院编：《美国外交文件集》，1948 年第 8 卷，华盛顿政府出版局 1974 年版，第 45 页。

示，蒋介石便一连发出四个命令，一个是给他的嫡系部队，要他们“加紧作战，积极推进，勿稍松懈”；另一个给中共领导的第十八集团军，要他们“应在原地驻防待命，其在各战区作战地境内之部队并应接受各该战区司令长官管辖”。第三个是给侵华日军的，要求日军“应对本委员长所指定之部队投降”，如不遵守，有权对其进行“武力制裁”。第四个是给伪军的，命令他们继续维持地方治安，不得向中共投降，还要对八路军、新四军的进攻作“有效之防卫”。国民党中宣部发言人还发表谈话，指责第十八集团军总司令朱德所发布限期日伪投降的命令是“唐突和非法之行动”。

“蒋介石想要独自摘桃子了！”对此，中共理所当然地予以反击。8 月 13 日，毛泽东为新华社起草了《蒋介石在挑动内战》的评论，指出：“国民党中央宣传部发言人的评论和蒋介石的‘命令’，从头到尾都是在挑拨内战，其目的是在当着国内外集中注意力于日本无条件投降之际，找一个借口，好在抗战结束时，马上转入内战。”① 接着，8 月 13 日、16 日，毛泽东以朱德总司令的名义致电蒋介石，表示坚决反对蒋介石的错误命令，“我现在继续命令我所统帅的部队，配合苏联、美国、英国的军队，坚决地向敌人进攻，直至敌人在实际上停止敌对行为，缴出武器，一切祖国的国土完全收复之时为止。”

为了粉碎蒋介石的阴谋，中国共产党采取一系列措施，一方面号召各解放区军民对日伪军展开全面大反攻，猛力扩大解放区，夺取武器和资源；另一方面还要求解放区军民充分做好自卫准备，武装基本群众，准备粉碎国民党可能发动的对解放区的侵犯。

国民党方面一意孤行，挑动内战；共产党方面针锋相对，坚

① 《毛泽东选集》第 4 卷，第 1138 页。

决自卫。双方剑拔弩张，内战一触即发。

（二）“和平、民主、团结”方针的提出

抗日战争作为一个历史阶段即将过去，中国的时局将进入一个急剧转变的历史关头。在这种情况下，国内的阶级关系、国共关系，现在怎么样，将来怎么样，我们的方针怎么样？这些都是全国人民普遍关心的问题。中国没有像南北朝鲜、东西德国那样分疆而治的环境与条件，中共没有像南斯拉夫等东欧民主国家共产党居于执政地位的优势，更不可能走像法共、意共那样交出军队和解放区到资产阶级政府中去做官的道路。面对错综复杂的国际国内形势，中国共产党依靠科学的马克思主义的分析和判断，提出了“全国人民必须注意制止内战危险，努力促成民主联合政府的建立”的号召，主张团结一切爱国民主力量，在和平民主团结的基础上实现全国统一，把中国建设成为独立、自由、民主、统一与富强的新国家。

8 月 13 日，毛泽东发表了《抗日战争胜利后的时局和我们的方针》的讲演，进一步回答了中国人民所关心的问题。毛泽东指出：当全国规模的内战还没有爆发的时候，人民中间和我们党内的许多同志中间，对于这个问题还不是都认识得清楚的。因为大规模的内战还没有到来，内战还不普遍、不公开、不大量，就有许多人认为：“不一定吧！”还有许多人怕打内战。怕，是有理由的，因为过去打了十年，抗战又打八年，再打，怎么得了。……但是，必须清醒地看到，内战危险是十分严重的，因为蒋介石的方针已经定了。按照蒋介石的方针，是要打内战的。按照我们的方针，人民的方针，是不要打内战的。不要打内战的只是中国共产党和中国人民，可惜不包括蒋介石和国民党。一个不要打，一个要打。如果两方面都不要打，就打不起来。现在不要打的只是一个方面，并且这一方面的力量又还不足以制止那一方面，所以

内战危险就十分严重。

毛泽东还指出：蒋介石对于人民是寸权必夺，寸利必得。我们呢？我们的方针是针锋相对，寸土必争。我们是按照蒋介石的办法办事。蒋介石总是要强迫人民接受战争，他左手拿着刀，右手也拿着刀。我们就按照他的办法，也拿起刀来。[①]

在演讲中，毛泽东进一步明确中国共产党的方针。他指出：对于蒋介石发动内战的阴谋，我党所采取的方针是明确的和一贯的，这就是坚决反对内战，不赞成内战，要阻止内战。今后我们还要以极大的努力和耐心领导着人民来制止内战。[②]

然而，战后的形势瞬息万变。蒋介石打内战的方针早已确定，但在当时的国内外形势下，又不能不有所顾忌：抗战刚刚结束，发动内战不得人心；要求和平是大势所趋，人民渴望和平；美、苏、英三国也不赞成中国内战；蒋介石想在内战中处于有利地位，也需要时间。于是蒋介石于 8 月 14 日、20 日、23 日，接连发出三封电报，力邀毛泽东赴重庆谈判。

蒋介石出人意料地发出邀请，曾令中共领导人在政治上相当被动。当时，延安的人们几乎是出自本能地把蒋介石的邀请看作是“鸿门宴”。所以，毛泽东第一封复信的口气极为冷淡。然而，经过几天时间的观察分析，中共中央认为，形势的发展表明，国民党要立即发动全面内战还存在许多难以克服的困难，争取和平民主局面的可能性仍然存在。于是，很快决定以审慎而积极的态度来对待重庆谈判。

23 日下午，中共中央政治局在枣园召开扩大会议，大约有 50 名高级干部参加。在重庆谈判前的决策过程中，这次会议最为关键。

---

① 《毛泽东选集》第 4 卷，第 1125—1126 页。

② 《毛泽东选集》第 4 卷，第 1125 页。

毛泽东首先发言。他开门见山的一段话是："现在的情况是，我国抗日战争阶段已经结束，进入了和平建设阶段。全世界包括欧洲、东方，都进入了和平建设的阶段。第三次世界大战目前不会爆发是肯定的。"[①] 这段话实际就是确定了中共战后力争实现和平建国的总方针。

随后，毛泽东全面分析了战后国内的形势即国共的力量对比，指出，蒋介石的有利方面是，他有合法地位与大城市；不利方面是，在他面前摆着强大的解放区，他有内部矛盾，他不能满足人民的民主、民生的要求。毛泽东还指出，我们党有利的方面是，抗日的功劳，这是蒋介石不能抹煞的，我们党目前在全国人民中的地位之高是大革命与内战时期所没有过的；广大解放区的存在，蒋介石无法进行封锁；我们党有为民主、民生而奋斗的纲领，能解决蒋介石所不能解决的问题。不利的方面是，我们没有大城市，没有机械化的军队，没有合法地位。

毛泽东还分析了美苏两国的对华政策及其影响。

最后，毛泽东就这次谈判可能产生的结果和中共今后的斗争道路作了重要说明。他说：七大时讲的长期迂回曲折，准备出现最大困难，现在要实行了。现在在全国范围内可能成立资产阶级领导而有无产阶级参加的政府。中国如果成立联合政府，可能有几种形式。其中一种就是现在的独裁加若干民主，并将存在相当长的时期。对于这种形式的联合政府，我们还是要参加进去，进去是给蒋介石"洗脸"，而不是"砍头"。走这个弯路将使我们党在各方面达到更成熟，中国人民更觉悟，然后建立新民主主义的中国。[②] 毛泽东的讲话全面地反映了中共领导人对整个形势的看法，需要特别指出的是，毛泽东的讲话表明，中共已决定在政

① 《毛泽东文集》第4卷，第4页。
② 《毛泽东文集》第4卷，第6—7页。

治方面作出重大妥协与让步。虽然这时仍坚持建立联合政府的主张，但毛泽东明确指出，其性质是“资产阶级领导而有无产阶级参加”，其形式是“独裁加若干民主”。在这种联合政府内，中共能够发挥的作用是极其有限的，它不同于毛泽东在中共七大时所设想的那种中共能在其中发挥重要作用、具有强烈新民主主义色彩的联合政府。

这次会议把毛泽东将赴重庆一事基本决定下来，只是何时动身还没有最后确定。会议理所当然地讨论了毛泽东的安全问题，认为有美国、苏联的承诺，应该不至于出大问题。

鉴于局势的迅速发展，25 日晚，中央政治局再次召开会议，并邀从重庆返回的王若飞参加，经彻夜讨论，就有关重庆谈判的几个关键问题作出了最后决定，并发表了《对目前时局的宣言》。26 日，在枣园召开的政治局会议上，毛泽东宣布了这个宣言。当天，中共中央向党内发出《关于同国民党进行和平谈判的通知》。通知指出，中央决定“派毛泽东、周恩来、王若飞三同志赴渝和蒋介石商量团结建国大计”。

在对时局发展的估计上，《对目前时局的宣言》与《关于同国民党进行和平谈判的通知》这两个文件，与毛泽东 8 月 13 日的演讲有很大的不同：13 日讲演强调的是：内战的危险是十分严重的；宣言则宣称：和平建设的时期已经来临。事后来看，这个估计显然太乐观了。但两者对党的方针的表述则没有大的区别。宣言指出：全国人民的任务是“巩固国内团结，保证国内和平，实现民主，改善民生，以便在和平、民主、团结的基础上，实现全国的统一，建设独立、自主与富强的新中国。”《关于同国民党进行和平谈判的通知》进一步说明了国内斗争沿着和平方向发展的可能性，指出，国民党“内部矛盾甚多，困难甚大，在内外压力下，可能在谈判后，有条件地承认我党地位，我党亦有条件地承认国民党的地位，造成两党合作（加上民主同盟等）和平发展的新阶段。”《通知》阐述了党的方针和斗争原则：既要力争和平民主局面的出现，开展同国民党的谈判斗争，又要坚持自己原则，做好战争准备，随时准备粉碎国民党的军事进攻。在谈判斗争中，我们必须保护人民的根本利益，同时又准备作出必要的让步，而让步又以不伤害人民根本利益为限度；对于国民党蓄谋发动的内战，全党必须保持高度的警觉，以自卫战争坚决彻底干净全部消灭之。当然，这时的打，应当是有理有利有节的，打是为了争取和平。

《对目前时局的宣言》与《关于同国民党进行和平谈判的通知》这两个文件表明，争取和平民主是中共的战略目标。虽然历史没有循着这个方向走下去，但是在当时的历史条件下，中共争取和平民主的方针是完全正确的。

第一，人民迫切要求和平，要求休养生息。正如当时《新华日报》刊登的一封读者来信所写：“中国的老百姓，足足有三十多年没有享受过和平的日子，一面受敌人的侵略，一面不断内战，到现在可以说是精疲力竭。我们需要和平，需要休息。”“流亡、穷困使我们对于战后和平的展望，就像饥饿的人等饭吃那样的急迫。”“我们反对内战，不管用什么法律来解释，我们还是要反对，如果内战，全中国人民都要遭受无穷的损害。”由于和平民主团结是战后人民的强烈愿望，因此只要有一线可能，就应当尽最大的努力去争取。

第二，蒋介石的内战部署一时难以完成，党和全国人民有可能争取实现国内和平的局面，即使是暂时的，对于需要做应变准备的革命力量来说，也是有利的。

第三，通过和平谈判，可以使全国人民认清国民党反动派的嘴脸，看清楚他们究竟是要真和平民主，还是在这个幌子下实行独裁内战，这对于提高人民的革命觉悟有很大作用。

第四，在努力争取实行和平民主局面的同时，中共没有丧失警惕，而是认真地做自卫战争的准备。

二、重新获得主动权的重庆谈判

根据中共中央的决定，毛泽东偕同周恩来、王若飞，从延安乘专机赴重庆同国民党当局进行谈判。这件轰动国内外的大事，使许多人进一步认清中国共产党谋求和平的真诚愿望，受到舆论的热烈赞誉。

（一）国共在重庆的高层次谈判

1945 年 8 月 28 日下午 3 时 36 分，一架军用飞机在重庆九龙坡机场平安着陆。第一个走出机舱就是毛泽东。紧随其后的是美国驻华大使赫尔利和国民党代表张治中以及周恩来和王若飞。

虽然接机场面非常热闹，但到场的多是外国记者，仅有的几个重庆本地记者还是中共机关报《新华日报》约来的。原来，为了减小毛泽东到渝的影响力，国民党对重庆本地的报纸封锁了消息。

尽管如此，毛泽东到重庆谈判的消息还是像惊雷般在重庆上空炸开了。毛泽东在机场发表了阐明中共主张的演说，博得了各界人士的赞扬，使群情激动。在重庆市区的一些街道，人群争相索取《新华日报》刚出的《号外》，不少工人、农民、青年、妇女向《新华日报》写来了问候毛泽东的信。

毛泽东到渝第二天，《大公报》发表了名为《毛泽东先生来了！》的社论。总编辑王芸生兴奋地写道："毛先生能够惠然肯来，其本身就是一件大喜事。""现在，毛泽东先生来到重庆，他与蒋主席有十九年的阔别，经长期内争，八年抗战，多少离合悲欢，今于国家大胜利之日，一旦重行握手，真是一幕空前的大团圆！认真的演这幕大团圆的喜剧吧，要知道这是中国人民所最嗜好的!”成都《华西晚报》则评论说，毛泽东到重庆，“这是一个比之日本突然宣布无条件投降更使人欣喜的消息”。

《大公报》记者子冈作了这样的报道：九龙坡飞机场“没有口号，没有鲜花，没有仪仗队，几百个爱好民主自由的人士却都知道这是维系中国目前及未来历史和人民幸福的一个喜讯。”

显而易见，中共此举，众望所归。

当蒋介石出人意料地对毛泽东发出邀请之时，国民党一时在政治上占据着较为主动的地位，然而，自毛泽东来到重庆，这个主动权就开始从国民党向共产党转移。

毛泽东到达重庆的当天，蒋介石便在林园官邸设晚宴，招待毛泽东一行。次日下午，蒋介石会见毛泽东，表示愿意听取中共的意见，国共两党之间的谈判就此拉开了帷幕。蒋介石不同意中国有内战的说法。毛泽东知道蒋介石之所以否定内战的存在，其用心是混淆国际视听，蒙骗人民群众。他以十年内战和抗日战争中的大量事实为依据，说明中国没有内战是欺骗。蒋介石默然不语，随即对谈判提出了三条原则：1. 不得于现政府法统之外谈改组政府问题；2. 不得分批或局部解决，必须现时整个统一解决一切问题；3. 政令、军令必须统一，一切问题必须以此为中心。[①]

接下来，共产党代表周恩来和王若飞同国民党代表王世杰（外交部长）、张群（四川省政府主席、政学系首领）、张治中（国民政府军事委员会政治部长）、邵力子（国民参政会秘书长）就具体问题进行谈判。

双方交换意见之后，9 月 3 日，中共方面向国民党当局提交了进行谈判的十一项要点，核心内容是：确定和平建国方针，以和平、团结、民主为统一的基础，实行三民主义（以民国十三年

① 《蒋总统秘录》第 14 册，台北，《中央日报》出版部 1986 年版，第 19 页。

第一次代表大会之宣言为标准)；拥护蒋主席之领导地位；承认各党各派合法平等地位并长期合作，和平建国；承认解放区政权及抗日部队；结束党治过程中，迅速采取各项必要措施，实行政治民主化，军队国家化，党派平等合作。这里面既体现出中国共产党所坚持的原则，也有明显的让步。

中共的让步主要有两点，一是明确表示拥护蒋介石的领导地位；二是没有提及抗战以来坚持多年的建立民主联合政府的主张。而在前不久的8月13日的讲演中，毛泽东还说："曾经有个美国人向我说：'你们要听一听赫尔利的话，派几个人到国民党政府里去做官。'我说：'捆住手脚的官不好做，我们不做。要做，就得放开手放开脚，自由自在地做，这就是在民主的基础上成立联合政府。'"① 毛泽东这番话，很好地说明"在民主的基础上成立联合政府"是中共的基本政治主张，在成立联合政府之前，是不会派人到国民党政府中做官的。然而，在重庆谈判中，中共实际上是放弃了这一主张。这是共产党方面最大的让步。

1947年12月，在人民解放战争转入战略反攻之后，毛泽东在一次会议上谈到重庆谈判，说："日本投降时，我们还是一则以喜，一则以惧。喜的是日本投降，抗战胜利了；惧的是优势问题未解决，蒋介石很强大……我到重庆那时候，蒋介石的事情好办，我们的事情不好办。日本投降后长时期内没有写过文章，的确是兢兢业业，很担了一分心……现在不同了，现在好了，不再胆战心惊了。"② 这些话值得细细品味。实力是谈判的基础与后盾。好办与不好办，是由双方的力量对比决定的。

在重庆谈判中，解放区政权和人民军队的数量问题是最重要的方面，也是双方争论最激烈的问题。中共方面虽然作出了最大

① 《毛泽东选集》第4卷，第1133页。

② 《胡乔木回忆毛泽东》，第513页。

程度的让步，但双方仍未能达成一致。中共坚持绝不让出解放区和人民军队，主要是出于两方面的考虑：第一，解放区和人民军队是中国共产党领导人民长期斗争所取得的成果，而且符合孙中山的新三民主义，在全国来讲是进步的，当然不能说取消就取消，说解散就解散。真正需要改造的是国民党的军队，这才是符合全国人民利益和社会进步要求的。第二，保存解放区和人民军队是向实现政治民主化、军队国家化过渡的重要保证。因为一旦交出解放区和人民军队，中共就将丧失一切。中共代表团在两个问题上据理力争，使国民党蒋介石不得不作出某些让步或留待政协会议解决，使其迫使中共交权交枪，搞一党专制的图谋未能得逞。

谈判异常艰难，而且与军事斗争遥相呼应、密切配合。国共两党最高级别的谈判，并没有驱散笼罩在神州大地上的内战阴云。蒋介石一面与毛泽东握手言欢；一面向他的部下发出抢夺战略要地，进攻解放区的手令。

经过43天的谈判，10月10日下午，中共代表周恩来、王若飞与国民党代表王世杰、张群、张治中、邵力子在桂园客厅签署了《国民政府与中共代表会谈纪要》，即《双十协定》。国民党当局表示承认“和平建国的基本方针”；同意“长期合作，坚决避免内战，建设独立、自由和富强的新中国”，同意结束国民党的“训政”，召开政治协商会议，承认人民的某些权利等。为什么能达成协议，毛泽东这么分析：“在谈判中间，我们提出，第一条中国要和平，第二条中国要民主，蒋介石没有理由反对，只好赞成。《会谈纪要》上所发表的和平方针和若干民主协议，一方面是写在纸上的，还不是现实的东西；另一方面也是由各方面力量决定的。解放区人民的力量，大后方人民的力量，国际形势，大势所趋，使得国民党不得不承认这些东西。”① 但双方在人

① 《毛泽东选集》第4卷，第1159页。

民军队和解放区政权两个根本问题上未能达成协议。

10月11日上午，毛泽东、王若飞在张治中陪同下离开重庆返回延安，国共谈判告一段落。

（二）谈判期间的统战活动

重庆谈判期间，中共一方面与国民党唇枪舌剑，据理力争；另一方面，积极开展广泛的统战工作。毛泽东、周恩来、王若飞等通过与各界代表人士接触，参加各种活动，接受各国记者采访，广泛宣传中共的方针、政策。

“争取中间势力”是中共统一战线总策略方针的三个要素之一。在重庆谈判期间，中共代表团在争取中间势力方面做了很多工作。

民主党派是中间势力在政治上的代表，有着不同的政治分野。民盟与中共比较接近，因此，毛泽东特别重视，三次前往上清寺“特园”民盟总部，拜访民盟主席张澜和其他负责人，在山城留下许多统战佳话。

在谈话中，张澜关切地问：“润之先生，您看此次谈判前途究竟将如何？”

毛泽东没有直接回答他的话，说：“现在蒋介石打起了‘民主’的招牌，要演‘民主’的假戏。我这次来，就是来他个假戏真演，让全国人民当观众，看看究竟谁在搞假和平、真内战。让人民从中受到教育，看出真假，分出是非，我毛润之也就不虚此行了！”稍停，毛泽东接着说：“无论谈判结果怎样，但纵观历史发展之潮流，中国革命的前途是光明的，但要走一段曲折而又艰难的路程。”

在会晤中，双方还达成秘密约定：今后在重大政治问题上，民盟与中共事先交换意见，共同商讨，统一认识，采取一致行动。

实业家胡厥文在“特园”第一次见到毛泽东。在交谈中，他天真地问：“大家都是中国人，为什么不可以互相协商解决问题，而要武装斗争呢?”毛泽东回答说：“共产党如果没有军队，不搞武装斗争，早就被国民党杀光了。”多年后胡厥文回忆说，毛泽东的这句话，使他茅塞顿开，明白了孤立的个人对重大社会问题无能为力，必须团结起来。他从此投身民主革命，积极筹建中国民主建国会。

宋庆龄是国民党左派的代表。毛泽东到渝后，多次与宋庆龄见面，征求对国是的意见。

毛泽东会见中国民主革命同盟领导人王昆仑、屈武、侯外庐、许宝驹、谭惕吾、于振瀛、曹孟君、倪斐君等人，听取他们对和谈的意见，然后作答。

毛泽东、周恩来和科技文教界有影响的代表人物许德珩、劳君展见面，建议他们把民主科学座谈会搞成一个永久性的政治组织。

青年党是民主党派中偏右的势力，毛泽东在“桂园”宴请该党在渝的中央委员左舜生、何鲁之、常燕生、陈启天、余家菊、周谦冲等人，长谈三个小时，主要是答疑解惑。

工商业者是中间势力在经济方面的代表。毛泽东在“桂园”举行茶会，招待陪都工商实业界人士，到会者有章乃器、刘鸿生、李烛尘、范旭东、胡西园、吴羹梅、吴蕴初、潘昌猷等人。针对国民党的宣传，毛泽东说：“我们不把民族资本家当作敌人，而是当作朋友；不没收产业，而是调节劳资关系。”

毛泽东会见了文艺界人士郑君里、孟君谋、赵丹、白杨、舒绣文、张瑞芳、吴茵等。整个座谈会欢声笑语，气氛十分融洽。

在重庆，毛泽东更是万分高兴地会见郭沫若、周谷城等故友。毛泽东还会见国民参政会参政员黄炎培、章伯钧、左舜生、傅斯年等人。不久前他们曾到延安参观访问，毛泽东也把他们当作友人，同他们就和谈问题交换意见。

重庆谈判期间，毛泽东还广泛会见外国各界人士，利用参加苏联驻华大使彼得洛夫举办的宴会之机，与美国、英国、法国、荷兰、比利时等国的大使和使节交谈。毛泽东还会见了韩国临时政府首脑金九等人，表示支持他们的民族独立运动。

毛泽东在“桂园”举行茶话会，招待援华救济团体负责人。毛泽东对他们的支援表示诚挚的感谢，希望他们在中国人民的未来建设事业中继续给予援助。

在重庆，毛泽东还主动接触国民党各派大佬。毛泽东的秘书王炳南记得，起初大家都感到很意外：“像陈立夫、戴季陶这样的反共专家，我们平时都看作冤家对头，相顾眦裂，有什么好见的呢?”

毛泽东则开导大家：“这些人是反共的。但是我到重庆来，还不是为跟反共头子蒋介石谈判吗？国民党现在是右派当权，要解决问题，光找左派不行，他们是赞成与我们合作的，但他们不掌权。解决问题还要找右派，不能放弃和右派的接触。”

毛泽东多次接受中外记者的采访，《新民报》记者最早采访毛泽东。这位记者作了一段很长的开场白，谈了抗战胜利后的诸多问题。毛泽东说：“你提了那么多的问题，实际上都是团结问题。至于你所说的和谈诚意问题，首先，我是有诚意的。我如果没有诚意，就不会大老远的跑到重庆来。至于蒋介石是否有诚意，你可以去问问他。”这位记者又问道：“这次和谈对国家的前途关系重大，因此，我认为谈判的时机特别重要。毛先生有这种感觉吗?”毛泽东看着这位记者，笑着说：“谈判需要的是诚意，无所谓什么特别重要的时机，只要有诚意，一年四季中的任何季节，都可以谈判。如果没有诚意，金秋季节也是枉然。”

毛泽东谈笑风生，在场的记者，不时发出阵阵爽朗的笑声。

9 月 27 日，毛泽东接受路透社记者甘贝尔的采访。甘贝尔是有备而来，提出很多问题。诸如，对和谈前景的展望，对中苏条约的态度，解放区问题，国共如何合作，如何看待“自由民主的中国”，以及是否赞成军队国家化，废止私人拥有军队等。毛泽东一一作答。

毛泽东还应邀到大公报社作客。席间，大公报负责人重提所谓共产党“不要另起炉灶”。毛泽东回答说：“如果蒋委员长是大锅饭让大家吃，共产党决不另起炉灶。如果他不给大家吃大锅饭，饿了两天还可以，饿到第三天，非另起炉灶不行。”毛泽东还为大公报题词：“为人民服务。”《双十协定》签订后，毛泽东对《大公报》重庆版总编王芸生说：“我们对国民党，只是有所批评，留有余地，并无另起炉灶之意。”王芸生听后很高兴，说：“多年写社论没有方针，今后有了。”

毛泽东在重庆与各界人士的交往，留下了很多佳话，其中影响最大的还要数《沁园春·雪》的发表。

总之，在重庆谈判期间，毛泽东与中共代表团做了大量的统战活动，其特点可以概括为六个字：全覆盖，广交友，其作用与影响不亚于与国民党的谈判。

（三）重庆谈判使中国共产党重新获得政治主动权

1939 年，毛泽东问党的一些干部：什么是政治？许多同志从各个角度作了解释。毛泽东说，大家讲的都有道理。但是言简意赅地说，政治就是把自己的人搞得多多的，把敌人的人搞得少少的。毛泽东这里讲的“政治”，实质就是统一战线。

怎样把“把自己的人搞得多多的，把敌人的人搞得少少的”？首先就要争取人心，争取政治上的主动权。这就是古语所说的“得人心者得天下”。

抗日战争刚刚胜利，国共之间的政治斗争随之激烈展开，对此，周恩来有中肯的分析：“斗争的双方，在斗争的基本方针上是绝不会让步和变动的。基本方针，对蒋来说，是要用各种迂回方法消灭中共；对中共来说，是要用各种方法来实现民主，将反动阵营压下去。”①

蒋介石邀毛泽东赴重庆谈判是争取舆论；中共领导人同意谈判，是为了实现“和平、民主、团结”的方针，同时也是同国民党争夺政治上的主动权。如果把国共两党在谈判中的得失加以比较，可以看出，尽管双方都未能实现自己预定的目标，但重庆谈判对国民党几乎是个彻底的失败，而对共产党则是一个重大胜利。返回延安后的毛泽东在干部会议上作《关于重庆谈判》的报告，对重庆谈判进行权威的评价，尤其着重谈到争取政治主动权的问题。

1.“和平建国”方针得到国民党方面承认

战后的中国，争取和平建国、制止内战是最重要的任务。中国共产党提出的“和平民主团结”方针反映了国家的利益和人民的愿望。国共双方在重庆谈判中达成“和平建国”方针，使中国共产党在政治上取得了主动地位，在全国的政治影响力和政治地位都极大地提高了。毛泽东谈到政治上的这样巨大胜利，指出：“这次谈判是有收获的。国民党承认了和平团结的方针和人民的某些民主权利，承认了避免内战，两党和平合作建设新中国。这是达成了协议的。”“这一次我们去得好，击破了国民党说共产党不要和平、不要团结的谣言。他们连发三封电报邀请我们，我们去了，可是他们毫无准备，一切提案都要由我们提出。谈判的结果，国民党承认了和平团结的方针。这样很好。国民党再发动内战，他们就在全国和全世界面前输了理，我们就更有理由采取自卫战争，粉碎他们的进攻。”② 毛泽东还指出：“我们党在国内政治生活中所处的地位，已经不是一九二七年时候的情况了，也不

① 《周恩来选集》上，人民出版社 1984 年版，第 260 页。

② 《毛泽东选集》第 4 卷，第 1156、1159 页。

是一九三七年时候的情况了。国民党从来不肯承认共产党的平等地位，现在也只好承认了。”① 毛泽东还特别谈到中国共产党政治影响力的提高，指出：“我们解放区的工作，已经影响到全中国、全世界了。……我又看到许多外国人，其中也有美国人，对我们很同情。广大的外国人民不满意中国的反动势力，同情中国人民的力量。他们也不赞成蒋介石的政策。我们在全国、全世界有很多朋友，我们不是孤立的。反对中国内战，主张和平、民主的，不只是我们解放区的人民，还有大后方的广大人民和全世界的广大人民。”②

重庆谈判和《双十协定》虽然最终没能阻止国民党蒋介石发动内战，但是仍如周恩来所说：“我们并不因为蒋破坏了这些协定，就以为没有了收获。因为全中国人民都承认了这样的事实，认为中共的地位是不容抹杀的。”③

2. 民主党派寄希望于中国共产党

重庆谈判为共产党人提供了一个在国统区登台亮相的大舞台。在此期间，毛泽东、周恩来等做了大量的统战工作，向民主人士积极宣传中国共产党的政治方针与主张，就抗战胜利后的国际国内形势，中国面临的“两条道路”等诸多问题开诚布公地、深入地交换了意见，共同寻找解决问题的办法，充分体现了中国共产党对民主党派的重视，体现了对各方民主人士的尊重。交流拉近了彼此间的距离。通过与各民主党派之间的交往，中共与之建立了更加密切的联系和更为深厚的友谊，民主党派信任共产党，寄希望于共产党。毛泽东这样评价：“大后方的人民都希望和平，需要民主。我这次在重庆，就深深地感到广大的人民热烈

---

① 《毛泽东选集》第 4 卷，第 1158 页。

② 《毛泽东选集》第 4 卷，第 1158 页。

③ 《周恩来选集》上卷，第 254 页。

地支持我们，他们不满意国民党政府，把希望寄托在我们方面。”①

3. 必要的让步赢得舆论的同情与支持

毛泽东一贯主张针锋相对，但在重庆谈判中，中共有两个实实在在的让步：其一，公开宣布放弃南方的八个解放区。为什么要让出八个解放区，毛泽东解释道：因为国民党不安心。人家要回南京，南方的一些解放区，在他的床旁边，或者在他的过道上，我们在那里，人家就是不能安心睡觉，所以无论如何也要来争。②

这是中共在谈判中的一个重大让步。这一让步取得了国内外的广泛同情，争取了政治上的主动。毛泽东指出：在这一点上我们采取让步，就有利于击破国民党的内战阴谋，取得国内外广大中间分子的同情。现在全国所有的宣传机关，除了新华社，都控制在国民党手里。它们都是谣言制造厂。这一次谈判，它们造谣说：共产党就是要地盘，不肯让步。这一次，我们在南方让出若干地区，就在全国人民和全世界人民面前，使国民党的谣言完全破产。③

这一让步同时也为执行抢占东北的“向北发展，向南防御”的战略方针创造了条件。所谓“向南防御”，就是将长江以南分散孤立的八个解放区的部队，调到长江以北，集中兵力，准备迎击国民党的进攻，掩护人民军队在东北的战略展开。

其二，同意缩编军队。在谈判中，中共先同意将解放军缩编为国民党军队的六分之一。后来又同意七分之一。这一让步也有利于争取政治上的主动。毛泽东说：“国民党宣传说，共产党就

---

① 《毛泽东选集》第 4 卷，第 1158 页。

② 《毛泽东选集》第 4 卷，第 1160 页。

③ 《毛泽东选集》第 4 卷，第 1160 页。

是争枪杆子。我们说，准备让步。”毛泽东还说：“国民党军队官多兵少，一个师不到六千人。照他们的编法，我们一百二十万人的军队，就可以编二百个师。但是我们不这样做。这样一来，他们无话可说，一切谣言都破产了。”①

4. 为政治协商会议的召开作了良好的铺垫，奠定了坚实的基础

国共双方经过重庆谈判达成了《双十协定》，国民党接受了中共的“和平建国”方针，这样就延缓了全面内战的爆发，为战后国内和平发展带来了希望。但国共在军事国家化、解放区地方政府、国民大会及受降等问题上仍存在严重分歧，而且即便是双方完全同意和意见相近的几项也仅仅达成了框架性的协议。为了进一步解决这些问题，《双十协定》还确定召开各党派代表及无党派人士参加的政治协商会议，共商和平建国大计。这实际上就是中共早就提议召开的党派会议。重庆谈判采纳中共的主张也表明共产党的主张影响力在扩大。在重庆谈判期间，中共与民盟还达成秘密协定：在重大政治问题上，双方事先交换意见，统一认识，采取一致行动。后来，政治协商会议，中共与民盟采取一致行动，确保会议取得胜利。

因此可以说，重庆谈判为召开政治协商会议作了良好的铺垫，奠定了坚实的基础；政治协商会议的召开是重庆谈判的延续和扩大。

三、争取国民党军队起义的高树勋运动

1945 年 10 月 30 日，国民党第十一战区副司令官高树勋宣布

① 《毛泽东选集》第 4 卷，第 1160—1161 页。

脱离国民党阵营，率新八军等 1 万余人在河北省磁县马头镇首举义旗。鉴于马头镇位于历史名城邯郸市附近，中共中央和毛泽东将这次起义称为“邯郸起义”。邯郸起义是中共隐蔽战线的一个重大胜利，是统战工作的一个重大胜利。随即，中共指示开展高树勋运动，取得很大的成效，大大加快了解放战争的进程。

（一）策动高树勋“邯郸起义”

1945 年 8 月，抗日战争的硝烟还没有散尽，蒋介石一方面邀请毛泽东赴重庆谈判，一方面点燃内战的烽火。根据蒋介石的密令，国民党第十一战区司令官孙连仲，派遣所部第三十军、第四十军和新八军等部共 4 万余人，在战区副司令长官兼新八军军长高树勋等人的率领下，沿着平汉线向晋冀鲁豫解放区进犯，妄图打通平汉路，配合空运和海运的国民党军进入华北地区，进而抢占东北。

为了争取和平民主的局面，保卫抗战的胜利果实，对来犯之敌必须予以坚决打击。这个重担，落在晋冀鲁豫军区身上。刚刚指挥上党战役的刘伯承司令员与邓小平政委，来不及洗掉身上的征尘，就着手准备打下一个战役，并将司令部从上党地区移到接近平汉路的峰峰煤矿。

抗战期间，高树勋经常受到蒋介石统治集团的排挤、歧视，和蒋介石嫡系的矛盾日益尖锐，而和八路军的关系搞得还不错。1945 年夏季，抗日战争胜利在望，高树勋觉得应该与八路军建立秘密联系，以免将来发生冲突。于是派战区总部参议王定南，带上亲笔信，潜赴太行，去找当年同他有过交往的八路军副总指挥彭德怀。王定南系中共地下党员，他这样给自己定位：“公开的身分是高树勋的好友、‘座上客’，实际上是在高部做地下工作的。”

1945 年 8 月 1 日，王定南从河南省南召县高部的驻地出发，几经周折，终于在晋冀鲁豫军区指挥部见到刘伯承、邓小平。王定南汇报了高树勋的情况，并请八路军派人前去联系。刘、邓对此事十分重视，提议成立专门的工作组，指定王定南为组长。

高树勋本来就对蒋介石无端挑起内战，驱赶他们这些非嫡系部队做反共内战的先锋，假共产党之手消灭异己的做法十分反感。王定南前来联系，双方很快达成共识。1945 年 10 月 27 日，为了鼓励高树勋下决心起义和及时解决高树勋所提出的问题，邓小平决定派参谋长李达和晋冀鲁豫中央局联络部副部长靖任秋前去和高树勋谈判。

当天晚上，靖任秋与李达穿过火线，来到了新八军军部，见到高树勋。关于这段历史，邓小平后来回忆道："我们是派参谋长李达亲自到马头镇他的司令部去做工作的。这件事你们好多人可能不知道。同李达一起去的还有王定南，当时是我们的联络，我见过多次。"[①] 不过，应该指出的是，邓小平这个回忆有误，与李达一起谈判的不是王定南，而是靖任秋。

这时，国民党军已进入八路军预先准备的口袋阵中，无险可守，无路可逃，面临被歼灭的下场；然而，对于宣布起义，高树勋一时又下不了决心。他在屋里徘徊，愁眉不展，心情沉重。对于高树勋犹豫不决的情况，邓小平后来回忆道："我们确实知道高树勋倾向起义，但在犹豫当中。那时国民党要吃掉西北军，有这个矛盾。李达、王定南一到那里，看见所有的汽车、马车都是头向南，准备撤退的。"[②] 同上文所指出的一样，邓小平回忆中的"王定南"，应该是靖任秋。

那天，三个人谈了整整一个通宵。李达曾是西北军的老人，也认识高树勋，但交往不多；而靖任秋与高树勋却很熟，交情很

---

① 《邓小平文选》第 3 卷，第 338 页。

② 《邓小平文选》第 3 卷，第 338 页。

深，所以，主要就由靖任秋来谈。就这样，靖任秋同高树勋翻来覆去地讲道理，替他分析形势，请他慎重考虑。靖任秋的儿子靖叔平回忆："文革"前夕，我问父亲如何做国民党军队的起义说服工作，父亲吐了四个字："晓以利害"。①

高树勋在屋里徘徊了一夜，最终打消顾虑，下决心起义。紧接着，双方就起义后的具体问题进行了磋商。

28 日晨，李达同高树勋告别，返回峰峰指挥部。靖任秋仍留在高部，继续协助起义工作。

1945 年 10 月 30 日，国民党第十一战区副司令长官高树勋率所属新八军和一个纵队通电起义。得此消息，北进的国民党军一下子慌了手脚，无心恋战，准备突围。刘、邓随即指挥各部，对国民党军多路兜截，四面围攻。经过激战，国民党三十军和四十军大部被歼，俘获第十一战区副司令长官兼第四十军军长马法五，第十一战区参谋长宋肯堂，第四十军第三十九师师长司光恺、第一〇六师师长李振清，第三十军第三十师师长王震、第六十七师师长李学政等高级军官。11 月 2 日，平汉战役胜利结束。

高树勋起义对整个战役有着重大意义。后来邓小平总结道："平汉战役应该说主要是政治仗打得好，争取了高树勋起义。如果硬斗硬，我们伤亡会很大。我一直遗憾的是，后来我们对高树勋处理不公道。他的功劳很大。没有他起义，敌人虽然不会胜利，但是也不会失败得那么干脆"。②

邯郸起义是解放战争时期开始时间最早、影响最大的一次起义，是统战工作的重大胜利。它震动了全国，动摇了蒋介石的战略部署，加速了全国解放战争的胜利进程。

---

① 靖任秋：《纵横龙潭虎穴间——靖任秋回忆录》，中共党史出版社 2009 年版，第 206—207 页。

② 《邓小平文选》第 3 卷，第 337 页。

（二）争取国民党军队起义的高树勋运动

统战工作是战争年代人民军队思想政治工作的重要组成部分。毛泽东非常重视对敌军的统战工作。1945 年 10 月 20 日，毛泽东及中共中央指示各地，“推行瓦解伪顽的政治工作”。此后又发出《关于成立国军工作部的指示》，要求各中央局及各战略区建立专职做瓦解国民党军队的国军工作部。高树勋起义后，善于抓典型的毛泽东号召人民军队广泛开展高树勋运动。中共中央于 1945 年 11 月 12 日发出《中共中央关于扩大邯郸起义宣传的指示》，明确提出，“在全国范围内扩大邯郸起义的宣传，从国民党在内战中的致命弱点上来痛击国民党，瓦解国民党军队，促成第二个、第三个邯郸起义的爆发。”此后，毛泽东在 1945 年 12 月 15 日亲笔撰写的《一九四六年解放区工作的方针》一文中又明确指出：“须从国民党军队内部去准备和组织起义，开展高树勋运动，使大量国民党军队在战争紧急关头，仿照高树勋榜样，站到人民方面来，反对内战，主张和平。为使此项工作切实进行和迅速生效起见，各地必须依照中央指示，设置专门部门，调派大批干部，专心致志，从事此项工作。各级领导机关，则要给以密切指导。”① 高树勋运动兴起后，1946 年 5 月 22 日，在毛泽东主持下，中共中央又发出《关于迅速积极开展国军工作》的文件，再次强调：各地应根据中央指示，迅速积极开展国军工作，开展高树勋运动。

正是在毛泽东的多次指示和大力号召下，高树勋运动如火如荼地开展起来。高树勋成为国民党军队中有爱国心、厌恶内战的广大官兵的一面旗帜，他们在此后的国民党内战前线大批倒戈起义，大大加速了全国解放战争胜利的进程。

---

① 《毛泽东选集》第 4 卷，第 1174—1175 页。

1946 年 10 月 30 日，朱德在延安《解放日报》发表《祝高树勋将军起义一周年》一文，对高树勋运动的意义作出精辟的阐述，指出："我相信高树勋运动今后必然会得到更大的发展，必然会与解放区军民的抵抗，蒋管区人民的民主运动鼎足而三，这三个潮流汇合一起，必然会直接造成反动派的军事失败，有效地恢复全国的和平。"

解放战争的实践，完全证明了朱总司令所作的论断，请看下面一组权威统计数字：

解放战争时期人民军队歼敌 807 万人，其中国民党军队起义、投诚、接受改编的就有 177 万人，占歼敌总数的 21.9%。若加上被俘虏的 459 万国民党军队，则起义、投诚、接受改编及被俘虏的总数达 636 万人，占被歼敌总数的 78.8%。

而且，解放战争四年期间，国民党军队起义、投诚、接受改编及被俘虏的人数呈逐年增长之势。不仅如此，国民党军队起义、投诚、接受改编及被俘的人员纷纷参加解放军，成为解放军主要的兵源。这部分原国民党军队的官兵加入解放军后，被称为"解放战时"，大约占到兵源总数的一半以上。

四、吹响和平民主号角的一二·一运动

抗日战争胜利后，国民党统治集团坚持反共反人民的内战政策，使战争阴霾又重新笼罩在人民头上，引起国民党统治区广大人民的强烈义愤。

1945 年 11 月 5 日，中共中央号召"全国人民动员起来，用一切方法制止内战"。国统区的各界人士和民主党派纷纷响应。19 日，重庆各界代表郭沫若、沈钧儒等 500 余人，举行陪都各界反对内战联合会成立大会，号召国民党统治区的人民反对国民党

的内战政策，反对美国干涉中国内政。昆明学生也酝酿着以行动来响应。

（一）昆明一二·一学生运动

抗战期间，由北京大学、清华大学、南开大学组成的西南联合大学搬迁到昆明。北大等校是五四运动和一二·九运动的发祥地，聚集着一批富于爱国思想和民主精神的师生，这些具有光荣的革命传统的师生给昆明带来了学术和民主的空气。与此同时，中国共产党加强了对学生运动的领导，在学生中做了大量工作，形成了一套组织严密、战斗力强的领导体系。因此，在中国面临两种命运，两个前途激烈斗争的关键时刻，昆明青年学生英勇地站在斗争最前列。

西南联大、云南大学、中法大学和英语专科学校的学生自治会决定，于11月25日在云大至公堂举办反内战时事讲演晚会。国民党在昆明的军政首脑李宗黄、关麟征闻讯，立即召开联席会议，于24日布告："凡各团体学校一切集会或游行，若未经本省党政军机关核准，一律严于禁止。"并强迫云大校方不准借予会场。

25日晚，时事讲演晚会改在西南联大图书馆前大草坪举行，到会的有各大中学师生及社会人士6000多人。钱端升、伍启元、费孝通、潘大逵四位教授到会发表演讲，主张迅速制止内战，成立民主联合政府。

国民党军队包围了联大校本部，发射机关枪和小钢炮进行恫吓；国民党特务切断电线，企图制造混乱。参加大会的学生毫无惧色，点亮了汽灯，演讲继续进行。费孝通激昂地呼喊："不但在黑暗中我们要呼吁和平，在枪声中我们还是要呼吁和平。"听众高呼："用我们的声音反对枪声！"

会议通过了反对内战和反对美国干涉中国内政的通电。这时，外面的国民党军队已实行戒严，封锁路口不准通行。学生群情愤慨，连夜签名罢课以示抗议，仅联大校本部签名拥护罢课的就有700多人。

次日，国民党中央社发出的“西郊匪警，黑夜枪声”的消息，肆意诬蔑与会的学生，更加激起了学生的愤慨。联大学生率先罢课，云南大学、中法大学、昆华工校、昆华农校等18所大中学校学生，也相继罢课。28日，罢课学校达31所。昆明学联组成了昆明市大中学校罢课联合委员会（简称“罢联”），发出《昆明市大中学生为反对内战及抗议武装干涉集会告全国同胞书》（即“罢课宣言”）。宣言鲜明地表达了昆明学生的政治主张：立即制止内战，撤退驻华美军；组织民主联合政府；切实保障人民言论、集会、结社、游行、人身等自由。宣言还向国民党云南当局提出四项具体要求。

中国共产党延安的《解放日报》、重庆的《新华日报》刊登了昆明“罢联”的《告全国同胞书》。《新华日报》还发表社论指出：“这几项要求实在非常温和而合理”。

对于学生们的爱国正义行动，国民党十分恐惧，疯狂镇压。27日，李宗黄、关麟征召集昆明市大中学校校长开会，责令各校交出“思想有问题”的学生名单，限于28日无条件复课。国民党动员其舆论工具连篇累牍地发表诬蔑攻击学生运动的文章，并派特务盗用联大外省籍学生名义反对罢课。不仅如此，还出动大批武装特务，闯入学校，撕毁壁报，捣毁校具，殴打绑架学生。仅29日，学生被打、被捕事件就达40起。关麟征在记者会上公然宣称：“学生有开会的自由，我就有放枪的自由。”

为了揭露敌人的造谣欺骗，“罢联”以各种形式宣传反内战、争民主的主张，揭露国民党的反动宣传；并组织纠察队，维持校内秩序，保护校外宣传队员，坚持罢课。

学生们不畏强暴的正义行动，得到了社会各界人士的同情和支持。而反动派恼羞成怒，变本加厉地实行镇压。经过多次密谋策划，国民党反动当局终于向爱国师生举起了屠刀。12 月 1 日上午 8 时，李宗黄向党徒训话，要他们“效忠党国”，“以流血对流血”。随即，大批特务和军人闯入西南联大、云南大学等校，撕毁壁报、标语，捣毁校警岗棚，追打学生，并丧心病狂地投掷手榴弹，致使于再（共产党员）、潘琰（共产党员）、李鲁连、张华昌四名师生遇难，受伤者达数十人，酿成了震惊全国的一二·一惨案。

消息传到昆明各校，师生悲愤痛哭，全市 44 所大中学校随即全部罢课。

惨案发生后，延安《解放日报》立即发表社论，愤怒地指出：“昆明惨案是当前全国政治的一个缩影”。“昆明惨案在全国说来是一九二六年‘三一八’惨案以来，将近二十年间所没有发生过的大惨案”。①

为了表达对英勇牺牲烈士的哀思、表达对反动派的愤怒与抗议，“罢联”于 12 月 2 日为四烈士举行入殓仪式，各校师生和各界群众 6000 多人冲破特务的包围前来参加。灵堂设在联大图书馆，四烈士画像前挂着“党国所赐”四个斗大的黑字，墙上张贴、悬挂着上千幅挽联、挽诗、吊唁文电。“一党专政；百姓遭殃”、“惨死独夫手；复活万众心”、“今天你们敢打进民主堡垒；明天我们就倾覆法西斯巢穴”等挽联宣泄着人们愤慨。灵堂内展出的烈士血衣，无声地控诉国民党军队屠杀青年的罪行。

随即举行公祭。在一个半月时间里，到灵堂参加公祭的团体近 700 个，人数达 15 万人次（当时昆明人口约 30 万）。灵堂成了控诉反动派、教育人民的大课堂。

12 月 6 日，“罢联”发表《昆明大中学生为“一二·一”惨

---

① 《解放日报》1945 年 12 月 7 日。

案告全国同胞书》，控诉国民党当局使用暴力攻打学府残害师生的罪行，呼吁全国同胞支援，“维护正义，主持公道”。告同胞书中除重申“罢课宣言”中的主张和要求外，还向国民党当局提出了三项要求：1. 严惩主谋凶犯李宗黄、关麟征、邱清泉；2. 负担死难同学之抚恤费、受伤同学之医药费；3. 赔偿一切公私损失。

（二）吹响抗日战争胜利后人民民主运动的第一声号角

学生的斗争获得了社会各界人士的广泛同情和支援。延安各界举行群众大会，周恩来在会上代表中共中央赞扬“青年是争取和平民主的先锋队”，指出“我们正处在新的‘一二九’时期，昆明惨案就是新的‘一二九’”。[①] 延安《解放日报》发表的社论《昆明惨案》中指出：“昆明学生与教授的命运，也就是全国人民的命运，我们声援在苦难中的昆明学生与教授，因为他们的奋斗，就是为了独立、自由、幸福的新中国而斗争。”[②]

陕甘宁、晋察冀、山东、晋绥、冀鲁豫等解放区，先后举行群众性的集会，声援昆明学生。

国民党统治区 20 多个大中城市都以集会、游行、罢课、致电慰问、捐款等方式，支持昆明的学生运动。重庆《新华日报》迅速、详尽报道运动情况，连续发表社论高度评价昆明学生运动，指出：“昆明学生的呼声和行动，不仅可以代表全国的爱国学生，而且可以代表全国人民。”12 月 9 日，陪都重庆各界人士，在郭沫若、沈钧儒、史良等人的主持下，举行了昆明市死难烈士追悼大会，并公祭三天，董必武、王若飞代表中共中央献了花圈。同日，成都举行追悼会并游行示威，国际友人文幼章等参加

---

① 《重庆日报》1945 年 12 月 13 日。

② 《解放日报》1945 年 12 月 7 日。

游行。

1946 年 1 月 13 日，上海各界万余人召开“于再先生追悼大会”，宋庆龄、柳亚子、马叙伦、沙千里、郑振铎、许广平、金仲华等主祭。

追悼大会之后，举行了示威游行。

中国民主同盟、三民主义同志联合会等民主党派及各界知名人士也先后发出声援函电。一时间，以学生运动为主的、社会各阶层参加的反内战、争民主的爱国运动席卷了整个中国。

与此同时，一二·一运动得到了海外广大爱国侨胞和国际公正舆伦的同情支持。菲律宾首都马尼拉华侨致电昆明“罢联”，表示支持。美国、英国一些报刊、电台报道了昆明惨案，并发表评论，美国西海岸六位议员要求总统将美军撤出中国。

在全国人民的压力下，国民党当局不得不收敛嚣张的气焰。国民党中央电令云南当局：“暂停武力镇压，以免事态扩大”。云南警备总司令关麟征被迫到西南联大“慰问”、“道歉”，并派副官送物、送钱、送棺材。他们虚伪的举动遭到同学们的严词回敬：“你要道歉吗？你问已死的同学吧！”

12 月 24 日，李宗黄在万众声讨中调离昆明。同日，梅贻琦、熊庆来举行记者招待会，报告一二·一惨案真相，澄清了中央社造谣诬蔑运动的消息言论。26 日，昆明国民党中央的机关报《中央日报》及其他各报，都刊载了这个记者招待会的讲话全文。

在斗争取得阶段性胜利的情况下，中共云南省工委根据“有理、有利、有节”的原则，把握时机，适时提出“停灵复课”的口号，一面组织师生复教复课，一面继续斗争。1946 年 3 月 17 日，昆明市人民为四烈士举行了隆重的出殡仪式。

以昆明学生为主体的一二·一运动，是一次以反对内战、争取和平，反对独裁、争取民主为中心内容的伟大爱国民主运动。这次运动打破了国民党统治区的沉寂，吹响了抗日战争胜利后人民民主运动的第一声号角，充分显示了群众革命运动的巨大威力。它培养和锻炼了一批民主运动的骨干，提高了人民群众的政治觉悟；它与人民军队的自卫反击战密切配合，使坚持内战的国民党反动派在政治上陷于被动。一二·一运动以其光辉的一页载入了中国新民主主义革命的史册。

五、政治协商会议上与民主党派并肩战斗

在1946年1月召开的政治协商会议上，中国共产党和民主党派团结合作，共同奋斗，取得了有益于人民的胜利成果。

（一）政治协商会议的召开

政治协商会议是在国内国际多方面的合力促成下召开的。

国民党同意召开政治协商会议，是迫于国际和国内舆论的压力，特别是美国的压力。

解放区自卫反击战的胜利和国统区反内战运动的高涨，暴露了国民党在政治上和军事上的虚弱，也造成了美国外交与国内的危机，美国政府决定采取新的行动。1945年11月27日，宣布召回曾公开声明美国只同蒋介石合作、不同中共合作因而声名狼藉的驻华大使赫尔利，同时，宣布任命陆军上将、曾任美陆海空三军参谋总长的马歇尔以总统特使身份赴华“调解”国共争端。

1945年12月15日，马歇尔启程来华。同日，美国总统杜鲁门发表了对华政策声明，表示赞成“召开全国主要政党代表的国民会议，以谋早日解决目前的内争——以获致中国之统一。”“美国知道目前的中国国民政府是一党政府；同时相信，假使这个政府扩大其基础，容纳国内其他政治力量的分子，那么中国的和平、团结和民主的改革才能推进”。同时又强调：“自治性的军队

例如共产党军队那样的存在乃与中国政治团结不相符合，且实际上使政治团结不能实现。广泛代议制政府一经设立，上述自治性的军队及中国的一切武装部队应有效地合成一中国国民军。”① 从这个对华声明可以看出，马歇尔的“调解”是这样一个方案：压迫国民党让出一部分权力，并进行若干民主改革，以换取共产党交出军队，取消独立的政府。通过这种途径，把共产党统一到以蒋介石为首的政府之中。

马歇尔来华前，曾与杜鲁门总统一起讨论实施这一方案的具体细则，他说：如果共产党拒绝作出让步，就把国民党军队运到华北去，作为施加压力的手段；但是，如蒋介石不愿作任何让步（改组政府，进行民主改革）那么该怎么办？是否应该继续支持蒋？马歇尔认为，即使那样，美国也不能抛弃蒋。因为，抛弃蒋，就会引起中国的分裂，苏联就会进行干涉，控制满洲。杜鲁门表示赞同。

总之，不管事态如何发展，美国最终都要支持蒋介石。这样，马歇尔使华的任务就是矛盾的，一方面要向双方施加压力，要把国共捏拢；另一方面注定要支持蒋介石，因此“调处”难以摆脱失败的命运。

1945 年 12 月 27 日，美、英、苏三国外长莫斯科会议发表关于中国问题的协议，宣称：“三国外长曾就中国局势交换意见，他们一致认为必须在国民政府之下建立一个团结而民主的中国，必须由民主分子广泛参加国民政府的所有一切部门，并且必须停止内争。他们重新确认：他们对于不干涉中国内政的政策信守不渝。”②

---

① 《杜鲁门回忆录》第 2 卷，生活·读书·新知三联书店 1974 年版，第 101 页。

② 中共代表团梅园新村纪念馆编：《国共谈判文献资料选辑》（1945. 8—1947. 3），江苏人民出版社 1980 年版，第 17 页。

在上述诸多因素的影响下，蒋介石为了摆脱困境，欺骗舆论，被迫同意召开政治协商会议。

中共力推政协会议讨论政治主题。最初，中共对召开政协会议并不热心。中共认为，由于重庆谈判处于不利地位，在所达成的协议中做的让步很大，而政协会议又是延续重庆谈判的主题，因此召开政协会议未必有益。周恩来在10月26日给延安的密电中曾这样表达了矛盾心态："政治会议早对我们不便，倡议不开或缓开，又给国民党造口实。""关于政协会议，各方望其早日开成。我方表示无兴，则将给人以我方消极的印象"。①

周恩来建议，若要召开政协会议，但必须制定新的斗争策略：不能再沿用重庆谈判协定的以中共军事问题为主的三个主题，"应以政治问题尤其是施政纲领、改组政府、民选国大及宪草原则为主题，才能合于我们的政治攻势。"周恩来还告诫，对政协会议的期望值不能太高，重在利用这个公开的讲坛上同国民党的进行斗争与博弈。他指出："在目前，应以政治协商会议为我方进行政治攻势的讲坛，辅之以国共的幕后商谈。不要希望这次商谈有什么大结果，要准备在政协中以政治攻势和国民党厮杀一场，也可能在厮杀中获得一些结果。"② 事实证明，周恩来提出置换主题的策略，化被动为主动，非常成功。中共中央采纳了周恩来的建议，积极支持政治协商会议的召开。12月24日，沈钧儒与其他各界人士致函毛泽东，呼吁立即停止内战，促进政治协商。中共代表于28日复函，对他们的要求表示积极支持。

对于杜鲁门和三国外长声明，中共作出了积极的回应。12月27日中共发言人发表谈话："中国共产党欢迎杜鲁门总统十五日

① 中共河北省委党史研究室编：《从延安到北京》，中央文献出版社1993年版，第31、32页。

② 中共南京市委员会编：《周恩来一九四六年谈判文选》，中央文献出版社1996年版，第11、13页。

对华政策声明中关于国民党、共产党及其他意见不同的武装部队间停止敌对行动，召开各党派代表会议，结束国民党一党专政，改组国民政府为各党派获有公平而有效的代表权的广泛代议制政府，借以实现中国之民主统一的建设。”

中间党派对召开政协会议的要求最为强烈。重庆谈判结束不久，民盟发言人公开发表谈话，提议早日召开政治会议。11月11日，民盟方面邀请国共双方代表，三方面一起商谈政协会议的有关问题。

12月2日，民盟同时向国共两党发出呼吁：“我们民主同盟今日愿为四万万五千万老百姓请命，当前中国第一件事是停止内战，避免内战，消弭内战。国家一切的问题，都应该用和平的方式解决。谁要用武力来解决党争的问题，谁就负内战的责任，谁要发动内战，谁就是全国的公敌。今日国家的一切党派，应以国家的利益人民的利益摆在第一，党派的利益摆在第二。我们民主同盟必谨守此最高原则，以与国人相见，决不有所偏袒，决不有所姑息。”①

中间党派力主早日召开政协会议，动因有二：一是中间党派本身无武装力量做后盾，在中国的政治博弈中人微言轻，无法与国民党抗争，只有利用政治协商会议这个公开的政治讲坛，方能最大限度地发挥其影响；二是，重庆谈判对第三方面的刺激很大。因重庆谈判是国共两党间的秘密谈判，第三方无法与问，只能在场外施加有限的影响。特别是中共放弃了联合政府的主张，使民主党派感到不满。政协开幕前夕，青年党政协代表曾琦表示：“在毛泽东来重庆之前，他们要求成立联合政府，这是对的。但自毛氏来渝，开始谈判后，变为争军事不争政治，争地方不争

① 中国民主同盟中央文史资料委员会编：《中国民主同盟历史文献》（1941—1949），文史资料出版社1983年版，第101—102页。

中枢，这是错误的。”曾琦表示：“他对于国共双方发表的《会谈纪要》颇不满意。他希望在政治协商中，共产党能纠正这种错误，大家还是商量联合政府问题。”① 对中间党派积极推动召开政协会议的动因，周恩来在给中共中央的一份书面报告中进行了准确分析：“各党派（国民党民主派在内）一般地倾向于召开政治协商会议……而不热心于为解放区争几个省和几个师的军队，因为除去进步分子外，一般的均认为这是中共本身的利益，只有民主才于他们有益。”“一般人对谈判秘密进行，总是不耐的，尤其是磨延于解放区和内战的争论上，而未提全国性的民主自由，他们是不满的，故必须转入政治攻势。”②

（二）中共与民主党派的密切合作

1946年1月10日，中国发生了两件令人兴奋、鼓舞的大事。

第一件是国共签订停战协定。规定至迟在1月13日午夜，双方军队应在各自位置上停止一切军事行动。这样，战争的确在全国范围内（东北除外）停止了一个时期，使经受了长期战乱的中国人民一时燃起新的希望：内战有可能制止。

第二件大事就是政治协商会议在重庆开幕。出席会议的有国民党、共产党、民主党派和社会贤达的代表共38人，代表左、中、右三种势力。

如果说，国民党属于右派，中共属于左派，那么，民主党派就属于中间势力，其中有些偏右的，比如青年党；有些偏左的，比如民盟。社会贤达则基本上属于中间派。中间势力的代表人数比国民党或共产党的代表人数要多，因此，要使政协会议取得有

① 重庆市政协文史资料研究会、中共重庆市委党校编：《政治协商会议纪实》（上），重庆出版社1989年版，第147页。

② 中共南京市委员会编：《周恩来一九四六年谈判文选》，第9、10页。

益于人民的成果，团结争取中间势力，尤其是争取民盟是就显得特别重要。正如毛泽东所指出的：“在中国，这种中间势力有很大的力量，往往可以成为我们同顽固派斗争时决定胜负的因素”。“争取中间势力”是“极严重的任务”。①

民盟与中共的政治主张不尽相同，但在许多问题上有着共同点，有着建立统一战线的基础。其一，反对内战，要求和平。其二，反对国民党一党专政的独裁统治。国民党不断强化“一个政党，一个主义，一个领袖”的法西斯独裁宣传，不仅如此，国民党还血腥镇压爱国民主运动，制造了一起起血案、惨案，如沧白堂事件、校场口事件、下关惨案、李闻惨案等；疯狂逮捕爱国民主人士，国民党监狱人满为患。国民党当局的倒行逆施，令民主党派、民主人士忍无可忍，只能奋起抗争。而要使斗争取得胜利，唯一的途径就是与共产党建立统一战线。

为团结民盟和其他民主党派、民主人士，促使政协会议的成功，中共进行了大量具体细致的工作。政协会议开幕前，王若飞等和民盟的张澜、张东荪、梁漱溟等，对政协的有关问题进行了充分的讨论，尽量取得一致意见。在会议期间，中共代表经常与民盟代表进行磋商，并在许多问题上采取了联合行动。

中共和民盟联手，遭到了国民党、蒋介石的忌恨，他们施展利用矛盾、拉拢收买、各个击破的手段，千方百计地分化民盟，企图使中共在政协会议上陷于孤立。

国民党通过关系对民盟宣传部长罗隆基进行威胁利诱，劝他“最好不要参加政协会议”，即使参加，在会上最好少说话，“最要紧是不要说于共产党有利，于国民党不利的话”，如能照此办理，政协会议结束以后可以让他“到外国去做个大使”。②

---

① 《毛泽东选集》第2卷，第748、747页。

② 《文史资料选辑》第20辑，中华书局1981年版，第216页。

国民党还支持民盟内部的青年党搞分裂。青年党有恃无恐，先是无理要求在民盟九个名额中占五名，继而要求以独立单位参加政协会议。

针对国民党的阴谋，中共坚持民盟九个代表席位不能变，为此和国民党进行多次交涉，最后达成妥协：由中共让出两个名额，国民党让出一个名额，总名额再增加两名，以保证民盟九个名额，青年党五个代表单独参加政协。中共的大公无私、大局为重的态度，深得国人的赞扬，国民党不得不接受二比一让出名额的方案。民盟在中共真挚的帮助下，渡过难关，稳住阵脚。蒋介石搞垮民盟、孤立中共的阴谋没能得逞。

从 1946 年 1 月 14 日开始，参加政协会议的五方代表围绕着政府改组、和平建国纲领、军队国家化、国民大会、宪法修改原则等问题进行了激烈的争辩。民盟与中共在绝大多数问题上立场一致，双方在会下互相磋商，声气相通，会上互相支持，协同一致。

改组国民政府，是废除国民党一党专政的关键，因而成了政协会议斗争的焦点。在讨论这一重要问题时，国民党代表王世杰提出一个名为“扩大政府组织法”的方案。用“扩大”而不用“改组”，说明蒋介石企图表面上改组政府，实际上仍保持他的个人独裁，保持国民党的一党专政。而这一提案中所谓的国民政府，是指国民政府中的国民政府委员会，这个组织，只不过是国民党元老养尊处优的敬老院和清谈馆，毫无实权。王世杰却标榜说“国民政府委员会为政治的指导机关”，想把中共、民盟及社会贤达的参政代表扩大到这里，当官享福，不起任何实际作用。这是一场玩弄民主的政治骗局。中共《解放日报》发表社论，一针见血地指出这个提案“实质上仍然是涂脂抹粉的一党专政”，“依然是保障个人独裁的提案”。

经过慎重的研究之后，中共与民盟决定采用“以子之矛，攻子之盾”的策略，接受这个方案的形式而改变其实质，将改组后的国民政府委员会变成最高国务机关，不但对国家的大政方针有决策权，而且对高级官员有任免权。“改组后的政府应脱离国民党的领导”，结束国民党一党专政，建立民主联合政府。

在国民政府委员会委员名额分配上的斗争复杂而激烈。经协商，委员总数定为40名，国民党自称是第一大党，要20名，其余20名由中共、民盟、青年党、社会贤达四方分配；并提出个八四四四方案，即中共8名，其他三方各4名。这个方案的目的是要使民主力量在未来决策中失去作用。按关于国民政府委员会职权规定，讨论一般性问题时，过半数即可通过；若涉及大政方针、用人、行政决策等重大问题，则须三分之二多数才能通过。换句话说，在重大问题上，三分之一的否决权就很重要了。40名委员的三分之一、要14名才行。国民党的八四四四方案，使中共和民盟加起来只有12名，而国民党加上青年党和听命于他的一些社会贤达代表，则显然占有优势，这就使得国民党在最高决策机构中稳操胜券。为此，周恩来与民盟主席张澜充分协商后，采取中共与民盟不分彼此，联合要14名代表的办法，力争获得否决权。周恩来非常诚恳地表示，14名委员名额的分配在中共和民盟之间完全可以推心置腹地协商，这是自家人的事，外人不得干预，民盟若要6席，中共就8席，如民盟不好安排，须要7席，那我们就对半分。中共代表的广阔胸怀和为别人着想的风格，使民盟领导人十分感动。经洽商后，决定双方名额对半分。但国民党坚持只同意给13席。一名之差，反复争论无果而终。这恰恰证明国民党企图使民主联合政府成为一块空招牌，决心不顾一切地坚持一党专政和蒋介石独裁。

讨论国民大会的代表问题时，国民党坚持十年前选出的代表资格有效。这个提案遭到中共和民盟的一致反对。为此，会议展开了激烈的争论，几乎陷入僵局。中共代表经过反复考虑，提出新的方案：承认国民党原来选出的代表，但需增加各党派、社会贤达以及东北、台湾代表850名，共计代表2050名，共产党和民盟两方面的代表要占全体代表总人数的四分之一以上，宪法的通过，须经出席代表四分之三的同意。这个方案提出后，民盟方面有异议，周恩来、王若飞亲自去做民盟的工作，主动提出帮助民盟解决在分配代表名额方面的困难。由于中共充分照顾了民盟的利益，这个提案得到他们一致的同意和支持。

经过民主力量艰苦卓绝的斗争，政治协商会议终于通过了政府组织案、国民大会案、和平建国纲领、军事问题案、宪法草案案五项协议。政协协议的这些规定表明，政协路线不是中共所坚持的新民主主义革命路线；政协协议所要建立的国家，不是毛泽东在中共七大《论联合政府》报告中所要建立的新民主主义的政权，而是西方式的资产阶级共和国。民建的理论家施复亮，颇为中肯地揭示了这一点。他说，当时"国民党既不能用武力消灭共产党，共产党也不能用武力推翻国民党，而国际形势也不许可有一个完全右倾的国民党政权或完全左倾的共产党政权。在这种客观的情势之下，唯一可能的正确的道路，就是恢复中间性的政协路线"。①

（三）政协会议对建立人民民主统一战线的促进作用

政协会议达成的五项协议有利于从根本上改变国民党一党专政、蒋介石独裁统治的局面，有利于和平建国方针的顺利实现，有利于避免国共两党之间内战的爆发。政治协商会议的成功是中国共产党联合各民主党派共同斗争的结果，对于建立人民民主统一战线也有着重要的促进作用：

① 王桧林主编：《中国现代史》上册，高等教育出版社1988年版，第454页。

1. 中共的政治主张成了新的人民民主统一战线的政治基础

政治协商会议一致通过了和平建国方针和纲领，表明中共的政治主张已经成为国共谈判、中共与各民主党派合作的政治基础，成为新的人民民主统一战线的政治基础。周恩来指出："这个决议实际上也就是实现了毛泽东同志的路线，我们对此要有个深刻的认识，政协路线就是毛泽东同志《论联合政府》的路线，这将是今后长时期的奋斗目标。"① 在总结这一经验时，周恩来还指出："共产党不一定要在数量上占多数，而争取其他民主人士与我们合作。任何一个大党不应以绝对多数去压倒人家，而要容纳各方，以自己的主张取得胜利。"②

尽管政协决议与中共的新民主主义革命路线还有一定的差距，但政协决议坚持和平，反对内战；要求民主，反对国民党的一党专政，在相当程度上有利于人民，受到人民群众的欢迎。因此，在很长一段时间内，它成了国民党统治区很多人衡量是非的重要尺度：谁坚持政协路线，谁就得人心；谁破坏政协路线，谁就不得人心，就把自己置于同广大人民群众对立的地位。正如周恩来指出的那样："当然这与我们的新民主主义还有很长的距离，但如照政协做下去，则是向新民主主义的方向发展。因此，蒋不敢这样做，所以破坏它。但直到今天蒋还不敢公开否认它，因为政协是得到全国人民的拥护的。"③

2. 初步形成了人民民主统一战线的政治格局和组织形式

政治协商会议取得成功的原因是多方面的，中共与民盟的相互支持和密切合作，是其重要原因。《新华日报》社论指出，政治协商会议所以能够获得历史性和积极性的成就，是因为各主要

---

① 《周恩来选集》上，第 256 页。

② 《周恩来选集》上，第 253 页。

③ 《周恩来选集》上，第 256 页。

政党和社会贤达都能本着和谐合作的精神，来共商国是，来解决实现民主政治的问题。这是中国政治转变的关键，也给今后政治问题的和平解决，树立了楷模，奠定了基础。

在政治协商会议上，中共与民主党派相互支持和密切合作，建立了某种政治联盟。虽然这个联盟规模尚小，但初步形成了统一战线的政治格局和组织形式，因此可以看成是人民民主统一战线的雏形。以后，随着形势的发展，这个政治联盟不断发展壮大，最终形成人民民主统一战线。

3. 中共与民主党派建立起深厚的战友情谊

在政治协商会议上，中共与民盟风雨同舟，患难与共，并肩战斗，建立起肝胆相照的战友情谊。这是一份宝贵的政治财富。一些有幸参加当年这些活动的同志，对此有着美好的回忆："政协会议开始之后，民盟和中共协作得非常好。双方有一个默契，在会议中双方有什么重大行动和主张，彼此先接头交换一下意见。白天开会，晚上中共和民盟的代表分别到对方的代表团去协商讨论第二天如何表态的策略。"① 罗隆基回忆与王若飞的共事时写道："在每次开会前，他总要把当天会议的战略战术和我分析一番，他每次说完后，总要向我叮咛几句：'你不要随便退却，轻易让步啊。'我总笑着说：'王司令官，你放心，我不会轻易让步，随便退却。'他是个身肥体壮，乐观好笑，和蔼可亲的人。等我答完他几句话后，他总在我肩上拍几下，笑着同我一起进小组会议室。共同开了二十几天的会，我们两人合作得很好，私人亦成了相当好的朋友。"②

在政治协商会议期间，中国共产党与民主党派密切合作，开诚协商，建立起了肝胆相照的战友情谊，为促进中共与民主

① 于刚主编：《中国各民主党派》，中国文史出版社 1987 年版，第 105 页。

② 于刚主编：《中国各民主党派》，第 136 页。

党派的继续合作，为人民民主统一战线的形成创造了良好的条件。

4. 推动新的民主党派组织的成立

政协路线作为一条中间路线，集中代表了民主党派的政治主张和要求，所以他们对政协的召开抱有极大的热情。在政协会议召开的推动下，又有一批新的民主党派组织相继成立。1946 年 3 月，九三学社在重庆成立。4 月，国民党民主派的另一组织中国国民党民主促进会在广州成立。这些新的民主党派组织的成立，进一步壮大了民主阵营的力量，扩大了人民民主统一战线的基础。

5. 提供了宝贵的经验

在政治协商会议期间，中共采取了各种灵活的策略，为建立人民民主统一战线提供了宝贵的经验。周恩来总结道："策略是根据形势的变动而变动的，但策略又是为着实现基本方针的。""我们也是同样的，联合政府的方针，要搞垮大地主大资产阶级，这个方针也是定了的，但也因为客观形势与主观力量的对比，我们有时也不得不走些迂回的道路。所以斗争就非常复杂，变化就很大，有很多困难需要克服，但策略又不能违背方针。"①

六、捍卫政协协议的斗争

政协协议的通过，曾经激起中国人民对实现和平、民主、团结、统一的热烈期望。国民党统治集团撕毁这些协议，背离人民的根本利益，也就把自己置于人民的对立面。中共联合民主党派对国民党破坏停战协定和政协协议行径的揭露和斗争，使人们逐

① 《周恩来选集》上，第 261 页。

步认清了国民党统治集团坚持独裁统治和内战政策的真实面目，也大大推动了人民民主统一战线的建立。

（一）中共联合民主党派捍卫政协协议的斗争

对于1946年1月达成的政协协议，中国共产党是决心严格遵守和履行的。政协会议刚结束，中共中央即于2月1日发出《关于目前形势与任务的指示》，指示认为，由于政协会议的成功召开，“从此中国即走上了和平民主建设的新阶段。”指示提出：“中国革命的主要斗争形式，目前已由武装斗争转变到非武装的群众的与议会的斗争，国内问题由政治方式解决。党的全部工作，必须适应这一新形势。”同时也指出：“中国的民主化的道路依然是曲折的、长期的”，党必须注意“阵地的保持与继续取得”，“练兵、减租与生产是目前解放区三件中心工作”，而“我党对于新的斗争形式与组织形式，采用得愈迅速愈熟练，便愈能夺取主动权”。

2月6日，中央政治局专门召开会议研究中共参加政府问题。会议决定毛泽东、林伯渠、董必武、吴玉章、周恩来、刘少奇、范明枢（如范不能去则提彭真）、张闻天参加国民政府委员会。

为了就近到南京参加政府工作，中共计划“将指导中心移至外边”，由延安迁往苏皖边区首府淮阴。中共表里如一地、真诚地为实现和平民主团结而奋斗，如果蒋介石能沿着政协决议的道路走下去，一直到成立联合政府，中共准备放弃军队和政权。

国民党政权所代表的是大地主大资产阶级的利益，社会基础及其狭窄，这决定了它既不能容忍，也经受不住任何的民主改革。蒋介石集团认为，不仅是人民民主主义，就是西方式的资产阶级民主主义，也是不能行之于中国的，后来担任美国国务卿的艾奇逊在其回忆录中也谈到这一点。他承认：“国民党愈来愈流露出这样一种信念：追求统一和民主的中国，他们将丧失一切。”[①] 正因为如此，国民党从来就没有准备去履行政协协议。

政协会议刚刚闭幕，在国民党中央常务委员会会议上，不少顽固分子就大哭大闹，说政协决定不利于国民党，是国民党的失败。蒋介石也表示：“我对宪草也不满意，但事已至此，无法推翻原案，只有姑且通过，将来再说。”[②] 以后，国民党不断地破坏政协决议，并最终撕毁了政协决议。

为了捍卫政协决议，中共与民盟并肩作战，同国民党进行针锋相对的斗争。1946 年 2 月 10 日，重庆发生较场口事件。国民党特务捣毁陪都各界庆祝政协成功大会的会场，打伤民主人士郭沫若、李公朴、施复亮、章乃器等多人；22 日又捣毁中共主办的重庆《新华日报》营业部及民盟的机关报报馆。对于国民党的暴行，中共与民盟进行了强烈的抗议和反对。2 月 23 日，民盟主席张澜致函蒋介石，要求严惩肇事者，解散特务组织，保障人权。同一天，民盟发言人针对国民党陈兵东北、准备内战发表谈话，重申了民盟在政协会议上的主张，即东北问题为全国民主和平统一问题之一部分，应以政治协商方式解决。

1946 年 3 月上中旬，国民党召开六届二中全会。“会议最突出的地方就是对政协决议的攻击以及对国民党政协代表们个人的攻击”。“总之，是对整个政协协议的不满，但不满的焦点却集中在关于修改宪法的协议”。蒋介石在会上明确要求“就其荦荦大端，妥筹补救”。最后，全会就宪法协议做出了五点修改，公开推翻了政协协议。

对于国民党大肆破坏政协协议的举动，中共做出了强烈反

---

① 迪安·艾奇逊：《我在国务院的年代》，美国纽约诺顿公司 1969 年版，第 205 页。

② 梁漱溟：《我参加国共和谈的经过》，载《中华民国国史资料丛稿》增刊第 6 辑，中华书局 1980 年版，第 63 页。

应。3月18日，中共中央向各地主要负责人发出指示，指出：国民党六届二中全会决议“不管文字上如何曲折，实质上是将政协决定的国会制、内阁制、省宪自治等基本原则完全推翻。这是一件有关中国人民命运的原则问题，是中国走民主道路还是走独裁道路的问题，各地应严重注意和警惕”。同一天，中共中央发言人亦就此发表谈话，强调：“中国共产党绝不动摇地坚持政治协商会议一切决议，特别是宪法原则决议，必须百分之百实现，反对有任何修改。”①

4月1日，在由国民党包办、中共代表拒绝出席的国民参政会上，蒋介石一不做二不休，公然说：“政治协商会议在本质上不是制宪会议，政治协商会议关于政府组织的协议案，在本质上更不能代替约法。”“如果政治协商会议果真成为这样一个性质的会议，我们政府与全国人民是决不能承认的。”这样，就把政协会议关于改组政府等项协议从根本上推翻了。

4月4日，针对蒋介石上述讲话，周恩来对中外记者发表谈话，列举国民党迫害政协协议的大量事实，严正指出：“中共是处在保护这些协议的地位的。我们坚决反对一切动摇、修改或推翻政协协议的阴谋活动。”② 4月10日，民盟宴请国共双方代表，提出根据政协决议和平解决东北问题的建议。6月中旬，上海人民团体联合会派出请愿团赴南京向国民党当局呼吁和平。6月23日，中共中央上海局组织各界群众10万多人到火车站欢送。当晚，请愿团到达南京下关车站时，遭到国民党指使的大批暴徒的围殴，团长马叙伦和多名代表受重伤。这就是震惊中外的下关惨案。事件发生后，周恩来、董必武、邓颖超、滕代远及郭沫若迅即赶到医院慰问。马叙伦等人对周恩来说，中国的希望寄托在你

① 《解放日报》1946年3月19日。
② 《新华日报》1946年4月6日。

们身上，过去我劝你们少要一些兵，少留一些枪，现在看来你们的战士不能少一个，枪不能少一支。周恩来向受伤的代表们说：你们的血是不会白流的。随后，周恩来在国、共、美三方会议上郑重报告这一事件，并以备忘录形式分致马歇尔、徐永昌，抗议国民党政府放纵特务制造下关惨案的暴行，并提出六项善后办法。6 月 25 日，毛泽东、朱德发出《致上海人民请愿代表慰问电》，表示中共一贯坚持和平民主方针，誓与全国人民一致为阻止内战、争取和平而奋斗。

1946 年 6 月底，民主同盟云南省支部在昆明举行招待会，分别招待国民党、国民政府和军队负责人，文化界、新闻界人士及地方名流。楚图南、潘光旦、李公朴、闻一多、潘大逵、费孝通等民盟负责人在会上发表谈话，坚决要求和平、反对内战，并和各界人士共同发起呼吁和平的万人签名运动。李公朴大声疾呼："内战万万打不得，大家反内战的声音应该喊得更大些"。李公朴、闻一多都是民盟中委、著名大学教授，因积极反内战、反独裁，为反动派所忌恨，因此，蒋介石曾密授国民党昆明党政军当局对李、闻等人以"权宜处置之权"。李公朴的秘书方仲伯曾劝他尽快离开昆明，李公朴坦然回答说："他们要杀你，什么地方都一样，看情况，我已走不出昆明了。""为了民主，我已经准备好了，两只脚跨出门，就不准备再进门！"

7 月 11 日晚，李公朴与妻子张曼筠在回家的路上，被国民党特务用美制无声手枪杀害。李公朴被害后，闻一多冒着生命危险，毅然出席了于 7 月 15 日下午召开的追悼大会。闻一多当众怒责国民党特务的暴行，指出："这是历史上最卑鄙、最无耻的事情"。他谴责道："你们杀死一个李公朴，会有千万个李公朴站起来，你们将失去千万人民。""争取民主是有代价的，我们绝不怕牺牲，我们每个人要像李先生一样跨出了门，就不准备再回来。"他高喊："现在只有一条路——革命！"当日下午 5 时，在归家途中，闻一多遭到国民党特务的杀害。这就是当时有名的李闻惨案。

李、闻被害的消息，震惊了国内外。毛泽东、朱德分别给李、闻家属发了唁电，对李、闻表示哀悼，表彰他们“为民主而奋斗。不屈不挠，可歌可佩”。周恩来闻讯后极其愤怒，他强烈谴责国民党：“此种空前残酷、惨痛、丑恶、卑鄙之暗杀行为，实打破了中外政治黑暗之记录，中国法西斯统治的狰狞面目，至今已暴露无遗。一切政治欺骗，已为昆明有计划的大规模的政治暗杀枪声所洞穿。”“中国法西斯暴行如此横行，虽极猖獗疯狂，实为法西斯统治之最后挣扎，自掘坟墓。”

（二）坚决反对国民党召开一党包办的“国大”

1946 年 10 月 11 日，国民党军队不顾中共方面的再三警告和各界人士的强烈反对，占领张家口。被“胜利”冲昏头脑的蒋介石，随即于当天下午下令于 11 月 12 日召开“国民大会”。

中国共产党和民主同盟坚决反对国民党召开一党包办的“国大”。民盟主席张澜于 10 月 14 日发表谈话，指出：国民党以一个“战胜者”的姿态来召开“国大”，是威胁！是利诱！我们民盟不能放弃自己的意见和立场。不怕一切威胁利诱，绝不参加。11 月 10 日，三民主义同志联合会、民主建国会、九三学社等党派的重庆分会和重庆的 21 个人民团体联合发表《我们对于召开国民大会的意见》，指出：“在漫天战火、人民涂炭之际，而由一党政府片面召开‘国大’，实等于玩弄国大以作独裁政治之装饰，其所订宪法，亦不过增加独裁政治之合法基础而已，其结果必陷国家于长期分裂内战之境，而为全国人民所反对。”呼吁全民起来制止国民党当局这种分裂行动。

1946 年 11 月 15 日，由国民党一手包办的“国民大会”在南京召开。出席大会的代表中，除国民党外，只有早已投靠国民党的青年党、以张君励为首的民主社会党和若干所谓“社会贤达”。在“国大”召开的第二天，周恩来代表中国共产党在南京举行记者招待会，发表《对国民党召开“国大”的严正声明》，指出：“这一‘国大’，是违背政协决议与全国民意，而由一党政府单独召开的。中国共产党坚决反对。”“这一党‘国大’还要通过一个所谓宪法，把独裁‘合法’化，把内战‘合法’化，把分裂‘合法’化，把出卖国家与人民利益‘合法’化。照这样做下去，中国人民一定要陷入苦痛的深渊。我们中国共产党人坚决不承认这个‘国大’。和谈之门已为国民党政府当局一手关闭了。一党‘国大’中将要玩的一切把戏，乃至改组政府，我们绝无一顾之必要。”并表示：“中国共产党愿同中国人民及一切真正为和平民主而努力的党派，为真和平真民主奋斗到底。”① 国民党蒋介石违背政协决议而召开的“国大”和通过的伪宪法，遭到了各民主党派和爱国人士的反对。中国人民救国会负责人沈钧儒、史良、沙千里、邓初民等在报纸上公开发表文章和讲话，谴责国民党召开伪国大和制订伪宪法。民盟中央常委会决定，对以张君劢为首的背叛盟规参加伪国大的民社党分子开除出盟，而对拒绝参加伪国大并宣布退出民社党的张东荪等人继续保留其盟籍。

蒋介石以召开“国大”实现独裁、孤立中共的图谋，不仅未能如愿，反而弄巧成拙，适得其反，孤立了自己。正如周恩来所说：“蒋介石独霸中国、奴役人民的企图，将引导自己到众叛亲离。”② 毛泽东深刻地指出：“中国人民坚决反对蒋介石一手包办的分裂的‘国民大会’，此会开幕之日，即蒋介石集团开始自取灭亡之时。”③

① 《周恩来选集》上，第242、244页。

② 《周恩来选集》上，第249页。

③ 《毛泽东选集》第4卷，第1219页。

第十三章 人民民主统一战线的初步形成

由于人民的力量还不足以制止国民党反动派的力量，内战的危险是十分严重的。中共中央发出党内指示，指出，蒋介石准备大打，并告诫不要抱有幻想。虽然中国共产党为争取和平民主尽了最大的努力，但是大规模内战还是一天天迫近。1946 年 6 月，国民党统治集团悍然挑起战争，正如毛泽东指出的那样：他们（指蒋介石反动集团及其美国主子）将日本投降以后一个长时间内，中国共产党代表中国人民的愿望，力争和平反对内战的一切努力，看作是胆怯和力量薄弱的表现。他们过高地估计了自己力量，过低地估计了革命力量，冒险地发动战争，因而落在他们自己布置的陷阱里。我们敌人的战略打算是彻底地输了。①

一、第二次国共合作的破裂

1946 年 6 月 26 日，国民党当局在完成各项准备之后，立刻翻过脸来，撕毁停战协定和政协协议，悍然向解放区发动全面进攻。

---

① 《毛泽东选集》第 4 卷，第 1249 页。

（一）全面内战的爆发

国民党军队22万人围攻鄂豫边境的中原解放区是全面进攻的起点。在敌军重兵围困下的中原军区主力在李先念、郑位三率领下分两路突围。接着，国民党军队大举进攻其他解放区。

全面内战爆发之初，国民党并没有立即宣布停止同中共代表的谈判，而是企图利用谈判掩护其军事行动，并在谈判中提出种种难以接受的条件，迫使中共终止谈判，以便把战争的责任推给中共。在此期间，中共代表团继续留在南京、上海同国民党谈判，用事实揭露国民党的阴谋，让广大人民了解内战发生的真相。

1946年11月16日，周恩来在南京举行记者招待会，宣布：由于国民党当局单方面召开“国大”，破坏了政协协议，关闭了和谈之门，中共代表团人员即将撤回延安。19日，周恩来率中共代表团邓颖超、李维汉等15人离开南京返回延安，留下董必武、吴玉章和部分机关工作人员继续在南京、上海、重庆坚持斗争。

虽然国民党当局关闭了谈判大门，为了挽救时局、重开谈判，中国共产党作了最后的努力。周恩来于12月4日致函马歇尔，12月28日发表同新华社记者谈话，两次表明中共愿意重开国共谈判。但被国民党拒绝了。

随后，美国政府决定终止与军事调处执行总部的关系，放弃国共调处工作，退出三人会议，迅速撤退了美方人员。国民党政府采取相应的行动。2月21日，国民党首先强迫中共驻北平军调处执行部人员叶剑英等全部撤离。随后又限定中共驻南京、上海、重庆三地代表董必武、吴玉章及有关工作人员于3月5日前全部撤离。同时，查封重庆的《新华日报》。3月7日、8日，中共驻南京、上海、重庆的全部工作人员分批撤回延安。

至此，国共两党的第二次合作彻底破裂。

（二）“一切反动派都是纸老虎”

对于革命力量来说，战争初期的形势是相当严重的。这时，国民党军总兵力为430万人，拥有美国援助的大量新式武器，在军队数量、装备和战争资源等方面，明显地占有优势。

在美蒋反动派疯狂的武装进攻面前，在敌我力量对比暂时悬殊的情况下，敢不敢进行革命战争，能不能打败敌人的进攻，就是摆在全党和全国人民面前的一个严重的问题。当时，国内外还弥漫着崇美、恐美的严重氛围，认为美国拥有强大的经济实力，独自垄断杀伤力极强的原子弹。中国的反动派也以此来吓唬中国人民。一些中间人士被反动派的表面强大所迷惑，产生了悲观情绪和恐惧心理，有的人甚至主张共产党妥协退让，放弃斗争。党内也有很大的疑虑。当时，两位中共高级领导同志给中央写了一份报告，认为这场战争，我们胜算不大。这份报告的观点和所反映出的疑虑在当时带有普遍性。

在此紧要关头，“中国共产党依据马克思列宁主义的科学，清醒地估计了国际和国内的形势，知道一切内外反动派的进攻，不但是必须打败的，而且是能够打败的。当着天空中出现乌云的时候，我们就指出：这不过是暂时的现象，黑暗即将过去，曙光即在前头。”① 中国共产党毫无畏惧地接受了战争，决心打到底，并且一定要打赢。

毛泽东的秘书胡乔木回忆：“我在毛主席身边工作二十多年，记得两件事是毛主席很难下决心的。一件是1950年派志愿军入朝参战，再一件就是1946年我们准备同国民党决裂。”

1946年8月6日，美国记者安娜·路易斯·斯特朗在杨家岭采访中共中央主席毛泽东。陆定一和马海德担任翻译。

---

① 《毛泽东选集》第4卷，第1245—1246页。

斯特朗问："共产党能够支持多久？"

毛泽东答："就我们自己的愿望说，我们连一天也不愿意打。但是如果形势迫使我们不得不打的话，我们是能够一直打到底的。"

"如果美国人民问到共产党为什么作战，我该怎样回答呢？"斯特朗问。

毛泽东答："因为蒋介石要屠杀中国人民，人民要生存就必须自卫。这是美国人民所能够理解的。"

"如果美国使用原子炸弹呢？如果美国从冰岛、冲绳岛以及中国的基地轰炸苏联呢？"

于是，毛泽东道出了那个著名的观点："一切反动派都是纸老虎。看起来，反动派的样子是可怕的，但是实际上并没有什么了不起的力量。从长远的观点看问题，真正强大的力量不是属于反动派，而是属于人民。"

毛泽东还说："原子弹是美国反动派用来吓人的一只纸老虎，……当然，原子弹是一种大规模的屠杀武器，但是决定战争胜负的是人民，而不是一两件新式武器。"①

毛泽东的这些论断，有力地批判了国内外的右倾悲观论调，坚定了战胜美蒋反动派的信心，产生了意想不到的巨大力量。

人民民主统一战线是粉碎国民党军事进攻的强大武器。中共中央指出："必须和人民群众亲密合作，必须争取一切可能争取的人。"② 在政治上，放手发动群众，团结一切可能团结的力量，建立最广泛的人民民主统一战线，彻底孤立国民党反动集团。中共中央明确指出：在农村中，要紧紧依靠贫农、雇农，团结中农，坚决地解决土地问题；对一般富农、中小地主，应同汉奸、

① 《毛泽东选集》第4卷，第1192—1195页。

② 《毛泽东选集》第4卷，第1187页。

豪绅、恶霸加以区别，以减少敌对分子，使解放区得到巩固。在城市中，要依靠工人阶级，团结小资产阶级、民族资产阶级和一切进步分子，并注意争取中间分子，孤立反动派。在国民党军队中，应争取一切可能反对内战的人，孤立好战分子。

在军事、经济、农村与城市工作等方面，中国共产党也制定了一系列正确政策。

二、调整农村土地政策，巩固与扩大农村人民民主统一战线

中国是一个传统的农业国家，土地问题一直是关系绝大多数民众的基本利益和社会稳定的重大问题。从历史的经验教训看，凡是土地问题突出的时候，便是社会动荡、政权不稳定的时期。中国共产党从历史的经验和教训出发，对土地问题尤其重视。抗战胜利初期，中共基本沿用抗战时期减租减息的土地政策，然而随着客观形势的变化，旧的土地政策已经不能满足农民要求和革命形势发展需要。中国共产党顺应形势的发展，对土地政策进行了调整。

（一）“五四指示”：农村土地政策的转变

在抗战后期，中国共产党及其领导的武装力量在对日反攻中收复了大量失地，解放区的面积迅速扩大。在新解放区，主要矛盾和主要的工作是反奸清算，有关土地的问题按照抗战时期减租减息的政策执行。在老解放区，由于前期已经进行了减租减息运动与交租交息运动，土地工作的主要内容是进一步查租减息，进一步调整地主和农民之间的租佃关系。抗战胜利后，中国共产党在土地问题上一度沿用抗战时期的政策。1945 年 8 月中共中央发

布《关于日本投降后我党任务的决定》，该《决定》指出："富农除封建剥削部分实行减租外，不应加以打击，地主须使之可以过活。没收分配土地是过早的。"[①] 1945年10月19日，周恩来在重庆关于经济问题的讲演中也指出："谈到农村改革，许多人或者怀疑我们要主张没收土地。这种不得已的办法不适宜目前中国。当此和平开始时期，我们主张先实行减租减息，使地主与农民双方都能够生存。在地主能够生存的条件下，然后，一方面慢慢导引地主转移目光，使其知道以从事小工业为荣，一方面再从事于改革土地问题。从解放区得到的证明，这条路是可以走得通的。"耕者有其田只是"我们的理想"。[②]

随着形势的发展，广大农民渴望获得土地的愿望越来越强烈。实际情况表明，不论是在老解放区还是在新解放区，农民对土地的实际占有已经超出了过去所规定的减租减息的政策范畴，农民获得和占有的土地越来越多，地主和富农的土地日益减少。从相关调查资料看，至1946年5月，晋察冀解放区地主所拥有的土地数量较之过去已减少一半以上，同时富农的土地数量也减少了四分之一。在部分解放区，如晋冀鲁豫解放区的冀鲁南和冀南地区，甚至实现了农民自发"平均土地"的情况，所有人（包括地主在内）都得到了三亩土地。[③] 各解放区农民开始自发地推动土地所有权变革的这些新情况，使中共中央认识到改变减租减息政策，重新制定新的土地政策已经成为党争取农民群众，巩固党与农民阶级之间统一战线的重要问题。

---

① 中央档案馆编：《中共中央文件选集》第15册，中央党校出版社1991年版，第230页。

② 周恩来：《当前经济大势》（1945年10月19日），载南方局党史资料编辑小组编：《南方局党史资料》（三），重庆出版社1990年版。

③ 董志凯：《解放战争时期的土地改革》，北京大学出版社1987年版，第41—51页。

1946年5月4日，中共中央委员会召开会议专门讨论土地政策问题，会议由刘少奇主持。在会上，毛泽东指出："现在类似大革命时期，农民伸出手来要土地，共产党是否批准，今天必须表明态度。"① 刘少奇也认为："土地问题今天实际上是群众在解决"，"今天不支持农民，就要泼冷水，就要重复大革命失败的错误，而农民也未必'就范'。失去农民又仍然得罪了地主，对我们将极不利。"② 会议原则通过由刘少奇负责起草的《中共中央关于清算、减租及土地问题的指示》，史称"五四指示"。

"五四指示"首先根据各根据地的报告说明了各地土地运动的实际情况，以及为什么中共中央决定将减租减息运动转向土地改革运动的原因，表示：根据各地区最近到延安的同志报告，在山西、河北、山东、华中等地的解放区，广大农民群众在反奸、清算、减租、减息等斗争中已经直接从地主手中获得土地。特别在群众运动比较深入的地方，已经基本上解决了或正在解决土地问题。"在此种情况下，我党不能没有坚定的方针，不能不坚决拥护广大群众这种直接实行土地改革的行动，并加以有计划的领导"。为此，"五四指示"指出："不要害怕农民获得大量土地和地主丧失土地，不要害怕消灭农村中的封建剥削"，"要坚决拥护农民一切正当的主张和正义的行动，批准农民获得和正在获得土地"。因为"解决解放区的土地问题是我党目前最基本的历史任务，是目前一切工作的最基本的环节"。③

"五四指示"顺应革命形势的发展，指出："我党应坚决拥护群众从反奸、清算、减租、减息、退息等斗争中，从地主手中获

① 《毛泽东年谱》下卷，人民出版社、中央文献出版社1993年版，第78页。
② 《刘少奇年谱》下卷，中央文献出版社1996年版，第42页。
③ 《刘少奇选集》上，第377—378页。

得土地，实现耕者有其田。”同时，“五四指示”在肯定广大农民要求获得土地的愿望的正义性的前提下也强调了“决不侵犯中农土地”、“一般不变动富农的土地”和“对于中小地主的生活应给以相当照顾”的政策。

从基本政策看，“五四指示”对农村土地问题的处理采取了比较温和的态度，具有一定的过渡性。该指示总结和肯定了农民在革命实践中所创造的四种获取土地的方式：“（甲）没收和分配大汉奸土地。（乙）减租之后，地主自愿出卖土地，佃农以优先权买得此种土地。（丙）由于在减租后保障了农民的佃权，地主乃自愿给农民七成或八成土地，求得抽回三成或二成土地自耕。（丁）在清算租息、清算霸占、清算负担及其他无理剥削中，地主出卖土地给农民来清偿负欠。农民用以上各种方式取得土地，且大多数取得地主书写的土地契约。这样就基本上解决了农村土地问题，而和内战时期解决土地问题时所采用的方式大不相同。”① 这些列举的关于解决土地问题的方式，基本上采取的是和平的方法。“五四指示”所提出的要没收土地的范围主要定位在大地主、汉奸、豪绅和恶霸占有的土地，同时要求对待富农和地主要有所区别，对待中小地主和大地主、豪绅、恶霸要有所区别。另外“五四指示”还规定要给汉奸、豪绅、恶霸等留下维持基本生活所必需的土地，努力避免在土地改革的实践中发生过火的行为和政策上的偏差。

总的来说，“五四指示”一方面旗帜鲜明地提出了“耕者有其田”的口号，改变了抗战时期“减租减息”的土地政策，顺应抗日战争胜利后广大农民对土地的要求。在另一方面，“五四指示”采取了比较温和的变革方式，尽管提出了“实现耕者有其田”的目标，但并没有采用土地革命时期用暴力没收地主土地的

① 《刘少奇选集》上，第380—381页。

模式，在一定程度上继承了抗战时期减租减息土地政策的基本思想，避免因土地问题而带来剧烈的社会动荡，在一定程度上体现了中国共产党土地政策的延续性。

（二）《中国土地法大纲》对农村土地制度改革运动的推动

“五四指示”发布后，解放区土地改革运动迅速发展，广大农民在政治上、经济上摆脱了几千年来的封建剥削与压迫。土地问题的解决也极大地激发了千百万农民参加革命，保卫胜利果实的积极性。1946 年 10 月，全解放区已有 30 万农民参加了人民解放军，有三四百万人参加了民兵和游击队。如苏皖区泰兴新街区五千余户贫雇农平均每户得地三亩余，接着便有 940 人自动参军，另有 800 余人参加了民兵组织。晋冀鲁豫有 1000 余万农民获得土地，民兵发展到 200 多万。①

全面内战爆发后，中国社会的主要矛盾转变为中国共产党领导的人民大众同以蒋介石为代表的大地主大资产阶级之间的矛盾。针对新时期的斗争特点，中国共产党提出了“打倒蒋介石，解放全中国”的口号。在土地问题上中国共产党也调整了此前比较温和，主要靠赎买等经济手段推动土地改革的政策，开始采用强烈的，以强制性的手段剥夺地主土地分给农民的政策。

新时期土地政策的改变首先是反蒋军事斗争的需要。1947 年 6 月，刘、邓大军挺进大别山，揭开了人民解放军战略反攻的序幕。大规模作战需要消耗大量的人力和物力。为促进解放区生产的发展，保证前方作战的物质供应，必须彻底废除封建土地所有制，激发广大农民群众的生产热情。

① 俞宏标：《从“五四指示”到〈中国土地法大纲〉》，载《历史教学问题》1990 年第 6 期。

其次，土地政策调整也是对“五四指示”政策的修正。“五四指示”虽然提出了“耕者有其田”的目标，但没有在根本上否认封建地主的土地所有权。实施手段也主要以赎买等温和方式为主，没有放手发动群众与地主阶级作斗争。另外，由于“五四指示”在土地政策上的过渡性特征，各解放区对该指示的执行力度也是不一样的。有些地方实现了“耕者有其田”，有些地方大量土地仍然被地主占有。采取新的土地政策，彻底消灭封建和半封建的土地制度，是土改运动深入开展的必然要求。

为了制定更彻底，更符合革命发展形势需要的土地改革政策，克服土地改革运动中出现的“左”、右偏向和问题，1947 年 7 月，中共中央工委在刘少奇的主持下在河北西柏坡村召开了全国土地会议。会议对“五四指示”颁布和实施以来的土改经验进行了总结，肯定了成绩，同时也对土地改革中存在的一些不彻底的做法进行了反思。经过反复研究和讨论，9 月 13 日会议通过了《中国土地法大纲》，并于 10 月 10 日正式发布。

《中国土地法大纲》彻底废除了封建土地制度，决定没收地主的土地财产，征收富农多余的土地财产，实现普遍的、彻底平分土地的方针。《中国土地法大纲》规定：“乡村中一切地主的土地及公地，由乡村农会接受，连同乡村中其他一切土地，按乡村全部人口，不分男女老幼统一平均分配，在土地数量上抽多补少，质量上抽肥补瘦，使全乡农民均获得同等的土地，并归各人所有”，“废除一切祠堂、庙宇、寺院、学校、机关团体的土地所有权”，“废除一切乡村在土地改革以前的一切债务”，土改前的土地契约、债约一律缴销。《中国土地法大纲》指出土地改革的目的是为了保护和发展新民主主义经济，促进生产发展，建立富强的新中国。大纲还规定工商业者的财产及其他营业受法律保护，不受侵犯。

《中国土地法大纲》内容丰富，是继“五四指示”后中国共产党颁布的又一个纲领性的土地制度改革文件。该大纲不仅肯定和发展了“五四指示”中提出的将地主土地分配给农民的原则，同时对“五四指示”中存在的对地主照顾过多等改革不彻底性的地方予以修正。首先，大纲不再承认地主阶级的土地所有权，明确提出“废除封建性及半封建性剥削的土地制度，实行耕者有其田的土地制度”，使地主阶级失去了封建剥削的基础；其次，规定了按人口平均分配土地这种简单、直接的方法，最大程度地满足了贫雇农对土地的要求；最后，规定了农民大会及其选出来的委员会在土地改革运动中的领导地位，规定“乡村农民大会及其选出的委员会，乡村无地少地农民所组织的贫农团大会及其选出的委员会，区、县、省等级农民代表大会及其选出的委员会是改革土地制度的合法执行机关”，凸显了农民群众在这场运动中的主体地位，巩固了中国共产党领导下的工农联盟。此外，《中国土地法大纲》对工商业者财产及其合法经营予以保护，对敌方人员的家属也予以农民同样的土地财产，这些政策有利于分化和瓦解蒋介石反动统治集团，扩大统一战线，孤立地主阶级。《中国土地法大纲》的公布，极大地调动了广大农民革命与生产的积极性，争取了民心，赢得了广大人民的热烈拥护，对保证解放战争的胜利起了决定性作用。

1948 年 4 月 1 日，毛泽东在晋绥干部会议上的讲话中，对不同解放区土改的不同特点、土地改革时机、时限、经验和常见错误等问题进行了分析和说明，并在会议上提出了土地改革的总路线。毛泽东指出：土地制度改革是中国新民主主义革命的主要内容，其基本路线是“依靠贫农，团结中农，有步骤、有分别地消灭封建剥削制度，发展农业生产”。毛泽东的这段讲话，阐释了土地改革的重要作用和基本路线，标志着中国共产党在新民主主义革命时期土地改革的总路线形成，各解放区的土地改革从此走上健康发展道路。

三、民主党派的发展呈加速态势

抗战胜利后，国民党和共产党在政治主张上的分歧越来越大。国民党代表大地主大资产阶级的利益，坚持走半殖民地半封建道路，共产党代表了全国广大民众追求民主与和平的愿望，坚持走新民主主义道路。中国最大的两股政治势力在政治和军事上形成对峙。在国共两党之外，代表民族资产阶级和城市小资产阶级利益的各民主党派力量比较弱小，但由于它们处在两大政党之间，其政治态度的向背成为影响时局的重要因素，因此，抗战胜利后，民主党派的发展呈加速态势。

1945 年 12 月 16 日，中国民主建设会在重庆成立。中国民主建国会主要创始人包括黄炎培、胡厥文、章乃器、施复亮等，成员主要是由爱国的民族工商业者和与工商业者有密切联系的知识分子组成。

民主建国会主要负责人黄炎培曾在 1945 年 7 月与其他一些国民参政会参政员对延安进行了访问。延安期间，黄炎培接触和认识了中共领导人和一些中共军队的高级将领，对中国共产党各方面的政策进行了全面的了解。在延安期间，黄炎培还目睹了解放区良好的社会、政治、经济和文化环境。其间，黄炎培还与毛泽东进行了多次谈话，加深了对中国共产党的全面了解，并由此对中国的前途有了新的认识和信心。回到重庆后，黄炎培撰写并出版了《延安归来》一书，该书对民族工商业者和知识分子了解中共政策和解放区起到了很好的宣传作用。《双十协定》签订后，工商界人士对民族工商业的发展信心大增。以黄炎培为首的中华职教社和以胡厥文为代表的迁川工厂联合会，以及其他一些文化教育界高级人士和民族工商业者计划成立自己的政治组织。12 月

16日，民主建国会成立大会在重庆举行，通过了民主建国会的成立宣言、章程、政纲和组织原则，明确了“以民主和建设为宗旨，争取和平、反对内战，推进民主、反对独裁，要求建设、反对破坏”的政治主张。民主建国会的政治主张与中共的多项政策十分接近或相似，表现出中国民族工商业人士对共产党政策和路线方针的认同。以此为基础，抗战胜利后民主建国会与中共建立了良好的合作关系。

1945年10月，全国各界救国联合会在重庆召开大会。鉴于抗日战争已经取得胜利，救国会争取实现抗日民族解放的政治任务业已完成，于是根据新的社会政治特点和需求，将组织更名为“中国人民救国会”，推举沈钧儒为主席。中国人民救国会的宗旨是：“团结国人建设独立自由幸福的民主的新中国”，规定新的政治纲领为：“反对外来的殖民帝国的民族压迫，反对国内封建主义与法西斯主义残余势力的压迫”，建立一个以全国绝对大多数（人民）为基础的联合战线的民主联盟的民主国家制度，即是建立一个独立自由平等的人民共和国。[①] 从内容上看，该纲领受中国共产党新民主主义革命思想影响较大，基本精神与中国共产党民主革命时期纲领基本一致。

1944年底，重庆一部分进步学者为继承和发扬五四运动的民主与科学传统，争取抗战胜利和政治民主，发起民主科学座谈会。民主科学座谈会得到中国共产党的重视和帮助。抗日战争胜利后，在中共中央南方局的帮助下，民主科学座谈会正式更名为“九三学社”，以纪念1945年9月3日抗日战争和国际反法西斯战争取得胜利。九三学社成立之际，恰逢毛泽东到重庆谈判，毛泽东积极鼓励民主科学座谈会的民主活动，明确支持要把座谈会搞成一个永久性的政治组织，并鼓励许德珩等人不要怕人少，要

① 《民主生活》周刊第6期，1946年2月20日。

经常在报上发表意见和看法。

抗战时期，一部分留居上海的文化教育界进步知识分子和工商业者如马叙伦、赵朴初、雷洁琼、周建人、许广平、徐伯昕、王绍鏊、郑振铎、柯灵等与中国共产党一道坚持抗战。抗战胜利后，这些民主人士继续开展民主建国运动。1945 年 9 月 8 日，《文汇报》主笔兼副刊主任柯灵等人在上海创办《周报》，以"加强团结，实行民主"为宗旨。10 月，郑振铎主编的《民主》也正式创刊，中共党员徐伯昕、蒋天佐、艾寒松等参与了刊物的编辑工作。同月《文萃》周刊创刊。《文萃》周刊最初为文摘性周刊，后改为时事政论性期刊。通过这些文化阵地，上海的文化、教育、出版与工商、金融界的民主进步人士集中起来。1945 年 12 月 30 日，马叙伦、王绍鏊、雷洁琼、赵朴初、徐伯昕、周建人等人在上海发起成立中国民主促进会，宗旨为"发扬民主精神，推进中国民主政治之实践"。① 在中国民主促进会的成立与早期发展的过程中，中国共产党起了关键的推动作用，发起人中王绍鏊、徐伯昕、张纪等人本身就是共产党员，其他人也与共产党有密切联系。

另外，在中国共产党的帮助下，中国致公党于 1947 年 5 月 1 日在香港举行第三次全国代表大会，中国致公党领导人陈其尤、陈寅生等人宣布重新整顿党务，加入中国共产党领导的人民民主统一战线。

除了上述几个民主党派外，中国共产党还帮助和推动其他民主党派的组织创立工作。比如，抗战时期，周恩来、博古、叶剑英积极联络国民党知名民主爱国人士李济深，支持他出任国民政府军委会战地党政委员会第一副主任，为帮助和协助李济深开展

---

① 中国民主促进会中央宣传部编：《中国民主促进会四十年》，上海人民出版社 1985 年版，第 157 页。

工作，中国共产党还派张友渔、梅龚彬、于炳然等中共党员进入这个委员会工作。抗战胜利后，中共中央南方局又支持李济深与何香凝、蔡廷锴等人成立中国民主促进会。1946 年 3 月，该组织更名为“中国国民党民主促进会”（简称“民促”），由李济深任主席。中国民主促进会成立后，发表《中国民主促进会成立宣言》，宣布忠诚于孙中山的革命三民主义。

众多民主党派的出现，是人民民主统一战线初步形成的重要标志。

四、第二条战线的初步形成

全面内战爆发以后，蒋介石原以为依靠优势兵力和美国的支援，用“三个月到六个月”就可消灭共产党，但事与愿违。随着军事上的惨败，国民党的统治在经济、政治上也陷入严重的危机。为了继续维护一党专政的独裁统治，国民党对国统区的爱国民主运动进行血腥镇压，制造了一起起血案、惨案。这是最后的疯狂。国民党的黑暗统治引起广大人民的强烈不满和愤恨，要求推翻反动统治的呼声愈来愈高。国民党的统治处于风雨飘摇之中。

从解放区军民自卫战争的节节胜利，从国统区人民已经表现出的日趋强烈的反抗情绪之中，中共中央预言新的民主革命高潮不可避免地将要到来。为了迎接这一高潮，中共中央加强了对国统区民主运动，特别是对学生运动的领导，为学生运动的兴起和发展准备了必要的条件。

（一）加强对国统区学生运动的领导

1. 健全各级领导机构，加强对学生运动的领导

1946 年 12 月 2 日，中共中央书记处召开会议专门研究国民

党统治区的工作，并决定改组中央城市工作部，由周恩来兼任部长，李维汉任副部长。中央城市工作部的任务是："在中央规定的方针下，研讨与经营蒋管区的一切工作（包括工、农、青、妇），并训练这一工作的干部。"①

随后，各中央局、中央分局也设城工部并明确责任，如晋察冀中央局管辖察哈尔、冀中及平津；上海局管辖长江流域、西南各省及平津一部分原属南方局领导的党的组织与工作；同时在各大城市设立学生工作委员会。中共加强和调整国统区的领导机构，为第二条战线的兴起做了组织准备。

不仅如此，中共中央还派大批有地下工作经验的党员深入国统区建立组织机构，直接领导国统区人民的反美反蒋斗争。

2. 适时提出政治口号与行动口号

在领导中国革命和建设的过程中，毛泽东非常重视领导方法和工作方法，指出："善于把党的政策变为群众的行动，善于使我们的每一个运动，每一个斗争，不但领导干部懂得，而且广大的群众都能懂得，都能掌握，这是一项马克思列宁主义的领导艺术。"②

中国共产党善于把党的政策变为群众的行动，在正确估计形势的基础上，总是首先提出政治口号与政治纲领，用以统一全党的步调，动员与影响广大群众，为人民民主运动的发展指明方向。

抗日战争胜利后，中共中央针对蒋介石内战、独裁的反动行径，于 1946 年 8 月 16 日指示蒋管区的党组织"集中于宣传反对内战，反对独裁，主张和平，主张民主四个口号"，明确了国统区爱国民主运动的方向。

---

① 金冲及主编：《周恩来传》，中央文献出版社 1998 年版，第 664 页。

② 《毛泽东选集》第 4 卷，第 1319 页。

1947年2月1日，毛泽东为中共中央起草了一份对党内的指示，即《迎接中国革命的新高潮》，明确全党的任务："目前各方面情况显示，中国时局将要发展到一个新的阶段。这个新的阶段，即是全国范围的反帝反封建斗争发展到新的人民大革命的阶段。现在是它的前夜。我党的任务是为争取这一高潮的到来及其胜利而斗争。"① 该指示还号召全党必须为巩固和发展统一战线而奋斗，指出："美蒋的上述反动政策，迫使中国各阶层人民处于团结自救的地位。这里包括工人、农民、城市小资产阶级、民族资产阶级、开明绅士、其他爱国分子、少数民族和海外华侨在内。这是一个极其广泛的全民族的统一战线。它和抗日时期的统一战线相比较，不但规模同样广大，而且有更加深刻的基础。全党同志必须为这个统一战线的巩固和发展而奋斗。"②

同年5月23日，中共中央向蒋管区的党组织发出指示，要"使一切群众斗争都为着开辟蒋管区的第二战场，把人民的爱国和平民主运动大大地向前推进。"③ 第一次将国统区以学生运动为主的人民运动称为"第二战场"，把国统区的人民民主运动提高到同第一战场相配合的战略地位。

在领导国统区的民主运动过程中，中共不仅提出总目标、总任务，更重视具体的个别指导，及时提出具体的行动口号与行动纲领，比如，在北平学生运动兴起后，中共中央连续发出指示，要求把斗争提高到促使美军全部撤离中国，反对美国干涉中国内政、助长内战，以及废除中美商约、抵制美货的口号上去。

中共中央还特别强调要注意斗争策略，要求国统区的党组织

---

① 《毛泽东选集》第4卷，第1211页。

② 《毛泽东选集》第4卷，第1213页。

③ 《中共中央关于蒋管区党的斗争方针的指示》（1947年5月23日），共青团中央青运史研究室、中央档案馆编：《中共中央青年运动文件选编》，中国青年出版社1988年版。

“应扩大宣传，避免硬碰，争取中间分子，利用合法形式，力求从为生存而斗争的基础上建立反卖国、反内战、反独裁与反特务恐怖的广大阵线”。[①]

中共通过政治口号与行动口号，宣传自己的政治主张，统一全党的步调，为国统区人民民主运动的发展指明方向，引导运动一步步走向胜利。

3. 加强国统区党的基层组织建设

国统区的学生工作由中共地下组织领导。为了适应革命形势发展的需要，地下党积极而又稳妥地发展、巩固、扩大基层组织。

首先，积极而又慎重地发展党员。地下党在自己周围建立了民主青年同盟、新民主主义青年联合会等党的外围组织，让先进青年先加入外围组织，经考察成熟后再一个一个地做发展工作。

其次，加强基层组织建设。在思想建设上，中共地下组织密切结合学生运动和群众斗争的实际，主要抓阶级教育和革命理想教育，包括马列主义的基本理论，党的路线、方针、政策和策略原则的教育。在组织建设上，根据白区地下工作“荫蔽精干、长期埋伏、积蓄力量、以待时机”的十六字方针，坚持隐蔽精干，不过分集中与统一，强调秘密工作制度和纪律。在斗争中培养对革命的坚定性和无私无畏的精神，要求每个党员都自觉地去宣传群众，组织动员群众。

再次，根据斗争的实际情况做了“三线”部署。第一线是站在前沿公开出面领导群众进行斗争的党员，他们一般都有合法身份，以合法组织作掩护，如学生会和进步社团的负责人；第二线的党员是大多数，他们活动在半公开的各种社团组织之中，广泛地联系着进步学生和中间分子；第三线的党员是极少数，他们专

① 《周恩来选集》上卷，第 269 页。

搞党务工作，不公开活动，一般都是以中间群众的面目出现，对一、二线党员实行领导。“三线”部署既独立工作，又接受统一指挥；既发挥了党员的先锋模范作用，又保证了党组织的安全。1948 年 8 月大逮捕时，国统区负责秘密工作的党员都没有被列入黑名单，而被列入黑名单的人员撤走后，工作还能照常进行。

最后，党组织努力掌握学生自治会的领导权。中共地下党员通过勤学、勤业、勤交友等方法，广泛地联系群众。地下党组织要求党员、进步青年组织成员和积极分子起表率作用，不仅要学好功课，生活俭朴，作风正派，而且要同群众打成一片，关心群众的生活。

学校中最有权威的学生团体是学生自治会。掌握了学生自治会的领导权，也就掌握了学生运动的领导权。因此，学生自治会的领导权，历来是中共地下学委与国民党、三青团争夺的焦点。由于党员和先进青年组织成员在爱国民主运动中始终站在前列，平时又联系和关心群众，在群众中享有很高的威信，往往通过民主选举，逐步地掌握了自治会的领导权。如一二・一运动时期的昆明大中学校学生罢课委员会，“抗暴”时期抗议美军暴行联合会；“五二〇”时期的华北反饥饿、反内战联合会等的领导权都由共产党掌握。这样，党对学生运动的领导也就有了组织上的保证。

4. 掌握高超的斗争艺术，运用正确的斗争策略

学生运动战斗在国民党反动统治的心脏地区，斗争环境是异常复杂、险恶。针对这种情况，中国共产党特别讲究斗争策略，把原则的坚定性和策略的灵活性结合起来：坚持“有理、有利、有节”的斗争原则；采取经济斗争与政治斗争相结合的原则；注意利用敌人的内部矛盾。

事实证明，由于有了中国共产党的强有力的领导，解放战争时期国统区的爱国民主运动才得以蓬勃发展，形成了配合解放军进攻的第二条战线，对中国人民的解放事业做出了巨大的贡献。

（二）抗议美军暴行运动

国民党统治集团为了进行内战，大量出卖中国权益，进一步投靠当时拥有世界头等经济实力和军事实力的美国。美国也企图向世界扩张，把中国变成它的势力范围，因而对国民党政府给予多方面援助，包括派军事顾问团、海军陆战队来华等。驻华美军在中国土地上横行霸道，胡作非为，欺压中国人民，犯下累累罪行。美国史学家费正清也说：美军在上海的种种行为，“其情景远非通商口岸时代所能比拟。这同中国新的大国地位很不相称的。”①

1946 年 12 月 24 日晚，北京大学先修班女学生沈崇在北平东单操场被美军士兵皮尔逊强奸了。一位名门闺秀，一名最高学府的女学生，竟然在文化古都的公共场所，横遭美兵蹂躏。人权何在！公理何在！

当晚深夜，民营亚光通讯社发了一条消息。然而，国民党中央社却以北平市警察局的名义给各报发出一条电令，不准刊登亚光社发的新闻，企图封锁消息。

纸里包不住火。第二天下午，沙滩北大广场上就出现了披露沈崇被美军强奸污辱的壁报。12 月 26 日，北平的若干家报纸不顾当局的阻挠，公开披露事实真相。《新民报》还将国民党中央社封锁消息的丑恶企图加以披露。

一石激起千层浪。它触发了人民大众心中郁积已久的愤怒，激起巨大的反美浪潮。沙滩广场上贴出一张抗议书，每个字都似拳头那样大，引起成千上万学生的关注：“在中国的土地上，两个美国兵，把一个中国女大学生拖去强奸了！凉血的才不愤怒！

---

① 费正清：《美国与中国》第 4 版，张理京译，商务印书馆 1989 年版，第 244 页。

奴性的才不反抗！美军必须滚蛋！”清华大学学生在告全国同学书中说：“这是对中国学生界最大的污辱，这是对同学安全最大的威胁，这也是对一个独立国家的最大讽刺。”

面对广大学生的抗议，国民党政府深为恐惧，消息封锁不了，就公然造谣，混淆是非。当局的倒行逆施，犹如火上浇油，反美斗争的怒火越烧越旺。驳斥书、抗议书贴满了北大和北平各院校的校园。

北平学生运动兴起后，中共中央连续发出指示，提出明确的斗争政策和策略，要求把斗争提高到促使美军全部撤离中国，反对美国干涉中国内政、助长内战，以及废除中美商约、抵制美货的口号上去；要求各大城市地下党组织响应和支持北平学生的斗争，积极动员群众，发动游行示威，以最广泛的阵容，采取理直气壮的攻势，彻底揭露国民党的卖国和内战面目，反对美国的扶蒋政策。

遵照中共中央的指示，由中共上海中央局钱瑛直接领导的北平学委（南系）与由中共晋察冀中央局刘仁等领导的北平学委（北系）密切配合，发起和领导了一场声势浩大的抗议美军暴行运动。

12 月 30 日下午，北大、清华、燕京等高校 5000 多学生联合举行抗议美军暴行的大游行。学生们贴标语、散传单，高呼：“美军退出中国”、“维护主权独立”的口号，并在美军肇事地点东单操场，召开群众大会，控诉美军暴行。全国各地学生响应北平学生的反美爱国斗争。从 1946 年底到 1947 年 1 月初，天津、南京、杭州、重庆、武汉、青岛、广州、福州、桂林、成都、昆明、台北等几十个大中城市的 50 万名学生相继举行示威活动。

学生的抗暴斗争得到了全国各界广泛的支持。北京大学 48 位著名教授发表了致美国驻华大使司徒雷登的抗议书，要求将凶手绳之以法，赔偿被害人之损失，保证以后绝对不能再有类似事件在中国任何地方发生。原北大马寅初老教授严厉谴责国民政府，要求政府保护人民，否则将愧对中国。清华大学校长梅贻琦、教务长吴泽霖、训导长褚士荃都表示不能强迫学生上课，不能阻止学生游行，并要求国民党当局保障学生游行的安全。

民主同盟、民主建国会、民主促进会、九三学社等民主党派以及中国人民世界和平促进会、中国国际人权保障会等团体的爱国民主人士发表声明，对学生表示声援。海外爱国华侨也发起抗暴签名运动和集会，要求撤退驻华美军。这样，以反对美军暴行为主的爱国学生运动迅速向纵深发展，形成包括工人、农民、城市小资产阶级、民族资产阶级、开明绅士、其他爱国分子、少数民族和海外华侨在内的极其广泛的人民革命运动。在广大人民群众的强烈抗议下，美国政府被迫宣布陆续撤退其驻北平、天津、青岛等地的美军，减少甚至一度中断了对国民党的军事援助。抗议美军暴行运动取得重大胜利。从此以后，在国民党统治区内，以学生为主体的群众运动进入一个新高潮，一浪高过一浪。

（三）“反饥饿、反内战、反迫害”运动

遵照中共中央的指示，1947 年 4 月初，以刘晓为书记的上海中央局召开学生工作会议，上海、北平等地学委，西南、华中、南京等地的学生工作负责人参加了会议。会议传达、学习中央指示，重点是 1947 年 2 月 28 日中央指示，对如何在南方开展斗争，进行了具体部署。

4 月 28 日，上海局向中共中央发出《群众运动复趋高潮》的报告，提出了领导群众运动的意见，主要是：1. 蒋管区城市的群众运动即将出现“抗暴”以后的第二个高潮，它比“抗暴”有更大的社会基础，更广泛、更坚强，将配合全国军事形势的转变，发展成为全国革命高潮。并预见 5 月份可能是这一新高潮的

开始。2. 上海局领导这场斗争要首先从广大群众关心的生活问题着手。职工从解决生活指数入手，学生则从增加公费和教育经费开始。3. 斗争的形式将是此起彼伏，连绵不断，自生活斗争开始，和政治斗争相互协通，待时机成熟，汇合成全面的大规模的政治斗争，不像“抗暴”时带突发性。4. 斗争的步骤是从分散的此起彼伏的斗争，集中到全力组织几个中心，作为运动汇合时的主流骨干。报告最后向中央表示，“我们在思想上组织上策略上都是为着堆备组织与领导这一新的高潮”。①

正如上海局估计的那样，从 5 月初开始，国民党统治区南北各地大学学生即纷纷举行各种形式的纪念五四运动的活动。5 月 4 日，上海爆发学生反饥饿游行示威。5 日，中共中央及时发出指示，提出“既要坚定勇敢，又要机警谨慎。要时时注视情势的发展，坚持我党放手动员群众进行反美反蒋的方针，灵活地既结合又分别合法与非法的斗争”。②

由于国民党政府把大量教育经费挪用于内战，使得国民党统治区的教育危机日趋严重。1947 年 4 月，南京的物价比 1946 年 12 月上涨了 4. 3 倍。靠工资收入的教师朝不保夕，靠助学金维持生活的学生挣扎在饥饿和死亡线上。于是，一场大规模的学生运动像火山一样爆发了。

这场学生运动发轫于南京国立中央大学。

1947 年初，国立中央大学从重庆迁回南京。中央大学是当时名副其实的全国最高学府，规模之宏大，学科之齐全，教授阵容之强，均居全国各大学之首。中央大学一校的经费，相当于北京大学、清华大学、交通大学、浙江大学四校的总和。抗战初期开

① 中共上海市委党史资料征集委员会编：《解放战争时期中共中央上海局》，学林出版社 1989 年版，第 55 页。

② 《周恩来选集》上卷，第 270 页。

始的全国大学名校“联考”统一招生中，全部考生总数的三分之二将中央大学作为第一志愿来填报。蒋介石于1943—1944年间曾亲自兼任过校长。

国立中央大学反动势力较大，但进步势力也很强。虽尚未建立中共的支部，但有10余名党员，还有100多名党的外围组织新民主主义青年社（以下简称“新青社”）的成员，其中有很多人活动能力很强；校内还有民盟组织。正是因为如此，五二〇运动发轫于国立中央大学就不是偶然的。

1947年5月10日，中央大学饭厅门口贴出学生伙食团桌长会议公告：“每月2.4万元的副食费不能维持到月底，按原标准，吃光再说”。2000余名学生在告示上签名，约占四牌楼校园学生的三分之二，其中也有三青团员。《文汇报》将这一事件时称之为“吃光运动”。这张布告像一枚火种立即点燃了群众的怒火，要求增加副食费、改善师生待遇的大字报在民主墙、饭厅门口铺天盖地贴出来。有些同学结合所学专业，写出独具匠心的大字报，被许多学校抄录、转贴，甚至被报刊转载，其中理学院的大字报是一道几何求证题：

同学肚子饿，前线炮弹肥！

——请看几何推理

[求证]：2分37秒内战费用等于中大全体同学全月膳费。

[证]：因本年度总预算为20万亿元。实际支出为60万亿元。（按以往经验，实际支出常为预算之3倍）内战费用占百分之八十故为48万亿元，故每月战费为4万亿元，每日战费为1333亿元（强），每时战费55亿（强），每分战费9100万（强）。

因中大同学每月每人膳费共5.3万元（米折价2.9万元，副食费2.4万元），故2分37秒战费为2.385亿元（按4500人计），故2分37秒内战费用等于全体中大同学全月膳费。

这张大字报，把学生的伙食费与内战开销联系起来，切中时弊，辛辣尖锐，一针见血，引起广泛的关注与迅速的传播。

在此之前，中央大学教授会也发表了要求提高教育经费和改善教员待遇的宣言。

自13日起，中央大学学生开始罢课，并向教育部、行政院请愿，要求增加教育经费。金陵大学等大专院校立即响应。学生的正当要求被拒绝，行政院副院长王云五回答："要增加副食费，没钱。"同学们质问："钱到哪里去了?!""为什么要打内战?"由于请愿未能得到满意答复，于是中央大学学生决定5月20日举行大规模游行。

斗争的形势已经成熟。中共上海局抓住时机，决定组织一次各地学生参加的大规模的斗争。斗争的中心在上海、南京，首先在南京发动，北平、天津积极响应。①

为了镇压日益高涨的人民运动，国民党政府于5月18日发布《维持社会秩序临时办法》，禁止10人以上的请愿和一切罢工、罢课、游行示威。蒋介石发表讲话，声称将对学生"采取断然之处置"。

面对险恶的形势，中共南京地下组织及时指出：敌人的高压政策并不表示它的强大，而是暴露了它的弱点。只要我们敢于斗争，并在斗争中讲究策略，一定会获得胜利。同时决定冲破国民党政府的禁令，按原定计划举行游行。

5月20日，在上海局和南京市委的领导下，宁（南京）、沪（上海）、苏（苏州）、杭（杭州）16个专科以上学校的5000余名学生在中央大学会合后，冲破宪警的阻拦，举行"挽救教育危机联合大游行"。游行队伍来到珠江路口，遭到宪警的水龙喷射和棍棒、皮鞭的殴打，重伤19人，轻伤90余人，被捕20余人，

① 刘明钢：《五二〇运动：发轫于南京国立中央大学》，载《福建党史月刊》2012年第7期。

这就是五二〇血案。

同日，北平各大、中学校的7000余名学生从北京大学出发，由北大宣传卡车开道，高举“华北学生北平区反饥饿反内战大游行”的巨幅横标，进行持续五个多小时的声势浩大的示威游行。游行队伍不断高呼“反对饥饿，反对内战”、“恢复政协路线”、“提高教育经费”等口号。与此同时，天津的大、中学生也进行了反饥饿、反内战游行。

五二〇血案后，在中共组织的引导和推动下，学生斗争进一步发展为“反饥饿、反内战、反迫害”运动。这一运动席卷武汉、重庆、广州、杭州、长沙、昆明、福州、南昌、桂林、济南、开封、沈阳等60多个大中城市。社会各界以及上层爱国民主人士，以各种形式支持和援助学生运动。交通大学、复旦大学、北京大学、清华大学、燕京大学、南开大学等校教授，纷纷罢教或发表声明，支持学生的正义斗争，谴责国民党政府，要求释放被捕学生。郭沫若、柳亚子、马寅初、冯玉祥等社会知名人士，分别发表慰问信、题词、演说和告全国同胞书，声讨国民党政府对学生运动的镇压，赞扬学生的爱国民主精神。民主同盟、民主促进会、三民主义同志联合会南京分会等民主党派和人民团体，分别以致函、捐款等方式，慰问学生。在社会舆论的压力下，国民党政府不得不释放全体被捕学生。

6月3日，周恩来在《关于学运方针给上海局的指示》中，肯定上海局“领导斗争向前发展的方针是对的。今天京沪平津学生停止街上游行改在校内开会的办法也是对的。这样，可以巩固校内（包括教职员）的统一战线，便于集中要求于可能实现的条件（如释放所有被捕学生教员、医治受伤学生、惩办暴行人员、取消紧急措施及军事戒严等），然后再改变斗争形式，继续进行要和平要饭吃要自由的运动。”

至此，轰轰烈烈的五二〇运动暂告一段落。

“反饥饿、反内战、反迫害”运动是国统区人民运动走向高潮的重要标志，也是第二条战线形成的重要标志。①

（四）第二条战线的历史功绩

解放战争时期，中国共产党领导的革命是在两条战线进行的。国共两军进行的战争是第一条战线，该战线是革命力量与国民党反动势力较量的主要战线；第二条战线就是国统区的以学生为主体，有社会各阶级、各阶层参加的人民民主运动。

解放战争时期第二条战线的开辟和发展，是中国革命史上璀璨的一页，是统一战线工作的重大胜利；开辟和发展第二条战线是中共创造的斗争形式，同时也对中国革命的胜利做出重大的贡献。

1. 从政治上揭露和孤立了蒋介石

解放战争时期，蒋介石采取反革命的两手——政治的欺骗和军事的镇压。第二条战线的任务之一就是揭露蒋介石的独裁、内战、卖国政策，揭露他们的政治欺骗和阴谋，使他们在人民中间陷入孤立的境地。正如毛泽东指出的那样：“蒋介石的军警宪特同学生群众之间，到处发生冲突。蒋介石用逮捕、监禁、殴打、屠杀等项暴力行为对付赤手空拳的学生，学生运动因而日益扩大。一切社会同情都在学生方面，蒋介石及其走狗完全陷于孤立，蒋介石的狰狞面貌暴露无遗。”②“在这以前，中国人民中的许多人，主要地是中间阶层的分子，对于蒋介石的这些手法是多少存了幻想的。对于蒋介石的所谓和谈也是这样。在几次庄严的停战协定被蒋介石撕毁得干干净净之后，在用刺刀向着要和平反

---

① 刘明钢：《反饥饿、反内战、反迫害”运动与解放战争的第二条战线》，载《文史春秋》2012年第7期。

② 《毛泽东选集》第4卷，第1225页。

内战的学生群众之后，除了存心欺骗的人们或者政治上毫无经验的人们之外，什么人也不会相信蒋介石的所谓和谈了。”[①] 五二〇事件的亲历者在回忆录中对比了这种人心向背的变化：1945 年抗战胜利后，国民党新六军回南京时，南京人民在下关放鞭炮欢迎“抗战英雄”。一年后，经过把接收当成“劫收”，在新六军调离南京时，南京人民在江边摆香案“送瘟神”。中央大学原来有的学生崇敬蒋介石，把其造像贴在自己宿舍床头，但在蒋介石派军警对和平请愿的学生大打出手后，就撕毁了造像，开始走向进步。[②]

2. 极大地动摇了国民党反动统治的基础

以“反饥饿、反内战、反迫害”为中心口号的爱国学生运动，迅速蔓延全国 60 多个大中城市，极大地动摇了国民党反动统治的基础。高涨学生的运动有力地推动国统区工人、农民、市民斗争的发展，推动着中国革命走向新高潮。国民党反动统治摇摇欲坠。五二〇惨案三天后，新华社发表题为《蒋介石的末路》时评，指出：中国近代有三次群众运动可以和今天比较，就是五四、五卅和一二·九运动。但是“这三次运动中的群众都没有像今天这样提出如此悲惨和如此普遍的反饥饿口号，也没有公然看到人民有如此强大的力量，公然看到反动统治者如此摇摇欲倒”。

3. 有力地配合了第一条战线的作战

第二条战线的出现是一件大事。从此，解放军的军事斗争和国统区的政治斗争相互配合，推动着中国革命走向新高潮。在《蒋介石政府已处在全民的包围中》一文中，毛泽东以极其兴奋的心情写道：“中国境内已有了两条战线。蒋介石进犯军和人民

---

① 《毛泽东选集》第 4 卷，第 1226—1227 页。

② 许荏华：《五二〇运动回顾》，《中共党史资料》2007 年第 2 期。

解放军的战争，这是第一条战线。现在又出现了第二条战线，这就是伟大的正义的学生运动和蒋介石反动政府之间的尖锐斗争。”“学生运动是整个人民运动的一部分。学生运动的高涨，不可避免地要促进整个人民运动的高涨。”① “中国事变的发展，比人们预料的要快些。一方面是人民解放军的胜利，一方面是蒋管区人民斗争的前进，其速度都是很快的。为了建立一个和平的、民主的、独立的新中国，中国人民应当迅速地准备一切必要的条件。”② 地下党在情报方面也有力地配合军事行动。北平国民党守军的最高长官傅作义的女儿就是地下党员，傅作义的一举一动，有什么想法的变化，解放军平津战役总部都能及时掌握。知己知彼百战不殆。及时、准确的情报对平津战役的胜利起了极大的作用。后来，聂荣臻元帅在回忆起当年的情景时说：在战场上，像这种迅速、准确地了解最高指挥官的动态及至情绪变化，在战争史上是罕见的。

4. 配合人民解放军接管城市

三大战役之后，党中央指示：第二条战线的主要任务是配合解放军接管城市。为此，北平、上海、天津、南京等城市的党组织，迅速发动群众，组织护厂队、护校队、消防队、宣传队、纠察队，做好护厂、护校工作，很好地保护了文件、档案以及财产物资，保留了完整的城市。天津虽经激战，但厂区、居民区损失很小，这和地下党的工作是分不开的。

5. 锻炼、保存了一大批干部

地下斗争的环境异常残酷，在国民党统治的核心地区坚持地下斗争，随时有被捕的危险，每天都是出生入死。艰苦的环境锻炼了一大批坚贞的共产党干部，他们是党的宝贵财富。1948 年

① 《毛泽东选集》第 4 卷，第 1224—1225 页。

② 《毛泽东选集》第 4 卷，第 1227 页。

底，国民党的反动统治已在风雨飘摇之中，但仍做垂死挣扎，大肆进行搜捕地下党。为了保存革命力量，中共中央指示：将有被捕危险的党员及进步分子迅速撤退或疏散。根据中央指示，各地都把已经暴露的党员和积极分子陆续撤退到解放区，保存了一大批久经考验的革命干部。

第十四章　人民民主统一战线的巩固与发展

1947 年，对中国共产党而言，是极其艰难的一年，同时又是走向胜利的关键一年。

这年 3 月，中共中央主动撤出延安。在以后一年多的时间里，毛泽东率中共中央转战陕北，用周恩来的话："毛主席在世界上最小的司令部里，指挥了最大的人民解放战争。"经过一年的英勇作战，人民解放军先后挫败国民党军的全面进攻和重点进攻，使战争形势发生了有利于人民的变化。到 1947 年 6 月，人民军队歼敌 112 万，国民党军队的总兵力由战争开始时的 430 万减少到 373 万，其中正规军由 200 万减少到 150 万。人民军队则发展到 195 万，武器装备也得到很大改善。

依据战局的发展，中共中央作出重大的战略决策：不等完全粉碎敌人的战略进攻，不等解放军在数量上占有优势，立刻转入全国性的进攻，解放军主力转向外线作战。

在毛泽东的精心筹划下，从 1947 年 7 月开始，中国人民解放军转入了战略进攻。这是时局关键性的转变。正如毛泽东所言："中国人民解放军已经在中国这一块土地上扭转了美国帝国主义及其走狗蒋介石匪帮的反革命车轮，使之走向覆灭的道路，推进了自己的革命车轮，使之走向胜利的道路。这是一个历史的转折点。这是蒋介石的二十年反革命统治由发展到消灭的转折点。这是一百多年以来帝国主义在中国的统治由发展到消灭的转折点。这是一个伟大的事变。这个事变所以带着伟大性，是因为这个事变发生在一个拥有四亿七千五百万人口的国家内，这个事变一经发生，它就将必然地走向全国的胜利。”①

1947 年 10 月 10 日，毛泽东为中国人民解放军总部起草的《中国人民解放军宣言》，提出：“打倒内战祸首蒋介石，组织民主联合政府，借以达到解放人民和民族的总目标。”

为了制定“打倒蒋介石、解放全中国”的具体行动纲领，1947 年 12 月，中共中央在陕北米脂县杨家沟召开了一次重要会议，即十二月会议。毛泽东在会上作了《目前形势和我们的任务》的报告。该报告是打倒蒋介石反动统治集团、建立新民主主义中国的整个时期内，在政治、军事、经济各方面带纲领性的文件，大大推动人民民主统一战线的巩固与发展。

一、纠正统一战线问题上的“左”倾错误

1947 年 9 月，中央召开了全国土地会议，制定了《中国土地法大纲》，其后，各根据地的土地改革运动更加深入地开展起来。通过不断推进的土地改革运动，中国共产党赢得了农民群众的拥戴，激发了广大农民参加革命的热情，成绩是显著的。但在土地改革的高潮中，有些地区也发生了“左”的倾向，主要有：1. 错划阶级成分，把一部分中农错定为地主、富农，扩大了打击面。2. 侵犯中农利益，排斥中农。3. 没收地主、富农兼营的工商业，向民族工商业户征收过重的捐税。4. 斗争地主、富农不讲政策，不给出路，甚至出现“扫地出门”、乱打乱杀的现象。5. 不信任与排斥知识分子等。这些“左”的做法，严重地阻碍了土地改革运动的健康发展，影响了农业生产的正常进行和社会

① 《毛泽东选集》第 4 卷，第 1244 页。

秩序的稳定。需要指出的是，这些发生在土地改革运动的中“左”的错误，毫无例外地属于统一战线的范畴。

随着解放战争的发展，人民解放军战略进攻日益深入，解放区不断扩大，党的各项政策是否正确，统一战线是否牢固，成为革命战争胜利的关键因素，纠正土地改革中存在的“左”倾错误，成为中国共产党一项重要任务。针对土地改革中的“左”的倾向，1947年11月，中共中央重新颁布了1933年发布的《怎样分析农村阶级》和《关于土地制度改革中的一些问题的决定》两个文件，指示各地方结合实际情况，提出如何进行阶级成分分析的明确意见上报中央，最后由中央根据各地意见制定统一的文件公开发布。12月31日，中共中央发出《关于阶级分析问题的指示》，该指示对过去存在的阶级划分的错误做法进行了批评，明确指出“划分阶级应只有一个标准，即占有生产手段（在农村中主要是土地）与否，占有多少及与占有关系相连带的生产关系（剥削关系），如再提出其他标准都是错误的”。[①] 这个指示明确了阶级划分的科学方法和标准，对于纠正土改中阶级成分错划等问题具有十分积极的作用和意义。

1. 毛泽东的《目前形势和我们的任务》的报告

为了纠正“左”的错误倾向，同时也为了制定“打倒蒋介石、解放全中国”的具体行动纲领，1947年12月，中共中央在陕北米脂县杨家沟召开了十二月会议。毛泽东在会上作了《目前形势和我们的任务》的报告。

报告明确提出中国共产党的最基本的政治纲领：“联合工农兵学商各被压迫阶级、各人民团体、各民主党派、各少数民族、各地华侨和其他爱国分子，组成民族统一战线，打倒蒋介石独裁

① 《解放战争时期土地改革文件选编》（1945—1949），中共中央党校出版社1981年版，第96页。

政府，成立民主联合政府”。①

报告进一步强调统一战线的重要性，毛泽东指出：“中国新民主主义的革命要胜利，没有一个包括全民族绝大多数人口的最广泛的统一战线，是不可能的。”② 而扩大和巩固统一战线，“同我们的土地政策和城市政策相联系”，统一战线的政策与党的任务和各项政策是不能分离的。

毛泽东在报告中，详细地阐释新民主主义革命三大经济纲领：“没收封建阶级的土地归农民所有，没收蒋介石、宋子文、孔祥熙、陈立夫为首的垄断资本归新民主主义的国家所有，保护民族工商业。”③

新民主主义革命的三大经济纲领处处体现了统一战线思想和政策：

第一，明确谁是革命的对象。报告指出：中国新民主主义革命的对象是封建主义和官僚资本主义，是地主阶级和官僚资产阶级，并规定以“没收”生产资料的方式来消灭这两个阶级。毛泽东指出：“蒋宋孔陈四大家族，在他们当权的二十年中，已经集中了价值达一百万万至二百万万美元的巨大财产，垄断了全国的经济命脉。这个垄断资本，和国家政权结合在一起，成为国家垄断资本主义。这个垄断资本主义，同外国帝国主义、本国地主阶级和旧式富农密切地结合着，成为买办的封建的国家垄断资本主义。这就是蒋介石反动政权的经济基础。这个国家垄断资本主义，不但压迫工人农民，而且压迫城市小资产阶级，损害中等资产阶级。……这个资本，在中国的通俗名称，叫做官僚资本。这个资产阶级，叫做官僚资产阶级，即是中国的大资产阶级。新民

① 《毛泽东选集》第4卷，第1256页。
② 《毛泽东选集》第4卷，第1257页。
③ 《毛泽东选集》第4卷，第1253页。

主主义的革命任务，除了取消帝国主义在中国的特权以外，在国内，就是要消灭地主阶级和官僚资产阶级（大资产阶级）的剥削和压迫，改变买办的封建的生产关系，解放被束缚的生产力。”①

第二，明确新民主主义革命主力军的问题。报告指出：在消灭封建性和半封建性剥削的土地制度，实行耕者有其田的土地制度的原则下，按人口平均分配土地，“这是最彻底地消灭封建制度的一种方法，这是完全适合于中国广大农民群众的要求的。”实行土地改革的方针是：“依靠贫农，巩固地联合中农，消灭地主阶级和旧式富农的封建的和半封建的剥削制度。”并提醒全党：“必须注意两条基本原则：第一，必须满足贫农和雇农的要求，这是土地改革的最基本的任务；第二，必须坚决地团结中农，不要损害中农的利益。只要我们掌握了这两条基本原则，我们的土地改革任务就一定能够胜利地完成。”② 报告强调要防止重复过去实行过的所谓“地主不分田，富农分坏田”的过左政策。

农民占中国人口的80%，是新民主主义革命的主力军。解决了农民的土地问题，就会使农民真心实意地拥护革命。毛泽东指出，“全党必须明白，土地制度的彻底改革，是现阶段中国革命的一项基本任务。如果我们能够普遍地彻底地解决土地问题，我们就获得了足以战胜一切敌人的最基本的条件。”③ 新民主主义革命的三大经济纲领满足了农民对土地的需求，从而解决了中国革命的主力军问题。

第三，关于保护民族工商业的问题。将资产阶级分为官僚资本与民族资本并区别对待是新民主主义理论的创新之处。毛泽东指出：“新民主主义革命所要消灭的对象，只是封建主义和垄断

① 《毛泽东选集》第4卷，第1253—1254页。

② 《毛泽东选集》第4卷，第1250、1251页。

③ 《毛泽东选集》第4卷，第1252页。

资本主义，只是地主阶级和官僚资产阶级（大资产阶级），而不是一般地消灭资本主义，不是消灭上层小资产阶级和中等资产阶级。由于中国经济的落后性，广大的上层小资产阶级和中等资产阶级所代表的资本主义经济，即使革命在全国胜利以后，在一个长时期内，还是必须允许它们存在；并且按照国民经济的分工，还需要它们中一切有益于国民经济的部分有一个发展；它们在整个国民经济中，还是不可缺少的一部分。”① 因此，三大经济纲领明确规定保护民族工商业。鉴于中共党史上频频发生错误地对待民族工商业的情况，因此毛泽东告诫全党，我们党过去在对待工商业者所犯过的“左”的错误，是绝对不许重复的。

民族资产阶级是中间势力的主要代表，明确保护民族工商业，保护民族资产阶级，就会大大扩大团结面，最大限度地争取和团结中间势力，最大限度地孤立和打击革命的对象封建主义和官僚资本主义。

第四，关于统一战线的领导权问题。实施新民主主义革命三大经济纲领的主体无疑是无产阶级。毛泽东强调指出：正反两方面的经验都充分证明了无产阶级政党掌握统一战线的领导权至关紧要，“统一战线还必须在中国共产党的坚强的领导之下。没有中国共产党的坚强的领导，任何革命统一战线也是不能胜利的。”②

新民主主义革命的三大经济纲领虽然只有几十个字，却回答了依靠谁，团结谁，打击谁等关于统一战线的一系列重要问题。

党的十二月会议还讨论了当时党内几个重要的具体政策问题。讨论的结果，由毛泽东于 1948 年 1 月 18 日写入《关于目前党的政策中的几个重要问题》的党内指示之中。这个指示详细阐

---

① 《毛泽东选集》第 4 卷，第 1254—1255 页。

② 《毛泽东选集》第 4 卷，第 1257 页。

述了党的路线和政策，特别强调与重申了统一战线的有关方针、政策。

第一，批评“贫雇农打江山坐江山”的错误观点。毛泽东指出，贫雇农的带头作用，“是团结中农和自己一道行动，而不是抛弃中农由贫雇农包办一切”。“在乡村，是雇农、贫农、中农和其他劳动人民联合一道，在共产党领导之下打江山坐江山”；“在全国，是工人，农民（包括新富农），独立工商业者，被反动势力所压迫和损害的中小资本家，学生、教员、教授、一般知识分子，自由职业者，开明绅士，一般公务人员，被压迫的少数民族和海外华侨，联合一道，在工人阶级（经过共产党）的领导之下，打江山坐江山，而不是少数人打江山坐江山。”①

第二，强调要团结、教育和任用知识分子。毛泽东指出：“中国学生运动和革命斗争的经验证明，学生、教员、教授、科学工作者、艺术工作者和一般知识分子的绝大多数，是可以参加革命或者保持中立的，坚决的反革命分子只占极少数。”对知识分子，“必须采取慎重态度。必须分别情况，加以团结、教育和任用”。②

第三，论述了革命统一战线中领导者和被领导者的关系。毛泽东指出：“领导的阶级和政党，要实现自己对于被领导的阶级、阶层、政党和人民团体的领导，必须具备两个条件：（甲）率领被领导者（同盟者）向着共同敌人作坚决的斗争，并取得胜利；（乙）对被领导者给以物质福利，至少不损害其利益，同时对被领导者给以政治教育。没有这两个条件或两个条件缺一，就不能实现领导。”③

---

① 《毛泽东选集》第4卷，第1268—1269页。

② 《毛泽东选集》第4卷，第1269—1270页。

③ 《毛泽东选集》第4卷，第1273页。

毛泽东在十二月会议的报告及《关于目前党的政策中的几个重要问题》的党内指示，正确地分析了形势，明确规定了党的方针政策，及时纠正和防止工作中出现的“左”的偏向，对于巩固、扩大统一战线，争取一切可以争取的力量，完成“打倒蒋介石、解放全中国”的任务，具有极其重要的意义。

2. 任弼时的《土地改革中的几个问题》的报告

为了继续纠正“左”的错误倾向，1948年1月12日，任弼时在西北野战军前线委员会扩大会议上作了《土地改革中的几个问题》的报告，进一步阐明中央的政策，一共讲了六个问题。

第一，关于用什么标准来划分农村阶级。任弼时以兴县蔡家崖村为例加以说明。该村552户，结果划了120多户地主富农，占总户数22.46%。任弼时坚决反对这种“左”的错误倾向，明确指出：“兴县蔡家崖算是当地地主富农比较集中的地方。该县多数乡村地主富农没有蔡家崖这样多。可是蔡家崖的经验，却给我们一个重要的教训，就是我们必须按照实际情形去划分阶级，进行土改，决不可将本来不是地主富农的人们人为地划成地主富农，错误地扩大打击面，打乱革命阵线，帮助敌人，孤立自己。这是一个极端重大的问题，必须引起全党同志的注意。”他还提出，要坚决地公开地纠正错误，“那怕只是划错一个人，也必须改正。”① 在报告中，任弼时还明确政策的规定，指出：“究竟什么才是定成分的正确标准呢？这是我们必须首先要弄清楚的。划分阶级成分的标准只有一个，就是依据人们对于生产资料的关系的不同，来确定各种不同的阶级。由于对生产资料占有与否，占有多少，占有什么，如何使用，而产生的各种不同的剥削被剥削关系，就是划分阶级的唯一标准。”②

---

① 《任弼时选集》，人民出版社1987年版，第417页。

② 《任弼时选集》，第417页。

第二，关于团结中农的问题。任弼时列举了侵犯中农利益、排斥中农的“左”的倾向，然后指出：这些侵犯中农利益、不照顾中农、排斥中农的倾向是非常危险的，是一种反马列主义的极端的“左”倾冒险主义倾向。应该引起全党来注意，必须坚决纠正这种错误倾向，不然就会使自己陷于孤立，使革命趋于失败。[①]

第三，关于斗争地主富农的方法问题。任弼时指出，现在许多地方斗争地主富农的方法是不适当的。对富农和地主用一样的方法去斗，甚至要打死一些人，对地主甚至对富农一律用扫地出门的办法等。他还指出：我们对地主的阶级剥削制度是采取消灭政策，但对地主个人则不是采取消灭政策。对一切地主除少数汉奸及内战罪犯经法庭审判定罪者外，均应按土地法大纲分给不比农民多也不比农民少的土地财产，强迫他们劳动，改造他们。因为地主在参加劳动后，是不小的一批生产力，我们不应当抛弃这批生产力。还因为如果我们不分给以必要的土地财产，他们就会去抢、去偷、去讨饭，弄得社会不安，农民反受损失。[②]

第四，关于对工商业的政策问题。任弼时指出，对工商业不要采取冒险政策。各地已发生破坏工商业的现象。例如陕北神木地区的高家堡，当被我军收复时，连小商贩也没收了。这是一种自杀政策。

第五，关于知识分子和开明绅士问题。任弼时指出，知识分子中，有许多是地主富农家庭出身的，我们应采取什么政策呢？我们对于学生、教员、教授和一般知识分子，必须避免任何冒险政策。对于这些脑力劳动者，民主政权应采取保护他们的政策，并且应当尽量争取他们为人民共和国服务。[③] 任弼时还指出，在

① 《任弼时选集》，第 422 页。
② 《任弼时选集》，第 427 页。
③ 《任弼时选集》，第 431 页。

抗日时期，减租减息，实行“三三制”，有一批开明士绅，例如李鼎铭等，参加了政府和参议会，这是完全正确与必要的，对全国起了很好的作用。怀疑这种成功是错误的。现在打倒蒋介石，实行土改，是否这些开明人士就不要了呢？不应该。他们过去同我们一道打日本，现在又和我们一道打蒋介石，他们和我们共过患难，对这些人要采取慎重态度。[①]

第六，关于打人杀人问题。任弼时指出，共产党是坚决反对乱打乱杀与对犯罪者采用肉刑的。乱打乱杀与使用肉刑，是封建社会的产物。封建主对待农奴，军阀对待士兵，才是乱打乱杀与使用肉刑的。

任弼时注重调查研究，思维缜密，报告内容详实，说理充分，所列举的土地改革中“左”倾错误的种种表现，符合实际，准确全面，一针见血。任弼时提出改正错误的方法，特别强调在“区别”上建立我们的政策，指出：地主要分大中小，恶与不恶；富农在经济上要与地主有区别；知识分子应区别革命的、中立的和反革命的三类。他还特别注意政策的可操作性。比如，他不但提出要将地主与开明绅士加以区别，而且明确地提出了区别的政策界限，“开明”的条件是：过去有功绩，现在又赞成土改、赞成打倒蒋介石的。[②] 在土改中，容易混淆中农与富农的界限，将中农错划为富农，任弼时明确地提出了政策界限：剥削部分超过百分之二十五而且连续三年者，才算富农。

毛泽东十分重视任弼时的报告，亲自修改补充定稿，确定为中共中央的土改政策文件。并批示新华社：“由新华社转播全国各地，立即在一切报刊上公开发表，并印小册子。”“争取两天或三天发完”。毛泽东还把任弼时报告的主要内容写入 1948 年 1 月

① 《任弼时选集》，第 433 页。

② 《任弼时选集》，第 433 页。

18日《关于目前党的政策中的几个重要问题》的党内指示中。3月17日，毛泽东又电告刘少奇："我们决定发表弼时同志一篇讲演，不发表一月决议，因为弼时同志的讲演比一月决定充实得多。"3月28日，中央晋冀鲁豫分局机关报《人民日报》全文发表这篇文章。

这个文件下发各解放区后，中农情绪逐渐稳定，生产积极性增高；破坏工商业的行为得到制止，解放区经济的正常发展得到保证；乱打乱杀现象得到遏止，农村过度紧张的阶级关系有所缓和，社会秩序渐趋稳定。总而言之，任弼时的这篇讲演与毛泽东等为中央起草的若干党内指示，成为了纠正解放区土改"左"倾错误，具有实际操作意义的行动指南。

二、帮助民主党派克服"中间路线"影响

抗日战争胜利后，中国主要矛盾由中日民族矛盾转向国内阶级矛盾。在新的形势下，国内政治格局也发生改变。代表大地主、大资产阶级利益的国民党和代表全国人民利益的共产党，在政治主张上完全不同。两党矛盾和相互之间的斗争也成为国内政治的主要内容，两党斗争的状况和力量的消长决定着未来中国的命运。

早在抗战胜利的前夜，以毛泽东为代表的中国共产党人就明确表达了中国共产党对于抗战胜利后中国前途和命运的构想和期望。在中国共产党七大上，毛泽东系统阐述了中国共产党的政治主张，他说："我们主张在彻底地打败日本侵略者之后，建立一个以全国绝对大多数人民为基础而在工人阶级领导之下的统一战线的民主联盟的国家制度"，即新民主主义的国家制度。作为一项具体纲领，我们主张"立即宣布废止国民党一党专政，成立一

个由国民党、共产党、民主同盟和无党无派分子的代表人物联合组成的临时的中央政府，发布一个民主的施政纲领”，待条件成熟时，“经过自由的无拘束的选举，召开国民大会，成立正式的联合政府”。

抗战胜利后，国共两党都就时局发表了自己的看法。中国共产党指出战后中国存在两种前途、两种命运的斗争，表现出对国民党发动内战的高度警惕。1945 年 8 月 11 日，中共中央发布《关于日本投降后我党任务的决定》，明确提出要“对蒋介石发动内战的危险应有必要的精神准备”。8 月 13 日毛泽东发表了题为《抗日战争胜利后的时局和我们的方针》的演讲。中国共产党认为未来中国应该是一个独立、自由、民主和富强、统一的国家，即建立一个由无产阶级领导的人民大众的新民主主义国家。为防止国民党蒋介石发动内战，中国共产党的基本方针是积极争取“和”，同时准备“打”，并将工作的基点放在“打”上，不论是“和”还是“打”，其目的都是建立一个人民民主专政的共和国。

在抗战胜利后，国民党方面则致力于消除共产党及其军事力量，维护国民党一党专制。1945 年 5 月国民党在第六次全国代表大会上提出“实行宪政”，表示将“对中共问题持政治解决方针”，甚至提出了“还军于国”和“还政于民”两个口号。当然，国民党不会真正地实行宪政。所谓的“还军于国”，基本内容和主要目的是让共产党把人民军队交出来，通过交出武装让共产党换取的“合法地位”。所谓的“还政于民”，也不是真正要把政权交给人民，而是以非法手段召开“国民大会”，将在国民党炮制的“五五宪草”的基础上通过一部“宪法”，使国民党政权合法化，继续坚持一党专政。

抗战胜利后，国共两党不同的政治理念和国内暂时和平的政治局面为资产阶级民主党派提供了新的活动空间。在国共两党势均力敌，中国前途未卜的情况下，民主党派积极参与各类社会政治活动，在政治舞台上异常活跃。对于中国未来的命运，民主党派既反对国民党的独裁统治，同时对中国共产党的前途也充满疑虑。他们认为，国民党不能用武力统一中国，同时共产党也不能用武力统一中国，再有，国际形势也不允许成立一个完全右倾的国民党政权或者完全左倾的共产党政权。在这种情势下，唯一可能和正确就是走一条折中的第三条道路，即“中间路线”。“国共问题的合理解决，中国政治的全面安定，和平、民主、统一的真正实现，经济建设的顺利进行，都必须有一个强大的中间派在政治上起着积极的甚至决定的作用”。[①] “中间路线”既是一条建国道路，也是一种政治主张，核心是“把中国造成一个十足道地的民主国家”。[②] 其代表人物包括施复亮、张东荪、张君劢等。

关于中间路线，早在1945年12月民主建国会的主要领导人施复亮就在《国讯》上发表《论中间派》一文。在文中，施复亮认为中国社会存在左、中、右的分野，其中左派主张走社会主义道路，而右派要坚持走殖民地资本主义道路，无论是左派还是右派都没有找到中国所应该走和能够走的道路，只有代表民族资产阶级和小资产阶级利益的中间派能调和二者之间的矛盾，“虽然要走民族资本主义的道路，但同时决不妨碍社会主义的前途”，[③] 他们由此提出了“中间派”这个概念。1946年12月22日，上海《文汇报》发表了一篇社论，提出在目前形势下“第三方面的立场没有中立，只有是非”。针对该社论，各民主党派领导人纷纷发表言论，表达本党观点，掀起一场中间路线的大讨论。

中间路线的各代表人物认为，中国是一个落后的，以农业和

---

① 施复亮：《何谓中间派》，载《文汇报》1946年7月14日。

② 《中国民主同盟历史文献》（1941—1949），文史资料出版社1953年版，第71页。

③ 施复亮：《论中间派》，载《国讯》1945年12月15日。

手工业为主的国家。与发达资本主义国家相比，中国的阶级分化并不十分尖锐，中间阶层占全国人口的绝大多数，这些社会阶级结构的客观存在是中间派政治力量的社会基础，中间阶层也就是中间路线的鼓吹者和践行者。[①]

在政治上，中间派提出“反对任何形式的一党独裁或阶级独裁”，主张英美式的政治民主加苏联式的经济民主，即在政治上以英美为作为学习榜样，推行“政治民主化”，建立资产阶级的民主制度，实行多党议会制。同时在经济方面学习和采用苏联式的经济和社会主义。中间派人士天真地认为，他们这样做的结果是“英美与苏联双方都可放心”，并能获得国内外政治力量的支持。[②] 中间派指出，民主是一种政治制度，而议会制度是实现民主的基本途径，主张在思想上奉行自由主义，在行动上采取和平和改良的态度，不赞成暴力革命。在民主制度的具体运用和推行上，中间派把英美作为效仿的对象，认为英美议会制度经过历史的发展和检验取得了相当良好的成绩，是“建立中国民主制度的宝贵的参考资料”，“有了这种议会机构，人民就能决定政府的政策，管理政府的财政，监督政府的行动”，“人民才能行使主人的权利，真正做国家政府的主人”。[③] 为实现这种制度，中间派极力鼓吹：“建立一个资本主义与共产主义中间的政治制度。”[④] 幻想在不改变当时的政治结构，保留国民党政权的前提下，通过召开政治协商或国民大会的形式，制定一部英美式的宪法，参政的党派通过选举在议会中获得多数席位，掌握政权，从而实现对国民党政府的改造，建立各党派都能平等参加的联合政府。

---

① 施复亮：《何谓中间派》，载《文汇报》1946 年 7 月 14 日。

② 张东荪：《一个中间性的政治路线》，载《再生周刊》第 118 期，1946 年 6 月。

③ 《中国民主同盟历史文献》(1941—1949)，第 74—76 页。

④ 施复亮：《何谓中间派》，载《文汇报》1946 年 7 月 14 日。

在经济上，中间派提出“经济民主化”，在确保私有制的基础上建立一个“新式”和“改良”的资本主义。中间派代表人士施复亮表示：今天的中国“既不能走旧式资本主义的道路，又不能走社会主义的道路”，在经济上“应当实行改良的资本主义，尽量利用资本主义的优点去发展生产力”，实现国民经济的迅速工业化。[①] 在调整生产关系方面则要向苏联计划经济与社会主义学习，“尽量革除资本主义生产方式的种种弊端，采用进步的社会政策以保障劳动大众的职业和生活”，[②] 同时实行“民主的经济建设计划与在计划指导之下的充分企业自由”。[③] 在实现工业化问题上，中间派主张积极向外学习和开放，用“英美大量的资本和技术帮助中国建设”。在土地问题上，中间派秉承孙中山“耕者有其田”的思想，主张实现农村土地改革，但改革的手段必须是和平的，反对把封建阶级地主阶级的土地无偿分给无地和少地的农民，不认同中国共产党的土地改革政策。

在军队问题和如何看待国共之间的军事斗争方面，中间路线则对战争与和平、军队国家化以及人民解放战争的性质和目标都缺乏正确认识。中间派对中国共产党进行的革命战争和国民党蒋介石进行的反革命战争的性质缺乏清醒的认识，把蒋介石发动的反共反人民的战争与中国共产党领导的人民解放战争都混同为“大人先生们的争权夺利”，都是以“国民命运为儿戏”，无论国民党还是共产党都是“利用武力从事政争”，都要负发动内战的责任。中间派人士认为，在内战中“双方只是争执着谁先开枪，谁是戎首，没有一方觉悟到根本不应开枪”。[④] 中间派的观点表面上看起来好像对于国共双方不偏不倚，实际上缺乏正确的政治立

① 施复亮：《两条道路，一个动力》，载《周报》第48期，1946年8月3日。

② 施复亮：《中间派的政治路线》，载《时与文》创刊号，1947年3月14日。

③ 《民主建国会成立宣言》，载《文萃》第13期，1946年1月1日。

④ 《我们坚决反对内战》，载《周报》第10期，1945年11月10日。

场，混淆了战争正义性和非正义性的区别，在一定程度上起到了为蒋介石发动内战开脱罪责的作用。对于解放战争的最后结局，他们认为，“延安打不垮国民政府，国民政府也打不垮延安”，只能打出一个“南北朝局面”。为了避免这种局面的发生，中间派提出了一系列所谓的解决方案。比如他们鼓吹“政治民主化，军队国家化”，认为“政党拥有武力，国家不会有和平，更永远不能走上民主的正轨”，为此提出了所谓“军党分治”解决方案，即把军队和政党分开，使军队国家化，把军权交给无政党关系的人。这种方案实际上是要求共产党放弃武装，让国民党为所欲为，必然遭到共产党的拒绝。

中间路线代表了中等规模和小规模资本主义经济的利益，其思想和主张与中国共产党有许多共同和相似的地方，如反对国民党独裁，主张实行民主政治，反对官僚资本主义操纵国民经济，保护民族工商业，反对内战等，但中间派没有也不可能把中国反帝反封建的主力军农民放在自己的视野中。在这一点上他们与代表广大劳动人民利益的中国共产党是完全不同的。在领导权问题上，中间路线不懂得中国的反帝反封建斗争只有在无产阶级及其政党的领导下才能取得胜利，认为只有中间派才能成为中国政治生活的重心。比如民盟就多次强调，自己要在国共两党之间保持“超然独立的第三者的调人身份”。[①] 在斗争方式和行动纲领上，中间路线企图通过改良主义的道路实现自己的政治要求，反对采取军事斗争的方式，不承认共产党领导的人民革命战争的必要性。对于未来中国，中间路线的倡导者是要在中国建立一个英美式的资产阶级国家，自由地发展资本主义，与中国共产党追求的新民主主义国家也有根本的区别。为保证中国民主革命道路的正

① 张澜：《在沪十一个民主团体欢迎会上的讲话》，载《民主报》1946 年 12 月 25 日。

确性，保证对革命的领导权，将新民主主义革命进行到底，中国共产党在同国民党专制统治作斗争的同时，对中间路线的思想和政治主张进行了必要的引导和斗争。

中国共产党在政治原则上明确反对中间路线，对于中间路线采取了既团结又斗争的方法。中国共产党重视民族资产阶级和民主党派在新民主主义革命中的地位和作用，肯定中间路线在反对国民党独裁统治和争取民主、和平方面的积极贡献。对于民族资产阶级及其代表政党和代表人物中存在的错误观点和不切实际的幻想也不是一味批判、打压，而是采取了耐心的批评和教育，鼓励他们积极从事反对国民党反动统治的进步斗争，引导他们走新民主主义道路。

中国共产党早在抗战胜利之前就曾提出走新民主主义道路的和平建国方案，表示“愿意与中国国民党及其他民主党派，努力求得协议，以期各项紧急问题得到迅速解决，并长期团结一致以彻底实现孙中山三民主义。”① 抗战胜利后，中国共产党积极鼓励和帮助资产阶级民主派建立自己的政治组织，在坚持新民主主义革命路线和纲领的前提下，对民主党派有利于反对蒋介石内战独裁的理论和实践也予以肯定和支持，并在参加政协、反对伪国大、伪宪法等斗争中，与主张中间路线的民主党派共同协商，相互配合。当民主党派遭遇国民党的残酷打压时，中国共产党也及时伸出援手，帮助他们发展。1947 年民盟被国民党宣布为非法组织被迫解散，中共立刻以新华社名义发表时评肯定民盟的光荣历史，给予它政治上的有力声援和热情帮助。中国共产党希望民盟能够得到教训，抛弃“任何对美国侵略者及蒋介石统治集团或其

① 《中共中央对目前时局的宣言》（1945 年 8 月 25 日），载《神州》2007 年第 11 期。

中某些派别的幻想”，清除中间路线的思想，继续奋斗。[①]

在对民主党派进行帮助的同时，中国共产党对民主党派所秉持中间路线还进行了必要的批评教育。在旧政协会议召开期间，中共代表就对中间路线的妥协性和动摇性进行教育和批评。1946年10月，蒋介石下令国民党军队占领安东等解放区，此时民主党派作为第三方面力量再次试图调处国共矛盾。10月28日，民盟秘书长梁漱溟不顾此前与中共达成事前通气的默契，与莫德惠、李璜等人拿出一个折中方案，分送行政院长孙科、美方首席代表马歇尔和中共代表。该方案要求双方军队就地停战，表面上看对双方都比较公平，但实际上默认了蒋介石的中央军对解放区的占领。该方案还提出由国民党政府“派县长警察接收共方之二十县”等，这些都是中共不能接受的。梁漱溟等人的方案受到了周恩来严厉的批评，周恩来直言：“这个方案是落井下石，蒋介石要把我们打倒在地下，你们还要踩上一脚。”[②] 梁漱溟晚年回忆此事时，把周恩来的反应形容为“态度愤激，泪落声嘶”。[③] 在中国共产党代表的坚决反对和耐心教育下，梁漱溟等民主党派领导人认识到问题的严重性，即刻到孙科、马歇尔等处收回方案，避免了更大的不良后果。为此，周恩来说：“对中间分子，平时以说服教育为主，但在他们严重的动摇关头，必须坚决斗争，以自己的坚决态度纠正他们的动摇。”[④]

在中国共产党的积极争取和引导下，各民主党派逐步放弃了中间路线，承认中国共产党的领导地位，接受了新民主主义革命

---

① 中国民主同盟中央文史资料委员会：《中国民主同盟历史文献》，文史资料出版社1983年版，第357页。

② 金冲及：《周恩来传》，人民出版社1989年版，第657页。

③ 梁漱溟：《忆往谈旧录》，金城出版社2006年版，第278页。

④ 中共中央文献研究室：《周恩来年谱》，人民出版社、中央文献出版社1989年版，第702页。

纲领。随着解放战争的深入进行，中间路线也失去了存在的空间。1947 年 10 月，国民党宣布民盟非法并勒令解散，这一事件标志着中间路线的破产。民盟被国民党解散后，于 1948 年 1 月在香港召开一届三中全会，决定成立临时总部，恢复民盟组织。在这次会议上，参会代表审议并通过了《三中全会紧急声明》、《政治报告》、《全会宣言》、《今后组织工作计划》等决议案，对此前秉持的中间路线进行了批判，公开宣告民盟彻底与美蒋决裂，并决定与中国共产党一道为彻底推翻国民党反动政府，实现民主、和平、独立、统一的新中国而奋斗。革新后的民盟，在新的政治路线和组织路线下，接受了中国共产党的新民主主义革命纲领，从此走上了与中国共产党合作，共同反对美蒋的道路。

三、中国共产党领导的多党合作的形成

全面内战爆发后，尽管有马歇尔主持的“调处”，但国共合作实际上已经破裂了。迫于形势的变化，1947 年 3 月中共驻南京、上海和重庆办事处的工作人员陆续撤离，返回延安。至此。马歇尔在华 13 个月的“调处”宣告失败。此时，各民主党派都面临着跟谁走，向何处去的问题。

为孤立共产党，拉拢和分化民主党派，1946 年 11 月蒋介石发布命令召集国民大会，意图利用国民大会通过“宪法”，实行所谓的“民主”，造成“还政于民”的假象，为自己的专制独裁统治披上“合法化”的外衣。面对国民党的拉拢和威胁利诱，是否参加伪国民大会成为对各民主党派的严峻考验。在此关键时刻，民主党派发生了重大的分化。一部分民主党派如青年党和民社党等相继投入国民党的怀抱，但更多的民主党派包括民盟、民

联、民建等则与中共一道，坚决抵制“国民大会”，拒不提交参加国府委员会的名单，坚决反对“国大”制定的“宪法”。1946年12月23日，民盟第十一次会议讨论民社党违反盟纪，参加伪国民大会的问题，决定将民盟内民社党参加“国民大会”的成员一律开除盟籍。

1947年6月30日刘邓大军强渡黄河，8月挺进大别山，掀开了人民解放军战略反攻的序幕，国民党军队由进攻转入防御，逐步陷入被动。1948年，人民解放军在各个战场上持续发动攻势并取得胜利，战争态势向有利于人民解放军的方向发展。随着战局的发展，各民主党派进一步认清了历史潮流，逐步站到反对美蒋反动派，同中国共产党携手共进，拥护共产党提出将革命进行到底的立场上。这一时期，以陈嘉庚和沈钧儒为代表的一些爱国民主人士向中共中央建议，尽快成立全国性的政权机关，否认蒋介石的独裁统治。针对民主党派和民主人士的建议，中共中央决定在即将召开的书记处扩大会议上，讨论“邀请港、沪、平、津等地各中间党派及民众团体的代表人物到解放区，商讨关于召开人民代表大会并成立临时中央政府”等问题。[①] 4月30日，中共中央书记处扩大会议在河北省阜平县城南庄召开，会议讨论通过了《中共中央纪念“五一”劳动节口号》，并通过新华社正式对外发布，提出“各民主党派、各人民团体、各社会贤达迅速召开政治协商会议，讨论并实现召集人民代表大会，成立民主联合政府”的口号，号召：“全国劳动人民团结起来，联合全国知识分子、自由资产阶级、各民主党派、社会贤达和其他爱国分子，巩固与扩大反对帝国主义、反对封建主义、反对官僚资本主义的统

① 中共中央文献研究室编：《朱德年谱》（新编本）中，中央文献出版社2006年版，第1300页。

一战线，为着打倒蒋介石建立新中国而奋斗。”①

“五一”劳动节口号发布后，很快得到了民主党派和无党派民主人士的热烈响应。5月5日，李济深、何香凝、沈钧儒、章伯钧、彭泽民、马叙伦、王绍鏊、陈其尤、李章达、蔡廷锴、谭平山、郭沫若等民主人士致电毛泽东和解放区全体同胞称：“南京独裁者窃权卖国，史无前例”，“五一劳动节口号第五项：‘各民主党派、各人民团体及社会贤达，迅速召开政治协商会议，讨论并实现召集人民代表大会，成立民主联合政府’，适合人民时势的要求，尤符同人等之本旨”。② 随后，各民主党派还分别以本党的名义发表宣言或声明，拥护中共中央的“五一”劳动节口。6月14日，民盟发表《响应中共“五一”号召致全国各民主党派各人民团体各报馆暨全国同胞书》，指出发动新政协运动的意义，“在于通过这次运动来加速独裁政权的覆灭，以为新民主中国的诞生造成前提。”③ 同月，在香港的各民主党派负责人及无党派民主人士柳亚子、章乃器、沈雁冰、朱蕴山、胡愈之等125人发表联合声明，表示拥护中共的“五一”口号。

各民主党派和民主人士对“五一”劳动节口号的拥护，标志着各民主党派和民主人士开始自觉地接受了中国共产党的领导，与共产党合作，走上新民主主义革命道路。“五一”口号的发布，标志着中国民主政治建设和政党制度建设揭开新的一页，中国共产党领导的多党合作制度初步形成。“五一”劳动节口发布后，各民主党派在中国共产党领导下，开始积极筹备新的政治协商会议，为新中国成立做准备。

---

① 中央档案馆：《中共中央文件选集》第17册，中共中央党校出版社1992年版，第145—146页。

② 《人民日报》1948年8月6日。

③ 中国民主同盟中央文史资料委员会：《中国民主同盟历史文献》，第430页。

四、团结民族资产阶级，反对官僚资本主义

民族资产阶级是中国社会的重要组成部分，是中国社会革命的动力之一。正确对待民族资产阶级并处理好与民族工商业的关系，是中国共产党团结与争取民族资产阶级，扩大统一战线的重要问题。解放战争时期，中国共产党总结历史经验和教训，制定和实施了一系列正确处理民族资本企业劳资关系，团结和争取民族资产阶级，保护民族工商业的政策。这些政策的制定和实施扩大和巩固了爱国民主统一战线，孤立了国民党反动派，壮大了人民革命力量。

（一）保护民族工商业

抗战胜利不久，中国共产党就明确提出了保护民族资产阶级和民族工商业的政策和措施，要求各地军队“进入城镇以后，必须坚决的执行城市政策……保护城市工商业”。[①] 1946 年 3 月，中共中央发布《关于解放区经济建设的几项通知》，明确了“鼓励合作，提倡私人投资”的经济政策，提出各根据地应当利用各种社会关系吸引国统区工商业者到解放区进行投资。[②] 4 月，中共中央又制定了《关于工业政策的决定（草案）》，草案对如何保护民族工商业、奖励私人企业、照顾劳资双方利益和提倡发展私人资本主义进行了更加细致和明确的规定。

随着解放战争的不断推进，国内政治形势迅速发生变化，同

① 中央档案馆编：《中共中央文件选集》第 15 册，第 314 页。

② 中央档案馆编：《中共中央文件选集》第 16 册，中共中央党校出版社 1992 年版，第 106—107 页。

时大批城市回到人民手中，城市工商业发展问题也迅速增加，在经济建设与斗争的实践中，党的民族工商业政策也不断丰富和完善。1947 年 9 月公布《中国土地法大纲》规定："保护工商业者的财产及其合法的营业，不受侵犯"，[①] 这是解放战争进入战略反攻阶段后不久，面对解放区不断扩大，中国共产党对民族工商业的财产和经营活动予以保护的最早的明确规定。在十二月会议上，毛泽东做了《目前形势和我们的任务》报告。该报告第一次明确地把保护民族工商业确定为党的三大经济纲领之一。1948 年 1 月 18 日，毛泽东起草了《关于目前党的政策中的几个重要问题》，再次强调党的工商业政策"必须避免对中小工商业者采取任何冒险政策。各解放区过去保护并奖励一切于国民经济有益的私人工商业发展的政策是正确的，今后仍应继续。减租减息时期鼓励地主富农转入工商业的政策也是正确的，认为'化形'而加以反对和没收分配是错误的。"[②]该指示将一般民族工商业和官僚资本区别开来，要求各地对一般地主富农的工商业进行保护，只有官僚资本和真正恶霸反革命分子的工商业才可以没收。毛泽东还指出：对于被没收的工商业，凡属有益于国民经济的，在接收过来之后，还须使其继续营业，不得分散或停闭。另外，对于一切有益于国民经济的工商业征收营业税，也必须以不妨碍其发展为限度。

在新民主主义经济体系中，私人资本是国家经济的重要组成部分。毛泽东多次指出，新民主主义国家的经济必须是由国家经营、私人经营和合作社经营三部分组成，中国共产党的经济方针是发展公营，奖励私营，扶植合作社经营。"总起来说，新中国的经济构成是：（1）国营经济，这是领导的成分；（2）由个体

① 中央档案馆编：《中共中央文件选集》第 16 册，第 549 页。

② 《毛泽东选集》第 4 卷，第 1269 页。

逐步地向着集体方向发展的农业经济；（3）独立小工商业者的经济和小的、中等的私人资本经济。这些，就是新民主主义的全部国民经济。"①

中国共产党保护民族资产阶级和民族工商业的政策和措施，得到解放区民族工商业者和国统区民族资本家及各民主党派的热烈欢迎和拥护，对处于动摇状态的民族资产阶级产生了很强的吸引力，在政治上争取了民族资产阶级，扩大了统一战线，为我党革命顺利地从乡村到城市的转变准备了重要条件。

（二）反对和消灭官僚资产阶级

在帮助和扶持民族资本主义的同时，中国共产党对官僚资本采取了明确的反对态度，实施了消灭官僚资产阶级的政策。

抗战胜利前夕，毛泽东在中共第七次全国代表大会上做政治报告，指出：国民党主要统治集团一方面在口头上宣称要发展中国经济；另一方面又在实际上积累官僚资本，垄断中国的主要经济命脉，残酷压迫农民、工人、小资产阶级和自由资产阶级。在报告中，毛泽东重申孙中山三民主义关于"节制资本之要旨"之后，提出把"要求取缔官僚资本"列入党的工作纲领。全面内战爆发后，没收和取缔官僚资本成为解放区的基本经济政策。1947年8月31日，中共中央批准了西北野战军前敌委员会作出的在国统区作战过程中"没收战争罪犯、官僚资本、贪官污吏、反动头子、恶霸全部财产"的决定，并把这一决定推向全国。② 1947年10月10日，中国人民解放军发布宣言，正式宣布了"没收蒋介石、宋子文、孔祥熙、陈立夫兄弟等四大家族和其他首要战犯

---

① 《毛泽东选集》第4卷，第1255—1256页。

② 中央档案馆编：《中共中央文件选集》第16册，第521页。

的财产，没收官僚资本”的政策。①

1947年12月25日，毛泽东在《目前形势和我们的任务》的报告中对官僚资本进行明确界定，指出官僚资本就是“蒋介石、宋子文、孔祥熙、陈立夫为首的垄断资本。”“蒋宋孔陈四大家族，在他们当权的二十年中，已经集中了价值达一百万万至二百万万美元的巨大财产，垄断了全国的经济命脉。这个垄断资本，和国家政权结合在一起，成为国家垄断资本主义。这个垄断资本主义，同外国帝国主义、本国地主阶级和旧式富农密切地结合着，成为买办的封建的国家垄断资本主义。这就是蒋介石反动政权的经济基础。”毛泽东还明确指出，“没收蒋介石、宋子文、孔祥熙、陈立夫为首的垄断资本归新民主主义的国家所有”是新民主主义革命时期的三大经济纲领之一。②

1948年2月，中共中央发布《关于土地改革中各社会阶级的划分及其待遇的规定（草案）》。《规定》对当时中国的社会各阶层、阶级进行了分析，将普通资本家和官僚资本家加以区别。指出普通资本家就是民族资本家，构成民族资产阶级，而官僚资本家是买办资本家和垄断资本家，构成官僚资产阶级。普通资本家和官僚资本家因为资本积累和使用方法的不同，二者资本的数量，以及对帝国主义、封建主义和整个国民经济的关系也不同。普通资本家多为中型和小型的资本家，对外是民族资本家，对内是自由资本家。而官僚资本家，在资本数量上是极大的资本家，对外是买办资本家，对内则是垄断资本家。《规定》充分肯定了普通工业资本家的进步性，认为普通工业资本家虽然是剥削者，但其生产方式的发展依靠自由劳动力，依靠商品生产和扩大再生产，依靠机器工业进行生产，其生产方式“在中国目前和将来的

① 《毛泽东选集》第4卷，第1238页。

② 《毛泽东选集》第4卷，第1253页。

一定阶段上，有其进步的作用。”《规定》指出：工业资本家与帝国主义、封建主义联系较少，并受到帝国主义、封建主义和官僚资本主义的压迫和限制，具有一定的革命性。对于“这种资本家的财产和营业，应当受到坚决的保护，而不允许加以侵犯和破坏。”①

对于官僚资本家，《规定》则分析了其反动性，指出：“官僚资本家是利用官僚特权，掠夺并积累大量资本，或者由官僚个人或某些官僚集团用私人的名义经营或控制，或者利用属于官僚的国家机关由某些官僚集团用国家的名义经营或控制，在经济上从而在政治上代表着帝国主义和封建主义的利益，并从而对于国民经济占有垄断地位的人们。官僚资本家的主体是金融资本家，他们的性质是帝国主义金融资本在中国的代办，是中国封建主义在其与帝国主义相结合以后的变种。因此，他们在剥削方法上虽然在封建主义的基础上加进了资本主义，但是在生产方法上，就整个来说，却是与旧式的地主阶级同样是资本主义发展的基本障碍”。《规定》明确指出，“官僚资本家阶级，当作一个阶级，必须像地主阶级一样地予以消灭。官僚资本家的土地、财产，必须全部没收，其属于地主部分的土地、财产应当分配给农民，其属于工商业部分及其他们部分的土地、财产应当由新民主主义国家接收。”②

自鸦片战争以来，中国社会经济逐步由古代独立的封建小农经济转变为半殖民地半封建的社会经济。一方面，存在着本国封建主义的经济，外国帝国主义的经济和官僚资本经济；另一方面也存在着自由资本主义经济。《关于土地改革中各社会阶级的划

① 中央档案馆编：《解放战争时期土地改革文件选编》，中共中央党校出版社1951年版，第207—208页。

② 中央档案馆编：《解放战争时期土地改革文件选编》，第209—210页。

分及其待遇的规定》明确、细致地对中国存在的各种经济形态和社会各阶级和阶层进行了分析，即明确了革命的对象，又指出了团结和帮助的对象，是一个带有党纲、政纲和政策几重性质的文件，是中国共产党统一战线史上的重要文献。

五、民族宗教政策的坚持与发展

民族和宗教问题是统一战线工作的重要内容，抗战胜利后中国共产党秉持中共七大政治报告《论联合政府》所提出的“改善国内少数民族的待遇，允许各少数民族有民族自治的权利”，尊重少数民族的言语文字、风俗习惯和宗教信仰，克服大汉族主义思想，推动民族和宗教统一战线工作不断发展。

（一）民族平等和民族自治政策的发展

实行民族平等团结是马克思主义的基本原则，也是中国共产党处理民族问题的基本原则。解放战争时期中国共产党民族工作的首要内容就是抓住少数民族与国民党大汉族主义统治这对主要矛盾，制定了民族平等团结政策。

1945 年 11 月 19 日，中共中央东北局向中央报告关于东北时局的具体主张，指出东北局的工作重点是“反对国民党反动派的大汉族主义，尊重蒙民、回民等少数民族之语言、文字，风俗、习惯及宗教信仰，给以充分之自治权。”1946 年 2 月 15 日，中共中央西北局也提出：“我对蒙古工作的基本方针是帮助蒙人反对大汉族主义，团结蒙人内部力量实行自治。因此，对其内部矛盾应力求适当调处，力求自身团结，致力自治事业。”同期，中共中央西南局也提出，由于长期以来大汉族主义造成的民族隔阂与仇恨深重，西南局的工作拟“采取审慎的，缓进的有步骤的方针”。[①] 1945 年 10 月 27 日晋察冀中央局给党中央的报告和请示提出：“成立内蒙古人民解放协会作为一个包括各阶层的统一战线的群众团体，主要为了扩大影响，开展其他各地蒙古工作，对不很反动的王公采取团结方针。”这一方针得到中央的肯定。12 月 25 日，中共中央在就蒙古族政策问题给林彪、黄克诚指示说：“目前你们首先不要侵犯蒙民各阶层任何利益，一切征粮征税均应暂时免除，同时并设法给蒙民各种好处，以吸取蒙民对我同情”。1946 年 1 月 16 日，中国共产党提出《和平建国纲领草案》，明确表示“在少数民族区域，应承认各民族的平等地位及其自治权”。根据中共中央的统一指示和部署，1946 年，中共中央东北局指出：“蒙古人民应该首先集中力量对付国民党反动派及与之狼狈为奸的蒙奸。为了完成这种任务，应该联合一切可能的同盟者，（包括反对国民党的王公、贵族、喇嘛）结成广泛的强大的民族统一战线。”中共中央西北局也指出：“目前伊盟工作的方针则应是：广泛开展上层与下层的统一战线，团结蒙人，巩固和平，统一内部，推动民族自治地方自治运动，反对国民党民族压迫政策。”[②]

对于民族统一战线问题，中国共产党早就有过承认“民族自决权”，采取“联邦制”作为国家构建模式的思想。随着自身的发展和成熟，到了解放战争时期，中国共产党在处理少数民族问题上已经有了比较丰富的经验，相关认识和理论也有了很大的转变。在中共七大上，中国共产党明确提出“各少数民族有民族自治的权利”，主张在单一制国家实行民族区域自治。1945 年 10 月

---

① 中共中央统战部编：《民族问题文献汇编》，第 978、998、1349 页。

② 中共中央统战部编：《民族问题文献汇编》，中共中央党校出版社 1991 年版，第 973、984、1064、1006 页。

23日，中共中央在《关于内蒙工作方针对晋察冀中央局的指示》中提出，“对内蒙的基本方针，在目前是实行区域自治。首先从各旗开始，争取时间，放手发动与组织蒙人的地方自治运动，建立自治政府（在乌盟、锡盟等纯粹蒙古区域可以自治政府的形式出现，在绥东、察南等蒙汉杂居地带，则以蒙汉联合政府的形式出现），准备建立内蒙自治筹委会的组织，统一各盟旗自治运动的领导，党内亦应有统一的领导与政策。”① 这是中国共产党第一次在大区域实施民族区域自治制度的具体方针和原则，标志着中国共产党在民族统一战线工作上的又一次进步。1946年4月23日陕甘宁边区通过的《陕甘宁边区宪法原则》规定：“边区各少数民族，在居住集中地区，得划成民族区，组织民族自治政权，在不与省宪抵触原则下，得订立自治法规。”在新的民族政策下，1947年5月内蒙古自治区的成立，这标志中国共产党民族区域自治政策和制度的确立。

1947年4月23日，内蒙古人民代表会议在王爷庙召开，大会通过了《内蒙古自治政府施政纲领》，规定：“内蒙古自治政府是由内蒙古民族各阶层内蒙古区域内各民族实行高度自治的区域性的民主政府。”这一自治政府“以内蒙古各盟（包括盟内旗、县、市）、旗为自治区域，是中华民国的组成部分。”4月27日，与会全体代表致电毛泽东、朱德，表示：“三百多年来，蒙古民族一直受着大汉族主义的压迫，痛苦是难以尽述的。只有在你们领导下的中国共产党和人民解放军，才完全改变了这种历史的不正常关系，真正以民族平等的精神，来大力扶助我内蒙古民族的发展求得彻底解放。……深信在你们的英明领导下，内蒙古民族的前途，也必然是无限光明的。”4月29日内蒙古人民代表会议

① 苏丰庆：《从苏区到延安：中国共产党民族区域自治理论与实践的形成和发展》，载《中国民族报》2009年10月23日。

发布宣言，进一步强调内蒙古自治政府是“地方民主联合政府，并非独立自治政府。它以内蒙古现有各盟旗为自治区域，是中华民国的组成部分。”①

中国共产党在内蒙古地区成功推行民族区域自治制度，不仅揭开了内蒙古历史发展的新篇章，也为此后中国共产党在民族地区实行民族区域自治制度提供了可借鉴的模式和经验。1946 年 2 月，中共中央华东局在回民聚居区试行民族自治村，着手“建立回民自治乡村，城市上建立回民区，建立地方回民保安队及警察”。1949 年 1 月 28 日，中共中央针对郑州、开封等地满人聚集区民族政策问题发出指示：“开封、郑州两市之二千余满人，如是聚居情况，保有若干民族特点，则仍应采取民族自治政策，允许其建立下层自治政权，并选举代表参加市人民代表大会。”②

在对少数开展统一战线工作中，中国共产党十分重视发挥少数民族干部的作用，把培养、选拔和使用少数民族干部作为统战工作的重要方面。1946 年 8 月 20 日，中共中央在《内蒙古自治运动联合会东蒙总分会关于组织工作的指示》中就挑选和培养民族干部明确了四项标准，要求民族干部对民族解放事业无限忠诚，要密切联系群众，对革命积极负责，服从组织领导。在依靠少数民族劳动人民的基础上，我党还努力与少数民族上层建立统一战线，争取他们对我党领导人民开展的反蒋斗争予以支持。比如在对待蒙古族王公贵族问题上，1945 年 10 月 23 日，中共中央指示：“对过去反德王及不与德王合作的上层分子，应积极争取他们参加自治政府，使我们打击的对象缩小到最小限度。”③ 为尽可能地争取一切可争取的少数民族中上层人士，党中央还采取了

---

① 中共中央统战部编：《民族问题文献汇编》，第 1111、1114 页。

② 中共中央统战部编：《民族问题文献汇编》，第 1001、1218 页。

③ 中共中央统战部编：《民族问题文献汇编》，第 961、1004 页。

开放政权，吸收少数民族中上层人士中的代表人物加入人民政权。在1945年11月晋察冀中央局在成立内蒙自治运动联合会过程中，就“根据广泛的统一战线精神，吸收大批进步的中间的以及过去曾在德王政府中工作已公开承认错误的上层分子参加该会”。①

除了上述措施外，中国共产党在解放战争时期针对经济、文化和教育方面的问题也制定了一系列适合少数民族地区经济发展，减轻少数民族经济负担，保护少数民族传统文化，提高少数民族民族自信心与民族觉悟的政策和措施，坚定地推行民族平等和民族团结政策，反对大汉族主义和狭隘民族主义，承认和保护少数民族权利，激发了少数民族群众发展生产、参加人民军队、支援前线的热情，为解放战争的胜利进行做出了重要贡献。

（二）宗教政策的调整与完善

宗教界民主人士和广大信教群众是中国共产党联合和团结的重要对象。解放战争时期中国共产党在贯彻执行既定的宗教信仰自由政策的同时，根据革命形势的发展与任务的变化，对宗教政策进行了相应的调整与完善，制定了更加具体的宗教政策和措施，包括保障和维护宗教信仰自由，废除宗教封建土地所有制，彻底打击和消灭宗教界反动势力等政策。

1. 尊重宗教信仰自由，保障和维护宗教界合法权益，团结信教群众

尊重和保护宗教信仰自由是中国共产党最基本宗教政策。1946年2月19日，《中共中央华东局关于回民工作指示》中提到：“对于宗教和生活习惯是尊重的，……不要在这些地方刺激群众的民族和宗教的感情”，并强调汉族干部“应消除其大汉族

① 中共中央统战部编：《民族问题文献汇编》，第974页。

主义”，禁止歧视回民或讥笑其生活习惯，“避免对其宗教正面批评”。[①] 1947 年东北解放区齐齐哈尔市发生一起重大间谍案。美蒋特务利用外国人教堂勾结帝国主义分子从事反共活动。该案件引起东北公安总处高度重视。为慎重处理这起涉及外国人和宗教事务的案件，中国共产党在报纸上公开重申宗教信仰自由的政策，明确指出：信教自由是民主政府的既定政策，“对于教士教徒，不论其国籍如何，只要他们遵守我民主政府法令，不作非法破坏活动，一律予以保护。”同时也明确警示：“如有利用宗教伪装掩护，勾结蒋介石匪帮与外国帝国主义从事间谍特务活动，反对中国人民者，一经查明属实，必须依照民主政府法律对其犯罪分子分别轻重治罪。”[②] 在 1947 年 10 月中国人民解放军总部发布的双十节宣言中，把“宗教自由”作为人民解放军的重要口号之一，训令全军实行，这也凸显了中国共产党对宗教信仰自由的保护。

为保障宗教界的合法利益和合法权益，中国共产党还颁布了一系列政策、法规对宗教场所进行保护。1947 年 9 月，在《中共中央东北局关于回民问题的通知》中规定：“不得侵犯各地清真寺，军队不许住清真寺，汉人不得利用清真寺集会。”1947 年 2 月，河北邢台市破获天主堂特务案。案件处理完毕后，教堂教务活动很快得到恢复，教堂神甫等人的个人财产分毫未动，同时该教堂附属的若瑟会修女院、仁爱会、婴儿院等给予粮食救济，并提供纺花车、织布机等生产工具。在案件处理完结后，“教堂的圣经和宗教祭仪，亦全部给予”。“所有宗教祭品——供桌、香炉、蜡台、跪凳，风琴、圣经、挂像等均完好如故”。民主政府

---

① 中共中央统战部编：《民族问题文献汇编》，第 622 页。

② 《齐市天主教堂假借传教为名充当蒋匪特务机关经我破获后本应按军法处以极刑姑念罪犯均系外籍仅判有期徒刑》，载《人民日报》1948 年 3 月 16 日。

对宗教场所的保护，令所有中外籍神甫、教士异常感激，盛赞："民主政府和群众真正是主张信教自由，对我们教会的爱护关照备至。"①

2. 废除宗教封建土地所有制政策，妥善处理宗教土地

废除封建土地所有制，实现"耕者有其田"是民主革命的基本目标和革命理想。为彻底完成反帝反封建的新民主革命任务，解放战争时期中国共产党实行了废除封建宗教土地所有制的政策。1947 年 10 月发布的《中国土地法大纲》第三条规定："废除一切祠堂、庙宇、寺院、学校、机关及团体的土地所有权"，②尽管以法律的形式正式剥夺和废除了封建宗教势力的土地所有权，但在具体执行时，考虑到宗教问题的复杂性，中国共产党对于宗教土地采取了比较灵活和妥善的方式。1946 年 7 月，中共中央就土改问题发出重要指出，"凡祠堂、庙宇、教堂及其他宗教机关所有土地，应根据当地情况，依照当地人民公意及其族人或教民的意见妥善处理之。"③ 1946 年通过的《陕甘宁边区征购土地条例草案》第二十三条也规定：宗教团体及庙院所占有之土地以当地人民公意决定征购或不征购；族田（或称社地、祠堂地、坟会地）由乡政府与农会商同族人公意决定征购或不征购。1947 年底，晋冀鲁豫边区政府针对土改工作中出现的问题，颁布了边区政府《施行中国土地法大纲补充办法草案》，规定："废除一切祠堂、庙宇、寺院、学校、机关及团体的土地所有权，清真寺的

---

① 《民主政府宽大为怀　次要分子获释　邢市天主堂教务恢复　中外神甫赞扬解放区真正实行信教自由》，载《人民日报》1947 年 2 月 13 日。

② 中共中央党校党史教研室选编：《中共党史参考资料》第六册，人民出版社 1979 年版，第 328 页。

③ 中央档案馆编：《中共中央文件选集》第 16 册，第 254 页。

土地，在各乡村全部土地平均分配的原则下，由回民自行处理。”[①] 1948年1月，毛泽东就土地问题致电刘少奇，指出：在宗教问题上，应该“给教堂、祠堂、庙宇留少数园地”。[②] 这种给宗教场所保留少量土地，或者由信教少数民族自己处理寺庙土地的政策，实际上是在宗教土地处理问题上留有余地，并给予少数民族信教群众自主处置宗教土地的权利，受到各民族宗教信众的欢迎。实际上，在解放战争期间，中国共产党在土地改革过程中，对少数民族上层人士、寺院、天主教堂以及清朝政府遗留的热河“挂地”等特殊土地问题，都秉持了从实际出发，实事求是、慎重处理的态度，较妥善地处理了涉及宗教问题的土地。

通过团结宗教进步人士和宗教信众，中国共产党进一步发展了同宗教界的统一战线。宗教界人士在祈祷和平、反对蒋介石发动的内战方面发挥了积极作用，推动了新民主主义革命进程。

---

① 《中国新民主主义革命时期根据地法制文献选编》第4卷，中国社会科学出版社1984年版，第337页。

② 《毛泽东年谱》（1893—1949）（下卷），中央文献出版社2002年版，第270页。

后　记

中共中央在延安十三年史（9）《统战工作史》是中国延安精神研究会批准的“一史两志”课题之一，由武汉延安精神研究院具体组织实施。江汉大学武汉延安精神研究院院长谭仁杰担任课题负责人。课题组成员分工如下：戴德铮、常鸿负责撰写第一章；徐俊华负责撰写第二、三章；李腊生负责撰写第四、五章；李资源负责撰写第六、九章；余茂才负责撰写第七章；马自勤、刘明钢负责撰写第八章；常鸿、戴德铮负责撰写第十章；李卫东负责撰写第十一、十四章；刘明钢负责起草提纲，撰写十二、十三章；刘义贤负责起草前言和后记。谭仁杰主持了讨论、修改和统稿。刘明钢、徐俊华、李卫东、马自勤为修改、统稿做了大量的工作。在课题研究工作中，得到中国延安精神研究会和中央统战部领导的亲切关怀和支持，特别是于隶群、张永健同志亲临指导。中央统战部艾力同志在审稿过程中，付出了大量心血，提出的许多宝贵意见使我们深受教益，在此，谨向所有关心和支持我们工作的人们深表谢意。

限于资料的搜集与笔者的水平，书稿肯定有疏漏不当之处，敬祈读者质疑指正。

《统战工作史》课题组

2019 年 5 月

图书在版编目（CIP）数据

统战工作史 / 谭仁杰主编；中国延安精神研究会编
. -- 北京 : 中共党史出版社 , 2019.8（2022.6 重印）
（中共中央在延安十三年史）
ISBN 978-7-5098-5173-9

Ⅰ . ①统… Ⅱ . ①谭… ②中… Ⅲ . ①中国共产党—统一战线工作—党史— 1935-1948 Ⅳ . ① D231 ② D613

中国版本图书馆 CIP 数据核字 (2019) 第 070490 号

出版发行：中共党史出版社
责任编辑：潘鹏
责任校对：申宁
责任印制：谷智宇
社　　址：北京市海淀区芙蓉里南街 6 号院 1 号楼
邮　　编：100080
网　　址：www.dscbs.com
经　　销：新华书店
印　　刷：北京盛通印刷股份有限公司
开　　本：160mm × 230mm　1/16
字　　数：414 千字
印　　张：33.5
印　　数：2551—4550 册
版　　次：2019 年 8 月第 1 版
印　　次：2022 年 6 月第 2 次印刷

ISBN 978-7-5098-5173-9
定　　价：75.00 元

此书如有印制质量问题，请与中共党史出版社出版部联系
电话：010-82517197